浙江省"十四五"普通高等教育本科规划教材

高等院校信息与电子工程系列教材

U0646985

Introduction to Information Science and Electronic Engineering

信息与电子工程导论

（第二版）

知识图谱版

主　编　章献民

副主编　史治国　周金芳　张宏纲　吴飞青

ZHEJIANG UNIVERSITY PRESS
浙江大学出版社
·杭州·

图书在版编目（CIP）数据

信息与电子工程导论 / 章献民主编. —2 版. —杭
州:浙江大学出版社，2023.8(2025.8 重印)
ISBN 978-7-308-24228-8

Ⅰ.①信… Ⅱ.①章… Ⅲ.①信息技术 ②电子技术
Ⅳ.①G202 ②TN01

中国国家版本馆 CIP 数据核字(2023)第 181021 号

内容简介

本书从知识体系的视角,系统阐述电子信息科学与技术的整体结构、层次关系、核心概念和创新成就,注重系统思维和各知识点的内在联系。本书内容围绕知识图谱展开,在整体知识结构框架下,从系统应用的角度,介绍信号与数据、电路与电子系统、互联与计算等方面的基础理论与技术,并将集成电路、5G/6G 通信、物联网、人工智能等热点技术融入整个知识体系中。引导读者运用系统化思维深入理解电子信息科学与技术,建立电子信息系统的宏观概念,形成深度和广度上的认识。

本书可作为电子信息类本科生的专业导论课教材和综合性专业基础课教材,也可作为对电子信息技术感兴趣的读者的参考书。

信息与电子工程导论(第二版)

XINXI YU DIANZI GONGCHENG DAOLUN

主　编　章献民

副主编　史治国　周金芳　张宏纲　吴飞青

图书策划　黄娟琴

责任编辑　黄娟琴　　汪荣丽

责任校对　沈巧华

封面设计　程　晨

出版发行　浙江大学出版社
　　　　　　(杭州市天目山路 148 号　邮政编码 310007)
　　　　　　(网址：http://www.zjupress.com)

排　　版　杭州青翊图文设计有限公司

印　　刷　杭州高腾印务有限公司

开　　本　787mm×1092mm　1/16

印　　张　17.75

插　　页　1

字　　数　431 千

版 印 次　2023 年 8 月第 2 版　2025 年 8 月第 6 次印刷

书　　号　ISBN 978-7-308-24228-8

定　　价　65.00 元

序

信息技术是推动 21 世纪进步的关键因素，它深刻地改变了我们的生活、学习、工作和娱乐的方式。电子信息技术的特点是知识面广、更新快，发展极为迅速。然而，正是这些特点使初学者往往很难把握其系统性。开设一门专业导论课可让学生对信息技术的知识体系、包含内容、应用前景和研究热点有一个比较全面和专业化的认识，从而对今后由浅入深地学习专业知识起到重要的推动作用，这对教学质量的提高和学生素质的培养都具有积极的意义。

章献民教授和浙江大学"信息与电子工程导论"课程教学团队历经十余年的实践，不断探索和创新，提出了以信息的载体——"信号与数据"为主线，来勾画电子信息科学与技术的整体框架，并通过知识图谱呈现，简洁明了、浅显易懂。知识图谱被教育部高等学校电子信息类专业教学指导委员会采纳，并收录于《普通高校电子信息类专业与课程体系导引》中，用于定义电子信息类专业的基本内涵。在多年教学实践的基础上，该教学团队对电子信息科学与技术的整体结构、层次关系、核心概念、创新成就等，做了系统整理，编写成了《信息与电子工程导论》这本书。该书从知识体系的视角，阐述电子信息学科的整体架构，注重各知识点之间的内在联系，突出知识的整体性和系统性，引导读者运用系统化思维加深对电子信息科学与技术的认知。

《信息与电子工程导论》一书正是从信息的载体——"信号与数据"的特征及行为规律出发，阐明通信的本质；从电子器件与电路的不断演变和发展中，认识电子系统的意义和作用；从万物互联的构建，展望智能化时代的到来。该书将集成电路、5G 通信、物联网、人工智能等研究热点置于整个知识体系框架中，从宏观到微观，从历史到现今，帮助读者建立电子信息系统的宏观概念，形成深度和广度上的认识。

作为电子信息类专业导论课教材，《信息与电子工程导论》系统性强、形式新颖、可读性强、教学资料丰富，不仅对电子信息类专业初学者来说是一本很好的入门级教材，也可作为其他读者了解电子信息技术的参考书。希望该书能促进我国电子信息类专业导论课的教学，为广大电子信息技术的从业者和学生带来灵感和帮助。

是为序。

郝跃

中国科学院院士

教育部高等学校电子信息类专业教学指导委员会主任委员

第二版前言

"新工科"建设探索更加多样化和个性化的人才培养模式，培养的工程科技人才应具有以大工程观、系统能力为核心的解决复杂工程问题的能力。在工程教育中，"结构—要素—结构"式学习有助于培养学生的创新思维能力，促进学生工程实践能力的发展。我们可以将"结构—要素—结构"策略对事物的认知方式理解为"概貌—细节—综合"，专业导论课即是学习者知识习得的首要环节。

"信息与电子工程导论"是电子信息类专业教育的启蒙课程，也是一门综合性的专业基础课程，理论、仿真建模和实验相结合。本教材内容围绕知识图谱展开，通过对专业知识的概括、凝练和综合性的介绍，使学生从无到有、从浅到深、从片面到全面地形成对专业的整体性认知，建立比较清晰的学科专业知识结构图谱，引导学生运用系统化思维加深对电子信息科学与技术的认知。同时，加强相关知识与重大问题的关联，帮助学生拓宽问题视野、培养好奇心、激发潜能，实现从知识到思维、从理论到实践、从能力到素养三个方向的转化。

2012年，我们提出以信息的载体——"信号与数据"为主线，来构建电子信息科学与技术的知识体系，并通过知识图谱呈现，使整个知识体系一目了然。将电子信息技术知识体系描述为：数据是信息的载体，信号是数据的载体，场与波是信号的载体，电子信息技术是将信号与数据的行为及其应用作为研究的主要对象，其所有活动都是围绕"信号与数据"展开的，通过器件、电路、处理器等硬件及软件技术实现信号的采集、传输、变换和存储，通过计算机与网络实现数据的通信、处理、利用和认知。本书以此作为核心内容，引导学生了解学科的整体架构。

本书自2021年第一版出版以来，多次重印，得到了郝跃院士及教育部高校电子信息类专业教学指导委员会、各兄弟院校的指导和鼓励，笔者在此深表感谢！第二版保持了第一版围绕知识图谱展开的基本框架，主要在以下两个方面进行了修订：一是部分内容进行调整。根据两年多来的教学实践情况，调整部分内容的所在章节，补充部分内容；对过于繁杂的内容进行删减，对难点内容进行改写，使之更通俗易懂；突出重要的知识点，提高层次感和可读性。二是丰富内容形式。增加了拓展阅读、例题；全书共嵌入95个二维码，包含课件、测试题、程序代码、音视频、知识图谱等数字资源；引入 MATLAB/Simulink、Multisim 等工具软件，可供可视化动态仿真。此外，鉴于专业设置的不断变化和各校培养方案的各具特色及持续改进，本书不再保留第 6 章"专业与课程导引"，各校可根据自身实际组织教学。

党的二十大报告提出："必须坚持系统观念。万事万物是相互联系、相互依存的。只有用普遍联系的、全面系统的、发展变化的观点观察事物，才能把握事物发展规律……我们要善于通过历史看现实、透过现象看本质，把握好全局和局部、当前和长远、宏观和微观、主要矛盾和次要矛盾、特殊和一般的关系。"本书编写工作以党的二十大精神为指引，坚持系统观念，不仅注重知识体系的系统性和各知识点之间的内在联系，还将知识体系主线与世界电子信息技术发展史、中国电子信息技术发展史有机结合，有利于将知识与爱国情怀、民族自信、社会责任、法治意识、工业文化、职业态度、职业素养等串联起来，形成一个知识和价值融合的体系，为课程思政的开展提供了丰富的融入点。

近年来，笔者在浙江大学和浙大宁波理工学院开设专业导论课程。在浙江大学，本课程也深受非电子信息类专业学生的欢迎，有超过 40% 的修读学生来自非电子信息类专业。本次教材修订也吸收了诸多学生的意见和建议。浙江大学课程组车录锋、储涛、吉晨、周成伟、马蔚、回晓楠、李宇波等老师和浙大宁波理工学院李振卿等老师为课程建设付出了努力，并对教材提了很好的修订建议。郑史烈老师仔细阅读了全书，纠正了一些错误之处。在此一并表示衷心的感谢！

虽然本书乃根据作者多年的教学实践编写而成，但由于水平有限，书中难免有疏漏和不当之处，敬请读者不吝赐教！

章献民

zhangxm@zju.edu.cn

2023 年 8 月于宁波

第一版前言

信息技术的进步对人类文明的发展起了至关重要的作用。特别是近代以来，随着电子科学与技术、电子计算机技术的迅速发展，人类进入了信息化时代。最近几十年来，电子信息技术发展迅猛，新知识、新名词层出不穷。面对这些看似繁乱的变化，学生往往理不出头绪，感到无所适从。这些都源于他们对电子信息技术的内涵和知识体系不了解，不知道所学专业知识在整个知识体系中的位置，因此常常感到迷茫。长期以来，我们的学科基础教育环节比较重视课程内容和教学方法的研究和改进，但是忽略了对学科整体知识结构的介绍，而在给学生讲授特定的问题或者技能时，未能将其所处的某个知识领域的基本结构的背景交代清楚。虽然知识结构的背景是隐含在课程体系设计中的，但只有少部分学生在学习完相应的课程之后能够体会到课程体系背后隐含的结构关系，而大部分学生并不能清晰地了解与掌握整体的知识结构。缺乏对整体知识结构的认识使学生在学习时面临很多问题，如知识点记忆不牢固，很容易遗忘；用已有知识和技能来解决新情况、新问题的能力不强。这些显然不利于创新人才的培养。

任何学科都有一个基本结构，即具有其内在的规律性，表现为各种定义、原理和法则。它不是一成不变的，是随着学科基本知识的不断扩大和加深而不断提高和完善的。电子信息技术发展快，知识点繁多，厘清学科的知识体系尤为重要。专业导论课是为了使学生了解专业内涵特点和发展趋势、专业与社会经济发展的关系、专业涉及的主要学科知识和课程体系、专业人才培养的基本要求等，帮助学生形成较系统的专业认识，为以后的专业学习做铺垫。电子信息技术的内涵十分广泛，当前电子信息技术出现了融合发展的趋势：电子信息系统软件与硬件融合，硬件软件化，系统功能以软件形式呈现；电子元器件向微小型化、集成化、系统化和柔性化方向发展，电子信息系统集成融合在一块芯片内，完成信息采集、处理、存储等多种功能，元器件、电路和系统之间的界限已经模糊；在网络技术和移动通信技术的推动下，迎来智能化电子技术时代，电子信息系统集计算、通信与控制技术于一体。电子信息技术应用日益广泛，跨界融合发展趋势进一步显现。

2012年，我们提出以信息的载体——"信号与数据"为主线，来构建电子信息科学与技术的知识体系，并通过知识图谱呈现，使整个知识体系一目了然。将电子信息技术知识体系描述为：数据是信息的载体，信号是数据的载体，场与波是信号的载体，电子信息技术是将信号与数据的行为及其应用作为研究的主要对象，其所有活动都是围绕"信号与数据"展开的，通过器件、电路、处理器等硬件及软件技术实现信号的采集、传输、变换和存储，通过计算机与网络实现数据的通信、处理、利用和认知。本书以此作为核心内容，引导学生了解学科的整体架构，如图1所示。

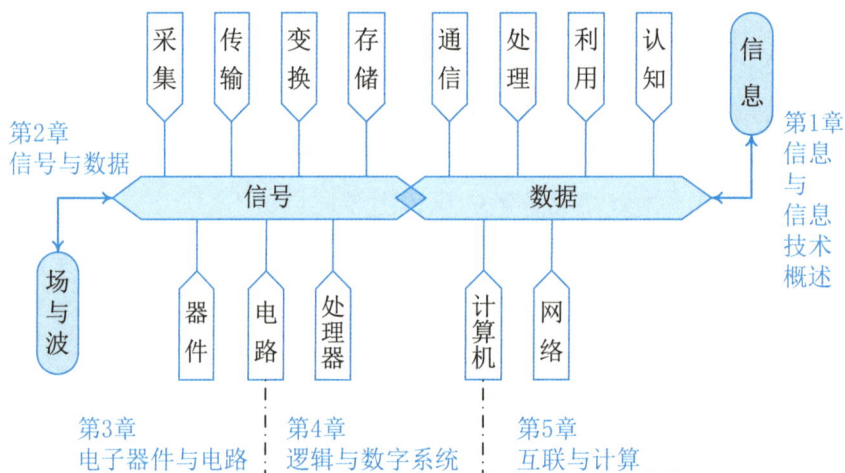

图1　以"信号与数据"为主线的电子信息科学与技术知识体系

本书从知识体系的视角，阐述电子信息科学与技术的整体结构、层次关系、核心概念以及创新成就，注重系统观念和各知识点的内在联系。在整体知识结构框架下，从系统应用的角度，介绍信号与数据、电路与电子系统、互联与计算等方面的基础理论与技术。

电子信息技术是将信息的载体——信号与数据的行为及其应用作为研究的主要对象。本书第1章"信息与信息技术概述"和第2章"信号与数据"介绍信息、信号和数据的基本概念及其相互关系，通过数字通信系统中信号与数据的变换过程，串联起时域和频域、模拟和数字、编码和调制、场与波等核心概念。

第3章"电子器件与电路"和第4章"逻辑与数字系统"介绍电子器件和电路设计的基本原理以及发展历程，讲述从晶体管到微处理器是怎样发展的。电路与数字系统基础是学习电子工程的起步知识，使学生具有简单电子信息系统的分析和设计能力，不仅为后续课程学习奠定基础，也为大学阶段尽早开展创新设计训练提供支撑。

第5章"互联与计算"讲述从通信到网络技术的发展。万物互联将物理世界、现实世界和信息世界相连接，形成一个"万物皆联网，无处不计算"的世界，这是迈向智能化时代的基础。

　　本书是笔者及其团队十多年来在"信息与电子工程导论"课程的探索与实践的基础上编写而成的。2008年冬学期开始，笔者在浙江大学组织开设了"信息与电子科学的认知与探索"通识课程，讲座16学时，实验16学时。讲座分为8讲："电子信息技术概论""麦克斯韦的金口玉言：无处不在的电磁波""微电子与集成电路：非凡成就改变世界""控制微观世界：纳米电子学""战争：电子学家的竞赛""通信与广播：从有线语言到无线网络""声音和图像的艺术家：多媒体信息处理""电子科学与技术和信息与通信工程"，由章献民教授、韩雁教授、江晓清教授、杨冬晓教授、赵问道副教授和于慧敏教授等主讲。实验由金心宇教授负责，内容涉及信号采集与处理、传输、智能控制、无线传感网络等。

　　2012年春、夏学期，根据我们对电子信息科学与技术知识体系的梳理，课程内容改为"导言与概述""数据与信号""场与波""器件与电路""程序与处理器""通信与网络""处理与认知"和"挑战与创新"等8讲，由章献民教授主讲。2012年秋、冬学期，建立了基于未来之家智能家居功能的体验互动式实验，由金心宇教授、李培宏高工负责。2013年冬，课程更名为"信息与电子工程导论"。

　　2015年开始，课程列为浙江大学信息与电子工程学院本科生必修课程。2015年和2016年秋学期，面向2014级和2015级学生，在大二秋学期开设16学时课程，内容为"导言与概述""信息、数据与信号""器件、电路与系统""信息、物理与社会""总结与展望"等5讲，并有3次讨论课。由章献民教授、杨建义教授和史治国教授主讲。采用大班上课，小班讨论，邀请学院众多教师主持小班讨论课。

　　2016年冬学期开始，课程改为32学时，在大一冬学期和春学期开设，课程内容增加了电子学的基础知识。课件由章献民教授负责制作，史治国教授制作了数字系统的课件，胡浩基副教授提供了语音处理的MATLAB代码，李锡华副教授负责课程设计实验的内容。主讲教师为章献民教授、杨建义教授、史治国教授、张明教授、张宏纲教授和李宇波副教授等。之后几年，我们又对课程内容进行了调整和编排，形成了本书的结构框架。目前课程的主讲教师还有张睿副教授、车录锋教授、储涛教授和吉晨教授等。笔者还先后在浙江大学城市学院（现浙大城市学院）、浙江大学宁波理工学院（现浙大宁波理工学院）开设导论课程，得到杭国强教授、戴庭舸博士和喻平副教授等的协助。课程多年积累形成的700多页课件为本书的编写奠定了坚实的基础。

　　十多年来，诸多老师为"信息与电子工程导论"课程的建设和改革做出了努力，笔者在此深表感谢！

　　2005—2017年，笔者担任浙江大学信息与电子工程学系系主任和信息与电子工程学院院长期间，广大教师积极参与，按照卓越创新人才培养目标和高端化、国际化、工程化的培养要求，结合各类国家质量工程建设，参考国际一流大学电子工程专业的培养方案，结合学院实际，梳理了电子信息科学与技术知识体系，所提出的以"信号与数据"为主线的电子信息科学技术知识图谱被教育部高校电子信息类专业教学指导委员会采纳。我们还拓宽专业口径，全面梳理了课程，制订了与国际通行的电子工程专业、电子与计算机工程专业接轨的电子信息类专业人才培养体系，组织编写了学院《课程导引》。新的课程体系和培养方案自 2013 级开始实施，后又经过多次修订完善。这些工作构成了本书第 6 章"专业与课程导引"的基础。

为贯彻习近平新时代中国特色社会主义思想，本书列出了信息技术发展史上的中外重要人物和重要事件，从中可以了解世界信息技术发展史和中国信息技术发展史。"历史是最好的教科书。"学史可以拓宽学生的视野，厚植爱国精神、创新精神、求实精神和奉献精神。

本书动笔于 2016 年春，因工作繁忙，中间写写停停，将近五年，终于完成。本书共分 6 章，第 1、2、6 章由章献民编写，第 3 章由周金芳编写，第 4 章由吴飞青、吴成玉和赵祥红编写，第 5 章由张宏纲编写。章献民设计了全书的结构框架，并在各章初稿写成后进行整理和统稿，改写了各章的内容，绘制了全书插图。

在本书的编写过程中，陈抗生教授、史治国教授分别提供了第 3 章和第 4 章的部分资料，杨冬晓教授对第 6 章内容提了很好的修改建议，在此表示衷心的感谢！

在本书的编写过程中，参考、引用了部分资料，有些资料没法确定原出处，故没有在参考文献中一一列出，在此谨向所有作者表示衷心的感谢！

教育部高等学校电子信息类专业教学指导委员会主任委员郝跃院士在百忙中抽出宝贵的时间为本书作序，让我们倍受鼓舞，在此谨致深切的谢意！

本书建议授课 32 学时：第 1 章"信息与信息技术概述"，2 学时；第 2 章"信号与数据"，8 学时；第 3 章"电子器件与电路"，6 学时；第 4 章"逻辑与数字系统"，8 学时；第 5 章"互联与计算"，4 学时；第 6 章"专业与课程导引"，2 学时；课程总结，2 学时。基于本书内容，作者已在中国大学慕课平台开设 MOOC 课程（www.icourse163.org/course/ZJU-1207400814），可供教学参考。采用本书作为教材的教师若需要配套的课件、习题等教学资料，请发送邮件申请（wrlluck@zju.edu.cn）。

MOOC 课程

由于电子信息技术发展迅速、涉及面广，加上作者水平所限，尽管作了很大努力，书中可能还会有许多不妥甚至错误之处，望广大读者给予批评指正。

章献民

zhangxm@zju.edu.cn

2021 年 1 月于杭州

目 录

第1章 信息与信息技术概述 2

1.1 信息 2

　　1.1.1 信息的概念 2

　　1.1.2 信息的度量 3

　　1.1.3 信息与物质、能量 7

　　1.1.4 信息与数据、信号 9

1.2 信息科学技术概述 11

　　1.2.1 信息科学 11

　　1.2.2 信息技术与电子学 17

1.3 知识图谱 19

　　1.3.1 信息的载体 19

　　1.3.2 系统与功能 20

第2章 信号与数据 24

2.1 时域和频域 24

　　2.1.1 信号的时域描述 24

　　2.1.2 信号的频域描述 28

　　2.1.3 信号与系统的带宽 36

2.2 模拟和数字 39

　　2.2.1 数据的数字化 39

　　2.2.2 信号的数字化 41

　　2.2.3 奈奎斯特采样定理 43

　　2.2.4 数字信号的优势 46

　　2.2.5 数字信号传输 48

2.3 编码和调制 53

　　2.3.1 信源编码 53

 　　　2.3.2　信道编码 56

 　　　2.3.3　信号调制 60

 　　　2.3.4　通信系统模型 65

 　2.4　电磁场与波 67

 　　　2.4.1　经典电磁理论的建立 67

 　　　2.4.2　麦克斯韦方程组 69

 　　　2.4.3　波动的基本特征 72

 　　　2.4.4　电磁波传播特性 74

 　　　2.4.5　天线 78

第 3 章　电子器件与电路 **84**

 　3.1　电路模型和基本定律 84

 　　　3.1.1　层次结构和分析模型 84

 　　　3.1.2　基本电路元件 89

 　　　3.1.3　基尔霍夫电路定律 97

 　3.2　晶体管和集成电路 102

 　　　3.2.1　半导体与 PN 结 103

 　　　3.2.2　晶体管 110

 　　　3.2.3　集成电路 118

 　3.3　集成运算放大器 124

 　　　3.3.1　电路模型和特性 125

 　　　3.3.2　基本运算电路 128

第 4 章　逻辑与数字系统 **142**

 　4.1　数字逻辑和电路 142

 　　　4.1.1　二进制及基本逻辑运算 142

 　　　4.1.2　逻辑门电路 145

 　　　4.1.3　真值表和布尔方程 148

 　4.2　组合逻辑和时序逻辑 151

 　　　4.2.1　组合逻辑电路 151

 　　　4.2.2　时序逻辑电路 156

 　　　4.2.3　有限状态机 164

 　4.3　微处理器和计算机系统 170

 　　　4.3.1　计算机概述 170

 　　　4.3.2　微处理器 177

4.4　嵌入式系统 186
　　4.4.1　嵌入式系统组成与设计 187
　　4.4.2　嵌入式系统接口 190
4.5　EDA 技术 195
　　4.5.1　IC 设计流程及 EDA 工具 196
　　4.5.2　硬件描述语言 200
　　4.5.3　可编程逻辑器件 204

第 5 章　互联与计算 210
5.1　通信与网络 210
　　5.1.1　通信技术的发展 210
　　5.1.2　计算机网络 222
5.2　物联与数联 231
　　5.2.1　物联网 231
　　5.2.2　云计算 237
　　5.2.3　大数据 242
　　5.2.4　区块链 246
5.3　计算与智能 251
　　5.3.1　科学计算 252
　　5.3.2　人工智能 256
　　5.3.3　信息空间 264

参考文献 269

知识图谱 271

信息的概念

信息的度量

信息

信息科学
技术概述

知识图谱

信息与物质、能量

信息科学

信息与数据、信号

信息技术与电子学

信息的载体

系统与功能

共生　包含　递进　包含　递进　包含　递进　共生　包含　递进

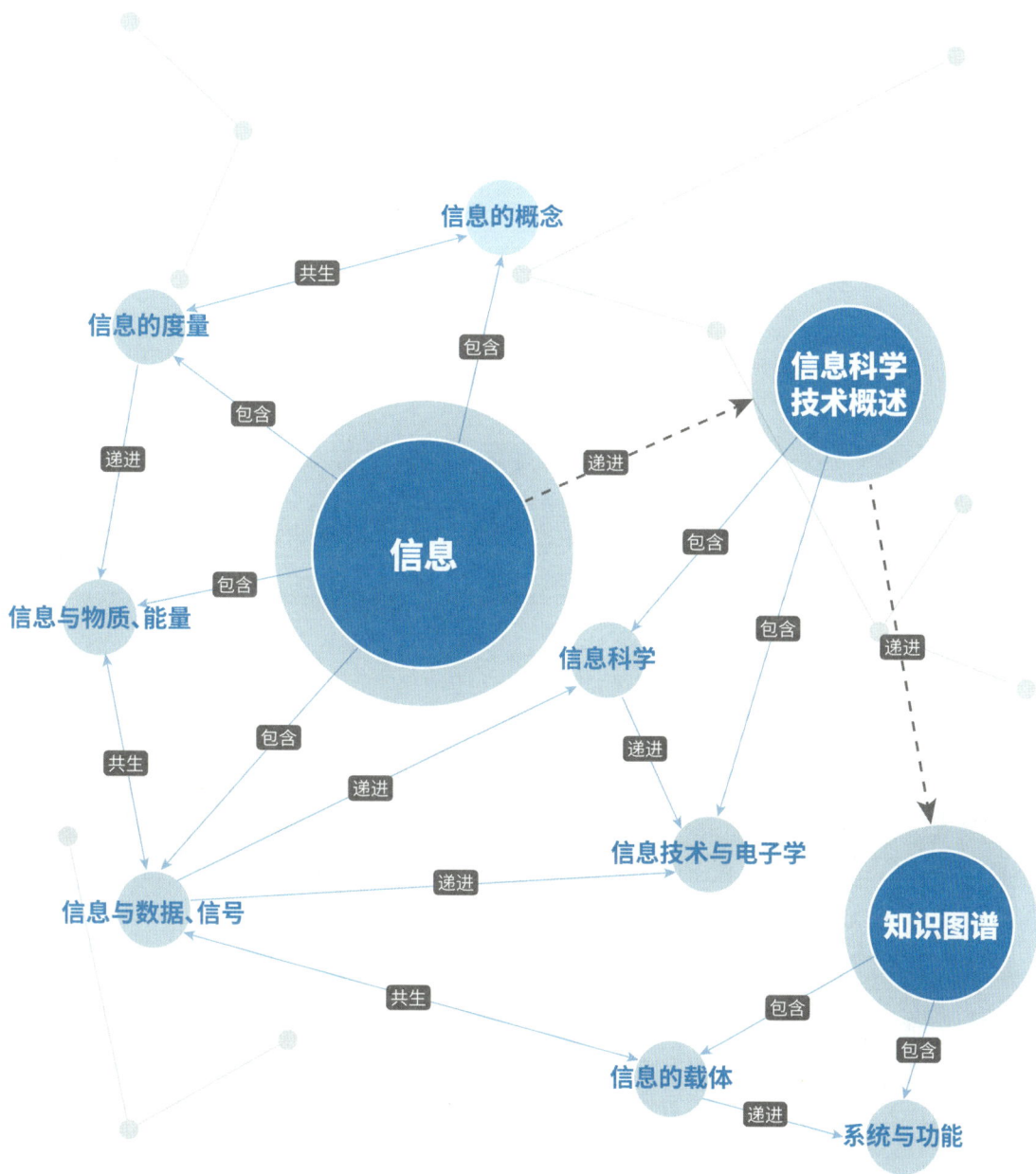

信息与信息
技术概述

第 1 章　信息与信息技术概述

> 信息科学与技术引起了人类社会的巨大变革，它已经成为人们工作、学习和生活中不可或缺的部分。本章从信息的基本概念出发，介绍信息科学的基本理论，以及发展信息科学与技术不可或缺的重要基础——电子学，剖析电子信息技术的内涵，勾画电子信息科学与技术的知识体系。

1.1　信息

物质、能量、信息共同构成了当今人类社会赖以生存和发展的三大资源。信息无处不在，无处不有。自从有了人类，在人们的生产和生活中，就有了信息交流。信息交流方式的演变，推动着人类信息活动的发展，促成了人类社会的一次次飞跃。

1.1.1　信息的概念

信息是事物属性的标识，具有可感知、可存储、可加工、可传递和可再生等自然属性。信息也是社会上各行各业不可缺少的、具有社会属性的资源。人们通过获得、识别自然界和社会的不同信息来区分不同事物，得以认识世界和改造世界。

据《辞源》解释，信息就是"消息"。早在 1000 多年前，五代南唐诗人李中（约 920—974）的《碧云集·暮春怀故人》一诗中，就有"梦断美人沉信息，目穿长路倚楼台"的诗句。

"信息"一词▼作为科学术语最早出现在美国贝尔实验室研究工程师拉尔夫·哈特利（Ralph Hartley，1888—1970）发表于 1928 年的《信息传输》▼一文中，他认为信息是指消息中的新内容、新知识，说明了消息和信息在概念上的差异。迄今为止，许多研究者分别从语言学、哲学、自然科学等不同研究领域出发，对信息给出了不同的定义。

1948 年，美国科学家、信息论的奠基人克劳德·艾尔伍德·香农（Claude Elwood Shannon，1916—2001）发表题为《通信的数学理论》▼的

Claude Elwood Shannon
（1916—2001）

▼"信息"一词在英文、法文、德文、西班牙文中均是"information"，表示音讯、资讯、消息、通知、情报等。

▼R. V. L. Hartley. Transmission of information [J]. *The Bell System Technical Journal*, 1928, 7(3): 535 – 563.

▼C. E. Shannon. A mathematical theory of communication [J]. *The Bell System Technical Journal*, 1948, 27(3): 379–423. 27(4): 623–656.

论文,认为信息是"用来消除随机不确定性的东西",并提出信息量的概念和信息量的计算方法,从而奠定了信息论的基础。

美国数学家、控制论的创始人诺伯特·维纳(Norbert Wiener,1894—1964)在1948年出版的著作《控制论:或关于在动物和机器中控制和通信的科学》▼中指出:"信息是人们在适应外部世界,并使这种适应反作用于外部世界的过程中,同外部世界进行互相交换的内容和名称。""信息就是信息,不是物质也不是能量。"

可见,信息是一个非常泛的概念。香农和维纳都是从系统论的高度来看待信息,认为信息是构建任何系统的要素之一。

概括地说,信息是对客观世界中各种事物的运动状态和变化的反映,是客观事物之间相互联系和相互作用的表征,表现的是客观事物运动状态和变化的实质内容。从本质上看,信息是对社会和自然界的事物特征、现象、本质及规律的描述。

1.1.2　信息的度量

当遇到很有内涵的消息▼时,我们往往会说"信息量真大"。但很少有人仔细想过,"信息"这一不可数名词,究竟如何会有量的差别。其实,从古至今,人们一直试图寻找一种能衡量消息中"信息浓度"的方法。到了信息时代,信号的处理与分析也需要一个适当的对信息量的衡量标准。信息量等于传输该信息所用的代价,这也是通信中考虑最多的问题。

信息的度量是信息论研究的基本问题。从目前的研究来看,要对通常意义下的信息给出一个统一的度量是困难的。存在许多种关于信息度量的定义,但至今最为成功,也最为普及的信息度量是由信息论创始人香农在他的论文《通信的数学理论》中提出的,是建立在概率模型上的信息度量。

香农用不确定性度量定义信息:一个消息的可能性愈小,其信息愈多;而消息的可能性愈大,则其信息愈小。事件出现的概率小,不确定性越多,信息量就大,反之则小。通常,你对某件事知道得越少,则存在的不确定性就越大,而你得到的信息假如能使不确定性消除得越多,你所获得的信息量就越大。

例如,在一次英语考试之后公布成绩,小明同学的成绩是"优",因为他平时英语成绩很好,所以同学们不会有太大的反应,这是他们意料之中的事,这个消息使他们获得的信息量不大。如果小明同学的成绩是"良",同学们就会感到有些反常,这个消息给他们提供的信息量就比前一种情况要大。假如有消息说,小明同学的成绩是"不及格",那一定会轰动全班,使大家感到惊讶,因为这是他们意想不到的事,这个消息给他们提供的信息量就更大了。这个例子说明,某一事物状态出现的可能性越小,它的不确定性就越大,报道这一事物状态出现的消息所提供的信息量就越大。如果某一消息报道的内容是人人皆知、司空见惯的,或

视频 1.1　信息的概念

▼N. Wiener. *Cybernetics or Control and Communication in the Animal and the Machine* [M]. Paris: Hermann et CIE, 1948.

视频 1.2　信息的度量

▼消息与信息的区别:信息是包含在消息中的抽象量,消息是信息的载体;消息是具体的,信息是抽象的。信息是消息,但消息并不一定包含信息。例如,甲对乙说:"你面试通过了。"那么,乙就从消息中获得了信息。如果丙又告诉乙同样的话,此时,对乙来说,他只是得到了一条消息,并没有获得其他任何信息。

课件 1.1
信息与信息技术概述

者是事先已经预料必然要发生的事，那么这个事物就是确定的，它的不确定性等于零。因此，这种消息的信息量也等于零。

既然信息与不确定性相联系，因此用概率的某种函数来描述不确定性是自然的。

自信息量

自信息量是用来描述某一条信息（本身）的大小，度量事件 A 的发生所提供的信息量可表示为

$$I(A) = -\log_2 p(A) \tag{1.1}$$

其中 $p(A)$ 为事件 A 发生的概率，$p(A) \leqslant 1$。

自信息量的单位与所用对数的底有关，当取底为 2 时，单位为比特（bit▼），含义是用多少位二进制数能衡量该信息的大小▼。譬如，掷一枚硬币，正面朝上的概率是 1/2，则自信息量 $I(A) = -\log_2(1/2) = 1$ bit。我们可以用 1 位二进制数来表示，如"0"表示正面朝上，"1"表示反面朝上。式 (1.1) 中的对数也可以用其他数作为底，差别仅仅是单位不同▼。目前的数字电子系统都是以二电平逻辑来工作的，因此，以 2 为底的信息量单位"比特"是信息度量的基本单位。

信息量为什么表示成对数呢？因为对数 $\log_2 x$ 表示求多少个 2 连乘的结果等于 x，求对数可以表述为"最少问多少个问题可以把事情搞清楚"。信息的多少就是不确定性的大小，因此问题的数量就是这件事的信息量。

以猜数字为例，假设整数数字范围为 0～31，需要猜几次呢？采用二分法最快，先问是 0～15 吗？然后根据回答继续递归询问。一次询问可以排除掉 1/2 的结果，这样只需要 5 次就可以得到确定的结论，那么在 0～31 中猜某个数字的信息量就是 5 bit。

如果将二分法问答用二进制数 0 和 1 来表示，十进制数 0～31 等效为 5 位二进制数 00000～11111。猜数字就是猜每位二进制数是 0 还是 1，猜 5 次可将 5 位二进制数猜全。

事实上，对于每个数字出现是等概率的情况，猜中的概率是 1/32，由式 (1.1) 可计算得到猜某个数字的信息量就是 5 bit。

信息量具有可加性，即若干个独立事件▼所含的信息量等于每个独立事件所含信息量之和。由概率论可知，独立事件同时发生的概率等于各独立事件发生的概率之积，两数乘积的对数等于乘数对数与被乘数对数之和，这便是信息可加性的理论依据。

对于独立事件 $A_1, A_2, \cdots, A_n$，发生的概率分别为 $p(A_1), p(A_2), \cdots,$

▼bit 一词是由 binary（二进制的）和 digit（数字）两个词合并而成的。

▼信息论中的"比特"是指抽象的信息量单位，1 bit 信息量就是两个互不相容的等概率事件（例如，掷硬币正面朝上和反面朝上）之一发生时所提供的信息量。计算机术语中的"比特"则代表二元符号（即二进制数字 0 和 1）。这两者之间的关系是：每个二元符号所能提供的最大平均信息量为 1 bit。

▼当取自然对数 e 为底时，自信息量单位为奈特（Nat）；当取底为 10 时，单位为哈特利（Hartley）。
1 Nat = 1.443 bit
1 Hartley = 3.322 bit

▼独立事件：事件 B 发生或不发生对事件 A 不产生影响，就说事件 A 与事件 B "相互独立"，其对象可以是多个。

$p(A_n)$，则这些独立事件同时发生的自信息量为

$$I\left[\prod_{i=1}^{n} p(A_i)\right] = \sum_{i=1}^{n} I(A_i) \tag{1.2}$$

上述猜数字的例子中，如果将猜每位二进制数看成独立事件，猜 1 位二进制数的信息量是 1 bit，则猜 5 位二进制数就是 5 bit。

例 1.1　信息量计算

小明不知道某道选择题该选 A、B、C、D 哪个选项时，小红告诉小明"D 选项是错的"，提供了多少信息量？再告诉小明"A 选项是错的"，又提供了多少信息量？最后告诉小明"B 选项是错的"的信息量又是多少？

小明不知道该选 A、B、C、D 哪个选项时，不确定性是 $-\log_2(1/4) = 2$ bit。小红告诉小明"D 选项是错的"，排除了选项 D，这时的不确定性减小为 $-\log_2(1/3) = 1.585$ bit。所以，小红提供了 $2 - 1.585 = 0.415$ bit 的信息量。

再告诉小明"A 选项是错的"，又排除了选项 A，只需要在 B、C 两个选项中选择，不确定性变为 $-\log_2(1/2) = 1$ bit。所以，小红又提供了 $1.585 - 1 = 0.585$ bit 的信息量。

最后告诉小明"B 选项是错的"，选项只有 C 了，小明的不确定性完全消除。所以，小红提供了 1 bit 的信息量。

信息熵

一个信源▼发送出什么符号是不确定的，可以根据其出现的概率来度量。概率大，出现的机会多，不确定性小；反之不确定性就大。

在信源中，通常我们考虑的不是某一单个符号发生的不确定性，而是要考虑这个信源所有可能发生情况的平均不确定性。若信源符号有 n 种取值 $A_1, A_2, \cdots, A_n$，对应概率分别为 $p_1, p_2, \cdots, p_n$，且各种符号的出现彼此独立，这时，信源的平均不确定性为单个符号不确定性的统计平均值，香农把它称为信息熵（entropy）▼，一般用符号 H 表示，单位是比特。

$$H = \sum_{i=1}^{n} p_i I(A_i) = -\sum_{i=1}^{n} p_i \log_2 p_i \tag{1.3}$$

自信息量表示的是单一事件发生时包含的信息量，而信息熵表示的是整个随机分布平均信息量，也称为平均自信息量。

举个简单的例子。英文中有 26 个字母，加上单词间的空格一共 27 个字符。假设每个字符出现的概率是相等的，那么其中一个字符的自信

▼信息传播过程可简单地描述为：信源 → 信道 → 信宿。其中，信源是信息的发布者，信宿是信息的接收者。

▼信息量的量化度量为什么叫"熵"？是因为它的定义形式和热力学中的熵有很大的相似性。热力学中熵是表示分子状态混乱程度的物理量，熵越大，则空间内热量分布的差异越小。香农借用"熵"的概念来解决信息的度量问题。一个事件或一个系统，准确地说是一个随机变量，它有着一定的不确定性。变量的不确定性越大，需要引入消除不确定性的信息量越大，则信息熵越大，反之则越小。

息量大小就是

$$I = -\log_2 \frac{1}{27} \approx 4.75 \,(\text{bit})$$

对应的信息熵也是 4.75 bit。实际上对于任意一篇英文文章来说，每个字符出现的概率是不同的，如果 27 个字符出现的概率分别为 p_1, p_2, $\cdots$, p_{27}，则信息熵为

$$H = -(p_1 \log_2 p_1 + p_2 \log_2 p_2 + \cdots + p_{27} \log_2 p_{27})$$

▼中文汉字的信息熵高达 9.65 bit，也就是说中文可以用更少的字数表达更多的意思。如果一本英文书翻译成中文，会变薄许多。

▼我们还可以看到，英文所传达的信息大概只使用了 $2^{4.03} \approx 16.4$ 个字符，也就是说，如果可能的话其实英语只需要 16 个字母加空格就可以在最大程度上表达信息了。

语言学家告诉我们，英文字母的信息熵是 4.03 bit▼，这一数值小于上述所计算的 4.75 bit，原因就是有些字母用的频次高而另外一些用的频次低▼。信息熵与事件的概率分布有关，概率分布越均匀，信息熵越大。数学上可以证明，式 (1.3) 在等概率时达到最大值。

例1.2　信息熵和二进制编码

有 A、B、C、D 共 4 匹马参加赛马比赛，获胜概率分别为 1/2、1/4、1/8、1/8，由式 (1.3) 可得"哪一匹马夺冠"这个事件的信息熵为

$$H = -\frac{1}{2} \log_2 \left(\frac{1}{2}\right) - \frac{1}{4} \log_2 \left(\frac{1}{4}\right) - \frac{1}{8} \log_2 \left(\frac{1}{8}\right) - \frac{1}{8} \log_2 \left(\frac{1}{8}\right) = 1.75 \,(\text{bit})$$

分析如下：如果还是用二分法来猜哪一匹马夺冠，则需要猜 2 次，如图 1.1(a) 所示。如果用"0"表示"是（Y）"，用"1"表示"否（N）"，则 A、B、C、D 这 4 匹马分别用 00、01、10、11 来编码，需要 2 bit 二进制数。

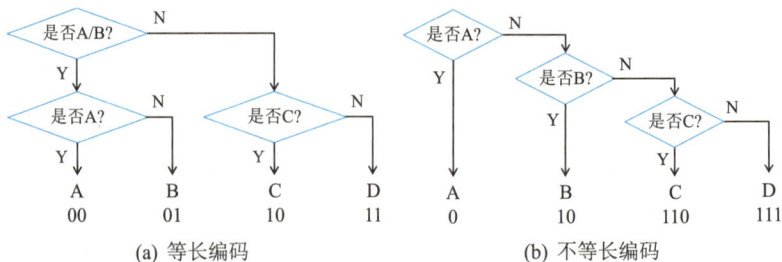

图 1.1　信息熵和二进制编码

▼当然，猜一次出结果的概率大，猜三次才出结果的概率小。

▼可以看出，这种编码方式是把最短的码分配给发生概率最高的事件，以此类推。

事实上"哪一匹马夺冠"这一事件的信息熵是 1.75 bit，只需 1.75 bit 二进制数就可表达了。如果改用另外一种提问方式，如图 1.1(b) 所示。猜测时不是把 4 匹马等分成两个组，而是把最可能获胜的 A 分成一组，把其他 3 匹马分成另一组。这样，也许一次就可以猜出结果，也可能要猜三次才能出结果▼。还是用"0"表示"是（Y）"，用"1"表示"否（N）"，A、B、C、D 这 4 匹马分别用 0、10、110、111 来编码▼，可以计算平均码长为 $1 \times 1/2 + 2 \times 1/4 + 3 \times 1/8 + 3 \times 1/8 = 1.75$（bit）。

可以看出，所谓信息熵就是二进制的字符集在去掉冗余度后的二进制编码位数，冗余度是通过统计每个字符出现概率获得的▼。

在通信系统中，信息熵用来表示平均每符号携带多少比特信息，单位是比特每符号（bit/symbol）。其意义是，如果我们把一个信源符号转化成二进制比特形式，那么需要多少位二进制数才能表达这个通信符号的所有信息。

▼对这个问题深入讨论，可以得出霍夫曼编码的概念，在 2.3.1 节（第 53 页）中有较详细的叙述。

> **例 1.3　信息熵计算**

某离散信源由 0、1、2、3 四个符号组成，它们出现的概率分别是 3/8、1/4、1/4、1/8，且每个符号的出现都是独立的。试求消息序列"20102013 0213001203210100321010023102002010312032100120210"的信息量。

此消息序列长度为 57 个符号，其中"0""1""2""3"分别出现了 23、14、13、7 次。该消息的信息量为

$$I = -23 \times \log_2\left(\frac{3}{8}\right) - 14 \times \log_2\left(\frac{1}{4}\right) - 13 \times \log_2\left(\frac{1}{4}\right) - 7 \times \log_2\left(\frac{1}{8}\right)$$

$$= 108 \text{ (bit)}$$

每个符号的算术平均信息量为

$$\bar{I} = \frac{I}{符号数} = \frac{108}{57} = 1.89 \text{ (bit/symbol)}$$

若用信息熵（平均信息量）的概念来计算，即

$$H = -\frac{3}{8} \times \log_2\left(\frac{3}{8}\right) - \frac{1}{4} \times \log_2\left(\frac{1}{4}\right) - \frac{1}{4} \times \log_2\left(\frac{1}{4}\right) - \frac{1}{8} \times \log_2\left(\frac{1}{8}\right)$$

$$= 1.906 \text{ (bit/symbol)}$$

则该消息的信息量为

$$I = 57 \times 1.906 = 108.64 \text{ (bit)}$$

以上两种结果略有差别的原因在于，它们的平均处理方法不同。前一种按算术平均方法计算的结果可能存在误差，这种误差将随着消息序列中符号数的增加而减小。当消息序列较长时，用熵的概念计算更为方便。

1.1.3　信息与物质、能量

物质、能量和信息在一切系统中是三足鼎立的关系，缺一不可。那么物质、能量和信息这三大要素之间又有着怎样的关系呢？

信息与物质：物质是信息的载体，物质的运动是信息的源泉，信息是物质运动状态和状态改变方式的表现形式。

信息与能量：能量是事物做功的本能，也是事物运动的源泉。事物的运动状态是通过信息表现出来的。传递信息需要能量，驾驭能量需要信息。

▼质能方程 $E = mc^2$，E 表示能量，m 代表质量，c 表示光速。

▼热力学第二定律指出：熵总是增加的。奥地利物理学家路德维希·玻尔兹曼（Ludwig Boltzmann，1844—1906）曾用一个简单的统计解释证明了能量会分散、熵会增加的趋势：在一个系统中，能量分散在粒子中的方式要比集中在几个粒子上多得多，因此，当粒子到处运动并相互作用的时候，它们会自然地趋向于能量更分散的状态。

物质和能量是客观存在的、有形的，信息是抽象的、无形的。物质和能量是系统的"躯体"，信息是系统的"灵魂"。信息要借助于物质和能量才能产生、传输、存储、处理和感知；物质和能量要借助于信息来表述和控制。

信息与物质是两个不同的概念，信息不是物质，虽然信息的传递需要能量，但是信息本身并不具有能量。阿尔伯特·爱因斯坦（Albert Einstein，1879—1955）已经揭示了物质与能量之间的转换关系▼，而信息与物质或能量之间的转换关系，则是科学家们一直在探索的问题。

1867年，英国科学家詹姆斯·克拉克·麦克斯韦（James Clerk Maxwell，1831—1879）在写给物理学家彼得·泰特（Peter Tait，1831—1901）的一封信中，描述了他的著名悖论。这个悖论和热力学第二定律▼有关，暗示了热力学和信息之间的联系。

麦克斯韦设想一个完全与外界隔绝的箱子，中间用一块完全隔热的板子隔开分为 A 和 B 两部分，如图1.2所示。假设有一只神兽（称为麦克斯韦妖）看守着中间的小门，它观察气体分子运动速度，控制小门，让运动较快的分子流向 B，而运动较慢的分子流向 A。久而久之，原本温度平衡的箱子，就出现了一半热一半冷的现象。这一过程是熵减过程，而麦克斯韦妖的存在使这一过程成为自发过程，这明显有悖于热力学第二定律。

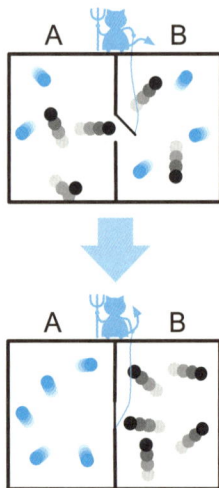

图1.2 麦克斯韦妖悖论示意

这个悖论在提出之后的相当长时间内，都没有得到很好的解释。1929年，匈牙利物理学家利奥·西拉德（Léo Szilárd，1898—1964）首次将信息的概念引入热力学循环中。他直观地认为，麦克斯韦妖在测量分子处于左边还是右边的过程（获取信息的过程）中会消耗能量，从而导致整体的熵的增加。如果把这个效果包含到热力学循环中，就不会违反热力学第二定律。但西拉德的解释并没有被广泛接受。

▼R. Landauer. Irreversibility and heat generation in the computing process [J]. *IBM Journal Research and Development*, 1961, 5(3): 183–191.

对麦克斯韦妖问题的一个革命性突破出现在1961年。IBM Watson研究所的物理学家罗尔夫·兰道尔（Rolf Landauer，1927—1999）把信息论和物理学的基本问题联系起来，提出了著名的兰道尔原理▼，即擦除1比特的信息将会导致 $kT \ln 2$（k 为玻尔兹曼常数，T 为环境绝对温度）的热量耗散。根据兰道尔原理，可计算出电脑在室温下清除1比特信息需要 2.9×10^{-21} 焦耳的能量。

1982年，同为IBM Watson研究所的物理学家查尔斯·贝内特（Charles Bennett，1943—）利用兰道尔原理从原理上解决了麦克斯韦妖悖论。贝内特认为，麦克斯韦妖的信息储存在它的记忆中，而记忆需要更新和清除，这就会消耗能量。也就是说，当麦克斯韦妖将气体分成冷热两部分，在降低气体熵的同时，它的大脑需要消耗能量，需要产生更多的熵来进行补偿。对于由气体和麦克斯韦妖构成的总系统，熵仍然是增加的，遵守热力学第二定律。

这个发现揭示出信息和能量的关系。所拥有的信息越多，能"释放"功的潜力也越大。信息消除之时，会释放出相应的能量，熵随之增加。所以，麦克斯韦妖的确需要消耗能量，但并不是在放分子的过程中，而是在判断分子运动快慢的过程中，因为它拥有"信息"。

信息熵和热力学熵是紧密相关的。根据贝内特对麦克斯韦妖的重新解释，对信息的销毁是一个不可逆的过程，所以销毁信息是符合热力学第二定律的▼。而产生信息，则是为系统引入负（热力学）熵的过程。所以信息熵的符号与热力学熵应该是相反的，是负熵。

▼热力学第二定律指出了在自然条件下热量只能从高温物体向低温物体转移，而不能由低温物体自动地向高温物体转移。也就是说，在自然条件下，这个转变过程是不可逆的。熵增加原理是热力学第二定律的又一种表述：孤立系统的熵永不自动减少，熵在可逆过程中不变，在不可逆过程中增加。

兰道尔原理

如图 1.3 所示，设想一个热力学熵为 S 的气罐，里面只有一个气体分子。若将气罐分成 W_1 个小空间，则该分子有 W_1 个可能的位置。分子的每个可能位置都可视为一个微观状态，整个气罐有 W_1 个微观状态，则半个气罐有 $W_2 = W_1/2$ 个微观状态。

当 W_1 个微观状态都是等概率时，信息熵 $H_1 = \log_2 W_1$。根据玻尔兹曼公式，热力学熵 $S_1 = k \ln W_1$，式中，$k = 1.380649 \times 10^{-23}$ J/K▼，为玻尔兹曼常数。

若将分子位置限制为半个气罐，则气罐的熵 S 从起始高熵值 S_1 变到低熵值 $S_2 = k \ln W_2$，该限制行为所缩减的气罐的熵为 $\Delta S = S_1 - S_2 = k \ln 2$。

同样，将分子位置限制为半个气罐后，信息熵变为 $H_2 = \log_2 W_2$，此操作所改变的信息熵 $\Delta H = H_1 - H_2 = 1$ bit。

也就是说，改变 1 bit 信息熵会导致 $k \ln 2$ 热力学熵的改变，所需的最低能量是 $kT \ln 2$。又因为消除信息熵等于获取信息，即改变信息熵等同于改变信息，因此写入或删除 1 bit 信息会导致 $k \ln 2$ 热力学熵的改变，消耗 $kT \ln 2$ 的能量。

因为传递信息不得不克服由随机振动造成的噪声干扰，所以消耗的能量不可避免地随温度 T 的升高而增大。不管多么高效的设备都遵守以上的转换极限，这个极限称为兰道尔极限（Landauer's limit）。兰道尔原理的重要意义是在信息理论和热力学之间建立起一个基本联系，这一原理也已经成为信息热力学的重要基础之一。

Rolf Landauer
（1927—1999）

▼单位 J 是焦耳，K 是开尔文温度，即绝对温度。

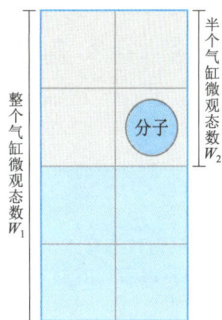

图 1.3　兰道尔原理

▼"数"是数学中最基本的概念之一，它是表示事物在数量上的不同程度的基本数学概念。数字是用来记数的符号，一般是指阿拉伯数字 0～9。数除了用数字表示外，还可以用另外一些符号表示，如小数点、分数线、循环点等。

1.1.4　信息与数据、信号

信息最显著的特点是，不能独立存在，必须依托载体。数据的原意是以数字形式▼所表示的信息。世界上存在着大量非数字的信息，如文本、

语音、图像、视频等。进入信息时代之后，人们倾向于把所有存储在计算机上的信息，无论是数字还是音频、视频，都称为数据。所以，数据是载荷或记录的信息按一定规则排列组合的物理符号，是客观实体的一种表述形式，可以是数字、文字、图像，也可以是计算机代码。

数据的概念包括两个方面：其一，数据内容是事物特性的反映或描述；其二，数据是符号的集合。例如，为了描述一名学生的信息，可以用一组数据"3150232018，张小明，2005 年 1 月，汉族，电子信息工程"来表示，这组数据分别描述了这名学生的学号、姓名、出生年月、民族以及所学的专业，它们是数字或汉字字符的集合。在这里，这些符号已经被人们赋予了特定的含义，所以它们就具有传递信息的功能。

信息与数据之间是相互联系的。数据是信息的符号表示，是反映客观事物属性的记录，是信息的具体表现形式。信息则是数据的内涵，是经过加工的数据，是对数据的语义解释。对信息的接收始于对数据的接收，对信息的获取只能通过对数据背景的解读。数据背景是接收者针对特定数据的信息准备，即当接收者了解物理符号序列的规律，并知道每个符号和符号组合的指向性目标或含义时，便可以获得一组数据所载荷的信息。

信息与数据是密不可分的。数据是信息的载体，信息蕴含在数据之中。从信息论的观点来看，描述信源的数据是信息和数据冗余之和，即：数据 = 信息 + 数据冗余，如图 1.4 所示。所以，信息可以简单地理解为数据中包含的有用的内容。另外，具体的信息与表示它的数据之间的对应关系又因环境而异。同一信息可能用不同的符号表示，同一数据也可能有不同的解释。

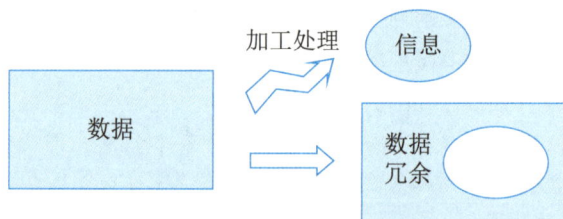

图 1.4　数据与信息的关系

▼大数据技术在 5.2.3 节（第 242 页）中有较详细的叙述。

如今，随着物联网、云计算和移动互联网的发展，用数字化的方式记录所见所感成为可能。人类拥有的数据量呈几何级数增长，大数据技术▼广泛融入各行各业，人类从 IT（information technology，信息技术）时代走向了"数即万物，万物皆数"的 DT（data technology，数据技术）时代。大数据正在改变我们的生活，颠覆我们的传统思维方式。

万物皆数

2500 多年前，古希腊哲学家毕达哥拉斯（Pythagoras，约前 580—前500）提出了"万物皆数"的哲学观，把数的概念提到突出的地位，认为

Pythagoras
（约前 580 —前 500）

世界就是由数构成的，可用数学方法来解释世界，数字是世界的本质，并支配着人类社会乃至整个自然界。

毕达哥拉斯学派从五个苹果、五个手指等事物中抽象出了"5"这个数。这在今天看来是很平常的事，但在当时却是一个巨大的进步。这个发现在实用数学方面，使得算术成为可能；在哲学方面，促使人们相信数是构成实物世界的基础。

信息是不能直接传送的，必须借助一定形式的信号（如光信号、声信号、电信号等）才能远距离快速传输并进行各种处理。例如，古代人利用点燃烽火台所产生的滚滚狼烟，向远方军队传递敌人入侵的消息，这属于光信号；当我们说话时，声波传递到他人的耳朵，使他人了解我们的意图，这属于声信号；遨游太空的各种无线电波、四通八达的计算机网中的电流等，都可以用来向远方表达各种消息，这属于电信号。人们通过对光、声、电信号进行接收，才知道对方要表达的信息。所以，信号是运载信息的工具，也是信息的载体。

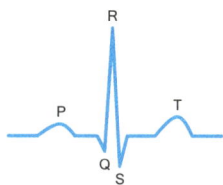

图 1.5　正常窦性心律心电信号

例如，心电图机从人体体表测量心脏每一心动周期所产生的电活动变化，记录的是电压随时间变化的曲线，如图 1.5 所示。麦克风是由声音的振动传到振膜上，推动里面的磁铁形成变化的电流，然后把变化的电流送到后面的声音处理电路进行放大处理，如图 1.6 所示。

广义地说，信号是指任何待传送某种信息的随时间或某几个自变量变化的某种物理量。随时间或位置变化的信号，在数学上可以用时间和空间的函数来表示。例如，一个语音信号可以表示为声压随时间变化的函数 $p(t)$；一张黑白照片可以用亮度随二维空间变量变化的函数 $I(x, y)$ 表示，而视频图像亮度则是一个既与红、绿、蓝三色有关，又与时间和二维坐标有关的函数，即 $I = [I_r(x, y, t), I_g(x, y, t), I_b(x, y, t)]$。信号分析就是找到信号波形或图像的结构特征或统计特征。

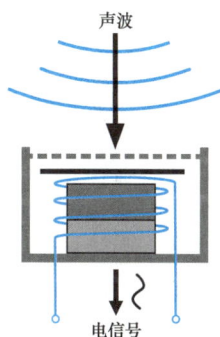

图 1.6　麦克风工作原理

在电子信息系统中，电子电路、处理算法和系统结构都是针对所处理的信号来设计的，这对于工程技术有着重要的意义。

1.2　信息科学技术概述

扩展人类的信息器官功能，提高人类对信息的接收和处理的能力，实质上就是扩展和增强人们认识世界和改造世界的能力。这既是信息科学技术的出发点，也是它的最终归宿。

1.2.1　信息科学

信息科学是研究信息运动规律和应用方法的科学，是由信息论、控制论、计算机理论、人工智能理论和系统论等相互渗透、相互结合而成的一门新兴综合性科学。

视频 1.4　信息科学

▼钟义信. 信息科学与技术导论 [M]. 3 版. 北京: 北京邮电大学出版社, 2015.

▼感觉器官包括视觉器官、听觉器官、嗅觉器官、味觉器官、触觉器官，即眼耳鼻舌身"五官"；神经系统分为导入神经网络、导出神经网络和中间传导神经网络等，其功能是传递信息；思维器官包括记忆系统、联想系统、分析系统、推理系统和决策系统等；效应器官包括操作器官（手）、行走器官（脚）和语言器官（口）等。

信息科学研究内容可用图 1.7 所示的信息运动过程模型▼来表示，这也是人类通过自己的信息器官认识和改造世界这一活动的信息模型。人类拥有自己的信息系统，它由各种信息器官组成，这些信息器官包括感觉器官、神经系统、思维器官和效应器官▼。通过这些信息器官的相互合作，共同实现人类认识和改造世界的过程。

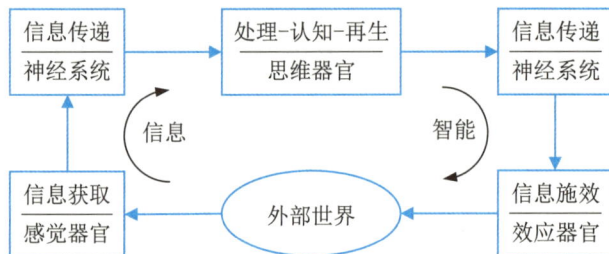

图 1.7　信息运动过程模型

世界上任何存在的事物都是信息源，所有事物的运动都会产生相应的信息。在信息运动过程中，信息是客观存在的，是事物运动状态及其状态方式的呈现。

信息获取包括信息的感知、识别和选择。信息感知指对事物运动状态及其变化方式的敏感和知觉，这是获取信息的必要前提；仅仅感受到事物的运动状态及其变化方式还不够，还必须有能力把所感受到的事物运动状态及其变化方式识别出来，这就是信息识别；不仅如此，由于外部事物的多样性，它们所呈现的信息也必然复杂多样，这就有信息选择的问题。信息选择是要找到有效的方法把需要的信息与其他不需要的信息分离开来，实现信息的正确提取，如图 1.4 所示。

信息传递包括信息发送、传输和接收等环节，是将事物所呈现的运动状态及其变化方式从空间（或时间）▼上的一点快速、可靠、安全地传送到另一点。信息获取和传递过程所提供的信息反映了事物的运动状态及其变化方式。

▼信息在空间中的传递，即通信；信息在时间域上的传递，即存储。

信息处理泛指为了特定目的而实施的对信息所进行的变换和加工。用户若想利用信息来解决问题，就必须对这些信息进行适当的加工和处理，使信息变得便于利用。

信息认知是指从信息中提取与之相关知识的过程，这也是人最基本的心理过程。人脑接受外界输入的信息，经过大脑的加工处理，转换成内在的心理活动，进而支配人的行为。

信息再生是在目的的引导下利用已有的信息和知识来产生新信息（策略信息）的过程。在这个过程中，客观信息转变为主观信息，外在信息经过主体的"思维"后转变为内在信息，是人们认识外部事物的一个升华和深化。实际上，信息再生的过程就是制定决策的过程。

信息施效是信息最终发挥效用的过程，是整个信息过程的最终环节。人们获取信息、传递信息、处理信息以至再生新的信息，目的就在于发挥信息的效用。信息的施效有很多不同的表现形式，其中最重要的是实施控制、优化系统和增广智能。实施控制是通过调节对象事物的运动状态及其变化方式使对象处于最优的运动状态；优化系统是通过信息的引导使系统实现最优组织；增广智能是通过信息的引导实现人或机器系统的智能行为。

在上述全部信息过程中，"信息认知"和"信息再生"共同构成了全部信息过程的核心，通常称为"思维过程"，也被称为"狭义智能"，因为知识和智能策略都是在这里产生的。然而，一个"完整智能"或者称为"全义智能"，应当包括全部的信息过程。"信息认知"和"信息再生"（狭义智能）是核心；"信息获取"和"信息施效"是核心与外部世界之间的两端接口；"信息传递"是把内部核心和对外部的接口组织成有机智能体的纽带。

信息科学的研究已经远远超出了通信领域，深入到感知科学、计算科学、控制科学、系统科学、智能科学、认知科学、思维科学等众多相关领域，形成了有机的、完整的信息科学体系。

20 世纪 40 年代末，随着科技的发展，各个科学研究领域的分支日益细化，但与此同时，各学科之间相互渗透的现象越来越明显。为适应这一趋势，系统论、控制论、信息论这三门边缘学科几乎同时产生。它们的出现对科学技术和思维的发展起到了巨大的推动作用，为现代多门新学科的出现奠定了坚实的基础，成为信息科学的支柱。系统论提出系统概念并揭示其一般规律，控制论研究系统演变过程中的规律性，信息论则研究控制的实现过程。因此，信息论是控制论的基础，两者共同成为系统论的研究方法。

信息论

信息论是信息科学的前导，是一门运用概率论与数理统计方法研究信息的度量、传递和交换规律的科学，主要研究通信和控制系统中普遍存在的信息传递的共同规律，以及建立最佳解决信息的获取、度量、变换、存储、传递等问题的基础理论▼。

信息系统就是广义的通信系统，泛指将某种信息从一处传送到另一处所需的全部设备所构成的系统。1939 年，香农在写给导师万尼瓦尔·布什（Vannevar Bush，1890—1974）的信中，概述了他的一些初步想法，即"用于情报传递的通用系统的基本特性"。经过 10 年的研究，香农在 1948 年发表的《通信的数学理论》一文中描述了一个简单且通用的通信模型，如图 1.8 所示。

通信过程可简单地描述为：信源 → 信道 → 信宿。其中，"信源"是信息的发布者，即上载者；"信宿"是信息的接收者，即最终用户。

信源就是信息的来源，可以是人、机器、自然界的物体等。信源发出信息的时候，一般以某种消息的方式表现出来，可以是符号▼，如文字、

将反映自然现象和社会现象的信息经过加工，上升为对自然和社会发展客观规律的认识，这种再生信息就构成了知识。所以，知识是数据和信息的高级和抽象的概念。知识具有系统性、规律性和可预测性。

智慧是在知识的基础之上，通过经验、阅历、见识的累积，而形成的对事物的深刻认识、远见，体现为一种卓越的判断力。智慧可以简单地归纳为做正确判断和决定的能力，包括对知识的最佳使用。

▼广义信息论还包括所有与信息有关的领域，如心理学、语言学、神经心理学、语义学等。

▼也就是我们前面所说的"数据"。

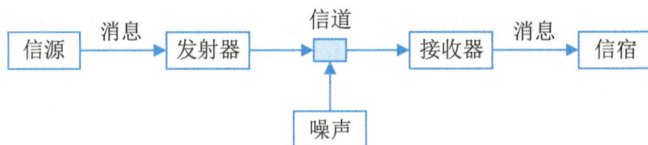

图 1.8　香农的通信模型

语言等，也可以是信号，如图像、声音等。消息通常由符号序列或时间函数组成。

信道在实际通信系统中是指传输信号的媒介或通道，如电缆、光纤、空间等。例如，无线通信的信道就是电波传播所通过的空间；光纤通信的信道就是连接发射机和接收机的光纤；有线电话的信道就是电缆。

在该模型中，信源发出消息，经过发射器，把消息变换为信号。信号在信道中传递的过程，会受到噪声的干扰，所以接收到的信号实际上是"信号＋噪声"。经过接收器，把信号还原成消息，传递给信宿。由于可能受到噪声的干扰，信号不是稳定不变的，这可能会导致发出的信号与接收的信号之间存在差别。也就是说，由信源发出的消息与信宿接收的消息两者的含义可能不同。

香农的这一通信系统模型不仅适用于通信系统，也可以推广到其他信息系统。模型中引入了"噪声"这一新因素，表示信息在传递过程中受到干扰的情形。这说明信息系统的基本问题是要解决有效性与可靠性这两个方面的问题，即以最大速率准确无误地传递信息。本书第 2 章将介绍通信过程中信号和数据的变换过程。

控制论

Norbert Wiener
（1894 —1964）

▼"控制论"一词最初来自希腊文"κυβερνητική（kybernētēs）"，原意为"操舵术"，就是掌舵的方法和技术的意思，维纳特意创造"cybernetics"这个英语新词来命名这门科学。

自从 1948 年维纳所著的《控制论：或关于在动物和机器中控制和通信的科学》一书出版以来，控制论的思想和方法已经渗透到了几乎所有的自然科学和社会科学领域。维纳把控制论▼看作一门研究机器、生命、社会中控制和通信的一般规律的科学，是研究动态系统在变化的环境下如何保持平衡状态或稳定状态的科学。

维纳明确提出了控制论的两个基本概念——信息和反馈，揭示了信息与控制规律。信息与控制相联系，它是在各种控制与通信过程中进行传递、变换和处理的本质因素。信息的正常流通是各种控制系统正常运转的基本条件。

控制系统实质上是反馈控制系统。所谓反馈，就是把被控制对象在控制信息作用下产生的输出信息传送给控制器，以便根据控制效果调整控制作用，如图 1.9 所示。只有通过反馈获取了关于控制效果的信息，才能检验控制作用是否达到预期目标。所以，反馈是各种控制系统实现其目的性行为的重要条件。反馈可以分为负反馈与正反馈。

如果反馈信号的变化方向与输入信号的变化方向相反便是负反馈，

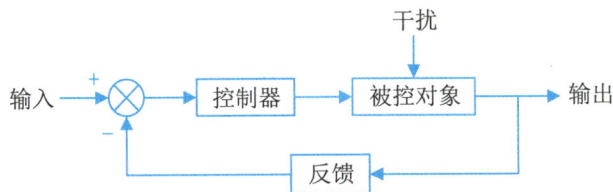

图 1.9　反馈控制系统

它可以用来减少或消除被控对象的运行状态与预期目标状态的偏差，使系统趋于稳定。负反馈通过输入、输出之间的差值作用于控制系统的其他部分，这个差值反映了所要求的输出和实际输出之间的差别，控制策略是不停地缩小这个差值▼。负反馈形成的系统，控制精度高、系统运行稳定。

　　如果反馈信号的变化方向与输入信号的变化方向相同便是正反馈，它在一些情况下会破坏系统的稳定性，但可强化控制作用或产生所需的增益。共振过程就是一个强烈的正反馈过程。一般来讲，系统总存在无规则的"涨落"，不断发生小规模的变化，通过正反馈使之增大，最终会导致系统的变革。

　　没有反馈的控制系统，称为开环控制系统，输出只受系统输入的控制，应用于简单的场合。一般情况下，控制系统都具有反馈信息通道，与前馈控制信息通道相联系，组成闭环控制系统，即闭环的信息流回路。"控制信息 → 反馈信息 → 控制信息"形成闭环的信息通道，可以应用于各种场合，完成具有各种目的性的控制任务。

系统论

　　系统论是研究系统的一般模式、结构和规律的学问，它研究各种系统的共同特征，用数学方法定量地描述其功能，寻求并确立适用于一切系统的原理、原则和数学模型，是具有逻辑和数学性质的一门科学。

　　系统思想源远流长，但作为一门科学的系统论，人们公认的是奥地利裔美国理论生物学家和哲学家路德维希·冯·贝塔朗菲（Ludwig von Bertalanffy，1901—1972）创立的。确立这门科学的学术地位是 1968 年贝塔朗菲撰写的专著《一般系统论：基础、发展与应用》▼，该书被公认为是系统论的代表作。

　　一般系统论把系统定义为由若干要素以一定结构形式联结构成的具有某种功能的有机整体。在这个定义中包括了系统、要素、结构、功能四个概念，表明了要素与要素、要素与系统、系统与环境三方面的关系。

　　系统论认为，整体性、关联性、动态性、有序性、目的性是所有系统共同的基本特征。这些既是系统所具有的基本思想观点，也是系统方法的基本原则，表现了系统论不仅是反映客观规律的科学理论，同时具有科学方法论的含义，这正是系统论这门科学的特点▼。

▼举个例子，饮水机中的水温低于设定值时，启动加热，水温上升。当水温到达一定值时，停止加热，水温下降，如此周而复始，使水温趋于设定值。

Ludwig von Bertalanffy
（1901 —1972）

▼L. von Bertalanffy. *General System Theory: Foundations, Development, Applications* [M]. New York: George Braziller, 1969.

▼英语 system approach 直译为系统方法，也可译成系统论，因为它既可代表概念、观点、模型，又可表示数学方法。贝塔朗菲用 approach 这个词，正好表明这门科学的性质特点。

钱学森
（1911—2009）

钱学森丰富了系统科学理论，率先提出并阐明了复杂系统科学的思想及其学科体系，这一理论在中国得到了多方面的成功验证。

▼对于整体与部分的关系，亚里士多德则以"整体不是其部分的总和"这个命题更加准确地进行了表述。用现在的话说就是，系统整体的功能，既可以表现为整体大于部分之和，也可以等于部分之和，还可以小于部分之和，这种综合效应取决于各部分之间相互作用的性质。当各部分以合理（有序）的结构形成整体时，整体就具有全新的功能，整体的功能就会大于各个部分功能之和；而当部分以欠佳（无序）的结构形成整体时，就会损害整体功能的发挥，整体的功能就会小于各个部分功能之和。

▼党的二十大报告指出："必须坚持系统观念。万事万物是相互联系、相互依存的。只有用普遍联系的、全面系统的、发展变化的观点观察事物，才能把握事物发展规律……我们要善于通过历史看现实、透过现象看本质，把握好全局和局部、当前和长远、宏观和微观、主要矛盾和次要矛盾、特殊和一般的关系。"

系统的整体性。任何系统不是各个部分的机械组合或简单相加，而是一个有机的整体，系统的整体功能是各要素在孤立状态下所没有的性质。贝塔朗菲用亚里士多德（Aristotle，前384—前322）的"整体大于部分之和"的名言来说明系统的整体性。系统除了反映客观事物的整体之外，它还反映整体与部分、整体与层次、整体与结构、整体与环境的关系▼。要素的无组织的综合也可以成为整体，但是不能成为系统。系统所具有的整体性是在一定组织结构基础上的整体性，要素以一定方式相互联系、相互作用而形成一定的结构，才具备系统的整体性。系统的整体观念是系统论的核心思想。

系统的关联性。系统的性质不是要素性质的总和，而是具有要素所没有的新性质和新功能。系统的规律必定要通过要素之间的关系（系统的结构）体现出来。存在于整体中的要素，都必定具有构成整体的相互关联的内在根据。归结为一句话就是，系统是要素的有机集合。

系统的动态性。系统的有机关联不是静态的而是动态的。系统的动态性包含两个方面：一是系统内部的结构状况是随时间而变化的；二是系统必定与外部环境存在着物质、能量和信息的交换。实际存在的系统都是开放系统，动态是开放系统的必然表现。

系统的有序性。系统的结构、层次及其动态的方向性都表明系统具有有序性的特征。系统越是趋向有序，它的组织程度越高，稳定性也越好。系统从有序走向无序，它的稳定性便随之降低。完全无序的状态就是系统的解体。

系统的目的性。系统的有序性是有一定方向的，即一个系统的发展方向不仅取决于偶然的实际状态，还取决于它自身所具有的、必然的方向性，这就是系统的目的性。这在机械系统或其他任何类型系统中都普遍存在。

系统论的基本思想方法就是，把所研究和处理的对象当作一个系统，分析系统的结构和功能，研究系统、要素、环境三者的相互关系和变动的规律性，并优化系统。世界上任何事物都可以看成一个系统，系统是普遍存在的。大至渺茫的宇宙，小至微观的原子，如一粒种子、一群蜜蜂、一台机器、一个工厂、一个社会团体等，都是系统，整个世界就是系统的集合。

系统论反映了现代科学发展的趋势，反映了现代社会化大生产的特点，反映了现代社会生活的复杂性，所以它的理论和方法能够得到广泛应用。系统论不仅为现代科学的发展提供了理论和方法，也为解决现代社会中的政治、经济、军事、科学、文化等方面的各种复杂问题提供了方法论的基础。系统观念正渗透到每个领域▼。

1.2.2　信息技术与电子学

　　信息交流自人类社会形成以来就存在，信息载体的演变推动着人类信息活动的发展，促成了人类社会的一次次飞跃，促进人类文明迈上新台阶。从古至今，人类共经历了以下几次信息技术革命。

- 语言的使用发展到文字的创造

　　语言的产生是历史上最伟大的信息革命，发生在距今 35000 —50000 年前，它是人类社会化信息活动的首要条件。大约在公元前 3500 年出现了文字，文字的创造使人类文明得以有效传承。

- 造纸和印刷术的发明

　　有了文字之后，最重要的就是要有一个很好的载体。公元 3—4 世纪，纸已经基本取代了帛、简而成为我国主要的书写材料，有力地促进了我国科学、文化的传播和发展。造纸术的发明和推广，对于世界科学、文化的传播产生深刻的影响，对社会的进步和发展起着重要的作用。大约在公元 1040 年，我国开始使用活字印刷技术。印刷技术的发明摆脱了古人手抄的辛苦，同时也避免了因传抄而产生的各种错误。

- 电报、电话、广播、电视的发明及普及

　　自 19 世纪中期以后，人类学会利用电和电磁波以来，信息技术的变革大大加快。1838 年，美国人塞缪尔·莫尔斯（Samuel Morse，1791—1872）发明了电报；1876 年，美国人亚历山大·贝尔（Alexander Bell，1847—1922）发明了电话；1896 年，意大利人伽利尔摩·马可尼（Guglielmo Marconi，1874—1937）发明了无线电报，于 1901 年实现了跨大西洋通信；1906 年，加拿大人雷金纳德·费森登（Reginald Fessenden，1866—1932）第一次采用无线电进行广播；1925 年，英国人约翰·贝尔德（John Baird，1888—1946）发明了电视。电报、电话、收音机、电视机的发明使人类的信息交流与传递快速而有效，人类进入了电信时代。

- 计算机应用的普及、计算机与现代通信技术的结合

　　20 世纪 50 年代后，半导体、集成电路、计算机的发明，数字通信、卫星通信的发展形成了新兴的以互联网为代表的信息技术，使人类利用信息的手段发生了质的飞跃。人类交换信息不仅不受时间和空间的限制，还可利用机器收集、加工、处理、控制、存储信息。机器开始取代了人的部分脑力劳动，扩大和延伸了人的思维、神经和感官的功能，使人们可以从事更富有创造性的劳动。这是前所未有的变革，是人类在改造自然中实现的一次新的飞跃。

　　信息技术是在信息科学的基本原理和方法的指导下扩展人类信息功能的技术▼，它是利用电子计算机和现代通信手段实现获取信息、传递信息、存储信息、处理信息和显示信息等相关技术。按扩展人的信息器官功能分类，信息技术可分为以下几种技术。

莫尔斯和电报

贝尔和电话

马可尼和无线电报

费森登和无线电广播

贝尔德和电视

▼人的信息功能包括感觉器官承担的信息获取功能、神经系统承担的信息传递功能、思维器官承担的信息认知功能和信息再生功能、效应器官承担的信息执行功能。

传感技术——信息的采集技术，对应于人的感觉器官。

通信技术——信息的传递技术，对应于人的神经系统。

计算机技术——信息的处理和存储技术，对应于人的思维器官。

控制技术——信息的使用技术，对应于人的效应器官。

电子学是发展信息科学与技术不可或缺的基础。它是一门以应用为主的科学技术，以电子运动和电磁波及其相互作用的研究和利用为核心而发展起来的，作为新的信息技术手段获得了蓬勃发展。

电子学的发展已有 200 年的历史。19 世纪出现的欧姆定律（1826）和基尔霍夫定律（1845）奠定了电路基础，麦克斯韦方程组（1865）奠定了电磁波理论基础；20 世纪初，埃尔温·薛定谔（Erwin Schrödinger，1887—1961）、沃纳·海森堡（Werner Heisenberg，1901—1976）、保罗·狄拉克（Paul Dirac，1902—1984）等人完成了微观粒子的量子力学体系▼；嗣后固体物理学的出现更是在理论与工程之间架起了坚固的桥梁。

在量子理论基础上发明了激光器，将生成、控制和探测的电磁波从传统的无线电波、微波扩展到太赫兹波、光波直至 X 射线，正在实现电磁频谱的全覆盖。

在固体电子能带论的基础上，发明了晶体管和集成电路，随后光纤和半导体激光器的发明开创了电子信息的新纪元。近年来，宽禁带半导体等新型材料与碳基电子器件、半导体新能源器件、微纳/量子电子器件等不断涌现，电子器件又面临一次新的发展。电子器件从集成发展到系统集成芯片，光电子器件也正从分立走向集成。

人类的信息技术是随着科学技术的发展而不断进步的。电子信息技术极大地丰富了人类的信息化手段和方法，深化了人们对自然界事物运动变化现象和规律的了解。从 20 世纪上半叶人类发明电子管▼、晶体管、雷达、广播、电视等，到 20 世纪中叶香农提出的信息论、维纳提出的控制论，再到 20 世纪后期以来的集成电路、移动通信、互联网、智能终端、社交网络等技术的大规模普及和应用，有力推动了计算机、通信和自动控制等学科的发展，极大支撑了各类电子信息系统的开发，推动了世界信息科学技术的高速发展以及人类社会的巨大进步，成为当代信息社会的基石。

新型材料、量子与纳米技术的不断突破，大大推动了电子信息技术的发展。在此基础上，微机电系统▼和微纳结构器件的发展，以及微电子与光电子器件及芯片制造技术功能和规模的持续进展，不断推动了新的技术变革。电子信息技术正在向高速化、绿色化、集成化、数字化、网络化、平台化、智能化、多媒体化、个性化等方向发展。微电子与光电子技术、软件技术、通信技术、计算机技术、控制技术、信息安全技术、传感技术、人工智能技术、虚拟计算技术等多专业技术相互结合、互为支撑的趋势日渐明显；集成电路、系统、整机、终端之间的界限日渐模糊；电信网、电力网、电视网、互联网的信息化功能日趋统一；同时更加注

▼量子力学是描述微观物质的理论，与相对论一起被认为是现代物理学的两大基本支柱。量子力学的发展革命性地改变了人们对物质的结构以及其相互作用的认识，许多物理学理论，如原子物理学、固体物理学、核物理学和粒子物理学，以及其他相关的学科都是以量子力学为基础的。

▼电子管是最早期的一种电信号放大器件，后来逐渐被半导体器件和集成电路取代。但由于电子管在高频大功率领域的工作特性比半导体器件更好，目前在一些大功率无线电设备中仍在使用。如在一些高保真的音响器材中，仍然使用低噪声、稳定系数高的电子管作为音频功率放大器件。

▼微机电系统（micro-electro-mechanical system，MEMS），也称微电子机械系统、微系统、微机械等，是在微电子技术（半导体制造技术）基础上发展起来的，其内部结构一般在微米甚至纳米量级，是集微传感器、微执行器、微机械结构、微电源、微能源、信号处理和控制电路、高性能电子集成器件、接口、通信等于一体的微型器件或系统。

重电子信息技术与生物、纳米、认知等新兴技术的紧密联系和交叉融合，成为发展交叉学科与汇聚科学的纽带。

微机电系统（MEMS）

1.3　知识图谱

电子信息技术涉及领域广，渗透力强，作为核心技术广泛应用于国防建设、民用工业、高新技术，以及日常生活等领域。概括来说，它是将信息的载体——信号与数据的行为及其应用作为研究的主要对象，是信息系统设计、分析与应用的重要基础。为凝练电子信息学科专业知识体系，展示明晰的知识脉络，2012 年浙江大学提出以信息的载体——"信号与数据"为主线，通过层层剖析硬件组成、软件处理和系统功能，绘制了一张如图 1.10 所示的"信息—数据—信号—场与波"知识图谱，用来描述电子信息科学与技术的知识体系架构▼。

视频 1.6　知识图谱

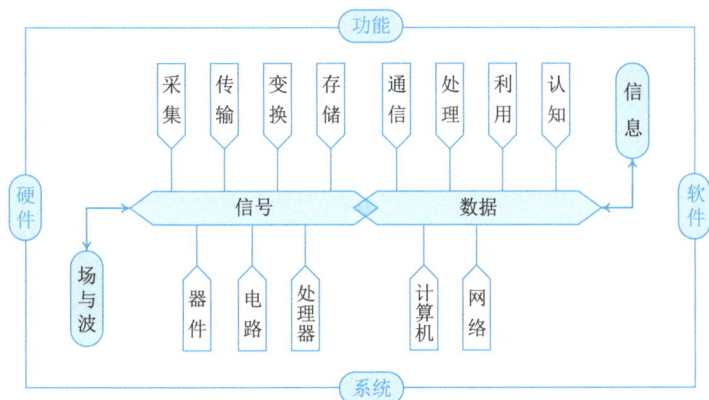

▼章献民，杨冬晓，杨建义. 电子信息类专业课程体系的改革实践 [J]. 高等工程教育研究，2017(4)：178–181.

图 1.10　电子信息知识图谱

1.3.1　信息的载体

信息的载体与信息的内容是组成信息的两个相辅相成的部分。任何客观事物发展变化的现象、特征以及事物之间的相互联系等，只有通过人们理解的语言、数据、图表、符号等（即信息载体）的表达，才能被共同认识，作为信息。而人们理解的语言、数据、图表等还要借助物质载体（如声波、电磁波等）来传递和交流。

数据是信息的载体，是描述客观事物的数、字符以及所有能输入计算机中、能被计算机程序识别和处理的符号的集合，既包括数字，也包括语言、信号、图像、音视频等。凡是能够承载事物信息的东西都构成数据。

数据必须依靠某种媒介进行传递。信号是数据在传输过程中的具体物理表示形式，具有确定的物理描述，如用声、光、电等来表示。这就是

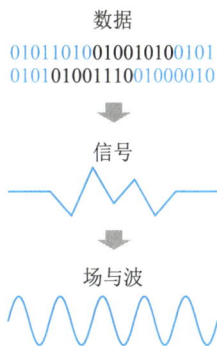

数据
0101101001001010010101010010011100100000 10

信号

场与波

说，信号是数据的载体，是反映数据的物理量。从传输和处理的角度来说，电磁波（包括光波）、电子和光子信号便于被系统接收，广泛应用于各种技术领域，这也是当今电子信息技术迅猛发展和快速普及的根本原因。

信号与数据都是信息的载体。信息是经过加工处理的数据，而信号是数据的电磁编码或电子编码。信息处理由计算机完成。为了实现计算机对信息的处理，客观事物通常用某种形式和结构的数据来描述，由此基于计算机的信息处理就成为在给定算法条件下对数据的处理。

所以可以说，数据是信息的载体，信号是数据的载体，而场与波又是信号的载体。如果以信息的载体为主线，我们就可以用一张知识图谱来勾画电子信息科学与技术的知识体系。

1.3.2　系统与功能

电子信息科学与技术涉及的研究对象从器件、系统到网络，从硬件、软件到算法，十分广泛。

电子器件包括半导体器件、光电子器件等，是组成现代电子电路和电子系统的最小物理单元。由器件构成的电路具有独立信号处理功能。把不同功能的电路组合在一起，制造在一个芯片中，就构成了集成电路。微处理器是一种功能复杂的数字集成电路，是现代电子信息系统的核心。微处理器系统中的软件代表了应用系统的结构和功能，是微处理器系统的灵魂。由电路构成的电子系统可以实现一系列的信号处理功能，如信号采集、传输（通信）、变换（处理）和存储等。

处理器加上一些其他主要结构（如总线管理、存储器管理、中断管理等），在其他数字电路的配合下，就构成了完整的计算机系统。计算机系统可组成各种网络，实现数据信息的收集、传输（通信）、存储、加工（处理）、检索、利用等。

信号处理▼是在事件变化过程中抽取特征信号，经去干扰、分析、综合、变换和运算等处理，从而得到反映事件变化本质或处理者感兴趣的信息的过程。信号处理的目的是削弱信号中的多余内容，滤除混杂的噪声和干扰，或者将信号变换成容易处理、传输、分析与识别的形式，以便后续进行的其他处理。

信息处理▼主要包括信息参数提取、增强、信息分类与识别等。信息处理过程可看作一个数据计算过程，需要根据处理要求和处理目标确定具体的计算结构。当前信息处理技术向智能化方向发展，广泛模拟人的智能来处理各种信息。知识发现是数据挖掘▼的一种更广义的说法，即从各种媒体表示的信息中，根据不同的需求获得知识。知识发现的目的是从原始数据中提炼出有效的、新颖的、潜在有用的知识，它将信息变为知识，是一个认知过程。

▼信号是信息的载体和外壳，因此可分为两种不同的处理层次：一是通过对信号处理达到对信息本身处理的目的；二是仅仅对信号进行处理。前者是深层处理，触及信息本身，是真正意义上的"信息处理"；后者是浅层处理，只改变信号（原则上）而不会影响信息本身，因此称为"信号处理"。

▼基于信号本身的处理称为信号处理；基于内容获得信息和知识的处理称为信息处理。

▼数据挖掘详见 5.2.3 节（第 243 页）。

现代电子信息科学与技术的发展出现了如下趋势：电子信息系统中硬件与软件相结合，软硬件一体化，计算机与电子设备融为一体；硬件软件化，通用硬件取代专用硬件，许多系统功能可以以软件形式呈现；电子元器件向微小型化、集成化、柔性化和系统化方向发展，能将一个电子信息系统集成封装在一块芯片内，完成信息采集、处理、存储等多种功能，元器件、电路和系统之间的界限已经模糊；在网络技术和移动通信技术的推动下，迎来智能化电子技术时代，集计算、通信、控制于一体。

测验 1.1
信息与信息技术概述

本书第 2 章至第 5 章将在电子信息科学与技术整体知识结构框架下，从系统应用的角度，介绍信号与数据、电子器件与电路、逻辑与数字系统、互联与计算等的入门基础理论知识与技术，如图 1.11 所示。第 2 章根据图 1.8 所示的通信系统基本模型，介绍通信系统中信号与数据的变换和传输过程；第 3 章和第 4 章介绍电子器件与电路的基本原理、逻辑与数字系统的基本构成；第 5 章介绍互联网与智能计算及应用。

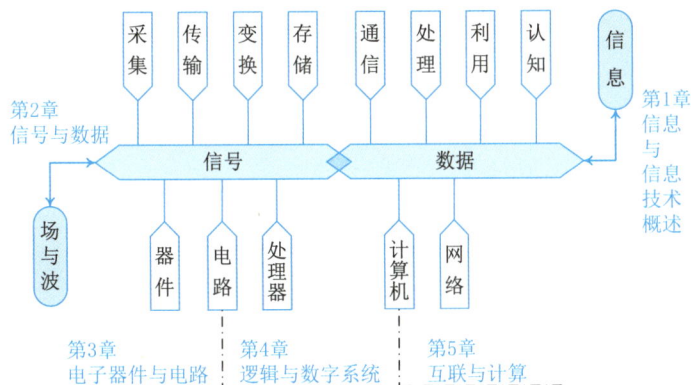

图 1.11　各章知识结构框架

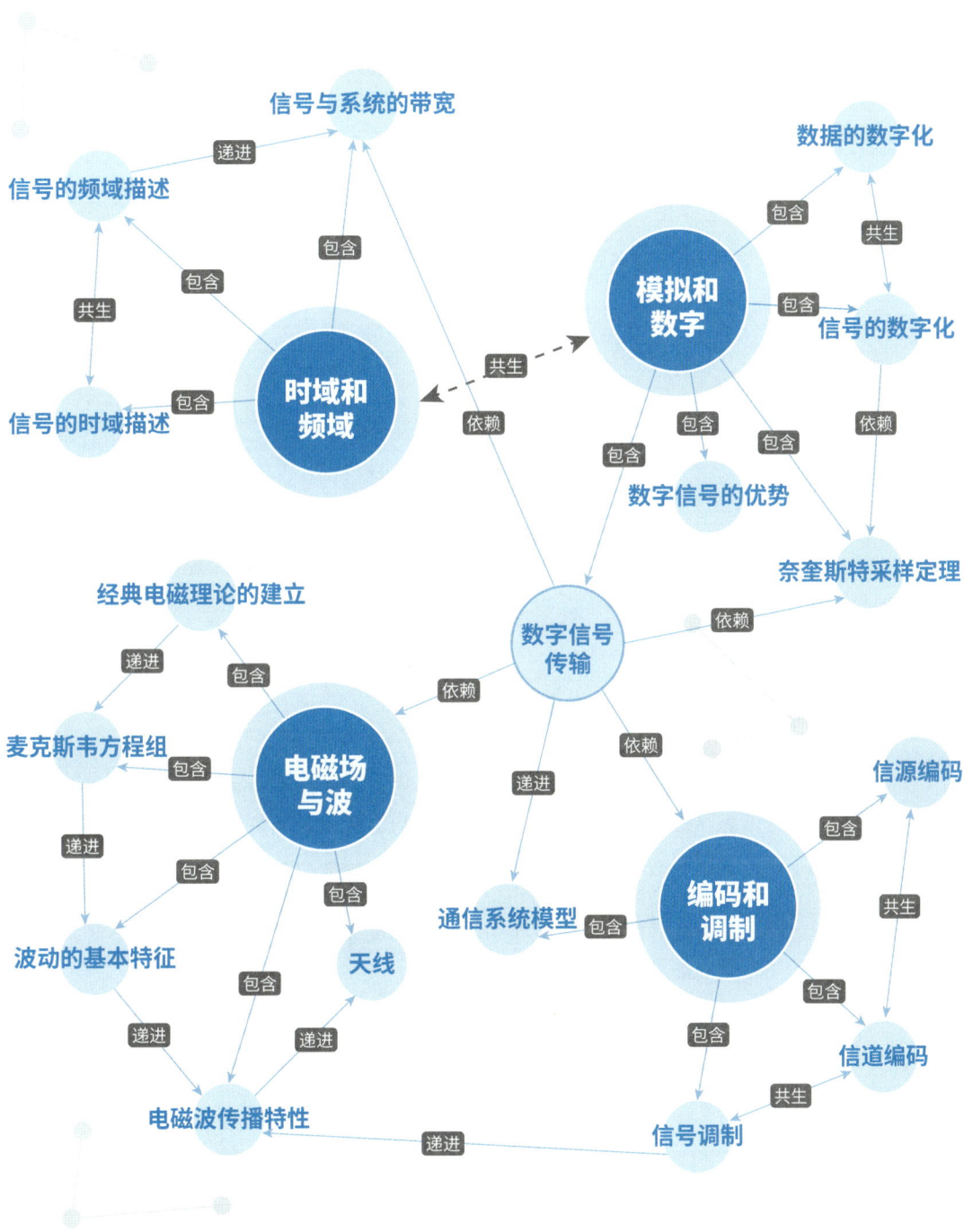

信号与系统的带宽

信号的频域描述

递进

包含

信号的时域描述

共生

包含

时域和频域

包含

共生

数据的数字化

共生

模拟和数字

包含

信号的数字化

依赖

数字信号的优势

包含

包含

奈奎斯特采样定理

依赖

经典电磁理论的建立

递进

包含

麦克斯韦方程组

包含

电磁场与波

包含

数字信号传输

依赖

依赖

依赖

信源编码

包含

递进

波动的基本特征

包含

天线

递进

通信系统模型

包含

编码和调制

共生

递进

递进

信道编码

共生

电磁波传播特性

递进

信号调制

包含

信号与数据

第 2 章　信号与数据

在信息系统中，数据通常被广义地理解为在网络中存储、处理和传输的二进制数字编码。而数据是通过信号传输的，信号是数据在通信系统传输过程中的表示形式或电子编码。本章以数字通信系统为主线，介绍数据的变换和编码，信号的分类、描述和传输形式，剖析信号的时域、频域和空域特性。

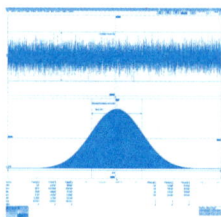

2.1　时域和频域

时域和频域是信号的基本性质，是对信号的两个观察面。我们的世界是以时间贯穿的，如天气的走势、树木的生长、运动的轨迹等，这种以时间为参照来观察动态世界的方法，称为时域分析。信号可以看成由不同的频率、幅值和相位的信号分量叠加而成。从频域角度来看，信息载于信号的各频率分量中，通过频域分析，可以从中提取更丰富、更细微的信息。

一般来说，时域的表示较为形象与直观，频域分析则更为简练，剖析问题更为深刻和方便。时域和频域互相联系，相辅相成，缺一不可。

时域和频域

2.1.1　信号的时域描述

视频 2.1
信号的时域描述

时域分析以时间轴为坐标表示信号的动态变化。信号与时间的函数关系通常用数学表达式、数据表格、波形图等表示，其中，波形图和数学表达式是最常用的表达形式。

使用具体的数学表达式可把信号描述为一个或若干个自变量的函数或序列的形式，例如，$f(t) = \sin(t)$，$x(n) = a^n u(n)$ 等。因此，常将"信号"与"函数""序列"等同起来。按照函数随自变量的变化关系，可把信号的波形画出来。例如，$U(t) = U_0 \sin(t - \tau_0)/(t - \tau_0)$ 表示一个电脉冲电压随时间变化的波形，如图 2.1 所示。

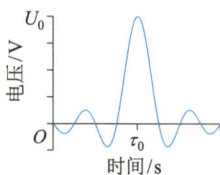

图 2.1　电脉冲波形

信号的分类

课件 2.1　时域和频域

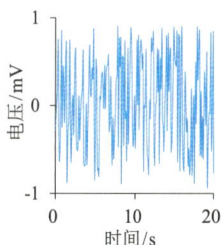

在电子信息工程中，为了研究和处理的方便，根据不同的限制条件对信号进行了分类。下面讨论几种基本的分类。

- **确定性信号和随机性信号**

根据信号的数学性质，把信号划分为确定性信号和随机性信号两大类。任意给定一个自变量的值，如果可以确定该信号的取值，则该信号是确定性信号；如果该信号的取值是不确定的随机值，则该信号是随机性信号。

确定性信号可以利用确定的数学表达式来描述，其任何坐标点上的数值都可通过计算获得，处理方法相对简单。如图 2.1 所示的电脉冲信号就是一个确定性信号，这个信号可以用一个解析数学表达式来描述，能准确地计算出任何时刻的信号值。

随机性信号只能用统计的方法来描述信号趋势，而无法确定某个坐标点上的信号值。随机性信号的处理方法比较复杂，需要复杂的处理算法才能完成，对电子系统的要求较高。例如，电子元器件中的噪声一般都是随机性信号，如图 2.2 所示的白噪声信号，只能用统计方法来描述其数学期望和方差等。

图 2.2　白噪声信号

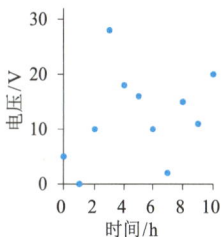

- **连续信号和离散信号**

在科学研究和理论分析中，连续信号和离散信号有如下定义。

连续信号：随自变量连续变化的信号。上述的电脉冲信号和白噪声信号都是连续信号。

离散信号：仅在某些自变量的离散点上有值的信号。例如，每隔 1 小时记录一次电压值，就得到一个电压值序列，可看成离散信号，如图 2.3 所示。

图 2.3　离散信号

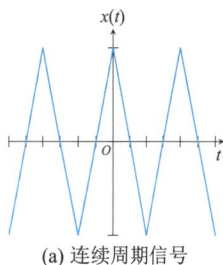

- **周期信号和非周期信号**

周期信号是定义在 $(-\infty, \infty)$ 区间，每隔一定时间 T（或整数 N），按相同规律重复变化的信号，如图 2.4 所示。

连续周期信号 $x(t)$ 满足

$$x(t) = x(t + mT), \quad m = 0, \pm 1, \pm 2, \cdots \tag{2.1}$$

离散周期信号 $x[n]$ 满足

$$x[n] = x[n + mN], \quad m = 0, \pm 1, \pm 2, \cdots \tag{2.2}$$

满足上述关系的最小 T（或整数 N）称为该信号的周期。不具有周期性的信号称为非周期信号，非周期信号可看作一个周期为无限大的周期信号。

(a) 连续周期信号

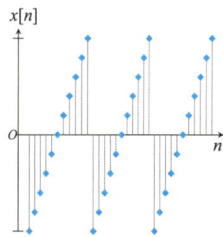

(b) 离散周期信号

图 2.4　周期信号

正弦信号的基本概念

正弦信号是频率成分最为单一的一种信号，这种信号因其波形是数学上的正弦曲线而得名。任何复杂信号都可以分解为许多频率不同、幅度不等的正弦信号的叠加。

正弦信号和余弦信号仅在相位上相差 π/2，常统称为正弦信号。正弦信号是最基本的周期信号，如图 2.5 所示。

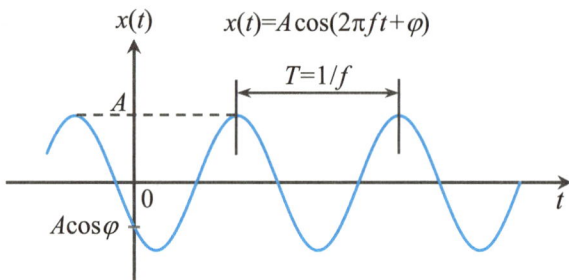

图 2.5　正弦信号

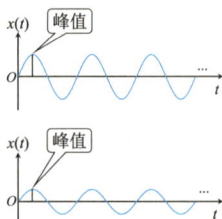

图 2.6　不同振幅的正弦信号

正弦信号可用三个参数表示：振幅 A、频率 f 和初始相位 φ，表示为

$$x(t) = A\cos(2\pi ft + \varphi) \tag{2.3}$$

• 振幅

振幅 A 表示信号强度之峰值，如图 2.6 所示。信号的大小随着时间的变化而变化，瞬时值（某一瞬间）的大小在零和正负峰值之间变化，峰值也仅是一瞬间数值。

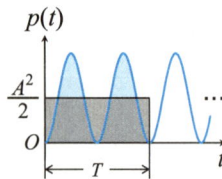

图 2.7　信号的有效值

▼式 (2.4) 中积分符下标 T 表示在一个周期范围内积分。一般地，如果对一个函数 $f(t)$ 在 $a \sim b$ 范围内进行积分 $\int_a^b f(t)\mathrm{d}t$，则其几何意义是在 $a \sim b$ 范围内该函数曲线与 t 轴所夹区域的面积，其中在 t 轴上方部分的面积为正值，下方部分的面积为负值。

信号的有效值

信号是携带能量的，为考察信号功率值的方便，引入有效值的概念，其定义为如果交流信号和直流电分别通过同一电阻，两者在相同的时间内所消耗的电能相等（或所产生的焦耳热相同），则此直流电的大小就称为该交流信号的有效值。

假定式 (2.3) 描述的信号 $x(t)$ 为电压或电流，则它在 1 Ω 电阻上的瞬时功率为 $p(t) = |x(t)|^2$，在一个周期内的平均功率为▼

$$P = \frac{1}{T}\int_T A|\cos(2\pi ft + \varphi)|^2\,\mathrm{d}t = \frac{A^2}{2} \tag{2.4}$$

这相当于电压或电流为 $A/\sqrt{2}$ 的直流电在 1 Ω 电阻上消耗的功率，如图 2.7 所示。所以 $x(t)$ 的有效值为 $A/\sqrt{2}$，约 0.707A。

- **频率**

式 (2.3) 中的 f 是频率，是周期 T 的倒数，单位是赫兹（Hz）。角频率 $\omega = 2\pi f = 2\pi/T$，单位是弧度/秒（rad/s）。频率是相对于时间的变化率，短周期的变化意味着高频，长周期的变化意味着低频，如图 2.8 所示。两个极端的情况：如果一个信号不变，它的频率为零，是直流信号；如果一个信号瞬间改变，它的频率就是无限大。

- **初始相位**

初始相位 φ 表示相对于时刻零的波形位置。图 2.9 为不同初始相位的正弦信号，其初始相位 φ 分别为 0、$\pi/2$ 和 π。

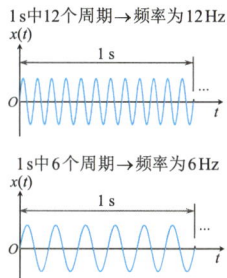

图 **2.8**　不同频率的正弦信号

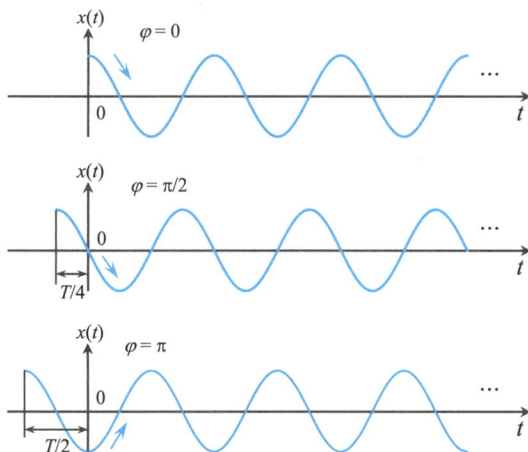

图 **2.9**　不同初始相位的正弦信号 $x(t) = A\cos(\omega t + \varphi)$

信号的复数表示

正弦信号也可用复数来表示▼。由欧拉公式可知

$$\cos\omega t = \frac{1}{2}(\mathrm{e}^{\mathrm{j}\omega t} + \mathrm{e}^{-\mathrm{j}\omega t}) \tag{2.5}$$

根据式 (2.5)▼，式 (2.3) 表示的具有初始相位的信号 $x(t)$ 可写成

$$
\begin{aligned}
A\cos(\omega t + \varphi) &= \frac{A}{2}\mathrm{e}^{\mathrm{j}(\omega t + \varphi)} + \frac{A}{2}\mathrm{e}^{-\mathrm{j}(\omega t + \varphi)} \\
&= A \cdot \mathrm{Re}[\mathrm{e}^{\mathrm{j}(\omega t + \varphi)}] \\
&= \mathrm{Re}[a\mathrm{e}^{\mathrm{j}\omega t}]
\end{aligned} \tag{2.6}
$$

这里 a 是复数，$a = A\mathrm{e}^{\mathrm{j}\varphi}$。式中，Re[ ] 表示对 [ ] 中的复量取实部运算。这样 $x(t)$ 与一个复数 $\dot{x}(t) = a\mathrm{e}^{\mathrm{j}\omega t}$ 相对应。

$x(t)$ 与 $\dot{x}$ 对应的意义是：$\dot{x}$ 取实部，就得到 $x(t)$，即 $x(t) = \mathrm{Re}[\dot{x}(t)]$。$a$ 的模是 $x(t)$ 的幅度，a 的辐角是 $x(t)$ 的初始相位。因此，可用复数 $\dot{x}(t)$

▼i 和 j 是 $\sqrt{-1}$ 的两个根，i = –j。物理学中一般用 exp(–iωt)，电子工程中为和电流符号 i 区分，一般用 exp(jωt)。

▼式 (2.5) 中频率出现了负数。从物理意义上来说，频率确实是个正数，负频率只是用欧拉公式得出的结果，它只是一种数学表达，有利于信号的数学分析。

▼注意是 $\dot{x}(t)$ 等效于正弦信号 $x(t)$，不是 $\dot{x}(t)$ 等于 $x(t)$。

▼需要注意的是，这种简化运算方法只应用于线性系统中，即输入变量（电压或电流）与输出变量间的因果关系可用一组线性微分方程或差分方程来描述。对于非线性系统的情况（例如两个信号相乘），会有新的频率分量出现，输出信号与复数的对应关系不再成立。

Jean-Baptiste Joseph
Fourier
（1768 —1830）

1807 年，法国数学家、物理学家让-巴普蒂斯·约瑟夫·傅里叶向巴黎科学院呈交了题为《热的传播》的论文，其中推导出著名的热传导方程，并在求解该方程时发现解函数可以由三角函数构成的级数形式表示，从而提出任一函数都可以展开成三角函数的无穷级数。这个结论在当时引发了许多争议。直到 1822 年，他的专著《热的解析理论》（*Théorie Analytique de la Chaleur* [M]. Paris: Didot, 1822）才得以出版。

傅里叶将在特殊情形下应用的三角级数方法发展成内容丰富的一般理论，从而开创了数学物理方法的全新局面。傅里叶分析的思想和方法，无论是在理论上还是在应用上，都具有重大的价值。

等效于正弦信号 $x(t)$ ▼。

在电路分析和信号处理中引入复数之后可大大简化计算。按此约定的规则，如果

$$y(t) = B \cos(\omega t + \phi)$$

则有如下等效关系

$$y(t) \leftrightarrow \dot{y}(t) = b e^{j\omega t}$$

式中，$b = Be^{j\phi}$。

很容易证明▼，$x(t) + y(t)$ 与复数 $\dot{x}(t) + \dot{y}(t)$ 对应，即

$$x(t) + y(t) \leftrightarrow \dot{x}(t) + \dot{y}(t) \tag{2.7}$$

因为

$$x(t) + y(t) = \operatorname{Re}[\dot{x}(t) + \dot{y}(t)]$$

同样可以得到如下等效关系

$$\frac{\partial}{\partial t} x(t) \leftrightarrow j\omega \dot{x}(t) \tag{2.8}$$

$$\int x(t) \mathrm{d}t \leftrightarrow \frac{\dot{x}(t)}{j\omega} \tag{2.9}$$

因为

$$\frac{\partial}{\partial t} x(t) = -\omega A \sin(\omega t + \varphi) = \operatorname{Re}[j\omega a e^{j\omega t}]$$

$$\int x(t) \mathrm{d}t = \frac{A \sin(\omega t + \varphi)}{\omega} = \operatorname{Re}\left[\frac{a e^{j\omega t}}{j\omega}\right]$$

所以正弦信号用复数表示后，对时间的微分、积分运算简化为乘与除的代数运算。这种简化问题的分析方法在电路课程中应用广泛，因为电感和电容的阻抗分别是对时间的微分和积分。

为描述方便，下文中对复数表示的信号不再作符号区分。

2.1.2　信号的频域描述

信号频域分析是采用傅里叶级数或傅里叶变换将时域信号 $x(t)$ 变换为频域信号 $X(f)$ 的方法，帮助人们从另一个角度来了解信号的特征。信号频谱代表了信号在不同频率上信号量的大小，能够提供比时域信号波形更丰富的信息。信号频域分析揭示了信号内在的频率特性以及信号时间特性与其频率特性之间的密切关系，从而导出了信号的频谱、带宽以及滤波、调制和频分复用等重要概念。

周期信号的频谱

对于如式 (2.1) 表示的非正弦连续周期信号，如果满足狄里克雷条件▼，都可以用傅里叶级数分解为无穷多个谐波分量的叠加，即

$$x(t) = x(t + mT)$$
$$= \sum_{k=0}^{\infty} A_k \cos(k\omega_0 t + \varphi_k), \quad k = 0, 1, 2, \cdots \tag{2.10}$$

式 (2.10) 表明，周期信号可分解为直流和许多余弦分量。由于 $k = 0$ 的项是一个常数，所以 $A_0 \cos\varphi_0$ 是信号在一个周期内的平均值，通常称直流分量或平均分量；$A_1 \cos(\omega_0 t + \varphi_1)$ 称为基波或一次谐波，基波角频率为 ω_0；$A_2 \cos(2\omega_0 t + \varphi_2)$ 称为二次谐波，它的频率是基波的两倍；以此类推，一般而言，$A_k \cos(k\omega_0 t + \varphi_k)$ 称为 k 次谐波。

根据式 (2.5)，式 (2.10) 也可用复指数形式表示，写成

$$x(t) = \sum_{k=-\infty}^{\infty} a_k \mathrm{e}^{jk\omega_0 t}, \quad k = 0, \pm 1, \pm 2, \cdots \tag{2.11}$$

这里 a_k 是复数。若 $x(t)$ 是实信号，$\varphi_0 = 0$，$a_k^* = a_{-k}$。a_k 可由下式获得▼

$$a_k = \frac{1}{T} \int_0^T x(t) \mathrm{e}^{-jk\omega_0 t} \mathrm{d}t, \quad k = 0, \pm 1, \pm 2, \cdots \tag{2.12}$$

如图 2.10(a) 所示的周期信号由 3 个频率分量组成，如图 2.10(b) 所示。直流分量幅值为 15；基波频率为 8 Hz，幅值为 10；二次谐波频率为 16 Hz，幅值为 5。由此可以绘出如图 2.10(c) 和 (d) 所示的频谱，即这个周期信号中各次谐波幅值和初始相位随频率的变化关系▼。

对于如图 2.11(a) 所示的周期为 T、幅值为 1 的周期方波信号▼，利用傅里叶级数展开为

$$\begin{aligned} x(t) &= \frac{4}{\pi} \sum_{k=1}^{\infty} \frac{\sin(k\pi/2)}{k} \cos k\omega_0 t \\ &= \frac{4}{\pi} \Big(\cos \omega_0 t - \frac{1}{3} \cos 3\omega_0 t + \frac{1}{5} \cos 5\omega_0 t \\ &\quad - \frac{1}{7} \cos 7\omega_0 t + \frac{1}{9} \cos 9\omega_0 t - \cdots \Big) \end{aligned} \tag{2.13}$$

可见，周期方波是由无穷多个谐波分量组成，含有自基波以上所有奇数次谐波，谐波相位与基波相位相同或反相，谐波幅值与基波幅值的比例等于谐波次数的倒数。图2.11(b)~(f) 显示了不同频率正弦波逐个叠加的过程，叠加的频率分量越多，越接近方波波形。

经过傅里叶级数分解得到的周期信号的谐波分量描述形式，是若干个不同频率的正弦函数离散序列形式。因此，傅里叶级数形式也是周期

視頻 2.2
信号的频域描述

▼1829 年，德国数学家约翰·彼得·古斯塔夫·勒热纳·狄里克雷（Johann Peter Gustav Lejeune Dirichlet，1805—1859）对傅里叶级数的争议给出了令人信服的回答。他认为，在满足下列条件时，周期函数 $x(t)$ 可展开成傅里叶级数：① 函数在任意有限区间内连续，或只有有限个第一类间断点（当 t 从左或右趋于这个间断点时，函数有限的左极限和右极限）；② 在一个周期内，函数有有限个极大值或极小值；③ 函数在单个周期内绝对可积，即 $\int_0^T |x(t)| \mathrm{d}t < \infty$。自然界中的信号基本上都满足狄里克雷条件。

▼式 (2.11) 两边均乘以 $\mathrm{e}^{-jn\omega_0 t}$，并从 0 到 T 积分。只有当 $k = n$ 时，$\int_T \mathrm{e}^{j(k-n)\omega_0 t} \mathrm{d}t = T$，否则，积分为 0，由此可得式 (2.12)。

▼信号的频谱就是信号中不同频率分量的幅值、相位与频率的关系函数。

▼方波是一种非正弦曲线的波形，理想方波只有"高"和"低"两个值。电流或电压的波形为矩形的信号即为矩形波信号，高电平在一个波形周期内占有的时间比值称为占空比，占空比为 50% 的矩形波称之为方波。方波有低电平为零与为负之分，图 2.11(a) 为低电平为负值的情况。

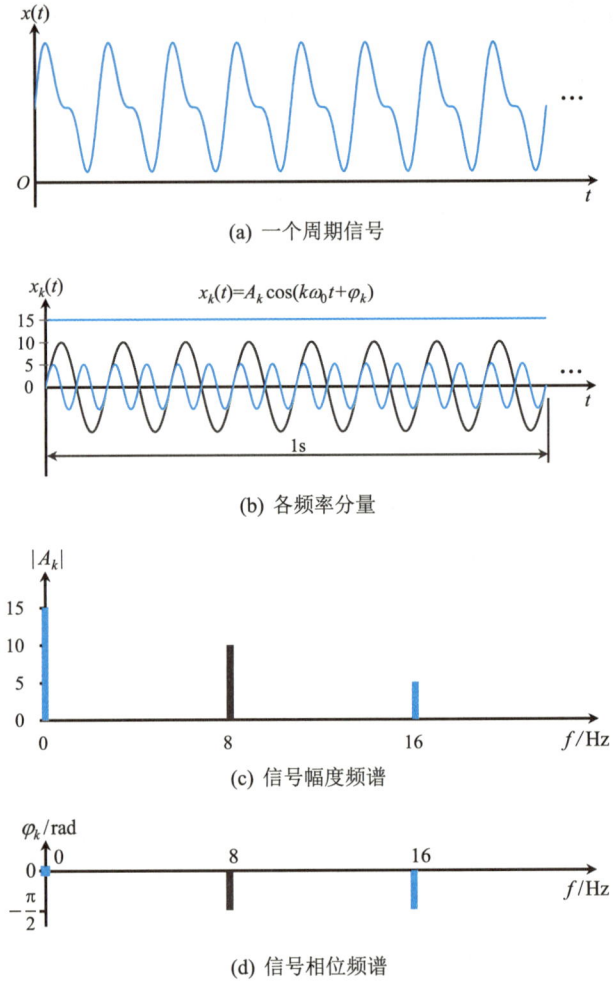

(a) 一个周期信号

$x_k(t)=A_k\cos(k\omega_0 t+\varphi_k)$

(b) 各频率分量

(c) 信号幅度频谱

(d) 信号相位频谱

图 2.10　一个周期信号的频率分解

信号的频域描述形式。

　　图 2.11 显示了一系列的正弦曲线可叠加出一个方波来。不仅仅是方波，利用傅里叶级数和傅里叶变换▼，任何波形都可以此方法用正弦波叠加得到，而每一个正弦波的振幅都不尽相同。不同频率的正弦波即为信号的频率分量，构成了信号的频谱，如图 2.12 所示。图 2.13 表示了信号的时域和频域特性，构成方波的一系列正弦波按照频率从低到高、从前往后排列开来。

　　式 (2.3) 描述的正弦波 $A\cos(2\pi ft+\varphi)$ 中，振幅、频率、初始相位缺一不可，不同初始相位决定了波的位置，所以对于频域分析，仅仅有幅度谱是不够的。由式 (2.11) 和式 (2.12) 可知，信号各频率分量的系数是个复数，其模代表该频率分量的振幅，其辐角则为各频率分量的初始相位。所以，对于频域分析，还需要了解各频率分量的相位关系▼。

　　如图 2.14 所示，假定一个信号有 3 个谐波分量，是用 3 个波叠加而

▼傅里叶级数仅适用于周期信号，傅里叶变换可以视作傅里叶级数的延伸，可以用于分析非周期信号的频谱特性。

▼信号的相位谱和信号的幅度谱一样，是信号的重要特征之一。讨论相位谱的特点和性质是信号谱分析的一个基本问题。

(a) 周期方波信号

(b) $x(t) = \dfrac{4}{\pi} \cos \omega_0 t$

(c) $x(t) = \dfrac{4}{\pi} \left(\cos \omega_0 t - \dfrac{1}{3} \cos 3\omega_0 t \right)$

(d) $x(t) = \dfrac{4}{\pi} \left(\cos \omega_0 t - \dfrac{1}{3} \cos 3\omega_0 t + \dfrac{1}{5} \cos 5\omega_0 t \right)$

(e) $x(t) = \dfrac{4}{\pi} \left(\cos \omega_0 t - \dfrac{1}{3} \cos 3\omega_0 t + \dfrac{1}{5} \cos 5\omega_0 t - \dfrac{1}{7} \cos 7\omega_0 t \right)$

(f) $x(t) = \dfrac{4}{\pi} \left(\cos \omega_0 t - \dfrac{1}{3} \cos 3\omega_0 t + \dfrac{1}{5} \cos 5\omega_0 t - \dfrac{1}{7} \cos 7\omega_0 t + \dfrac{1}{9} \cos 9\omega_0 t \right)$

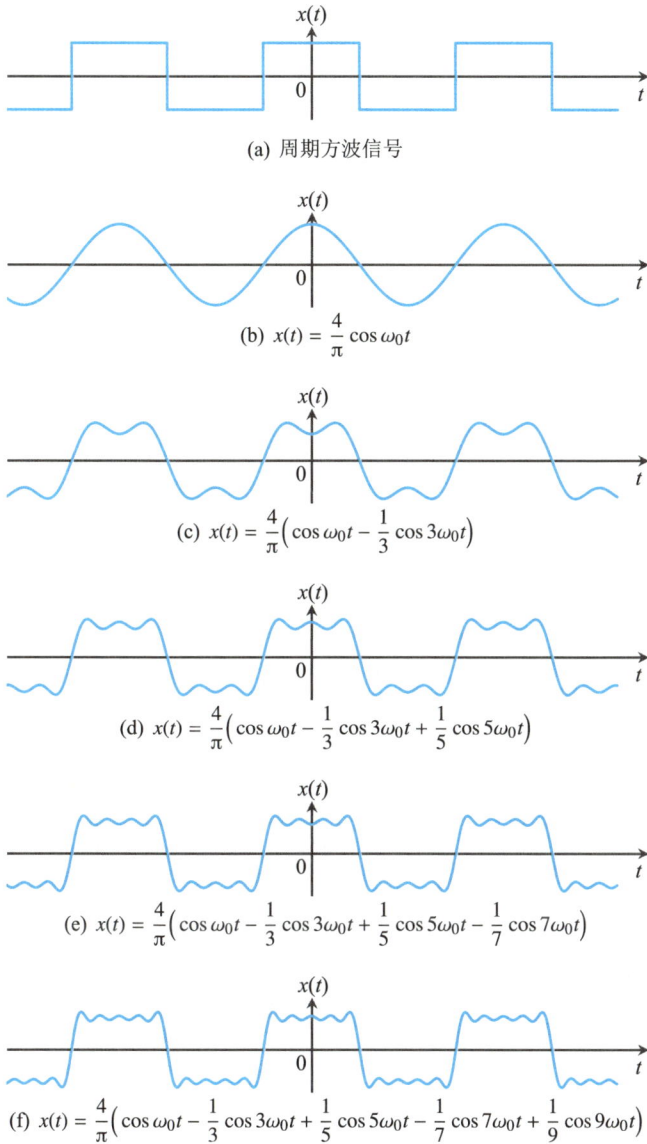

图 2.11　周期方波信号的频率分解

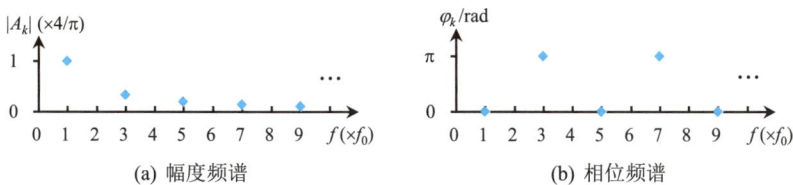

(a) 幅度频谱　　　　　　　　(b) 相位频谱

图 2.12　周期方波信号的频谱

成的。鉴于正弦波是周期性的，我们在图上用一个小黑点标记距离零时刻最近的波峰。对于一次、二次、三次谐波，其时刻点分别为 $t = \tau_1$、τ_2 和

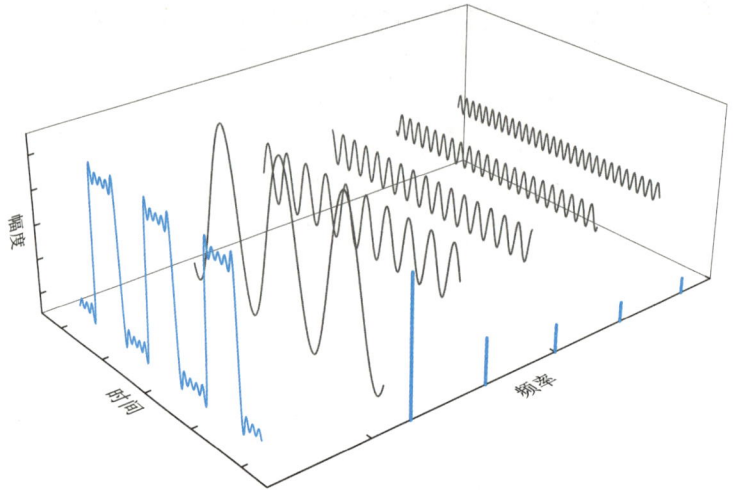

图 2.13　信号的时域和频域

τ_3。那么，在 $t = 0$ 时刻，这 3 个谐波分量的相位值分别是 $-\omega_0\tau_1$、$-2\omega_0\tau_2$ 和 $-3\omega_0\tau_3$，这就是各频率分量的初始相位▼。图 2.10(d) 和图 2.12(b) 分别为图 2.10 和图 2.11 中所示信号的相位频谱。

▼需要注意的是，由于 $\cos(\omega t + 2\pi) = \cos(\omega t)$，所以相位差是周期性的，$\pi$ 和 3π、5π、7π 都是相同的相位，可人为定义相位谱的值域为 $(-\pi, \pi]$。

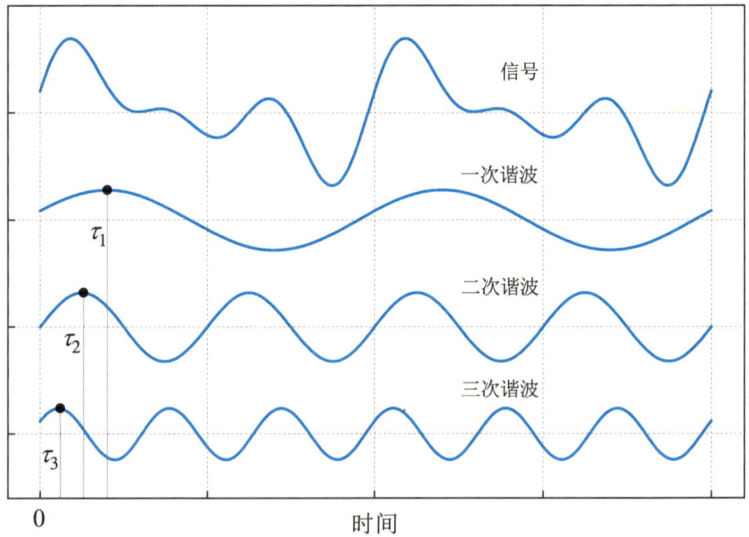

图 2.14　各频率分量的相位

非周期信号的频谱

　　周期信号的频谱是离散频谱。任何周期信号都有自己的离散形式的频谱，其谱线只能出现在周期信号频率的整数倍上，如图 2.15(a) 所示。不同的周期信号，它们的频谱分布不同。

随着信号周期的加长，频谱中各次谐波之间的间距在减小，谱线变密。而对非周期信号，由于可以看成周期为无限大的周期信号，因此，频谱谱线间隔将趋于零▼，它们加权系数的域将变为连续的，那么周期信号的离散频谱就过渡到非周期信号的连续频谱，如图 2.15(b) 所示。由于频谱连续，所以可用其包络线（谱线顶点的连线）来表示非周期信号的频谱。

▼由于 $f_0 = 1/T$，当 $T \to \infty$ 时，$f_0 \to 0$。

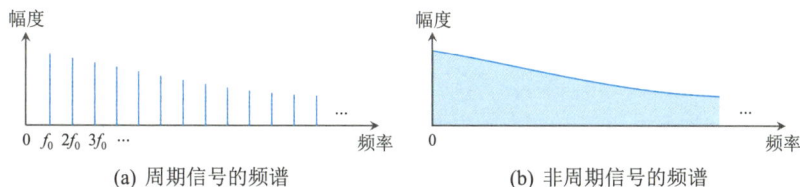

(a) 周期信号的频谱　　　　(b) 非周期信号的频谱

图 2.15　周期和非周期信号的频谱

利用傅里叶变换▼，可以得到一个用以描述频谱系数的连续函数。

$$X(f) = \int_{-\infty}^{\infty} x(t)e^{-j2\pi ft}dt \tag{2.14}$$

式 (2.15) 则是一个反变换过程，将信号变回到时域表示，称为傅里叶反变换。时域信号和频谱可通过式 (2.14) 和式 (2.15) 相互转换。

$$x(t) = \int_{-\infty}^{\infty} X(f)e^{j2\pi ft}df \tag{2.15}$$

▼一个恰当的比喻是，将傅里叶变换比作一个玻璃棱镜。棱镜是可以将光分解为不同颜色的光学元件，每个成分的颜色由波长（频率）决定。傅里叶变换可以看作数学上的棱镜，将信号分解为不同的频率成分。

例 2.1　矩形脉冲信号及其频谱

脉冲主要是指一个物理量在短持续时间内突变后迅速回到其初始状态的过程，矩形脉冲指阶跃时间远小于顶部持续时间的平顶脉冲。如图 2.16(a) 所示，幅度为 1、脉宽为 τ 的矩形脉冲可表示为

$$x(t) = \begin{cases} 1, & |t| \leqslant \tau/2 \\ 0, & |t| > \tau/2 \end{cases} \tag{2.16}$$

由式 (2.14) 可得矩形脉冲信号的频谱为

$$X(f) = \int_{-\infty}^{\infty} x(t)e^{-j2\pi ft}dt = \int_{-\tau/2}^{\tau/2} x(t)e^{-j2\pi ft}dt = \tau\,\mathrm{sinc}(\tau f) \tag{2.17}$$

归一化 sinc 函数定义为 $\mathrm{sinc}(u) = \sin(\pi u)/(\pi u)$。$X(f)$ 函数只有实部，没有虚部，因此其相位只有 $-\pi$，0 和 π 三个值。如图 2.16(b) 和 (c) 所示的矩形脉冲信号频谱表明，它是个连续谱，包含无穷多个频率成分。在频率 $f = 0$ 处，幅度最大；在 $f = 1/\tau,\ 2/\tau,\ \cdots$ 处，其幅度频谱值为零，相位频谱出现转折。

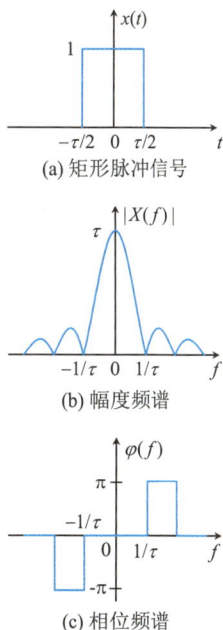

(a) 矩形脉冲信号

(b) 幅度频谱

(c) 相位频谱

图 2.16　矩形脉冲信号及其频谱

在频段 $|f| \leqslant 1/\tau$ 内称为主瓣，当脉冲宽度 τ 愈小时，$1/\tau$ 移向高频率，主瓣变宽；当脉冲宽度 τ 增大时，$1/\tau$ 移向低频率，主瓣变窄。显然，脉冲时域波形越窄，频谱主瓣越宽。

例 2.2　sinc 脉冲信号及其频谱

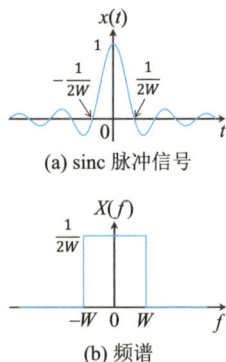

如图 2.17(a) 所示的 sinc 脉冲可表示为

$$x(t) = \text{sinc}(2Wt) = \frac{\sin(2\pi Wt)}{2\pi Wt} \tag{2.18}$$

(a) sinc 脉冲信号

(b) 频谱

图 2.17　sinc 脉冲信号及其频谱

矩形函数与 sinc 函数互为傅里叶变换，根据傅里叶变换的对称性质，sinc 函数的傅里叶变换的形式就是一个系数 $1/(2W)$ 乘以一个矩形函数，所以式 (2.18) 的傅里叶变换为

$$X(f) = \begin{cases} 1/(2W), & |f| \leqslant W \\ 0, & |f| > W \end{cases} \tag{2.19}$$

$X(f)$ 函数只有实部，没有虚部，其相位为零。如图 2.17(b) 所示的 sinc 脉冲信号频谱表明，它是个连续谱，频率范围为 $0 \leqslant f \leqslant W$。在频率范围内，各频率分量的幅度是相等的▼。

▼需要注意的是，负数频率只是一种数学表达，有利于信号的数学分析，没有物理意义。

sinc 函数广泛用于信号处理，因为它是简单波形（矩形脉冲）的傅里叶变换对。

快速傅里叶变换（FFT）

因为计算机只能处理离散的和有限长度的数值信号，对于连续信号要先离散化，对于离散信号的变换只有离散傅里叶变换（discrete Fourier transform，DFT）才能适用。

快速傅里叶变换（fast Fourier transform，FFT）是 DFT 的一种快速算法。DFT 运算过程为

$$X(k) = \sum_{n=0}^{N-1} x(n) \mathrm{e}^{-\mathrm{j}2\pi kn/N} \tag{2.20}$$

▼在 2.2.2 节（第 41 页）中将介绍模拟信号的数字化过程。

在计算机上进行 DFT，使用的输入值是经过模数转换▼后采集到的采样值，也就是时域的信号值，输入采样点的数量 N 决定了转换的计算规模。变换后的频谱输出包含同样数量的采样点，但是其中有一半的值是冗余的，通常不会显示在频谱中，所以真正有用的信息是 $N/2 + 1$ 个点。

▼J. Cooley and J. Tukey. An algorithm for the machine calculation of complex Fourier series [J]. *Mathematics of Computation*, 1965, 19(90): 297 –301.

FFT 是 1965 年由美国数学家詹姆斯·库力（James W. Cooley，1926—2016）和约翰·图基（John W. Tukey，1915—2000）提出的▼，采用这种算法能使计算机计算离散傅里叶变换所需的乘法次数大为减少，特别是被变换的采样点数 N 越多，FFT 算法计算量的节省就越显著。

例 2.3　语音信号及其频谱

　　语音信号分析是语音信号处理的基础。通过对大量语音信号的观察和分析发现，语音信号主要有两个特点：一是在频域内，语音信号的频谱分量主要集中在 300～3400 Hz 范围内；二是在时域内，语音信号具有短时性的特点，即在总体上，语音信号的特征是随着时间而变化的，但在一段较短的时间间隔内，语音信号的特征保持平稳。

　　对语音信号进行频谱分析，是认识语音信号和处理语音信号的重要方法。语音信号本身就是时间和幅度都随时间而连续变化的模拟信号，将其变成时间和幅度都是离散的数字信号后，在计算机中进行分析和处理。下面我们应用 MATLAB 软件▼对语音信号进行频谱分析，MATLAB 代码参见代码 2.1。

▼MATLAB 是美国 Math-Works 公司开发的大型数学计算软件，它具有强大的矩阵处理功能和绘图功能，广泛地应用于科学研究和工程技术的各个领域。MATLAB 的主要功能包括一般数值分析、矩阵运算、数字信号处理、建模、系统控制和优化等应用程序。

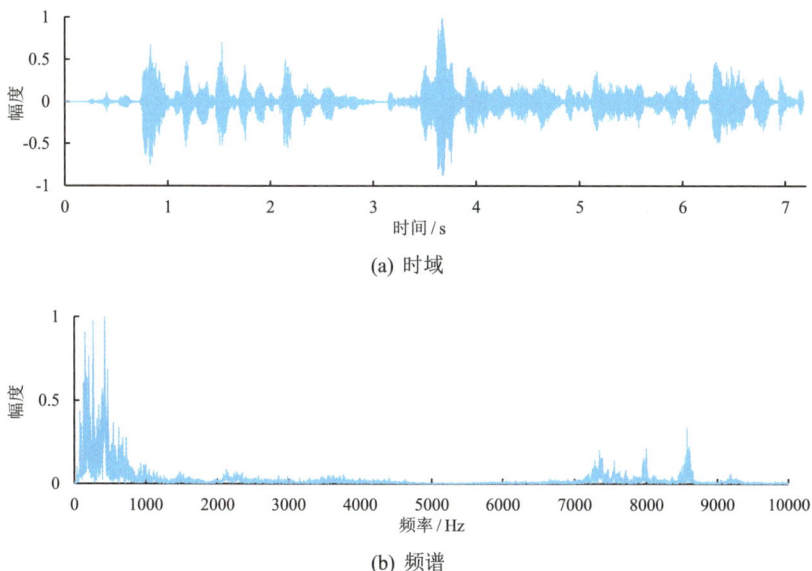

　　音频 2.1 为一段时长约 7 秒的语音，图 2.18(a) 是其时域图。应用 MATLAB 软件进行快速傅里叶变换，可计算得到其频谱，如图 2.18(b) 所示。这是一段连续频谱，频率范围为 80～9500 Hz，含有高频噪声。

(a) 时域

代码 2.1　MATLAB 语音信号频谱分析

(b) 频谱

图 2.18　一段语音信号及其频谱

音频 2.1　一段语音信号

音乐声学

　　音乐是由声音构成的，而声音是一个宽泛的概念，泛指人耳可以感知的声波▼。

　　以某个固定频率进行简谐振动所产生的声波称为纯音。与纯音相对的就是复合音，它由多个纯音组合而成，而音乐就是由大量不同的复合音构成的。复合音的产生方式有很多种，其中，谐波叠加和拍音叠加在音乐中最为常见。

▼人类所能够听到的声音频率范围为 20 Hz～20 kHz。

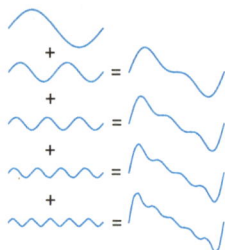

图 2.19　基波与谐波复合构成复合音

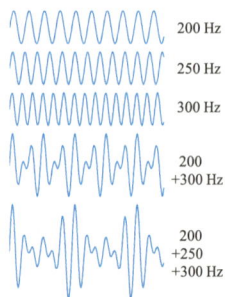

200 Hz
250 Hz
300 Hz
200
+300 Hz
200
+250
+300 Hz

图 2.20　拍音的形成

我们将一个标准的正弦波作为基准，称作基波。谐波就是比基波的频率高整数倍的波。钢琴按下一个键或小提琴拉响一根弦都会在基波的基础上产生多个谐波，音乐人往往将谐波称为泛音。实际上，所有传统乐器所发出的音都是复合音，由振幅最大的基波和一系列振幅较小的谐波叠加构成，如图 2.19 所示。

单音特指单一乐器演奏独立的一个音发出的声波（谐波叠加），其基波的频率称为音高。不同乐器的单音所叠加的谐波在频率和振幅上都不相同，因此，乐器的音色千差万别。

拍音是另一种复合音，由来自同一种乐器或不同乐器的两个单音相互叠加，形成具有规律性强弱变化的振动，如图 2.20 所示。与谐波不同的是，拍音一般要求这两个音的振幅相近，但不要求频率为倍数关系。

不同种类的乐器，其音响效果各不相同，我们把能代表某种声音特征的因素称为音色。决定一件乐器音色的重要因素是声音的频谱。

2.1.3　信号与系统的带宽

信号频谱所覆盖的频率范围，即信号所占据的频带宽度，称为信号的带宽。带宽在许多应用中都是一个关键的概念，例如在无线电通信中，带宽是调制载波占据的频率范围，在光学中带宽是单个谱线宽度或者整个频谱范围。任何信号都有一定的带宽，带宽是该信号中包含的最高和最低频率之差，如图 2.21 所示。

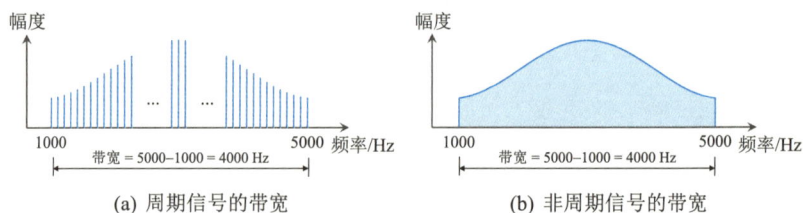

(a) 周期信号的带宽　　　(b) 非周期信号的带宽

图 2.21　周期和非周期信号的带宽

通常信号频谱所覆盖的频率范围很广，如前文所描述的矩形脉冲信号（图 2.16），其绝对带宽是无穷大的。我们将信号大部分能量集中的那段频带称为信号的有效带宽，简称带宽。带宽可以定义为在频域内信号功率在一个特定门限之上的频率范围，如图 2.22 所示，丢弃了信号频谱中幅值"很小"的频率分量。

由于门限值选取的不同，所以带宽的定义也多种多样，分别用于不同的系统。通常门限值选取为信号功率频谱最大值的一半，即定义的带宽为信号功率与最大值之差在 3 dB 的范围之内，也称 3 dB 带宽。如图 2.23 所示信号的 3 dB 带宽为 $f_2 - f_1$。

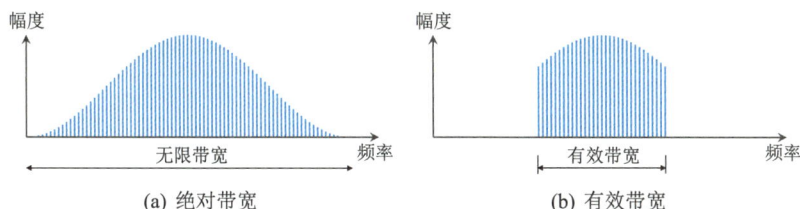

(a) 绝对带宽　　　　　　　　　(b) 有效带宽

图 2.22　绝对带宽和有效带宽

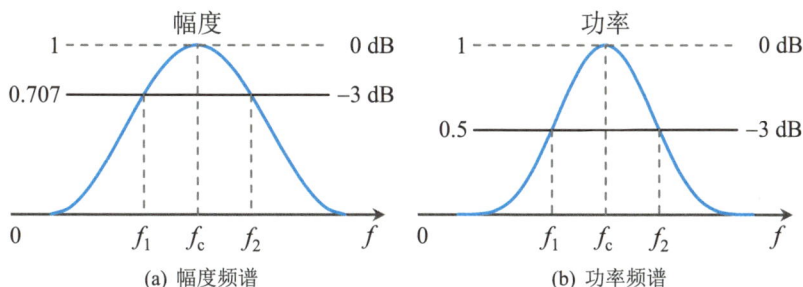

(a) 幅度频谱　　　　　　　　　(b) 功率频谱

图 2.23　信号的 3dB 带宽

分贝（dB）

分贝（decibel）是量度两个相同单位数量比例的计量单位，常用 dB▼ 表示。dB 表示功率 P_1 相对于参考功率 P_0 的大小关系，表示为

$$dB = 10\lg(P_1/P_0)$$

▼以美国发明家亚历山大·贝尔的名字命名，"分"（deci-）是指十分之一。

如果 P_1 是 P_0 的 2 倍，那么 $10\lg(P_1/P_0) = 10\lg 2 = 3$ dB；如果 P_1 是 P_0 的一半，那么 $10\lg(P_1/P_0) = 10\lg(1/2) = -3$ dB；如果功率增大为 1000 倍，可用 dB 表示为 $10\lg(P_1/P_0) = 10\lg 10^3 = 30$ dB。

所以，+3 dB 表示功率增加为 2 倍；+30 dB 表示功率增加为 1000 倍；-3 dB 表示功率减小为 1/2；-30 dB 表示功率减小为 1/1000。可见，dB 是个相对值，它可以把一个很大或者很小的数，用一个简短的形式表达出来。

需要注意的是，对于功率的增益，我们用 $10\lg(P_1/P_0)$，对于电压和电流的增益，则要用 $20\lg(V_1/V_0)$、$20\lg(I_1/I_0)$，这是因为电功率与电压或电流之间是平方关系。

电子系统的基本作用是对输入信号进行加工和处理，将其转换为所需要的输出信号。带宽的描述也可以用于系统。系统的输入量和输出量之间的数学关系可用系统传递函数来表示。系统传递函数的带宽就是系统带宽。

信号传输过程的媒介，比如导线、光纤、空气等，都可以看成一个系统。任何传输媒介都只能传输某些频率范围内的信号，即具有一个有限的带宽▼。如果媒介带宽小于信号的有效带宽，信号将会失真，如图 2.24 所示。虽然数字信号的频谱包含了无限个具有不同振幅的频率分量，但是如果我们能够传送那些大振幅的频率分量，仍可保证在接收时重新生成合适精度的数字信号。

▼无限带宽的系统无论是从技术性还是从经济性来看，都是不可能实现的。

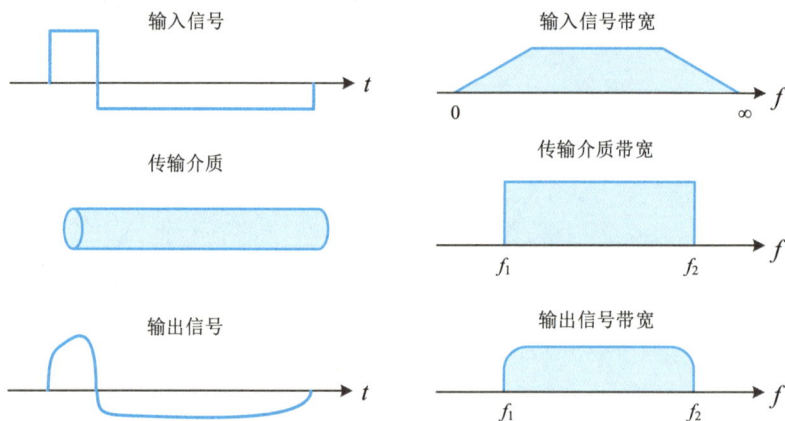

图 2.24　传输媒质的带宽

高保真（Hi-Fi）

▼国外发明了一个词"Chifi"（Chinese Hi-Fi），专指中国国产的性价比超高的耳机音响类产品。

Hi-Fi 是 High-Fidelity 的缩写▼，译为"高保真"，其定义为：与原来的声音高度相似的重放声音。

评价一个音响系统或设备是否符合高保真要求，一般采用主观听音评价和客观指标测试相结合的方式来进行，并以客观测试指标为主要依据。

▼在电子学上，增益通常为一个系统的信号输出功率与信号输入功率的比率。

频率响应，简称频响，是指系统信号的振幅和相位受频率变化而变化的特性。频响由幅频特性和相频特性组成，幅频特性表示系统增益▼与信号频率的关系；相频特性表示不同信号频率下的相位畸变关系。同失真一样，频响是电子系统一个非常重要的参数指标。

任何音响设备或载体（记录声音信号的物体）都有其频响曲线，如图 2.25 所示。

▼人类对于频响起伏的辨别能力有限，有实验表明，0.2 dB 是极少数人（不到几十万分之一）的极限，绝大多数人在 1～3 dB。

没有一个电子系统的频响特性会是一条完美的直线。频响曲线反映了电子系统的工作频率范围，即带宽。除此之外，就是频响的平坦度，频响曲线应该越平坦越好▼。图 2.25 中的蓝色曲线无论是带宽还是平坦度都优于黑色曲线。

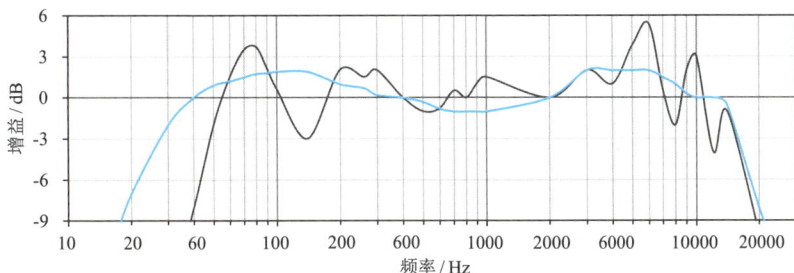

图 2.25　频响曲线

测验 2.1　时域和频域

课件 2.2　模拟和数字

2.2　模拟和数字

信息可以表示和存储为数据形式，从数据中可以解译出信息。从物理概念上看，信号是标志着某种随时间变化的数据▼；从数学上看，信号可表示成一个或几个自变量的函数。数据和信号都可分为模拟和数字两类。

2.2.1　数据的数字化

数据是事实或观察的结果，是对客观事物的逻辑归纳和符号表示，是信息的表现形式和载体，可以是符号、文字、数字、语音、图像、视频等。

数据可以是连续的值，比如声音、图像，称为模拟数据；也可以是离散的值，如符号、文字，称为数字数据。

模拟数据是用连续变化的数值来表示要说明的信息，通常用各种测量单位表示，例如温度、压力、身高、体重、声音等。模拟数据经量化后得到离散的值，也即转化为数字数据。

在计算机系统中，用有限个二进制代码（0 和 1）来表示字符、图形、音频与视频数据等。由于二进制数的每一位数（0 或 1）是用电子器件的两种稳定状态来表示的，因此，比特（bit）是计算机内部数据存储的最小单位，1 bit 就是一个二进制位。

字节（byte）是计算机数据处理的最小单位，习惯上用大写的 B 表示▼，每个字节有 8 个二进制位，其中最右边的一位为最低位，最左边的一位为最高位，如图 2.26 所示。1 byte 等于 8 bit，能存储 8 位二进制数，数值范围为 0～255。

字（word）是计算机一次处理数据的最大单位，由若干个字节组成。字的位数叫作字长，即计算机处理器一次处理二进制代码的位数。字的长度与计算架构有关，比如 32 位计算机，一个字就是 32 位▼，换算成字节就是 4 字节；同样的，64 位计算机一个字就是 64 位，也就是 8 字节。

数在计算机内的表示，涉及数的长度和符号如何确定、小数点如何表示等问题。英文字母和常用的数学符号与标点符号等字符通常采用 ASCII

▼也可以是随其他自变量变化，如对于图像是亮度信号随二维空间坐标的变化。为方便起见，本书中有时只提到时间为自变量，但对于以其他变量为自变量的信号也适用。

▼根据国际电工委员会（International Electrotechnical Commission，IEC）的标准，用于二进制存储单位的标准命名是 KiB、MiB 等，1 KiB = 1024 B，1 MiB = 1024 KiB，1 GiB = 1024 MiB，1 TiB = 1024 GiB。实际应用中常省略 i，导致和十进制前缀混淆普遍化，本书下文中也不再作区分。

一个比特

| 1 | 0 | 1 | 0 | 0 | 1 | 1 | 0 |

一个字节

图 2.26　字节和比特

▼32 位处理器最大支持 2^{32} 字节（约 4GB）的内存，而 64 位处理器理论上可支持的内存是个天文数字。实际运用过程中，大多数的计算机 32 位系统最多识别 3.5 GB 内存，64 位系统最多识别 128 GB 内存。

▼ASCII 是 American standard code for information interchange 的 缩写。ASCII 码已被国际标准化组织（International Organization for Standardization，ISO）所采纳，成为国际通用的信息交换标准代码。

编码（如表 2.1 所示），使用 1 个字节（实际只使用 7 位二进制数，最高位固定为 0）来表示一个英文字母、数字、标点或控制符号▼。

表 2.1　ASCII 编码

低 4 位	高 3 位							
	000	001	010	011	100	101	110	111
0000	NUL	DLE	(space)	0	@	P	`	p
0001	SOH	DC1	!	1	A	Q	a	q
0010	STX	DC2	″	2	B	R	b	r
0011	ETX	DC3	#	3	C	S	c	s
0100	EOT	DC4	$	4	D	T	d	t
0101	ENQ	NAK	%	5	E	U	e	u
0110	ACK	SYN	&	6	F	V	f	v
0111	BEL	ETB	′	7	G	W	g	w
1000	BS	CAN	(	8	H	X	h	x
1001	HT	EM	)	9	I	Y	i	y
1010	LF	SUB	*	:	J	Z	j	z
1011	VT	ESC	+	;	K	[	k	{
1100	FF	FS	,	<	L	\	l		
1101	CR	GS	-	=	M	]	m	}
1110	SO	RS	.	>	N	^	n	~
1111	SI	US	/	?	O	_	o	DEL

▼《信息技术 信息交换用汉字编码字符集 基本集的扩充》（GB 18030—2000）。

▼universal multiple-octet coded character set（通用多八位编码字符集）由 一 个 名 为 Unicode Consortium 的机构制订，有 UTF-8、UTF-16 和 UTF-32 等三种标准。

▼常见的图形编码格式有 bmp、jpg（jpeg）、png、gif、webp 等。

▼采样（数字化空间坐标）过程影响数字化图像的空间分辨率（图像中可辨别的最小细节）；而量化（数字化灰度值）过程影响数字化图像的灰度级分辨率（灰度级别中可辨别的最小变化）。

　　GB 18030▼是中国于 2000 年发布的新的汉字编码国家标准，采用单字节、双字节和四字节 3 种方式对字符进行编码，收录了 27484 个汉字，覆盖中文、日文、朝鲜文等。Unicode▼字符集编码是支持世界上超过 650 种语言的国际字符集，允许在同一服务器上混合使用不同语言组的不同语言，以满足跨语言、跨平台的文本信息转换。

　　图形、音频与视频数据等多媒体信息则可分别采用多种编码格式▼。举个图像数字化的例子：假设有一幅黑白灰度照片，如图 2.27(a) 所示，它在水平与垂直方向上的灰度变化都是连续的，可认为有无数个像素，而且任一点上灰度的取值都是从黑到白可以有无限个可能值。图像的数字化主要包括采样、量化和编码三个过程▼。

　　取样过程是使图像空间坐标数字化，即对二维空间上连续的图像在水平和垂直方向上等间距地分割成矩形网状结构，所形成的微小方格称为像素点。图 2.27(b) 是对图 2.27(a) 进行取样后的结果，显然取样像素点越小，越接近真实图像。

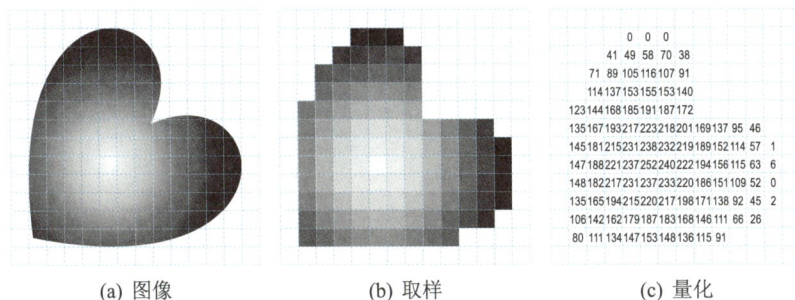

(a) 图像　　　　　　(b) 取样　　　　　　(c) 量化

图 2.27　图像的数字化

▼在 2.3.1 节（第 53 页）中有关于数据压缩的介绍。

▼为 了 使 图 像 压 缩 标准 化，20 世 纪 90 年 代后，国 际 电 信 联 盟（International Telecommunication Union，ITU）、国际标准化组织（ISO）和国际电工委员会（IEC）已经制定并继续制定一系列静止和活动图像编码的国际标准，已批准的标准主要有 JPEG 标准、MPEG 标准、H.261 等。

量化过程是使图像函数值（灰度值）数字化，即对灰度进行量化，使其取值变为有限个可能值。图 2.27(c) 是对图 2.27(b) 中像素点的亮度值进行量化的过程，取值范围采用 8 位二进制数（8 bit），最暗（黑色）为 0，最亮（白色）为 255，图 2.27(c) 中的数字表示相应像素点的量化值。这样就可以用一个数字序列来表示一幅图像。

数字化后得到的图像数据量巨大，可以采用编码技术来压缩其信息量▼。在一定意义上讲，编码压缩技术是实现图像传输与储存的关键，已有许多成熟的编码算法应用于图像压缩▼。

2.2.2　信号的数字化

在 2.1.1 节中，已提到过信号的分类。在工程应用中，常常将幅值连续可变的信号称为模拟信号；将幅值连续的信号在固定时间点上取值得到的信号称为离散信号；幅值只能取某些固定的值，而在时间上等间隔的离散时间信号称为数字信号，如图 2.28 所示。所以，信号按自变量的取值是否连续可以分为连续信号和离散信号；按所表达的信息物理量是否连续可分为模拟信号和数字信号。

模拟信号是指信息参数在给定范围内表现为连续的信号，或在一段连续的时间间隔内，其代表信息的特征量可以在任意瞬间呈现为任意数值的信号，它在一定的时间范围内可以有无限个不同的取值。我们可以感知的是在时间和幅值上都是连续的物理量，如温度、湿度、压力、长度等，这些都是模拟信号。在电学中，用传感器将这样的物理量转变为电信号，通常用连续变化的电压值或电流值表示。

数字信号是指在取值上是离散的、不连续的信号，只有有限个特定的电压值，表现为瞬时跳变直方形。通常将这些离散数字量用 0 和 1 组成的二进制数值来表示。

模拟信号的数字化通常包含三个关键过程：采样、量化和编码，如图 2.29 所示。

采样：又称为抽样、取样，是把时间连续的信号转换为一连串时间

视频 2.3　信号的数字化

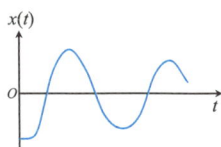

(a) 模拟信号

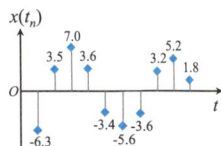

(b) 离散信号

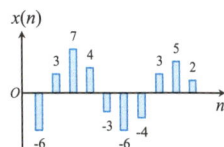

(c) 数字信号

图 2.28　模拟、离散和数字信号

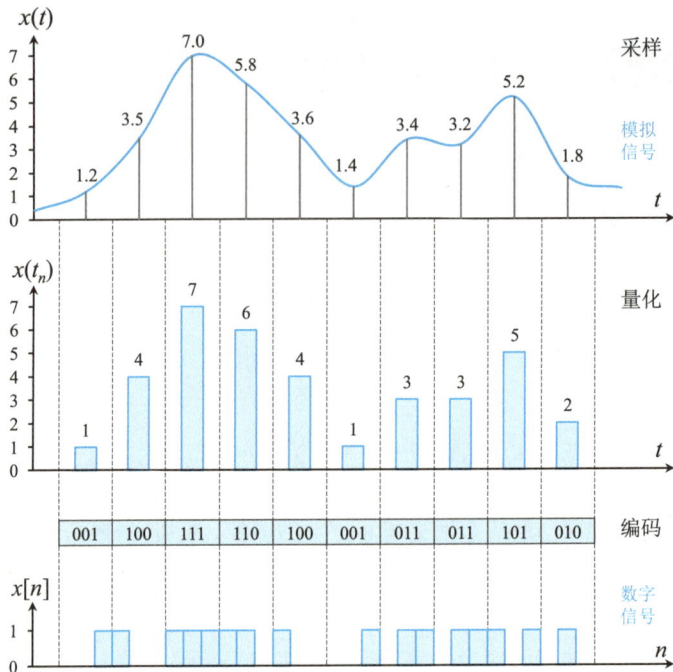

图 2.29　模拟信号至数字信号的转换

不连续的脉冲信号。采样后的脉冲信号称为采样信号，采样信号在时间轴上是离散的，但在幅度轴上仍然是连续的。

　　量化：又称幅值量化，把采样信号经过舍入或截尾的方法变为只有有限个有效数字的值。若取信号 $x(t)$ 可能出现的最大值 A，令其分为 D 个间隔，则每个间隔长度为 $R = A/D$。当采样信号的幅值落在某一小间隔内，经过舍入或截尾方法变为有限值。量化增量 R 愈小，则量化误差愈小▼。

　　编码：按一定格式记录采样和量化后的数字数据，是把量化信号转换为二进制代码的过程。

　　模拟信号经过采样、量化和编码后才适合在实际的数字传输系统中传输。接收端的接收设备则完成与发送端发送设备相应的反变换，将数字信号进行译码后变成采样值信息，再经过低通滤波▼后便恢复或者重建原来的模拟信号，如图 2.30 所示。

▼量化增量的大小一般取决于二进制的位数。例如，8 位二进制最大值为 255，则量化增量 R 为所测信号最大电压幅值的 1/255。

▼低通滤波可以简单地认为：设定一个频率点，当信号频率高于这个频率时就不能通过，这个频率点也就是截止频率。在这一处理过程中，让低频信号全部通过，所以称为低通滤波。低通滤波可以对信号进行平滑处理。

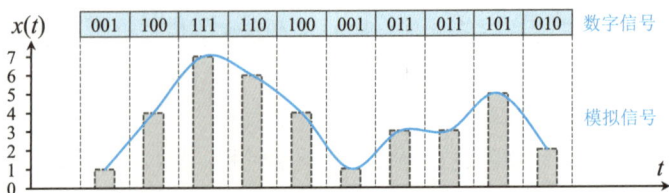

图 2.30　数字信号至模拟信号的转换

在现代电子技术中,用模数转换器(analog-to-digital converter,ADC)实现模拟信号到数字信号的转换,用数模转换器(digital-to-analog converter,DAC)将数字信号解码输出特定电压值转化为模拟信号。

脉冲编码调制(PCM)

脉冲编码调制(pulse code modulation, PCM)是由英国工程师亚历克·哈利·里弗斯(Alec Harley Reeves,1902—1971)于 1937 年提出的,使用声音的二进制表示来克服长距离模拟电话传输中的噪声问题,这一概念为数字通信奠定了基础。

如图 2.31 所示,脉冲编码调制就是把一个时间连续、取值连续的模拟信号变换成时间离散、取值离散的数字信号后在信道中传输。里弗斯设计了模数转换器,能够以 5 位分辨率将模拟信号数字化,采样频率为 6 kHz。模数转换器首先将产生的斜坡电压与信号电压进行比较,并在它们相等时产生脉冲。然后,通过触发器电路依次生成宽度与此时信号电平成比例的脉冲。最后,通过计数器,转换为一系列数字。这是模数转换技术的一个重大突破。也可通过逆过程并应用滤波器,将数字信号转换回模拟值,即实现数模转换。

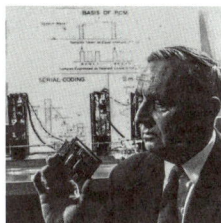

Alec Harley Reeves
(1902 —1971)

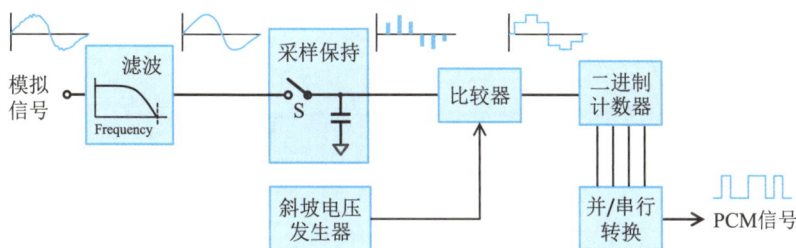

图 2.31 脉冲编码调制

2.2.3 奈奎斯特采样定理

连续信号在时间上以某种方式变化着,而采样过程则是在时间上以 T 为单位间隔来测量连续信号的值,T 称为采样间隔。采样过程产生一系列的数字,称为样本。样本代表原来的信号,每个样本都对应着测量这一样本的特定时间点,而采样间隔的倒数 $1/T$ 即为采样频率 f_s。采样频率也称为采样速率或采样率,定义了每秒从连续信号中提取并组成离散信号的样本个数。

通常采样过程是要丢失信息的。如果采样时间间隔过长,那么采样得到的信号将不能重构出原信号,也就是说采样时间间隔越短越好,如图 2.32 所示。然而采样时间间隔越短,采样频率越高,对物理器件的性能要求就越高,成本也相应增加。所以需要确定一个采样频率的阈值,超

Harry Nyquist
(1889 —1976)

(a) 原信号

(b) 每 2 小时采样一次

(c) 每 1 小时采样一次

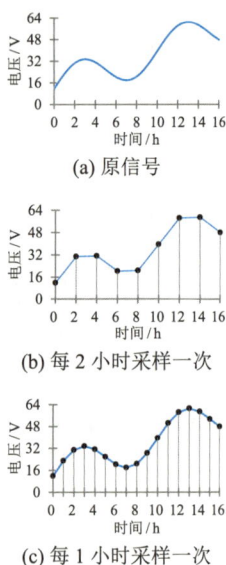

图 2.32　采样时间间隔对信号波形的影响

过这个阈值，原信号能够完全恢复，没有超过这个阈值，则不能完全恢复。

采样定理又称取样定理、抽样定理，它说明采样频率与信号频谱之间的关系，是连续信号离散化的基本依据。采样定理是由贝尔实验室瑞典裔科学家哈里·奈奎斯特（Harry Nyquist, 1889—1976）于 1928 年首先提出的，因此也称为奈奎斯特采样定理。1933 年，苏联科学家弗拉基米尔·亚历山德罗维奇·科捷利尼科夫（Vladimir Aleksandrovich Kotelnikov, 1908—2005）首次用公式严格地表述这一定理。1948 年，香农对这一定理加以明确的说明并正式作为定理引用。采样定理有许多表述形式，但最基本的表述方式是时域采样定理。

时域采样定理：频带为 X 的连续信号 $x(t)$ 可用一系列离散的采样值 $x(t_1), x(t_1 \pm \Delta t), x(t_1 \pm 2\Delta t), \cdots$ 来表示，只要这些采样点的时间间隔 $\Delta t \leqslant 1/(2X)$，便可根据各采样值完全恢复出原来的信号 $x(t)$。

时域采样定理的另一种表述方式是：当时间信号函数 $x(t)$ 的最高频率分量为 f_{max} 时，$x(t)$ 的值可由一系列采样间隔小于或等于 $1/(2f_{max})$ 的采样值来确定，即采样点的重复频率 $f \geqslant 2f_{max}$，如图 2.33 所示。

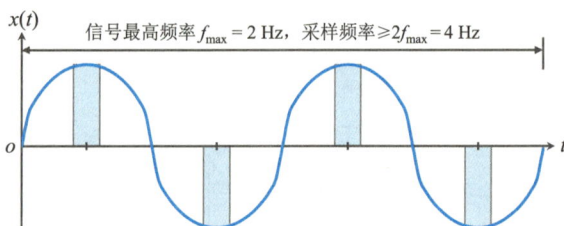

图 2.33　采样定理

从采样定理中，我们可以得出以下结论：

- 如果已知信号的最高频率 f_{max}，采样定理给出了保证完全重建信号的最低采样频率。这一最低采样频率称为临界频率或奈奎斯特频率，通常表示为 f_N，$f_N \geqslant 2f_{max}$。

- 相反，如果已知采样频率，采样定理给出保证重建信号所允许的最高信号频率 f_{max}，$f_{max} \leqslant f_N/2$。

- 以上两种情况都说明被采样的信号必须是带限的，即信号中高于某一给定值的频率成分必须是零，或至少接近于零，这样在重建信号中受这些频率成分的影响可忽略不计。

第一种情况下，被采样信号的频率成分已知▼。第二种情况下，假设信号中频率高于采样频率一半的频率成分可忽略不计。

如果不能满足上述采样条件，采样后信号的频率就会重叠，即高于采样频率一半的频率成分将被重建成低于采样频率一半的信号，采样数据中就会出现虚假的低频成分，这种频谱的重叠导致的失真称为混叠。如

▼比如声音信号，由人类发出的声音信号中，频率超过 5 kHz 的成分通常非常小，因此可以以 10 kHz 的频率来采样这样的音频信号。

图 2.34 所示，对于 800 kHz 的正弦波（图中灰色线），以 1 MHz 的频率来采样（图中黑色线），则会出现混叠信号，错误地显示为 200 kHz 正弦波（图中蓝色虚线）。

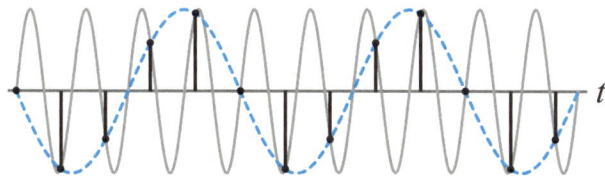

代码 2.2　MATLAB 计算分析 ADC/DAC

图 2.34　混叠

　　采样定理▼的重要性在于，它在连续时间信号和离散时间信号之间建立起桥梁。由采样定理可知，在一定条件下，连续时间信号可由它的采样值来表示。在离散时间情况下也有类似结果，即在一定的条件下，信号也可由其采样值来表示，并可恢复其原来的信号。采样的概念使人们想到一种现已被广泛使用的方法，就是用离散时间系统的技术，在采样定理条件下实现完全等价的连续时间系统，即用离散化的方法来处理和产生连续时间信号。这样一来，就可利用现代计算机技术和大规模集成电路技术，来构成轻便、廉价和可编程的用于连续时间信号处理的数字系统。

▼从信号处理的角度来看，采样定理描述了两个过程：一是采样，这一过程将连续时间信号转换为离散时间信号；二是信号的重建，这一过程是对样本进行插值，将离散信号还原成连续信号。

例 2.4　确定快速傅里叶变换参数

　　信号 $x(t)$ 由三个正弦波组成，其频率分别是 $f_1 = 2\,\text{Hz}$、$f_2 = 2.02\,\text{Hz}$ 和 $f_3 = 2.07\,\text{Hz}$，即 $x(t) = \sin(2\pi f_1 t) + \sin(2\pi f_2 t) + \sin(2\pi f_3 t)$，若要用 FFT 分析信号频谱，试确定相关参数。

　　为了不发生频谱混叠，根据采样定理得

$$f_s \geqslant 2 \times 2.07 = 4.14\ (\text{Hz})$$

　　选定采样频率 $f_s = 10\,\text{Hz}$，即用采样间隔 $T_s = 0.1\,\text{s}$ 进行采样。欲分辨出三个频率，则频谱分辨率必须满足

$$\Delta f \leqslant 2.02 - 2 = 0.02\ (\text{Hz})$$

　　于是，采样时间长度最小为▼

$$L \geqslant \frac{1}{\Delta f} = 50\ (\text{s})$$

采样点数 N 即为

$$N = L f_s = 50 \times 10 = 500$$

▼如果采样时间间隔为 T_s，采样点数为 N，$N T_s$ 就是采样时间长度 L（完成一组样本的采集所需要的时间）。如果采样频率为 f_s，则频谱分辨率 $\Delta f = f_s/N = 1/(N T_s) = 1/L$。所以信号长度越长，频率分辨率越好。

2.2.4　数字信号的优势

模拟信号的主要优点是其精确的分辨率，在理想情况下，它具有无穷小的分辨率。与数字信号相比，模拟信号的信息密度更高。由于不存在量化误差，它可以对自然界物理量的真实值进行尽可能逼近的描述。

然而，信号在传输过程中由于各种原因会混入一定的干扰（又称噪声），从而使我们在另一方接收到的信号和原来的信号有所不同，即信号发生了失真。模拟信号的主要缺点是，它总是受到杂讯的影响，噪声效应会使信号受损。有损后的模拟信号几乎不可能再次被还原。因此，模拟信号不易于传输，容易受其他信号的干扰而失真变形，且在传输过程中保密性差；不易于存储，模拟信号用磁盘和磁带进行存储，易损坏；不易于运算，模拟信号电路分析难度大，容易受干扰。

在数字电路中，由于数字信号只有 0、1 两个状态，它的值是通过一定的阈值来判断的，阈值以下规定为 0，以上规定为 1。所以即使混入了其他干扰信号，只要干扰信号的值不超过阈值范围，就可以再现原来的信号。即使因干扰信号的值超过阈值范围而出现了误码，只要采用一定的编码技术 ▼，也很容易将出错的信号检测出来并加以纠正。因此，与模拟信号相比，数字信号在传输过程中具有更高的抗干扰能力，更远的传输距离。图 2.35 给出了模拟信号和数字信号在传输过程中抗干扰能力的示意。

▼在数据传输过程中，通常使用校验码来提高数据的准确性，原理就是在数据位中插入一些校验位，用一种指定的算法对原始数据计算出一个校验值。接收方用同样的算法计算一次校验值，根据校验位来验证数据的准确性。详见 2.3.2 节（第 56 页）。

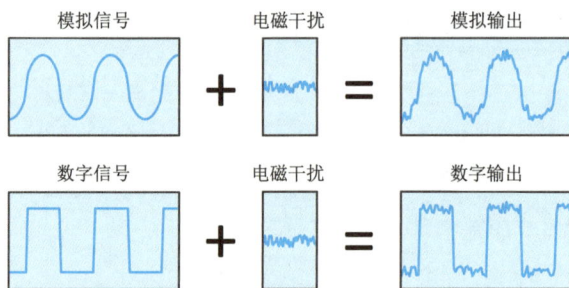

图 2.35　模拟信号和数字信号的抗干扰能力

数字信号在传输过程中不仅具有较高的抗干扰性，还可以通过数据压缩，占用较少的带宽，实现在相同的带宽内传输更多数字信号的效果。此外，数字信号易于存储，可用半导体存储器来存储，比如 U 盘、SD 卡等▼；易于运算，只有 0 和 1 两种二进制代码，可直接用计算机处理。

▼U 盘是采用闪存（flash memory）存储技术的 USB（universal serial bus，通用串行总线）设备。SD 卡全称 secure digital memory card（安全数码卡）。

▼数字信号处理器（digital signal processor，DSP）是由大规模或超大规模集成电路芯片组成的用来完成数字信号处理任务的处理器。

所以，虽然模拟信号理论上具有无穷小分辨率，但并不一定比数字信号更加精确。尽管数字信号处理算法相对复杂，但是现有的数字信号处理器▼可以快速地完成这一任务。另外，计算机等系统的普及，使得数字信号的传播、处理都变得更加方便。诸如照相机等设备都实现了数字化，尽管它们最初必须以模拟信号的形式接收真实物理量的信息，但最后都会通过模数转换器转换为数字信号，以方便计算机进行处理，或通过互联网进行传输。图 2.36 为数字信号处理系统的一个示例。

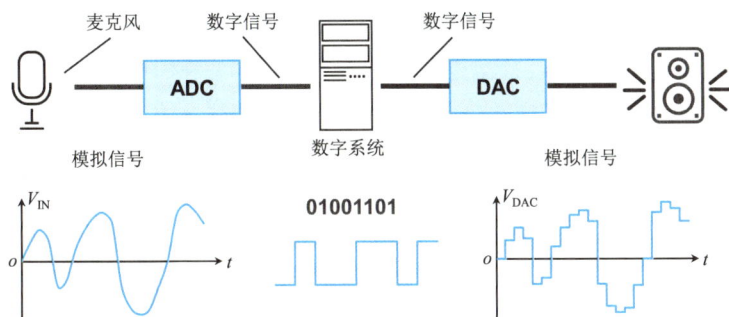

图 2.36　数字信号处理示例

例 2.5　语音信号低通滤波去噪

对于语音信号，我们往往更关注低频分量，希望能过滤掉高频分量。通过傅里叶变换转换到频域后，在频域上的做法通常是和一个低通带滤波器相乘，再转换回时域，这样就可以修正原始信号的频谱。

对于例 2.3（第 35 页）中的语音信号（音频 2.1），对其频谱进行低通滤波处理，滤除大于 6000 Hz 的高频分量，如图 2.37(a) 所示。MATLAB 代码参见代码 2.3。

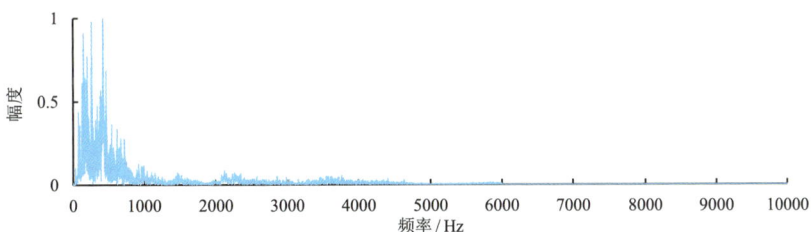

(a) 低通滤波后的频谱

音频 2.2　低通滤波后的音频 2.1 信号

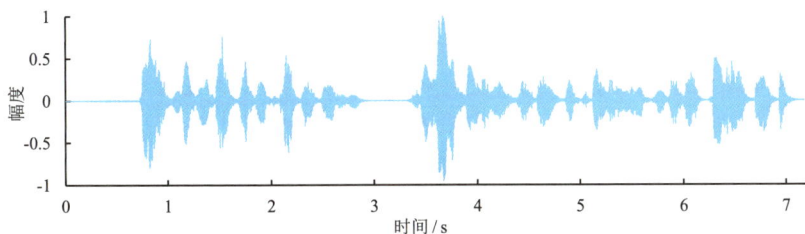

(b) 低通滤波后的语音信号

代码 2.3
MATLAB 语音信号处理

图 2.37　低通滤波后的频谱及语音信号

再利用式 (2.15) 进行傅里叶反变换，变回时域，如图 2.37(b) 所示。比较音频 2.1 和音频 2.2，可以明显感觉到经滤波处理后声音清晰了不少。

视频 2.4　数字信号传输

2.2.5　数字信号传输

要让数字信号在数字信道上传送，需要先对数字信号进行编码，即将二进制"0"和"1"转换成一串可以在导线上传输的电压脉冲。

来自数据终端的原始数据信号（如二进制序列），往往包含丰富的低频分量，甚至直流分量。在数字信号频谱中，把直流（零频）开始到能量集中的一段频率范围称为基本频带，简称基带，如图 2.38 所示。因此，数字信号被称为数字基带信号，在信道中直接传输这种基带信号就被称为基带传输。

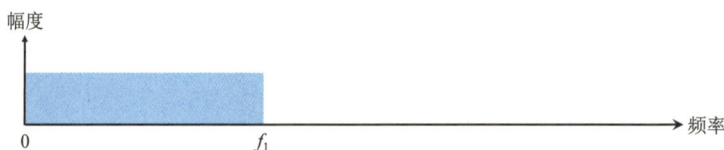

图 2.38　基带信号

▼这里的编码是指将二进制数字 0、1 和电压脉冲相对应。

在基带传输中，需要对数字信号进行编码▼来表示数据，即将信源的数据经变换后，变为可直接传输的数字基带信号。在发送端，由编码器实现编码；在接收端由译码器进行解码，恢复发送端发送的数据。基带传输是一种最简单、最基本的传输方式，是典型的矩形电脉冲信号传输。

基带信号编码

常见的数字编码方式主要有非归零码、曼彻斯特编码和差分曼彻斯特编码等。

代码 2.4　非归零码
MATLAB/Simulink 模型

非归零码：二进制数"0"和"1"分别用两种电平来表示，如用 0 V 表示"0"，+5 V 表示"1"，如图 2.39(a) 所示。缺点是存在直流分量，传输中不能使用变压器；不具备自同步机制▼，传输时必须使用外同步。

▼非归零码在传输中难以确定一位的结束和另一位的开始。

曼彻斯特编码和差分曼彻斯特编码属于归零码，归零码是信号电平在一个码元之内都要恢复到零的编码方式。

曼彻斯特编码：用电压的变化表示"0"和"1"，规定在每个码元的中间发生跳变。高至低的跳变代表"0"，低至高的跳变代表"1"，如图 2.39(b) 所示▼。每个码元中间都要发生跳变，接收端可将此变化提取出来，作为同步信号。这种编码也称为自同步码，其缺点是需要双倍的传输带宽，即信号速率是数据速率的两倍▼，如图 2.40 所示，图中 R_b 为数据传输速率。

▼存在两种相反的数据表示约定，这里按 IEEE 802.4（令牌总线）和低速版的 IEEE 802.3（以太网）中的规定。

▼由图 2.39(b) 可见，矩形脉冲的宽度小了 1/2，信号速率就快了一倍。

差分曼彻斯特编码：每个码元的中间仍要发生跳变，用码元开始处有无跳变来表示"0"和"1"。有跳变代表"0"，无跳变代表"1"，如图 2.39(c) 所示▼。

▼差分曼彻斯特编码是曼彻斯特编码的改进版，比曼彻斯特编码的变化要少，因此更适合传输高速信号，被广泛用于宽带高速网。

多进制波形（多电平波形或多值波形）如图 2.41 所示。它与前面几种电波形的区别是，上述各种信号都是 1 位二进制符号对应一个脉冲，而

(a) 非归零码

(b) 曼彻斯特编码

(c) 差分曼彻斯特编码

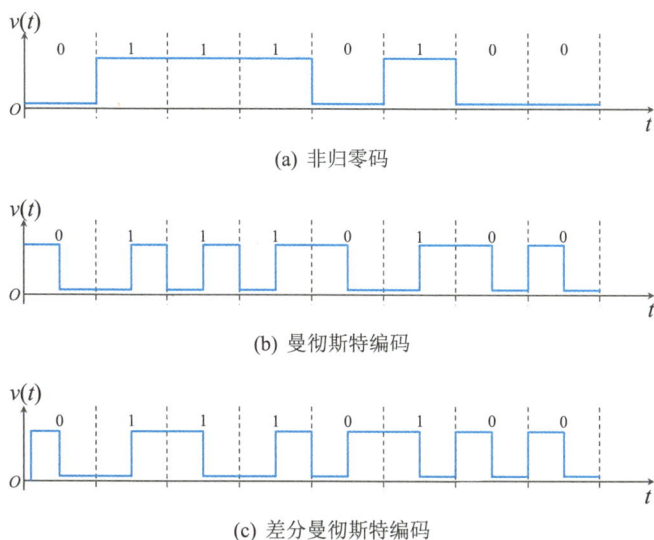

图 2.39　数字编码方式

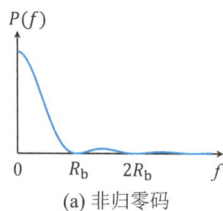

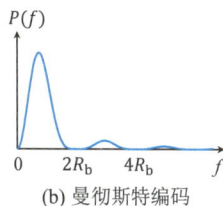

(a) 非归零码

(b) 曼彻斯特编码

图 2.40　不同码型的功率频谱

多进制波形是多于 1 位二进制符号对应一个脉冲的情形。如图 2.41 所示的是四进制波形，有 4 个电平值，分别对应 2 位二进制数 00、01、10 和 11。

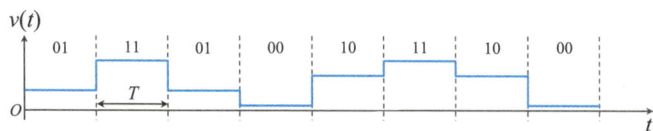

图 2.41　多进制基带信号

　　由于多进制波形的一个脉冲对应多位二进制代码，在信道带宽一定（信号速率一定）的条件下能传输更高的比特率，或在比特率一定时只需占用更小的传输带宽，因此，多进制波形在高速数据传输系统中得到广泛应用。

传输速率

　　在使用时间域的波形表示数字信号时，代表不同离散数值的基本波形就称为码元，它是携带数据信息的信号单元。码元的不同状态（代表不同的离散数值）可以用不同的符号来表示。二进制码元只有两种状态，用两个离散数值 0 和 1 来表示，如图 2.39 所示。M 进制码元则有 M 个状态，有 M 个离散数值，如图 2.41 所示。

- **码元传输速率（波特率）**

　　在信息传输通道中，每秒钟通过信道传输的码元数（即信号每秒钟电平变化的次数）称为码元传输速率，简称波特率，单位为波特（Baud▼，

Émile Baudot
（1845—1903）

▼Baud 是以法国工程师埃米尔·博多的姓氏命名，博多于 1877 年为法国电报系统开发了一种编码方案，是电报复用器的发明人。

单位符号：Bd）。波特率是传输通道频宽的指标，可表示为

$$R_B = 1/T$$

式中，T 为每发送 1 个码元所需要的时间，如图 2.41 所示。例如，在某通信信道上发送 1 码元信号所需要的时间是 0.001 s，则每秒可传输 1000 个码元，那么波特率就是 1000 Bd。

- **数据传输速率（比特率）**

数据传输速率，又称比特率，是指每秒钟实际传输构成数据代码的二进制比特数，单位为比特/秒（bit/s），记作 bps[▼]。对于 M 进制码元，比特率 R_b 与波特率 R_B 的关系为

$$R_b = R_B \log_2 M \tag{2.21}$$

显然，对于二进制码元，由于 $\log_2 2 = 1$，所以 $R_b = R_B$，即波特率与比特率在数值上相等，但单位不同，也即两者代表的意义不同。

例如，某信号波特率为 600 Bd，则在二进制时，比特率为 600 bit/s；而在四进制时，由于 $\log_2 4 = 2$，所以比特率为 1200 bit/s。可见，在一个码元中可以传送多个比特。

数字信号可以分解成无限个称为"谐波"的简单正弦波，每个谐波具有不同的振幅、频率和相位。通过某个传输媒介发送一个数字信号时，可以看作在发送无限个简单正弦信号。为了确保接收时的数字信号无失真，所有谐波必须都能通过传输媒介传送。如果某些谐波不能传输成功，接收的信号就会失真。无限带宽的系统无论是从技术性还是从经济性来看，都是不可能实现的。现有的传输媒介都不能实现全频率范围的传输，传输失真总是存在，所以数字信号不可能无失真传输。

虽然数字信号的频谱包含了无限个具有不同振幅的频率分量，如果我们能够传送那些大振幅的频率分量，仍可保证在接收时重新生成合适精度的数字信号。信道带宽与它的数据传输能力之间存在一个稳定的基本关系[▼]，显然，带宽越高，数据传输可利用的资源就越多，因而能达到越高的传输速度。信道带宽与数据传输速率的关系可以用奈奎斯特准则与香农定理描述。

奈奎斯特准则

奈奎斯特准则[▼]指出：如果通过带宽为 W 的无噪声通信信道传输间隔为 $1/(2W)$ 的窄脉冲信号序列，则前后码元之间不会产生相互串扰，如图 2.42 所示[▼]。

因此，在理想低通信道下，对于最高波特率 R_{Bmax}（Bd）与信道带宽 W（Hz）的关系可以写为 $R_{Bmax} = 2W$。如果编码方式的码元状态数为 M，

▼在实际应用中，常用的数据传输速率单位有：kbps、Mbps 和 Gbps 等。其中：1 kbps = 10^3 bps，1 Mbps = 10^6 bps，1 Gbps = 10^9 bps。

▼我们可以用高速公路来作比喻。在高速路上，它所能承受的最大交通流量就相当于信道的数据运输能力，而这条高速路的宽度就相当于信道的带宽。

▼奈奎斯特在 1924 年为解决电报传输问题提出了数字波形在无噪声线性信道上传输时的无失真条件，称为奈奎斯特准则。

▼图 2.42 为 sinc 脉冲信号序列，sinc 脉冲信号及其频谱参见图 2.17（第 34 页），其频谱带宽是有限的。

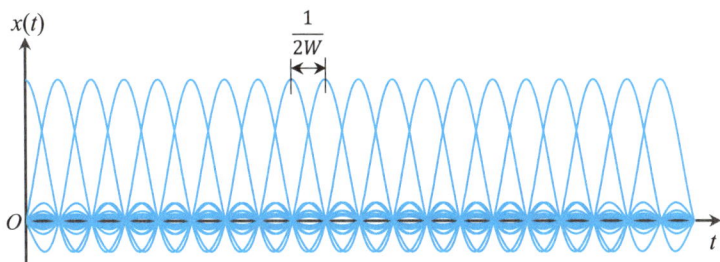

图 **2.42**　脉冲信号序列

则信道通信容量▼为

$$C = 2W \log_2 M \tag{2.22}$$

式中，通信容量 C 单位为 bps，带宽 W 单位为 Hz。例如，对于二进制码元，若信道带宽为 3000 Hz，则最大数据传输速率为 6000 bps。

奈奎斯特准则描述了有限带宽、无噪声信道的通信容量与信道带宽的关系。香农定理▼则描述了有限带宽、有随机热噪声信道的通信容量与信道带宽、信噪比之间的关系。

香农定理

香农定理指出：在有随机热噪声的信道上传输数据信号时，信道通信容量与信道带宽 W、信号信噪比 S/N▼的关系为

$$C = W \log_2(1 + S/N) \tag{2.23}$$

式 (2.23) 通常称为香农公式。信噪比 S/N 是信号功率与噪声功率的比值，无量纲，通常以 dB 表示，代入式 (2.23) 前要先换算。例如，$S/N = 30$ dB，需换算成 $S/N = 1000$。

香农公式的解释

香农在其论文《通信的数学理论》中对式 (2.23) 有详细的推导过程，下文给出的是一种不严格但简单的推导过程，方便理解。

奈奎斯特准则给出的是理论上的上限，但信道总是有噪声的。假设信源的信号电平为 V_S，平均功率为 S；信道噪声电平为 V_N，平均功率为 N；接收信号电平为 V_T，平均功率为 P。可以得到▼

$$P = S + N \rightarrow V_T^2 = V_S^2 + V_N^2$$

从式 (2.22) 看，可以通过细分信号电平（见图 2.41），来增加码元的状态数（多进制阶数）M，从而提高信道的通信容量。但噪声限制了信号不能分"太细"，否则会被噪声淹没，不可分辨。由于最低可分辨的电平

▼通信容量是单位时间内能够传输的最大信息量，即最大数据传输速率。

▼香农三大定理是信息论的基础理论，这是香农第二定理，也称有噪信道编码定理。当信道的信息传输率不超过信道容量时，采用合适的信道编码方法可以实现任意高的传输可靠性；但若信息传输率超过了信道容量，就不可能实现可靠的传输。

▼信噪比，singal-to-noise ratio（SNR 或 S/N），是指一个电子设备或者电子系统中信号功率与噪声功率的比值。S/N (dB) = $10 \lg S/N$。

▼噪声信号和信源信号是不相关的。如果两信号是相关的，求功率就需两信号电压相加后再平方。

电压不可小于噪声电压 V_N，所以信号电平数（多进制阶数）最大为

$$M_{\max} = V_T/V_N = \sqrt{V_T^2/V_N^2} = \sqrt{1 + V_S^2/V_N^2} = \sqrt{1 + S/N}$$

将上式代入式 (2.22) 即可得式 (2.23)。

香农公式给出了一个有限带宽、有热噪声信道的最大数据传输速率的极限值。例如，对于带宽只有 3000 Hz 的通信信道，信噪比在 30 dB 时，无论数据采用二进制或更多的离散电平值表示，都不能用超过 30 kbps 的速率传输数据。

由于通信信道最大传输速率与信道带宽之间存在着明确的关系，所以人们可以用"带宽"去取代"速率"▼。例如，人们常把网络的"高数据传输速率"用网络的"高带宽"去表述。因此"带宽"与"速率"在网络技术的讨论中几乎成了同义词。

▼通信运营商所说的 1 M 宽带，其实是指 1 Mb/s（兆比特每秒），而电脑中所说的下载速度单位是 B/s（字节每秒）。因此，1 M 宽带的下载速率理论上为 $1 \times 1024/8 = 128$ KB/s。但这只是理论上的速率，实际上则要再扣约 12% 的信息头标识等各种控制信号，故其传输速度上限应为 112 KB/s 左右。

例 2.6 用香农公式计算

已知某单色显示屏大约由 3×10^5 个像素组成，每个像素有 10 个亮度等级，这些亮度等级出现的概率相同。为了满意地显示图像，要求每秒传送 30 帧图像、信噪比为 30 dB。求传输此视频信号所需的带宽。

由于每个像素有 10 个亮度等级，且等概率，则每个像素包含的信息量为

$$\log_2 10 = 3.32 \text{ (bit)}$$

每帧有 3×10^5 个像素，故每帧的信息量为

$$3.32 \times (3 \times 10^5) = 9.96 \times 10^5 \text{ (bit)}$$

每秒传送 30 帧，故数据传输速率为

$$R_b = 9.96 \times 10^5 \times 30 = 2.99 \times 10^7 \text{ (bit/s)}$$

通信信道最小通信容量 $C_{\min}$ 必须大于或等于 R_b。由题可知，信噪比 $S/N = 30$ dB $= 1000$，则由式 (2.23) 可求出最小带宽为

$$W_{\min} = \frac{C_{\min}}{\log_2(1 + S/N)} = \frac{2.99 \times 10^7}{\log_2 1001} = 3.02 \times 10^6 \text{ (Hz)}$$

所以，传送此视频图像信号所需最小带宽约为 3 MHz。

2.3　编码和调制

编码是信息从一种形式或格式转换为另一种形式或格式的过程。用预先规定的方法将文字、数字或其他对象编成数码，或将信息、数据转换成规定的电脉冲信号，都属于编码的过程。解码（译码）是编码的逆过程。编码在电子计算机、电视、遥控和通信等方面使用广泛，在 2.2 节介绍的信号与数据的数字化过程中就有信息编码的环节。

编码在现代通信系统中起着至关重要的作用，已经成为现代通信系统中的一个重要组成部分。通过编码对发送端要传输的信息进行某种变换，使传输信号与信道相匹配，并给信息提供某种保护以防止信息受到干扰。编码和解码还可以加密信息，让信息的传输更具安全性。数字通信系统中编码分为信源编码和信道编码两类。

2.3.1　信源编码

信源编码是对输入信息进行编码，优化信息和压缩信息并且打成符合标准的数据包。信源编码的作用：一是将信源的数据数字化，以实现数字化传输▼；二是设法减少码元数目和降低码元速率，即通常所说的数据压缩。

▼这部分内容我们已在 2.2 节做了介绍。

莫尔斯电码

最原始的信源编码就是莫尔斯电码（Morse code，又译为摩斯电码、摩尔斯电码），如图 2.43 所示，它以电报▼发明人塞缪尔·莫尔斯的名字命名。

莫尔斯电码是一种早期的数字化通信形式，采用时通时断的信号代

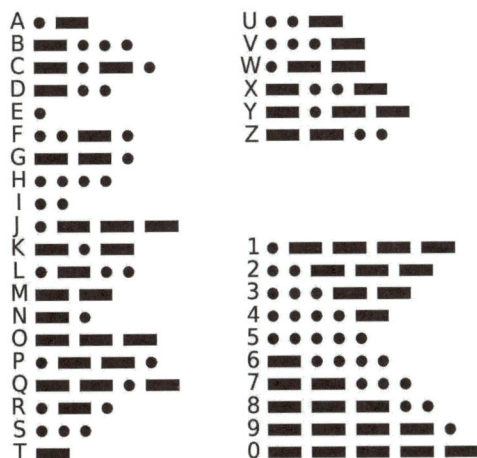

▼电报是一种最早用电信号的方式来传送信息的即时远距离通信方式，它是 19 世纪 30 年代在英国和美国发展起来的。电信号用编码代替文字和数字，通常使用的编码是莫尔斯编码。现在，随着通信网络的普及应用，电报已很少被人使用了。

图 2.43　莫尔斯电码

莫尔斯电报机

码，通过不同的排列顺序来表达不同的英文字母、数字和标点符号。不同于现代只使用"0"和"1"两种状态的二进制代码，莫尔斯电码的代码包括五种：点（短促的点信号"·"，读"滴"）、划（保持一定时间的长信号"—"，读"嗒"）、点和划之间的停顿、每个词之间中等的停顿以及句子之间长的停顿。用电报机的电键可以敲击出点、划以及中间的停顿。

莫尔斯电码在早期无线电通信中具有举足轻重的地位，是每个无线电通信者必备的知识。莫尔斯电码在海事通信中被作为国际标准一直使用到 1999 年。今天还在使用的国际莫尔斯电码只使用点和划，去掉了停顿。

霍夫曼编码

1948 年，香农在《通信的数学理论》中用概率测度和数理统计的方法系统地讨论了通信的基本问题，得出了几个重要且带有普遍意义的结论，并由此奠定了现代信息论的基础▼。香农编码理论指出，在通信系统中采用适当的编码后能够实现高效率和高可靠的信息传输，并给出了相应的信源编码定理和信道编码定理▼。

可变长无失真信源编码定理（香农第一定理）是最优编码的存在性定理，它指出了要做到无失真信源编码，每个信源符号平均所需的最少的码元数。该定理的意义在于，可以将信号源内的符号变成任何通信的编码，而当这种编码尽量地服从等概率分布时，每个编码所携带的信息量达到最大，进而能提高整个通信系统的效率。

▼香农定理包括三大定理：可变长无失真信源编码定理、有噪信道编码定理、保失真度准则下的有失真信源编码定理。

▼从数学观点看，这些定理是最优编码的存在定理，它们给出了编码的性能极限，在理论上阐明了通信系统中各种因素的相互关系，为寻找最佳通信系统提供了重要的理论依据。

霍夫曼编码是一种常用的变长度压缩编码方法，由戴维·霍夫曼（David Huffman，1925—1999）于 1952 年在美国麻省理工学院攻读博士学位期间所发明。霍夫曼编码主要用途是实现数据压缩，其核心是使出现概率越高的字符采用越短的编码，其本质反映了最好的资源（最短编码）给予最常见的情况。

我们来看一个示例。假设用于通信的电文由 a、b、c、d、e、f、g 和 h 这 8 个字母构成，这 8 个字母在电文中出现的概率分别为 0.07、0.19、0.02、0.06、0.32、0.03、0.21 和 0.10。若用 3 位二进制数对这 8 个字母进行等长编码，如表 2.2 所示，平均长度为 3 bit。若按各个字母出现的概率不同而给予不等长编码，有望减少总编码长度。

David Huffman
(1925 —1999)

表 2.2　编码表

字符	a	b	c	d	e	f	g	h
概率	0.07	0.19	0.02	0.06	0.32	0.03	0.21	0.10
等长编码	000	001	010	011	100	101	110	111
霍夫曼编码	0101	11	01111	0110	00	01110	10	0100

霍夫曼编码使用自底向上的方法构建二叉树，其具体方法是：先按出现的概率大小排序▼，将最小的两个概率相加得到新的概率，然后与剩余的概率一起重新排序。重复这个过程，即每次都将最小的两个概率相加并重新排序，直到概率之和达到 1.0，如图 2.44 所示。每次相加时都将编码"0"和"1"分别赋予相加的两个概率，如图 2.44 中蓝字部分。

▼将符号按出现的概率大小顺序排列为 e、g、b、h、a、d、f、c，其出现的概率分别为 0.32、0.21、0.19、0.10、0.07、0.06、0.03、0.02。

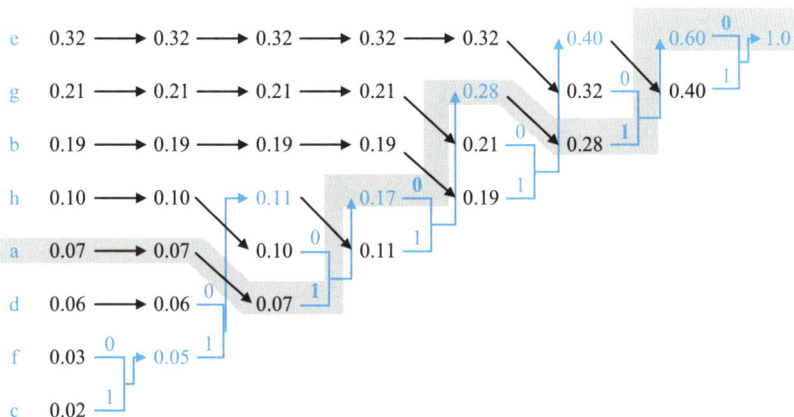

图 2.44　霍夫曼编码

读出时从该符号开始沿箭头方向一直走到最后的"1.0"，将路线上所遇到的编码"0"和"1"按反序排好（最先遇到的是最低位），就是该符号的霍夫曼编码。譬如，图 2.44 中的阴影部分为字母 a 的路线，按箭头方向遇到的编码依次为"1""0""1""0"，所以字母 a 的霍夫曼编码即为 0101。

将得到的霍夫曼编码列于表 2.2 中，可计算其编码的平均码长为 $4 \times 0.07 + 2 \times 0.19 + 5 \times 0.02 + 4 \times 0.06 + 2 \times 0.32 + 5 \times 0.03 + 2 \times 0.21 + 4 \times 0.10 = 2.61$（bit），是等长编码平均长度的 87%，所以数据平均压缩率为 13%。

例 2.7　运用霍夫曼编码计算

小明在做选择题，一共 8 道题，每题有 a、b、c、d 四个选项，若要用二进制的方式将答案传递给他，4 个选项可以用 2 bit 表示，那么 8 道题用 16 bit 可以准确传完。如果在提前知道答案 a、b、c、d 四个选项的占比分别为 1/8、1/8、1/4、1/2 的情况下，运用霍夫曼编码计算，只需要传多少 bit？

按题意可画出霍夫曼树，如图 2.45 所示。由图 2.45 可得到 a、b、c、d 的编码分别为 111、110、10、0。则平均码长为

$$3 \times \frac{1}{8} + 3 \times \frac{1}{8} + 2 \times \frac{1}{4} + 1 \times \frac{1}{2} = 1.75 \text{ (bit)}$$

所以，8 道题只需要传 $1.75 \times 8 = 14$（bit）。

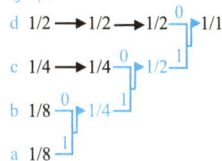

图 2.45　霍夫曼树

▼算术编码是一种无损数据压缩方法，也是一种熵编码的方法。熵编码就是根据数据中不同字符出现的概率，用不同长度的编码来表示不同字符。霍夫曼编码可以看作对算术编码的一种近似，但它并不是完美地呈现原始数据中字符的概率分布。也正是因为这一点微小的偏差，使得霍夫曼编码的压缩率通常比算术编码略低一些。或者说，算术编码能更逼近香农给出的理论熵值。

霍夫曼编码的复杂性随着码长的增大急剧增加，所以对于大的码长来说，霍夫曼编码是不实用的。20 世纪 70 年代开始的算术编码▼，虽然按平均码长来说不是最佳的，但它的计算复杂性随码长线性增加，因此，算术编码是一种实用的编码方法。

数据之所以可以压缩，是因为有冗余信息存在。压缩技术可分为无损压缩和有损压缩。无损压缩能够完全还原为原来的数据，如 ZIP、RAR 等压缩文件；有损压缩还原的数据没有原来的精确，质量有所下降，但在可接受的限度之内。这种方法主要用于音频和视频数据。我们常见的 JPG 是静态图像信息的压缩标准，MP3 是音乐信息压缩标准，MPEG 和 RM 是视频信息的压缩标准。

2.3.2　信道编码

视频 2.6　信道编码

数字信号在传输中往往由于各种原因，使得在传送的数据流中产生误码，从而使接收端产生图像跳跃、不连续，或出现马赛克等现象。通过信道编码这一环节，对数码流进行相应的处理，使系统具有一定的纠错能力和抗干扰能力，可极大地避免码流传送中误码的发生。

信道编码的实质是在信息码中增加一定数量的多余码元（称为校验码元或监督码元），使它们满足一定的约束关系，这样，由信息码元和校验码元共同组成信道传输的一个码字。一旦传输过程中发生错误，则信息码元和校验码元间的约束关系被破坏。在接收端按照既定的规则校验这种约束关系，从而可达到发现和纠正错误的目的，实现可靠的传输。

校验码

▼身份证最后一位是根据前面 17 位数字码，按照 ISO 7064:1983.MOD 11-2 算法计算出来的检验码。

我们举个身份证编码的例子来说明校验码。中国居民身份证号码是特征组合码，由 17 位数字本体码和 1 位校验码组成。排列顺序从左至右依次为：6 位数字地址码、8 位数字出生日期码、3 位数字顺序码和 1 位校验码▼，如图 2.46 所示。

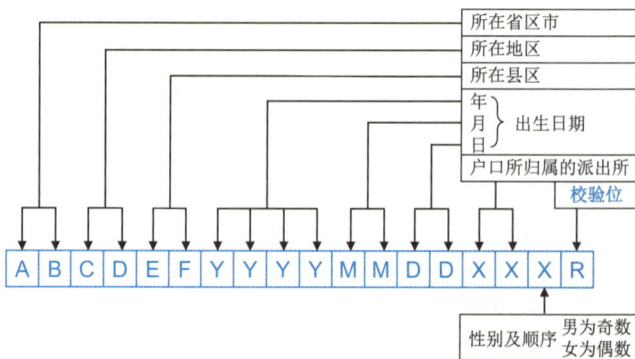

图 2.46　中国居民身份证编号规则

例如，对于身份证号 34052419800101001X，可分三步计算出校验码：

- 根据表 2.3，本体码乘以对应的加权因子：$3 \times 7 + 4 \times 9 + 0 \times 10 + \cdots + 0 \times 4 + 1 \times 2 = 189$。

表 2.3　加权因子

位置序号	1	2	3	4	5	6	7	8	9
加权因子	7	9	10	5	8	4	2	1	6
位置序号	10	11	12	13	14	15	16	17	
加权因子	3	7	9	10	5	8	4	2	

- 计算除以 11 的余数：$189 \div 11 = 17$ 余 2。
- 在表 2.4 中查询余数 2 对应的检验码为 X。

表 2.4　校验码表

余数	0	1	2	3	4	5	6	7	8	9	10
校验码	1	0	X	9	8	7	6	5	4	3	2

校验码就是一种冗余信息，用以检验该组数字的正确性。

汉明码

Richard Wesley Hamming
（1915 —1998）

▼R. W. Hamming. Error
detecting and error correct-
ing codes [J]. *The Bell
System Technical Journal*,
1950, 29(2): 147–160.

香农在《通信的数学理论》一文中指出，要想在一个带宽确定而存在噪声的信道里可靠地传送信号，无非有两种途径：加大信噪比或在信号编码中加入附加的纠错码。但是，香农虽然指出了可以通过差错控制码在信息传输速率不大于信道容量的前提下实现可靠通信，但却没有给出具体实现差错控制编码的方法。

人类在信道编码上的第一次突破发生在 1949 年，贝尔实验室的数学家理查德·卫斯里·汉明（Richard Wesley Hamming, 1915—1998）提出了第一个实用的差错控制编码方案▼，后来被命名为汉明码（又称海明码）。由于编码简单，汉明码及扩展汉明码至今仍广泛应用于数据存储系统中。

汉明码是一种线性分组码，其编码过程为：先根据信息比特位数确定校验比特位数；按规则排列信息位和校验位；给信息位分组并且分配一个相应的校验位；根据分组中的信息位确定校验位的取值。

对于 n 位信息位，校验位的位数 k 必须满足 $2^k - 1 \geqslant n + k$▼。将校验位放入 2^m ($m = 0, 1, \cdots, k - 1$) 的位置，其余位置依次放入信息位。图 2.47 为 4 位信息位和 3 位校验位时的编码排列，图中 D 是信息位，P 是校验位，3 位校验位分别位于序号 1、2、4 的位置上。

▼譬如，对于信息位位数
$n = 4$，校验位位数必须
满足 $k \geqslant 3$。

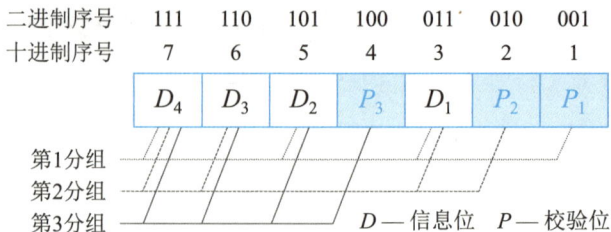

图 2.47 汉明码编码

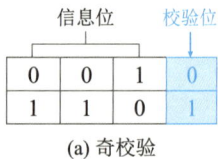

(a) 奇校验

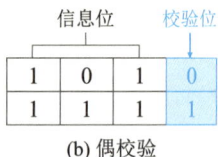

(b) 偶校验

图 2.48 奇偶校验

分组规则是将序号转为 k 位（k 为校验位位数）二进制数，第 i 位为 1 的分到第 i 分组。如图 2.47 所示，将二进制序号最低位为 1 的比特位编入第 1 分组，中间位为 1 的编入第 2 分组，最高位为 1 的编入第 3 分组，每个分组中都有 3 位信息位和 1 位校验位。

汉明码采用奇偶校验的策略，奇校验是每个分组中 1 的个数为奇数，偶校验是每个分组中 1 的个数为偶数，以此决定校验位的赋值，如图 2.48 所示。

通过一定的算法，不仅能够检测到是否发生错误，还可以找到错误比特的位置。如图 2.49 所示，数据 1001100 符合按偶校验配置的汉明码编码规则，假设序号为 6 位置的"0"在传输过程中变成了"1"，接收方收到的数据则变为 1101100。汉明码可通过检查每一分组的偶校验，来确定是否发生了错误。具体步骤如下：

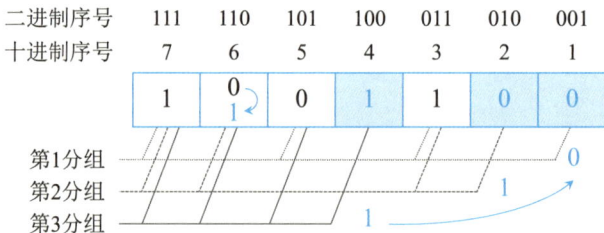

图 2.49 汉明码纠错

首先，检查第 1 分组（第 1, 3, 5, 7 位），1 的个数为 2，仍然满足偶校验，可以断定这一组中没有任何一位数据发生了改变。所以，我们只需要补 0。

其次，检查第 2 分组（第 2, 3, 6, 7 位），1 的个数为 3，不再是偶数个了，因此这一组中肯定有某个数据发生了错误，但不能确定是哪一位上发生了错误。为了达到偶校验，我们必须补 1 个 1 来达到偶数个 1。

再次，检查第 3 分组（第 4, 5, 6, 7 位），1 的个数为 3，也不满足偶校验，因此这一组中也有数据发生改变，我们也必须补 1。

如图 2.49 所示，最后得出的二进制数是 110，也就是指出了序号为 6 的位上发生了数据的改变，我们只要对 6 号位进行置反操作，就可以修改为正确的数据了。

汉明码的编码效率较低，每 4 个比特信息位就需要 3 个比特的校验位。另外，在一个码组中只能纠正单个的比特错误▼。

先进信道编码技术

信道编码虽然增加了通信的可靠性，但会使有用的信息数据传输减少，这就是我们常说的"开销"。在带宽固定的信道中，总的传送码率也是固定的，由于信道编码增加了数据量，其结果只能是以降低传送有用信息码率为代价。将有用比特数除以总比特数就等于编码效率▼，不同的编码方式，其编码效率有所不同。

1955 年，麻省理工学院彼得·埃利亚斯（Peter Elias，1923—2001）发明了卷积码。卷积码不同于分组码，它充分利用各个信息块之间的相关性，检验元不仅与本码的信息元有关，还与以前时刻的信息元有关。相比分组码，卷积码的信息块长度和码字长度都要短，译码复杂性较小。卷积码发明后，通信编码技术获得了飞跃式的发展，在通信系统中得到了极为广泛的应用。

根据香农理论，要提高信号编码效率，达到信道容量，就要使编码的分段尽可能加长而且使信息的编码尽可能随机，这就带来了计算复杂性问题。尽管人们后来在分组码、卷积码等基本编码方法的基础上提出了许多简化译码复杂性的方法，但计算复杂性依然是一道迈不过的坎。

1993 年，法国国立布列塔尼高等电信学院（ENST Bretagne）克劳德·贝鲁（Claude Berrou，1951—）和阿兰·格拉维尤（Alain Glavieux，1949—2004）发明了 Turbo 码（涡轮码），他们运用在电子学中经常用到的反馈概念，绕过计算复杂性问题，可以使信道编码效率接近香农限▼。Turbo 码后来成了 3G/4G 移动通信技术的核心。

1996 年，有研究者在 Turbo 码的基础上对 20 世纪 60 年代发明的 LDPC 码▼重新进行了研究，发现其具有逼近香农限的优异性能，并且具有译码复杂度低、可并行译码以及译码错误可检测等特点。2007 年，土耳其毕尔肯大学（Bilkent University）的埃达尔·阿利坎（Erdal Arikan，1958—）基于信道极化理论提出一种线性信道编码方法，即极化码（polar code）。极化码不仅开拓了信道编码的一个新方向，而且还是全球第一类能被严格证明达到香农限的信道编码方法。极化码的颠覆性优势在于，其能够可观地降低设计的复杂程度，同时确保服务的质量，提高 5G 通信编码的整体性能。

2016 年 11 月 17 日，华为的极化码方案在国际无线标准化机构 3GPP 的 RAN1（无线物理层）第 87 次会议上被通过为 5G 控制信道 eMBB▼场景编码最终方案，实现中国企业在通信核心技术话语权上零的突破。

信道编码是可靠通信系统中不可或缺的一个环节。在信道编码研究过程中，出现了许多优秀的编码方法，经过一次又一次关键技术的历史性突破，信道编码技术不断逼近香农限，造就了今天人类通信的奇迹。

▼对于两位发生错误时，只有检错功能没有纠错功能；对于三位及以上发生错误时，既没有检错功能也没有纠错功能。

▼编码效率定义为信息码元数与码长之比，也称为码率。

Peter Elias
（1923 —2001）

2018 年 7 月 26 日，华为在深圳总部举行颁奖仪式，为极化码发明者埃达尔·阿利坎教授（右）颁发特别奖项。

▼通信信道的香农极限（Shannon's limit）或香农容量（Shannon capacity）是针对特定噪声水平的信道的理论最大信息传输速率。香农公式由式(2.23) 给出，香农限就是其极限值。

▼LDPC（low density parity check，低密度奇偶校验）码是 1963 年麻省理工学院的罗伯特·加拉格尔（Robert Gallager，1931—）在其博士论文中提出的一种具有稀疏校验矩阵的分组纠错码。

▼eMBB（enhanced mobile broadband，增强型移动宽带）是 5G 的三大应用场景之一，详见 5.1.1 节（第 215 页）。

2.3.3　信号调制

数据无论是数字的还是模拟的，为了传输都必须转变成信号。由于传输媒介及其格式的限制，通信双方的信号不能直接进行传送，必须通过一定的方式处理之后，使之能够适合传输媒介特性，才能够准确无误地传送到目的地。调制是一种将信源产生的信号转换为适宜传输形式的过程。

在 2.2.2 节（第 41 页）中，我们介绍了怎样把模拟信号变换为数字信号；在 2.2.5 节（第 48 页）中，我们又介绍了通过信号编码，把数字信号转换为适合基带信道传输的形式。这些实质上也是信号的调制过程。基带是信源发出的原始信号所固有的频带，其特点是频率较低，信号频谱从零频附近开始，如图 2.38（第 48 页）所示。由于在近距离范围内▼，基带信号的功率衰减不大，因此，在有线局域网中通常使用基带传输技术。在基带传输中，整个信道只传输一种信号，通信信道利用率低。

▼由于基带信号具有丰富的低频成分，传输衰减大，抗干扰能力弱，不适合长距离传输。

对于大多数信道，如各种无线信道和远距离有线信道，其传输特性是带通的，基带信号必须在发送端经过调制，把基带信号的频谱搬移到适合信道传输的通带内，变换后的信号就是频带信号，如图 2.50 所示。频带信号经过信道传输，在接收端通过解调，恢复为原始基带信号，这种传输称为频带传输系统。远距离通信通常采用频带传输，基带信号与频带信号之间的转换是由调制解调技术完成的。

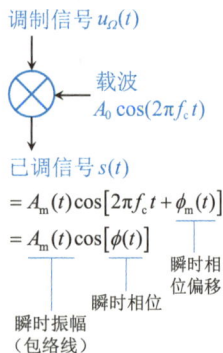

调制信号 $u_\Omega(t)$

$\otimes$ ← 载波
$A_0 \cos(2\pi f_c t)$

已调信号 $s(t)$
$= A_m(t)\cos[2\pi f_c t + \phi_m(t)]$
$= A_m(t)\cos[\phi(t)]$

瞬时相位偏移
瞬时相位
瞬时振幅（包络线）

图 2.51　信号的调制

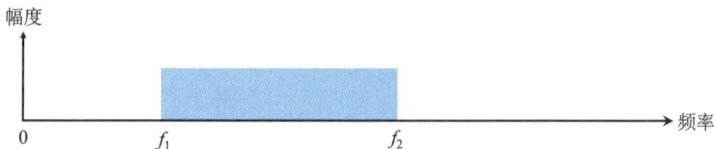

幅度

0　　f_1　　　　　　　　f_2　　频率

图 2.50　频带传输的频谱

调制就是用基带信号控制高频电磁波的某些参数（如振幅、频率、相位等），使这些参数随基带信号的变化而变化，如图 2.51 所示。

用来控制高频载波参数的基带信号称为调制信号，未调制的高频电磁波称为载波，被调制信号调制过的高频电磁波称为已调波或已调信号▼。

已调信号通过信道传送到接收端，在接收端经解调后恢复成原始基带信号。解调是调制的反变换，是从已调波中提取调制信号的过程。

▼用一个简单的类比来理解调制。我们可以试着扔一张纸，这张纸不会飞得太远，但如果把它绑在石头上再扔一次，它会飞得更远。这和我们调制的方式是一样的。纸相当于信息信号，石头相当于载波，纸包着石头相当于调制后的信号。

模拟调制

模拟数据可以在模拟信道上直接传送，但在通信传输中并不常用，人们仍然会先将模拟数据调制到载波上，然后通过模拟信道发送。调制的目的是将模拟信号调制到高频载波上以便于远距离传输。调制方式主要有幅度调制（amplitude modulation，AM）、频率调制（frequency modulation，FM）和相位调制（phase modulation，PM）。

- 调幅（AM）

调幅载波的波幅会随着输入调制信号瞬时值的变化而呈线性变化（或呈一定的函数关系），如图 2.52 所示。

代码 2.5　AM MATLAB/Simulink 模型

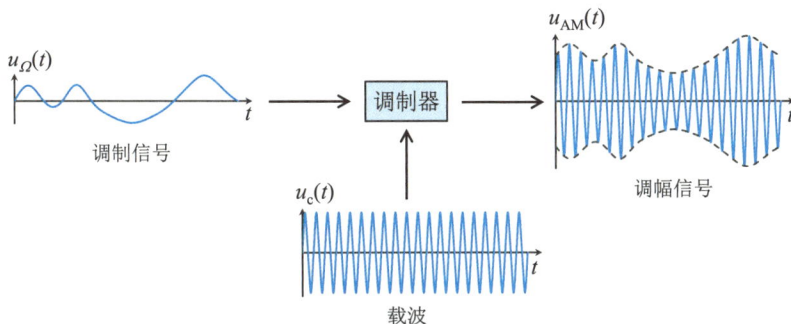

图 2.52　幅度调制

调幅的过程是调制信号叠加一个直流信号后，再与载波相乘。假定调制信号 $u_\Omega(t)$ 由多个正弦信号组成，可表示为▼

$$u_\Omega(t) = \sum_n U_n \cos(\Omega_n t) \tag{2.24}$$

▼为简单起见，这里没有考虑初始相位。

式中，Ω_n 是各频率分量的角频率，U_n 为其幅度。如果载波为 $u_c(t) = U_c \cos(\omega_c t)$，则调幅信号为

$$u_{\mathrm{AM}}(t) = U_c \left[u_\Omega(t) + A_0 \right] \cos(\omega_c t) \tag{2.25}$$

式中，A_0 是直流信号。调幅系数 m_a 定义为 $|u_\Omega(t)|_{\max}/A_0$，当 $m_a \leqslant 1$ 时，为正常调幅，此时能从 $u_{\mathrm{AM}}(t)$ 的包络中恢复出调制信号 $u_\Omega(t)$。通常，设置调幅系数 m_a 为 0.3～0.6。

将式 (2.24) 代入式 (2.25) 后，由三角函数积化和差公式可得

$$\begin{aligned} u_{\mathrm{AM}}(t) = U_c \Bigg[& A_0 \cos(\omega_c t) + \frac{1}{2} \sum_n U_n \cos(\omega_c + \Omega_n)t \\ & + \frac{1}{2} \sum_n U_n \cos(\omega_c - \Omega_n)t \Bigg] \end{aligned} \tag{2.26}$$

这样，就把模拟基带的频谱搬移到了载波频率 ω_c 两侧，如图 2.53 所示。调幅信号的带宽为 $2\Omega_{\max}$，$\Omega_{\max}$ 为调制信号的最高频率。

- 调频（FM）

调频也是一种常见的调制方法。调频中，载波的频率会随着输入调制信号频率的不同而呈线性变化，如图 2.54 所示。

根据定义，调频信号的瞬时角频率为 $\omega(t) = \omega_c + k_f u_\Omega(t)$。$k_f u_\Omega(t)$ 指

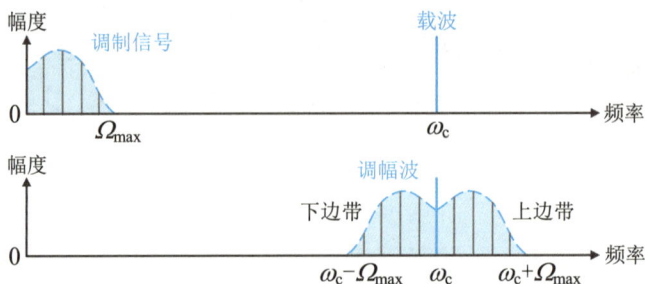

图 2.53　调幅信号的频谱

代码 2.6　FM
MATLAB/Simulink 模型

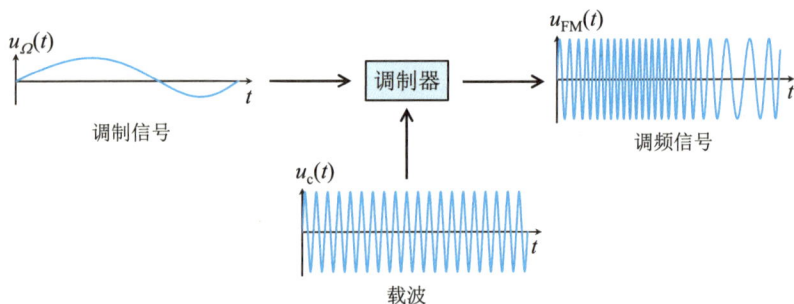

图 2.54　频率调制

调频信号瞬时频率相对于载波频率 ω_c 的偏移，k_f 为比例常数。因为瞬时相位 $\theta(t)$ 是瞬时角频率 $\omega(t)$ 对时间的积分，所以调频信号可表示为

$$u_{FM}(t) = U_c \cos\left(\omega_c t + k_f \int_0^t u_\Omega(\tau)\mathrm{d}\tau\right) \tag{2.27}$$

在调频系统中，调频系数为最大频偏与调制信号最高频率之比，$m_f = \Delta f_{max}/f_{max}$。

▼调制系数是在调制技术中衡量调制深度的参数。

调频比调幅频带宽。频带宽度与调制系数▼有关，调制系数大，频带宽。调频中常取调频系数大于 1，而调幅系数是小于 1 的，所以调频波的频带宽度比调幅波的频带宽度大得多。例如，调幅广播的调制系数在 0.3 左右，而调频广播的调制系数为 5。

由于调频具有更高的带宽要求，因此被用于高质量音频数据的传输，比如立体声无线广播。视频信号也具有较高的带宽需求，因此调频也可用于视频信号的传输。

• 调相（PM）

调相是载波的相位对其参考相位的偏离值随调制信号的瞬时值呈比例变化的调制方式，调相和调频有密切的关系。调相时，同时有调频伴随发生；调频时，也同时有调相伴随发生，不过两者的变化规律不同。实际使用时很少采用相位调制，它主要用来作为实现调频的一种方法。

数字调制

数字调制是以数字信号作为调制信号的调制技术，一般采用正弦波作为载波，这种数字调制又称为载波键控。数字频带调制的过程就是将二进制数据调制到模拟载波上。一个正弦波可以通过三个特性来定义：振幅、频率和相位，当改变其中任何一个特性时，就有了波的另一种形式。如果用原来的波表示二进制数"1"，那么波的变形就可以表示二进制数"0"，反之亦然。

利用正弦波的三个特性，至少有三种将数字信号调制到模拟信号的机制：幅移键控（amplitude-shift keying，ASK）、频移键控（frequency-shift keying，FSK）和相移键控（phase-shift keying，PSK）。

• 幅移键控（ASK）

幅移键控是用数字调制信号控制载波的幅度。如图 2.55 所示，二进制符号"0"和"1"分别用不同的载波幅度来表示，低振幅为"0"，高振幅为"1"。幅移键控虽实现简单，但抗干扰能力弱。

代码 2.7　ASK MATLAB/Simulink 模型

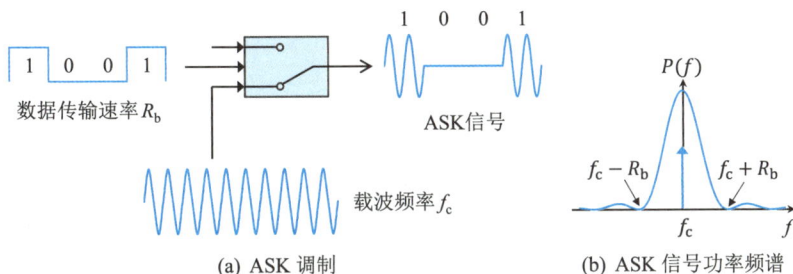

(a) ASK 调制　(b) ASK 信号功率频谱

图 2.55　幅移键控

• 频移键控（FSK）

频移键控是用数字调制信号控制载波的频率。如图 2.56 所示，发送"1"时载波频率为 f_1，发送"0"时载波频率为 f_2。频移键控虽能区分通

代码 2.8　FSK MATLAB/Simulink 模型

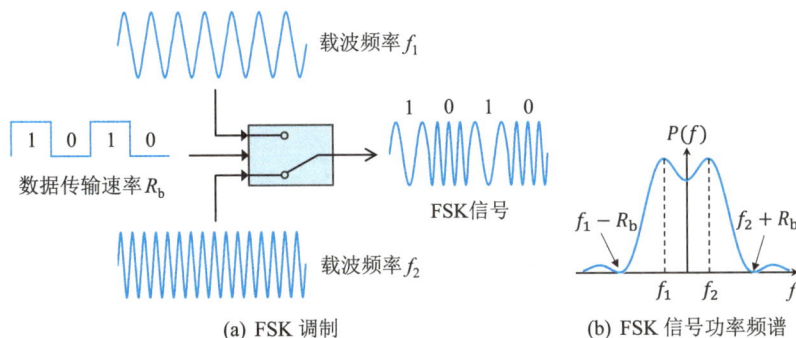

(a) FSK 调制　(b) FSK 信号功率频谱

图 2.56　频移键控

路，但抗干扰能力不如相移键控。

• **相移键控（PSK）**

相移键控是用数字调制信号控制载波的相位，分为绝对移相和相对移相两种。图 2.57 为相对移相，发送"1"时载波相位不变，发送"0"时载波相位改变 π。相移键控虽抗干扰能力强，但在解调时需要有一个正确的参考相位。

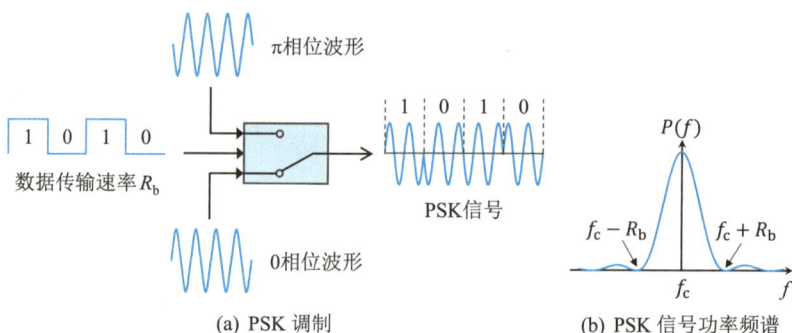

(a) PSK 调制　　　　　　　　(b) PSK 信号功率频谱

图 2.57　相移键控

正交振幅调制（QAM）

正交▼幅度调制（quadrature amplitude modulation，QAM）是一种在两个正交载波上进行幅度调制的调制方式。这两个载波通常是相位差为 π/2 的正弦波▼，因此被称作正交载波，如图 2.58 所示▼。这两个调制信号混合在一起，形成一个信号，我们称之为多路复用信号。由于两载波正交，在接收端可以很容易地从复用信号中分离出原始信号。

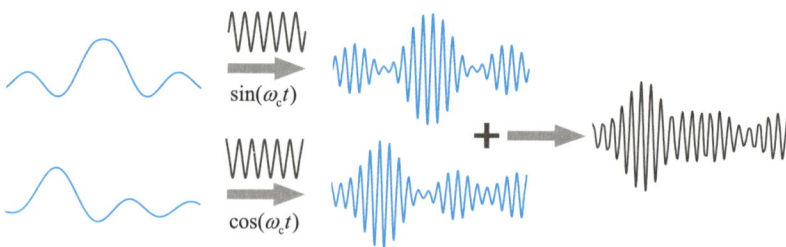

▼正交可以直观地理解为垂直。当两个矢量相互垂直，相互的投影都只是一个点。所以不管各自的大小怎么变，投影永远是不变的。也就是说，两个相互垂直的矢量之间没有关联。

▼正弦信号和余弦信号是正交的，它们的相位永远相差 90°。

▼两路载波一路叫 I 路（in-phase，同相），另一路叫 Q 路（quadrature，正交），所以正交调制方式又被称为 IQ 调制。

$\sin(\omega_c t)$

$\cos(\omega_c t)$

图 2.58　正交调制

QAM 是多进制幅移键控（M-ASK）和正交载波调制相结合，常用的形式有二进制 QAM（4 QAM）、四进制 QAM（16 QAM）、八进制 QAM（64 QAM）、十六进制 QAM（256 QAM）等。

图 2.59 为 16 QAM。串并转换将二进制码元序列分为两路，二——四进制电平变换将每 2 位二进制码元转换成四电平信号▼。四电平信号与正交载波相乘，完成正交调制，两路信号叠加后产生 16 个信号状态。按式

▼如 00、01、10、11 分别变换成 −3 V、−1 V、+1 V、+3V。

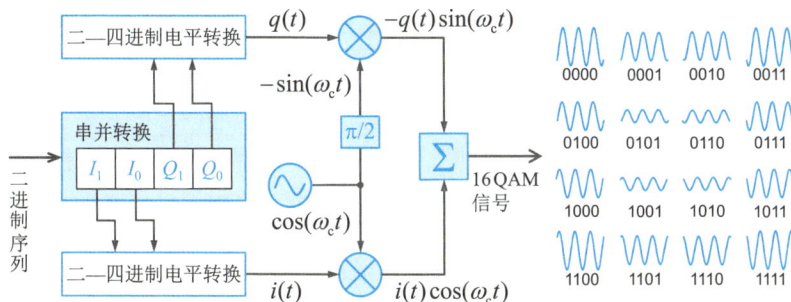

图 2.59　16 QAM

(2.21)（第 50 页），在相同带宽条件下，16 QAM 的数据传输速率提高了4 倍。

QAM 技术具有频带利用率高、抗噪声能力强等优点，被广泛应用于高速数据传输系统中。

2.3.4　通信系统模型

通常按照信道中传输的是模拟信号还是数字信号，相应地把通信系统分为模拟通信系统和数字通信系统。

模拟通信系统是利用模拟信号来传递信息的通信系统，其模型如图2.60(a) 所示。模拟通信包含两种重要变换：第一种变换是在发送端把模拟数据变换成模拟基带电信号，在接收端进行相反的变换，这种变换由信源和信宿完成。有些信道可以直接传输基带信号，而以自由空间作为信道的无线电传输却无法直接传输这些信号。因此，通信系统中常常需要进行第二种变换。第二种变换是把基带信号变换成适合在信道传输的

视频 2.8　通信系统模型

(a) 模拟通信系统模型

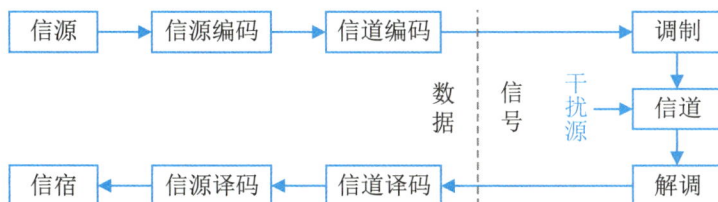

(b) 数字通信系统模型

图 2.60　通信系统模型

信号（频带信号），并在接收端进行反变换，完成这种变换和反变换的通常是调制器和解调器▼。

数字通信系统是当前通信技术的主流。与模拟通信相比，数字通信具有明显的优势：抗干扰能力强▼，可消除噪声积累；差错可控，传输性能好；可采用信道编码技术使误码率降低，提高传输的可靠性；便于与各种数字终端接口，用现代计算技术对信号进行处理、加工、变换、存储等；便于集成化，从而使通信设备微型化；便于加密处理，且保密强度高。

图 2.60(b) 是数字通信系统的一般化模型▼，可以分为数据和信号两个层面。在数据层面，进行信源编码和译码、信道编码和译码。在信号层面，对信号进行调制/解调和信道传输。信道是通信传输信号的通道，是通信系统的重要组成部分，其基本特点是发送信号随机地受到各种可能机理的恶化。在通信系统的设计中，往往根据信道的数学模型来设计信道编码，以获得更好的通信性能。

通信的任务是快速、准确地传递信息。因此，评价一个通信系统优劣的主要性能指标是系统的有效性和可靠性。有效性是指在给定时间内所传输的信息内容的多少，是传输的"速度"问题；可靠性是指接收信息的准确程度，也就是传输的"质量"问题。

对于模拟通信系统，有效性用有效传输频带来度量，可靠性用接收端最终输出信噪比来度量。对于数字通信系统，有效性用传输速率来度量，可靠性则用差错率来度量。

表示差错率常用的有码元差错率和比特差错率。码元差错率（symbol error rate，SER），简称误码率，是指发生差错的码元数在传输总码元数中所占的比例。确切地说，误码率是码元在传输系统中被传错的概率。比特差错率（bit error rate，BER），简称误比特率▼，是指发生差错的比特数占传输总比特数的比例。对于 M 进制码元，由比特率与波特率的关系可知，误码率等于误比特率乘以 $\log_2 M$。

例 2.8　计算误码率和误比特率

有一条四进制的 3000 bit 信息，错误量是 3 bit，计算误码率和误比特率。

根据定义，误比特率为 $3/3000 = 1 \times 10^{-3}$。

根据式 (2.21)（第 50 页），四进制 3000 bit 信息的码元是 1500，3 bit 错误可能是 2 个码元也可能是 3 个码元，所以误码率为 2/1500 或 3/1500，即误码率小于等于 2×10^{-3}。

▼除了上述两种变换，实际通信系统中可能还有滤波、放大、无线辐射等过程，但这些过程不会使信号发生质的变化，只会对信号进行放大和改善特性等。

▼数字信号可多次再生，自动检错、纠错信道。

▼实际的数字通信系统不一定包括图中的所有环节。

▼误比特率又称为误信率。

测验 2.3　编码和调制

2.4 电磁场与波

我们知道，在任何时候、任何地方都有电磁场与电磁波，人类社会生活离不开电磁场与电磁波，信息时代更离不开电磁场与电磁波，网络上的信息都是通过电磁波这个载体传播的。

2.4.1 经典电磁理论的建立

人类对电磁现象的认识经历了相当长的时间。早在公元前 585 年，希腊哲学家泰勒斯（Thales，约前 624—前 546）就记载了用木块摩擦过的琥珀能够吸引碎草等轻小物体，以及天然磁矿石吸引铁等现象。公元前约 300 年，我国《吕氏春秋·精通》中记有"慈石召铁，或引之也▼"的说法。公元前 2 世纪我国最先发明了罗盘，这是利用磁的最早的仪器。东汉著名学者王充（27—约 97）在《论衡·乱龙》一书中有"顿牟掇芥▼，磁石引针，皆以其真是，不假他类"的记载。

现代电学和磁学的创始人是英国物理学家和自然哲学家威廉·吉尔伯特▼（William Gilbert，1540—1603），他在 1600 年出版了近代电学、磁学的开山巨著《关于磁石、磁性体及磁性地球的新自然哲学论》，简称《磁石论》▼。吉尔伯特将地球描述为一个巨大的磁铁。他为两个因摩擦而带电的物体之间的力引入了"electricus"这个拉丁文新术语，意思是"像琥珀"，使用它来表示两个因摩擦而带电的物体之间的力"就像琥珀具有吸引力的特性"。1646 年，英国托马斯·布朗爵士（Sir Thomas Browne，1605—1682）在他的著作《世俗谬论》▼中，按英语拼写法，将"electricus"改写为目前人们熟知的"electric"和"electricity"，并一直沿用至今。和其他学科一样，17 世纪以前，电磁学经历了一个很长的"史前"阶段。

1785 年，法国物理学家查利-奥古斯丁·库仑（Charles-Augustin de Coulomb，1736—1806）在扭秤实验结果的基础上，建立了描述两个点电荷之间的相互作用力的库仑定律（如图 2.61 所示），使电磁学的研究从定性进入定量阶段。1833 年，德国科学家卡尔·弗里德里希·高斯（Carl Friedrich Gauss，1777—1855）分别提出了电静力学和电动力学定律的公式，其中包括高斯定律（库仑定律的推广形式）。

丹麦科学家汉斯·克里斯蒂安·奥斯特（Hans Christian Ørsted，1777—1851）经过 20 多年对电力、磁力和化学亲和力等的广泛研究，于 1820 年 4 月发现了电流的磁效应——通有电流的导线使其附近的磁针发生了偏转，从而把电与磁联系起来。1820 年 7 月，奥斯特用拉丁文发表了具有划时代意义的论文《关于磁针上电碰撞的实验》▼。奥斯特的发现开启了研究电磁统一性的新纪元。同年 9 月，法国物理学家安德烈-马里·安培（André-Marie Ampère，1775—1836）发现两根通电流的导线之间也存在相互作用力，并于同年 12 月发表了这种相互作用力的定量公式，现在称之为安培定律。也是在 1820 年，法国物理学家让-巴蒂斯特·毕奥

James Clerk Maxwell（1831—1879）

▼古人将"磁石引铁"比作"慈母召子"，所以磁石被称为慈石——"慈母之石"。

▼顿牟即琥珀，也有认为是玳瑁的甲壳；芥指芥菜子，统喻干草、纸等的微小屑末。掇芥的意思是吸引芥子之类的轻小物体。

▼磁动势（也称为磁势）的单位以他的名字命名为吉尔伯特。

▼W. Gilbert. *De Magnete, Magneticisque Corporibus, et de Magno Magnete Tellure; Physiologia Nova, Plurimis & Argumentis, & Experimentis Demonstrata* [M]. London: Peter Short, 1600.

▼T. Browne. *Pseudodoxia epidemica* [M]. London : T. H. for E. Dod, 1646.

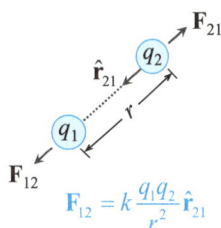

$$\mathbf{F}_{12} = k \frac{q_1 q_2}{r^2} \hat{\mathbf{r}}_{21}$$

图 2.61 库仑定律

▼H. C. Ørsted. Experimenta circa effectum conflictus electri in accum magneticam [J]. *Journal für die Chemie, Physik und Mineralogie*, 1820, 29(3): 275–281.

Hans Christian Ørsted
（1777—1851）

Michael Faraday
（1791 —1867）

▼场和实物都是客观存在的，是物质存在的两种形式。场是传递物质间相互作用的媒介，一般表现为不同形式的相互作用力，如引力、电磁力等。场具有独立性和可叠加性，空间某一点可以有各种不同的场同时存在，各自保持独立存在的特征；相同性质的场在空间某一点可相互叠加。

▼J. C. Maxwell. On physical lines of force [J]. *Philosophical Magazine*, 1861, 21(139): 161–175.

▼J. C. Maxwell. A dynamical theory of the electromagnetic field [J]. *Philosophical Transactions of the Royal Society of London*, 1865, 155: 459–512.

▼J. C. Maxwell. *A Treatise on Electricity and Magnetism* [M]. Oxford: Clarendon Press, 1873.

▼O. Heaviside. *Electromagnetic Theory, Volume I* [M]. London: The Electrician Publishing, 1893.

（Jean-Baptiste Biot，1774—1862）和菲利克斯·萨伐尔（Félix Savart，1791—1841），通过实验测量了长直电流线附近小磁针的受力规律，后来称之为毕奥-萨伐尔定律。

英国科学家迈克尔·法拉第（Michael Faraday，1791—1867）在实验和理性思维相结合的基础上，首先提出了"力线"和"场"模型的思想。1821 年，法拉第关于载流导线绕磁极转动的研究，能用于电磁现象的解释。电磁感应现象的发现，使"力线"概念成了法拉第思想的核心。1831 年，法拉第在向英国皇家学会宣读电磁感应的论文中，首次使用"磁力线"这个词。1832 年，他指出，与磁力线类似，在带电体之间有"电力线"。1845 年，他第一次使用了"磁场"这个词，两年后他又单独使用"场"这个词，将"电力线"和"磁力线"概念发展成"电磁场"概念▼。

随着科学的发展和人们认识水平的提高，人们对"场"概念的认识在逐步深化。1855 年，英国科学家麦克斯韦发表了第一篇关于法拉第的观测结果和理论的论文。1861 年，麦克斯韦发表了由四部分组成的论文《论物理力线》▼，首创了"位移电流"的新概念，指出位移电流存在于任何电场变化的电介质中，在位移电流的周围空间同样能产生磁场，这种磁场和传导电流产生的磁场完全一样。1865 年，在全面审视库仑定律、毕奥-萨伐尔定律和法拉第定律的基础上，麦克斯韦把数学分析方法带进了电磁学的研究领域，提出电磁场的基本方程组▼。麦克斯韦预言了电磁波的存在，电磁波只可能是横波，并计算了电磁波的传播速度等于光速，同时得出结论：光是电磁波的一种形式，揭示了光现象和电磁现象之间的联系。

1873 年，麦克斯韦发表了巨著《电磁通论》▼，这部著作全面且系统地总结了电磁学研究的成果，成为电磁学的经典理论著作。在这部著作中，麦克斯韦以他特有的数学语言，建立了电磁学的微分方程组，揭示了电荷、电流、电场、磁场之间的普遍联系。当时的方程组由 20 个等式和 20 个变量组成，矢量的坐标分量（x，y 和 z 方向）都单独进行了阐述。

1885 年，英国物理学家奥利弗·赫维赛德（Oliver Heaviside，1850—1925）发表了麦克斯韦方程组的精简版，方程数从 20 个减到 4 个。1893 年，赫维赛德在他的三卷著作《电磁理论》的第一卷▼序言中写道，"如果我们有充分的理由相信麦克斯韦本人会认同公式改动的必要性，那么我想完善后的理论还是称为麦克斯韦理论比较好"。

赫兹实验

1886—1888 年，德国科学家海因里希·鲁道夫·赫兹（Heinrich Rudolf Hertz，1857—1894）通过实验验证了电磁波的存在，并测出了电磁波的速度，证明了电磁波的速度等于光速。依照麦克斯韦理论，变化的电流能辐射电磁波。赫兹根据电容器经由电火花会产生电流振荡的原理，设计了一套电磁波发生器。

如图 2.62 所示，将两个大的铜球作为电容，并通过铜棒连接在相隔

很近的两个小铜球上。两个小铜球连出两根导线，接到一个感应线圈和
一个电源上。通电之后，两个小铜球之间就会产生电火花，电荷便经由
电火花在两个大铜球之间来回穿梭，这样就形成了变化的电流，源源不
断地往外辐射电磁波。

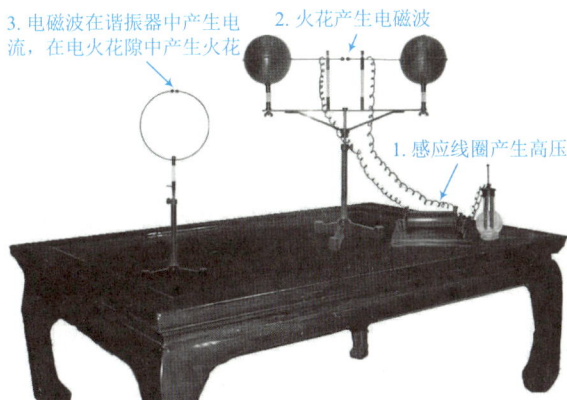

图 2.62　赫兹实验

Oliver Heaviside
（1850 —1925）

为了接收可能存在的电磁波，赫兹设计了一个圆形导线，开了个缺
口，同样焊上了两个离得很近的小铜球，这就相当于一个原始的天线了。
赫兹把这个接收器放在离电磁波发生器 10 米远的地方，如果有电磁波的
话，导线接收之后将会产生电流，并在这两个小铜球之间也会产生电火
花。就这样，麦克斯韦的电磁波理论终于被实验证实了。赫兹通过自己
设计的实验证明了电磁波有聚焦、直进、反射、折射和极化等现象。

Heinrich Rudolf Hertz
（1857 —1894）

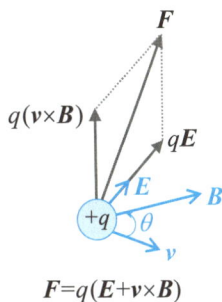

电磁波的预言和发现，直接把人类引导到无线电世纪，这也构成了
信息和传媒社会必不可少的物质基础。麦克斯韦方程组在电磁学中的地
位，如同牛顿运动定律在力学中的地位一样。1931 年，在纪念麦克斯韦
诞生 100 周年时，爱因斯坦把麦克斯韦的电磁理论贡献评价为"自牛顿
时代以来物理学所经历的最深刻最有成效的变化"。

荷兰科学家亨德里克·安东·洛伦兹（Hendrik Antoon Lorentz，1853
—1928）以电子概念为基础来解释物质的电性质。1895 年，从电子论推
导出运动电荷在磁场中要受到力的作用，即洛伦兹力，如图 2.63 所示。麦
克斯韦方程组和洛伦兹力方程构成了经典电磁学的完整组合。

$$F=q(E+v\times B)$$

图 2.63　洛伦兹力

2.4.2　麦克斯韦方程组

麦克斯韦方程组系统且完整地概括了电磁场的基本规律，它含有 4
个方程，不仅分别描述了电场和磁场的行为，还描述了它们之间的关系。
在麦克斯韦方程组中，电场和磁场已经成为一个不可分割的整体。

麦克斯韦方程组有积分形式和微分形式两种表达方式。积分形式的

课件 2.4　电磁场与波

麦克斯韦方程组是描述电磁场在某一体积或某一面积内的数学模型，表达式为

$$\oint_S \boldsymbol{D} \cdot \mathrm{d}\boldsymbol{S} = \int_V \rho_v \mathrm{d}V \tag{2.28a}$$

$$\oint_S \boldsymbol{B} \cdot \mathrm{d}\boldsymbol{S} = 0 \tag{2.28b}$$

$$\oint_l \boldsymbol{E} \cdot \mathrm{d}\boldsymbol{l} = -\int_S \frac{\partial \boldsymbol{B}}{\partial t} \cdot \mathrm{d}\boldsymbol{S} \tag{2.28c}$$

$$\oint_l \boldsymbol{H} \cdot \mathrm{d}\boldsymbol{l} = \int_S \left(\boldsymbol{J} + \frac{\partial \boldsymbol{D}}{\partial t} \right) \cdot \mathrm{d}\boldsymbol{S} \tag{2.28d}$$

式中，$\boldsymbol{E}$ 为电场强度，$\boldsymbol{D}$ 为电通量密度（电位移），$\boldsymbol{H}$ 为磁场强度，$\boldsymbol{B}$ 为磁通量密度（磁感应强度），$\boldsymbol{J}$ 为电流密度，ρ_v 为电荷密度。

方程一：高斯定律

　　高斯定律给出了电场在任意闭合曲面上的面积分和包围在闭合曲面内的总电荷量之间的关系，如图 2.64 所示。电通量密度 $\boldsymbol{D}$ 通过任一闭合曲面的通量，即对该曲面的积分等于该曲面所包围的总电荷量。式 (2.28a) 描述了电荷是如何产生电场的高斯定律。

　　在静电场中，由于自然界中存在着独立的电荷，所以电场线有起点和终点。凡是有正电荷的地方，必有电场线发出；凡是有负电荷的地方，必有电场线会聚。只要闭合曲面内有净余的正电荷或负电荷，穿过闭合面的电通量就不等于零，即静电场是有源场。高斯定律是库仑定律的推论，适用于一切场源电荷▼激发的场，更具有普遍意义。

方程二：高斯磁定律

　　式 (2.28b) 描述了磁单极子不存在的磁通连续性原理。在磁场中，由于自然界中没有单独的磁极存在，N 极和 S 极总是成对出现，磁场线都是闭合曲线。因此，任何一条进入一个闭合曲面的磁场线必定会从曲面内部出来，否则这条磁场线就不会闭合。如果对于一个闭合曲面，定义向外为正法线的指向，则进入曲面的磁通量为负，出来的磁通量为正，那么就可以得到通过一个闭合曲面的总磁通量为零。这个规律类似电场中的高斯定律，因此也被称为高斯磁定律。

方程三：法拉第电磁感应定律

　　式 (2.28c) 描述了磁场是如何激发产生电场的法拉第电磁感应定律，如图 2.65 所示。在没有自由电荷的空间，由变化磁场激发的涡旋电场的电场线是一系列的闭合曲线。在一般情况下，电场可以是库仑电场也可以是变化磁场激发的感应电场，而感应电场是涡旋场，它的电场线是闭合的。

Carl Friedrich Gauss
（1777 —1855）

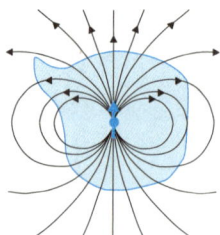

图 2.64　高斯定律

▼产生电场的电荷叫作场源电荷。具体来说，如果电场是由某个带电体激发产生的，那么该带电体所带的电荷就称为场源电荷，也称源电荷。

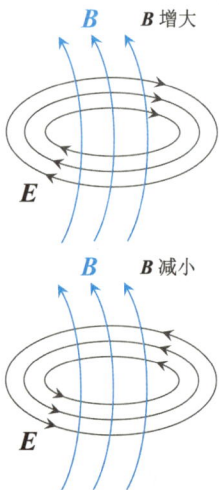

图 2.65　法拉第电磁感应定律

麦克斯韦提出的涡旋电场的概念，揭示出变化的磁场可以在空间激发电场，并通过法拉第电磁感应定律得出两者的关系。式 (2.28c) 表明，任何随时间而变化的磁场，都是和涡旋电场联系在一起的。

方程四：安培-麦克斯韦定律

式 (2.28d) 描述了电流和变化的电场是怎样激发产生磁场的安培-麦克斯韦定律，如图 2.66 所示。变化的电场产生的磁场和传导电流产生的磁场相同，都是涡旋状的场，磁场线是闭合线。在稳恒磁场中，磁场强度 H 沿任何闭合路径的线积分，等于这闭合路径所包围的各个电流的代数和。

麦克斯韦提出的位移电流的概念，即式 (2.28d) 中的 $\partial D/\partial t$ 项，揭示出变化的电场可以在空间激发磁场。这样通过全电流概念▼的引入，得到了一般形式下的安培环路定律在真空或介质中的表示形式，式 (2.28d) 表明，任何随时间而变化的电场，都是和磁场联系在一起的。

麦克斯韦方程组用 4 个方程自洽地描述了电、磁、磁生电和电生磁 4 种现象。变化的电场和变化的磁场彼此不是孤立的，它们永远密切地联系在一起，相互激发，组成一个统一的电磁场的整体。

麦克斯韦方程组的积分形式反映了空间某区域的电磁场量（D、E、B、H）和场源（电荷、电流）之间的关系，而微分形式的麦克斯韦方程组则反映电磁场在空间每一点的性质，它是积分形式的麦克斯韦方程组当积分域缩小到一个点的极限。式 (2.29) 为麦克斯韦方程组的微分形式▼，对电磁问题的分析一般都从微分形式的麦克斯韦方程组出发。

$$\nabla \cdot D = \rho_v \tag{2.29a}$$
$$\nabla \cdot B = 0 \tag{2.29b}$$
$$\nabla \times E = -\frac{\partial B}{\partial t} \tag{2.29c}$$
$$\nabla \times H = J + \frac{\partial D}{\partial t} \tag{2.29d}$$

应用麦克斯韦方程组解决实际问题，还要考虑介质▼对电磁场的影响。例如在各向同性介质▼中，电磁场量与介质特性量有下列关系

$$\left. \begin{array}{l} D = \varepsilon E \\ B = \mu H \\ J = \sigma E \end{array} \right\} \tag{2.30}$$

式中，ε 是介质的介电常数▼，μ 是介质的磁导率▼，σ 是电导率。在非均匀介质中，还要考虑电磁场量在界面上的边值关系。在利用 $t=0$ 时场量的初值条件，原则上可以求出任一时刻空间任一点的电磁场，即 $E(x,y,z,t)$

André-Marie Ampère（1775—1836）

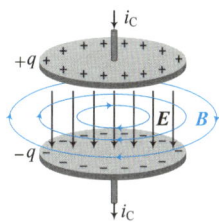

图 2.66　安培-麦克斯韦定律

▼传导电流和位移电流之和称为全电流。

▼式 (2.29) 中 ∇ 算子为矢量微分算子，又被称为 nabla 算子或 del 算子。
$$\nabla = \hat{x}_0 \frac{\partial}{\partial x} + \hat{y}_0 \frac{\partial}{\partial y} + \hat{z}_0 \frac{\partial}{\partial z}$$

▼描述介质电磁特征的参数有：介电常数、磁导率和电导率。

▼线性介质：ε、μ、σ 与电磁波的强度无关；各向同性介质：ε、μ、σ 与电磁波在空间传播的方向性无关。

▼$\varepsilon = \varepsilon_0\varepsilon_r$，$\varepsilon_0$ 是真空介电常数，$\varepsilon_0 = 8.854 \times 10^{-12}$ 法拉/米（F/m），ε_r 是相对介电常数，无量纲。

▼$\mu = \mu_0\mu_r$，μ_0 是真空或自由空间磁导率，$\mu_0 = 4\pi \times 10^{-7}$ 亨利/米（H/m）；μ_r 是相对磁导率，无量纲。

横波沿绳子传播

水波涟漪

和 $\boldsymbol{H}(x, y, z, t)$。

2.4.3　波动的基本特征

波是物质运动的一种基本形式。比如，当我们手持绳子一端使其上下振动，此振动就会沿绳子传播。振动沿绳子的传播就是波。当我们向平静的水面投入一颗小石子，就会看到以小石子落入水面这一点为中心有一圈一圈的波纹传播出去。

所谓电磁波就是电磁振荡的传播。描述电磁场的物理量，如电场强度和磁场强度都是矢量，它们既有大小又有方向，而与电场、磁场相联系的电压、电流则是标量。

▼也可表示为复指数形式：$A_0 \exp[\mathrm{j}(\omega t - kz + \varphi_0)]$。只考虑一个频率时，可简写为：$A_0 \exp[-\mathrm{j}(kz - \varphi_0)]$，这也是边界趋于无穷远时，无源、简单介质中麦克斯韦方程组的解。$A(z, t)$ 可以是电场或磁场的某个方向分量。

对于一个随时间作简谐变化的连续波 $A(z, t)$，其数学表达式为▼

$$A(z, t) = A_0 \cos(\omega t - kz + \varphi_0) \tag{2.31}$$

式中，A_0 为波的振幅，ω 为角频率，k 是波的传播常数，也称为空间频率。$\omega t - kz + \varphi_0$ 是波的相位，φ_0 为波的初相。

$A(z, t)$ 是空间坐标 z 和时间坐标 t 的函数，因为它随时间、空间作简谐变化，就简称为时谐波。对于沿绳子运动的机械波，$A(z, t)$ 表示任一位置 z、任一时刻 t 质点在与绳子垂直方向的位移。如果 $A(z, t)$ 表示沿平行双导线传播的电压波，则 $A(z, t)$ 就表示沿平行双导线任一位置 z、任一时刻 t 两导线间的电压。

视频 2.9
电磁波的基本特征

由式 (2.31) 可见，在式中 ωt 和 kz 的地位是相同的。ω 是时间频率，表示波动随时间的变化程度；k 是空间频率，表示波动随空间位置的变化程度▼。

▼如果我们考察的对象的空间尺度远小于波长，也即 $z \ll \lambda$，这时 kz 很小，可以忽略。这种情况下，式 (2.31) 描述的波方程就退化为式 (2.3)（第 26 页）表示的正弦信号，只和时间有关。

为方便起见，下面分析中假定初相 $\varphi_0 = 0$，即 $A(z, t) = A_0 \cos(\omega t - kz)$。可以从两个途径观察式 (2.31)。

先固定于空间某一点，比如 $z = 0$，观察 $A(0, t)$ 随时间的变化。图 2.67 给出 $z = 0$ 处 $A(0, t)$ 随 t 的变化。由图 2.67 可见，A 随 t 作周期变化，相位变化 2π 的时间为周期 T，即 $\omega T = 2\pi$。

然后固定时间 t，观察 A 随 z 的变化，图 2.68 给出 $\omega t = 0$，$\omega t = \pi/2$，

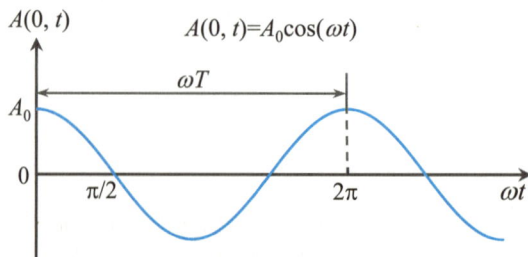

图 2.67　$z = 0$ 处波 $A(0, t)$ 随时间的变化

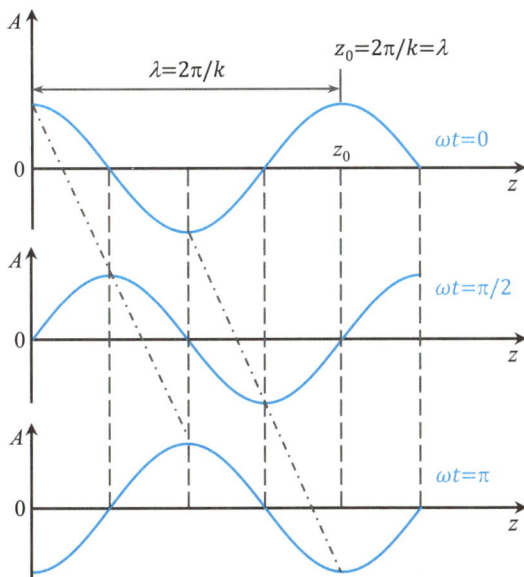

图 2.68　不同时刻 t，波 $A(z,t)$ 随 z 的变化

$\omega t = \pi$ ▼三个时刻 A 随空间位置 z 的变化。由图 2.68 可见，A 在 z 方向也是周期变化的，相位变化 2π 的距离称为波长 λ，即 $k\lambda = 2\pi$，由此得到

$$\lambda = \frac{2\pi}{k} \quad \text{或} \quad k = \frac{2\pi}{\lambda} \tag{2.32}$$

▼也即 $t = 0$，$t = T/4$，$t = T/2$。

式 (2.32) 也表示 k 为 2π 距离内包含的波数，或 2π 距离内包含的空间周期数▼。

由图 2.68 可以清楚地看到一个时谐波沿 $+z$ 方向传播。那么波的传播速度是多少呢？设想一个人站在波峰上，此人随着波峰前进的速度即波的速度，这就要求 $\cos(\omega t - kz)$ 是常数，或者波的相位是常数，也即站在波峰上的人所处相位永远不变。由 $\omega t - kz = $ 常数，可得波等相位点传播速度为

$$v = \frac{\mathrm{d}z}{\mathrm{d}t} = \frac{\omega}{k} \tag{2.33}$$

▼由式 (2.31) 可见，空间域中波长 λ、波数 k 与时间域中周期 T、角频率 ω 等价。这就是将 k 也叫作空间频率的原因。因为 $\lambda = c/f$，c 是光速，f 是频率，所以 k 也等于 $2\pi f/c$，或者 ω/c。

因为 $\omega = 2\pi f$，而 $k = 2\pi/\lambda$，代入上式，得到 $v = f\lambda$。

显然，如果式 (2.31) 中相位表达式为 $\omega t + kz + \varphi_0$，则表示沿 $-z$ 方向传播的波▼。

表示波动的两个主要参数，一是角频率 ω，二是传播常数 k。ω 由波源的频率决定。在 ω 给定的情况下，波的特征主要由传播常数 k 表示。由式 (2.32) 和式 (2.33) 可见，k 决定了波的波长及波的传播速度。

▼初相 φ_0 只不过使图 2.67、图 2.68 的波形沿横轴平移一定距离，上面的分析结果对 $\varphi_0 \neq 0$ 也适用。

最后，我们来看一下电磁波在自由空间中的传播模型。电磁波是横波，电磁波中的电场和磁场互相垂直，并都与波的传播方向垂直。电场的方向、磁场的方向以及波的传播方向三者符合右手螺旋关系，如图 2.69

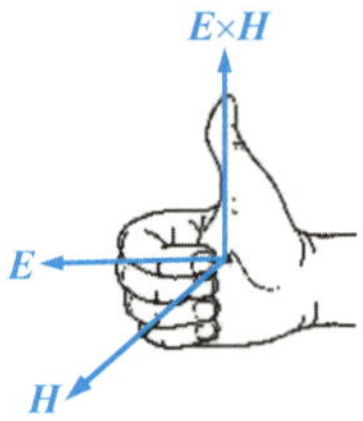

▼具体地，摊开右手，四指指向电场的方向，然后握向磁场的方向，大拇指指向就是波的传播方向。

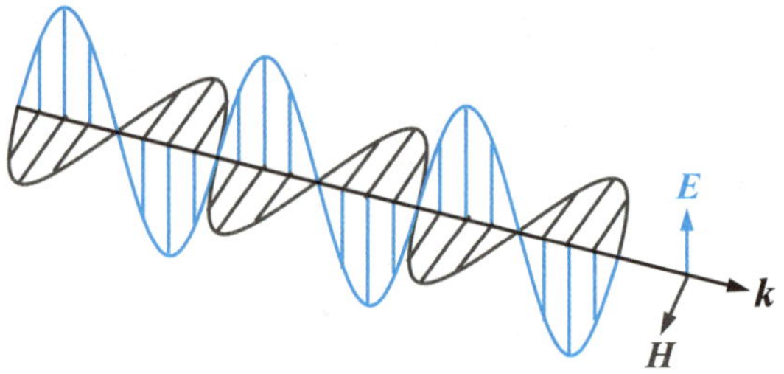

图 2.69　电磁波传播模型

所示▼。

2.4.4　电磁波传播特性

广播电台和电视台发射的无线电波、雷达站发射的微波，以及可见光、X 射线、γ 射线等都是电磁波，在自由空间或真空中，这些电磁波都以光速传播。

电磁波谱

电磁波可以用波长或频率区分。频率和波长的变化范围可以覆盖多个数量级，为了简化数字，频率常用千赫、兆赫等表示，波长常用千米、毫米等表示，如表 2.5 所示。波长与频率成反比，习惯上太赫兹及以下频段用频率表示波，而在光波段常用波长表示波。

表 2.5　频率和波长常用单位

名称	简写	赫兹	名称	简写	米
千赫（kilohertz）	kHz	10^3	千米（kilometer）	km	10^3
兆赫（megahertz）	MHz	10^6	毫米（millimeter）	mm	10^{-3}
吉赫（gigahertz）	GHz	10^9	微米（micrometer）	μm	10^{-6}
太赫（terahertz）	THz	10^{12}	纳米（nanometer）	nm	10^{-9}
皮赫（petahertz）	PHz	10^{15}	皮米（picometer）	pm	10^{-12}

▼理论上电磁波的频率可以从零到无穷大，实际上我们所掌握的电磁波的频率范围是有限的。

▼《中华人民共和国民法典》第二百五十二条：无线电频谱资源属于国家所有。

▼参见《中华人民共和国无线电管理条例》。

▼参见 ITU《无线电规则》（radio regulation）。

电磁波按照频率、波长的大小顺序进行排列所形成的结构谱系，称为电磁波谱▼。电磁波谱可大致分为无线电波、微波、红外线、可见光、紫外线、X 射线和 γ 射线等，如图 2.70 所示。

无线电波定义为频率在 3000 GHz 以下，不用人工波导而在空间传播的电磁波。无线电频谱是自然存在的无线电频率的集合，与土地、水、矿山、森林等一样，是属国家所有的自然资源▼。为了防止不同用户之间的干扰，无线电波的产生和传输受到各国法律的严格管制▼，并由国际电信联盟（ITU）协调▼。

频率/Hz　　　　波长

Gamma-rays　0.1 Å

10^{19}

1Å
10^{18}　　　　　0.1 nm

X-rays

10^{17}　　　　　1 nm

10^{16}　　　　　10 nm

Ultraviolet

10^{15}　　　　　100 nm

Visible　　　　400 nm
Near IR　　　1000 nm
10^{14}　　　　　1 μm　　　500 nm

Infra-red

10^{13}　　　　　10 μm　　600 nm

Thermal IR　100 μm

10^{12}　　　　　　　　　　700 nm

Far IR　　　1000 μm
10^{11}　　　　　1 mm

1000 MHz
Microwaves　1 cm
UHF
Radar
500 MHz　10^{10}　　　　10 cm

10^{9}　　　　　1 m

VHF
7-13　10^{8}　Radio, TV

100 MHz　FM　　　　　　10 m
VHF　10^{7}
2-6
100 m

50 MHz
10^{6}　　　　　AM
1000 m

Long-waves

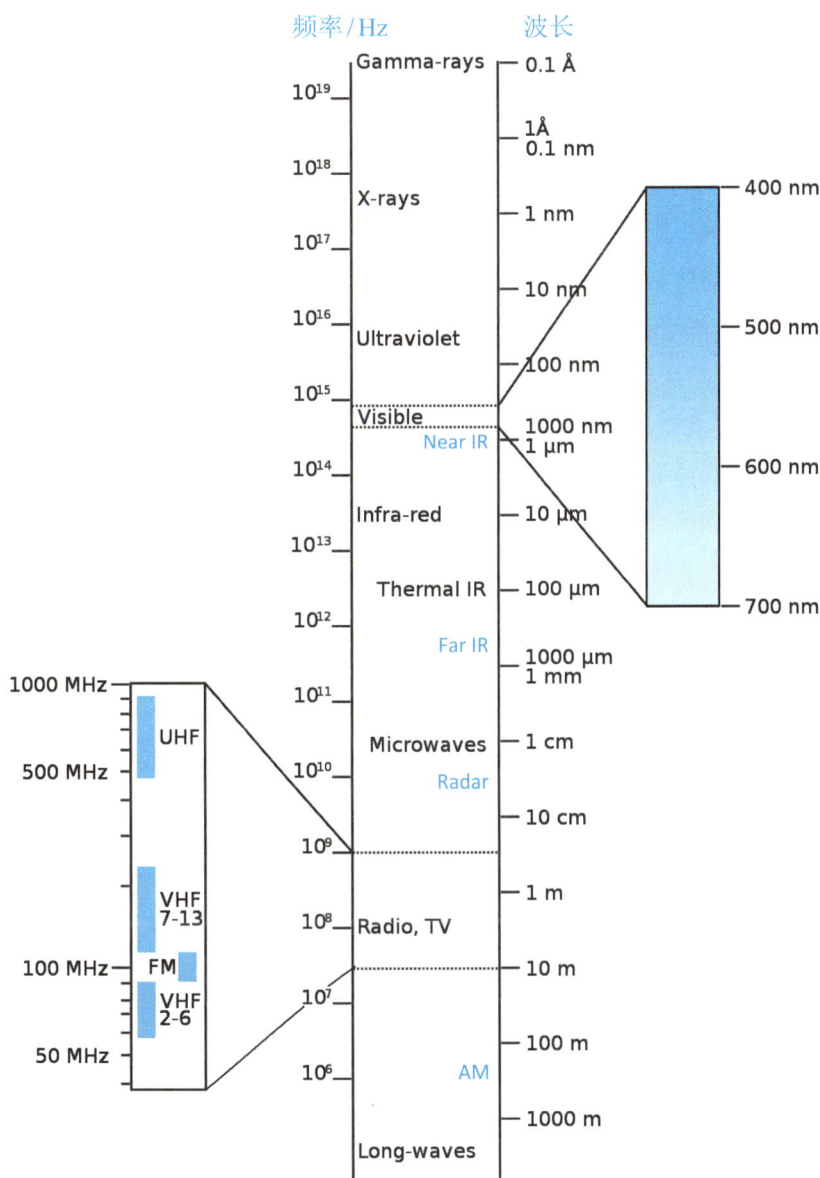

图 2.70　电磁波谱

ITU 将无线电频谱分为 12 个频段，每个频段覆盖一个十进制的频率或波长，如表 2.6 所示。由于各行各业都有各自的频段应用需求，所以一般都是将每个频段进一步划分为子频段分配给不同用途[▼]。

▼参见《中华人民共和国无线电频率划分规定》。

射频（radio frequency，RF）是指频率在 3 kHz 到 300 GHz 的无线电波，它具有高速传输、穿透能力强等特点，在无线电通信、雷达监测、微波加热等领域使用广泛。其中，频率从 300 MHz 到 300 GHz 的电磁波被称为微波，对应的波长范围是 1 m～1 mm，又可以细分为分米波、厘米波和毫米波。有时也用一些特殊的字母来代表微波中的某个波段，这些

表 2.6　无线电频谱

段号	频段名称	代号	频率范围	波段名称	波长范围
1	极低频	ELF	3~30 Hz	极长波	100,000~10,000 km
2	超低频	SLF	30~300 Hz	超长波	10,000~1,000 km
3	特低频	ULF	0.3~3 kHz	特长波	1,000~100 km
4	甚低频	VLF	3~30 kHz	甚长波	100~10 km
5	低频	LF	30~300 kHz	长波	10~1 km
6	中频	MF	0.3~3 MHz	中波	1~0.1 km
7	高频	HF	3~30 MHz	短波	100~10 m
8	甚高频	VHF	30~300 MHz	超短波（米波）	10~1 m
9	特高频	UHF	0.3~3 GHz	分米波	1~0.1 m
10	超高频	SHF	3~30 GHz	厘米波	100~10 mm
11	极高频	EHF	30~300 GHz	毫米波	10~1 mm
12	至高频	THF	0.3~3 THz	丝米波	1~0.1 mm

代号最初是为了雷达研究的保密而使用的，后来就沿用下来了，没有严格和统一的定义。中国现用微波分波段代号如表 2.7 所示。

表 2.7　中国现用微波分波段代号

波段代号	标称波长/cm	频率/GHz	波长范围/cm
P	米波	0.23~1	130~30
L	22	1~2	30~15
S	10	2~4	15~7.5
C	5	4~8	7.5~3.75
X	3	8~12	3.75~2.5
Ku	2	12~18	2.5~1.67
K	1.25	18~27	1.67~1.11
Ka	0.8	27~40	1.11~0.75
U	0.6	40~60	0.75~0.5
V	0.4	60~80	0.5~0.375
W	0.3	80~100	0.375~0.3

微波与红外的过渡段称为太赫兹（THz）波，是指频率在 0.1～10 THz（波长为 3 mm～30 μm）范围内的电磁波▼，在长波段与毫米波相重合，在短波段与红外光相重合，是宏观经典理论向微观量子理论的过渡区，也

▼波长为 0.1～1 mm 的电磁波也称为亚毫米波。

是电子学向光子学的过渡区。由于处于交叉过渡区，太赫兹波既不完全
适用光学理论来处理，也不完全适用微波理论来研究。太赫兹波光子能
量大小则在电子和光子之间，与其他频率的电磁波相比，具有很多独特
的特性，被广泛应用于医疗、安检、通信等领域。

　　光波所指的频率范围比可见光（380～770 THz）要宽。从现代激光
和光学系统应用的频率来看，光波一般是指频率从 100～1000 THz 这段
电磁波谱，对应的波长为 3 μm～300 nm。比可见光波长更短的依次是紫
外线、X 射线和 γ 射线。

电波传播

　　实现信号的远距离传输，传输过程中损耗一定要小。利用接近地球
表面的空间传递信息时，要考虑大气对电磁波传输的影响。大气对于电
磁波，有些频率范围是透明的，称为大气窗口，见图 2.71。第一个较宽的
大气窗口覆盖了从长波到厘米波这一段电磁波谱。波长从 1～10 mm 也
有几个窄的大气窗口。这些大气窗口在通信、雷达、遥感等领域得到广
泛应用。在光波段又有一个很宽的大气窗口，其中包括为人眼所感知的
可见光窗口。紧靠光波的红外也有很多窄的窗口▼。

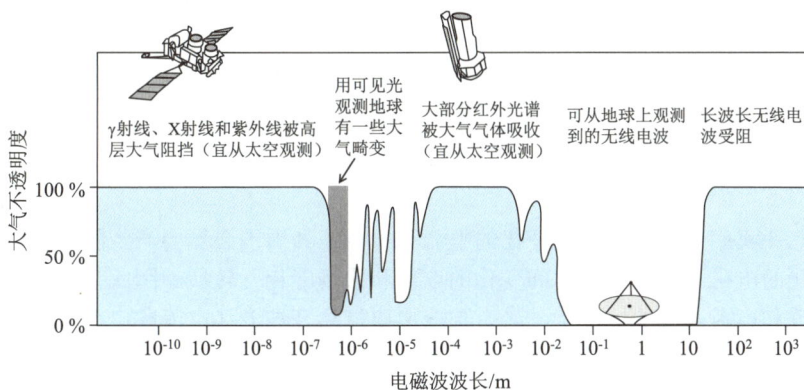

视频 2.10　传播与天线

▼由于大气中微粒（如很
小的水滴、尘埃）散射引
起的损耗，光波通过大气
的传输只能在短距离上
得到应用。

图 2.71　电磁波大气传输窗口

　　电磁波谱的各个波段在空间的传播特性是不一样的。长波可以沿地
球的弯曲表面传播到很远，这种传播方式叫地波。短波可以借助 60～
300 km 高空的电离层▼折射返回地面，这种传播方式叫天波。到了超短
波、微波和光波波段，电磁波则能穿过电离层到达外层空间（视距传播），
这种传播方式称为空间波，如图 2.72 所示。

　　考虑到大气吸收，利用穿透电离层的视距传播，通常采用微波。地球
和宇宙空间之间的通信、卫星通信必须使用微波。陆地移动通信越来越
多地采用微波。微波视距传播用于陆地长距离通信有它不利的一面，即
在地球上它不能传播到很远的地方，因为地球表面是弯曲的表面，一个
高 100 m 的发射天线其作用半径约 40 km。为了解决微波在陆地上传播距

▼电离层（ionosphere）是
地球大气的一个电离区
域，受太阳高能辐射以及
宇宙射线的激励而电离
的大气高层。60 km 以上
的地球高层大气空域都
处于部分电离或完全电
离的状态，一直延展到约
1000 km 的高度，其中存
在相当多的自由电子和
离子，能使无线电波改变
传播速度，发生折射、反
射和散射，产生极化面的
旋转并有不同程度的吸
收。

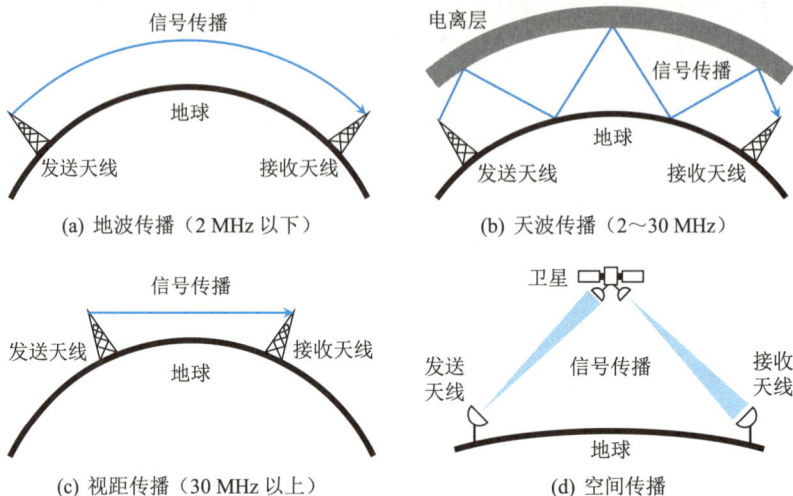

(a) 地波传播（2 MHz 以下）　　　(b) 天波传播（2～30 MHz）

(c) 视距传播（30 MHz 以上）　　　(d) 空间传播

图 2.72　电波传播方法

离有限这个困难，在发射台与接收台之间设立若干个中继站，站与站之间距离不超过视距，这样微波信号就可像接力棒一样，一站一站地传下去，也可把中继站设在人造地球卫星上，这样通信的距离就很大了。目前广泛使用的中继卫星是赤道上空距地球表面约 36000 km 的同步轨道上的同步卫星。三颗同步卫星就可覆盖全球的大部分面积（除南北极外）。

Alexander Stepanovich Popov
（1859 —1906）

波波夫的无线电接收机

2.4.5　天线

我们知道，随时间变化的电流和电荷在其周围必然会产生随时间变化的电磁场，这种随时间变化的电场和磁场能相互转换。因此在交变电流和电荷存在的情况下，必有部分电磁能离开波源（电流和电荷）向外传播，这就是电磁辐射。能有效地辐射（或接收）电磁波的装置称为天线。

1894 年，俄国人亚历山大·斯捷潘诺维奇·波波夫（Alexander Stepanovich Popov，1859—1906）发明了一种天线装置。他将检波器的一端与天线连接，另一端接地，检测到了许多公里以外大气中的放电。这是人类首次利用天线，接收到自然界的无线电波。

(a) 八木天线

天线的基本特性

各种天线的结构、形式差别甚大，大体可分为线天线和口径天线两类。移动通信用的 VHF、UHF 天线，大多是以对称振子为基础而发展起来的各种形式的线天线，卫星地面站接收卫星信号大多采用抛物面天线（口径天线），如图 2.73 所示。

偶极子天线（dipole antenna）是在无线电通信中使用最早、结构最简

(b) 抛物面天线

图 2.73　线天线和口径天线

单、应用最广泛的一类天线。它由一对对称放置的导体构成，导体相互靠近的两端分别与馈电线相连，如图 2.74 所示。用作发射天线时，电信号从天线中心馈入导体；用作接收天线时，也在天线中心从导体中获取接收信号。常见的偶极子天线由两根共轴的直导线构成，它的总长度近似为工作波长的一半。

天线的特征与天线的形状、大小及构成材料有关。天线的大小一般以天线发射或接收电磁波的波长来计量，例如工作于波长为 2 m 的长为 1 m 的偶极子天线的辐射特性与工作于波长为 2 cm 的长为 1 cm 的偶极子天线是相同的。

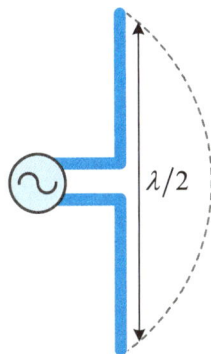

图 2.74　偶极子天线

天线的方向性可以用方向性函数或方向图表示。离天线一定距离处，描述天线辐射的电磁场强度在空间的相对分布的数学表达式，称为天线的方向性函数；把方向性函数用图形表示出来，就是方向图。因为天线的辐射场分布于整个空间，所以天线的方向图通常是三维的立体方向图。

图 2.75 是一个典型的口径天线的方向图。最大辐射波束通常称为方向图的主瓣，主瓣旁边的几个小的波束称为旁瓣。

图 2.75　典型的口径天线的方向图

实际天线的辐射功率在一个波束内也非均匀分布。在波束中心辐射强度最大，偏离波束中心，辐射强度减小。辐射强度减小了 3 dB 时的角即定义为波束宽度 θ_B。图 2.76 示出了图 2.75 所示方向图的水平面和垂直面波束宽度。

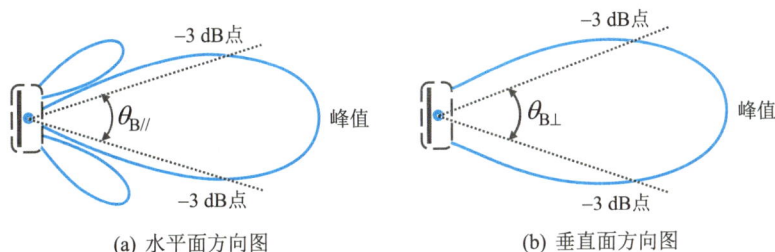

(a) 水平面方向图　　　　　(b) 垂直面方向图

图 2.76　波束宽度

旁瓣电平是指离主瓣最近且电平最高的第一旁瓣电平，一般以分贝表示。方向图的旁瓣区一般是不希望辐射的区域，其电平应尽可能低。

极化特性是指天线在最大辐射方向上电场矢量的方向随时间变化的规律。无线电波在空间传播时，在空间某一固定位置上其电场方向是按一定的规律而变化的，这种现象称为无线电波的极化▼。按天线所辐射的电场的极化形式，可将天线分为线极化天线、圆极化天线和椭圆极化天线。线极化又可分为水平极化（电场矢量平行于地面）和垂直极化（电场矢量垂直于地面）；圆极化和椭圆极化都可分为左旋和右旋。

天线的电参数都与频率有关，当工作频率偏离设计频率时，往往要引起天线参数的变化。实际上，天线也并非工作在点频，而是有一定的频率范围。当工作频率变化时，天线的有关电参数不应超出规定的范围，这一频率范围称为频带宽度，简称为天线的带宽。

电基本振子天线

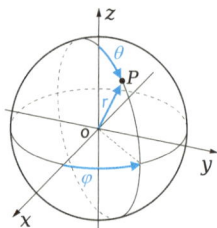

球坐标系 (r, θ, φ)
$x = r\sin\theta\cos\varphi$
$y = r\sin\theta\sin\varphi$
$z = r\cos\theta$

电基本振子（也称为赫兹电偶极子）、磁基本振子（也称为赫兹磁偶极子）是最基本的电磁辐射单元。工程中应用的众多天线都可分解为基本振子的组合。这两类基本振子具有对偶性，即知道了电基本振子辐射的场就可对偶地写出磁基本振子辐射的场。

电基本振子是指一段有高频电流的短导线，导线的直径 d 与波长相比可忽略，因而可用线电流模型近似。

短导线是指其长度 Δl 与波长相比很小，即 $\Delta l/\lambda \ll 1$。实际线天线的辐射场可以看成很多段电基本振子辐射场的总和。所以电基本振子辐射场的分析是线天线工程计算的基础。

离开电基本振子很远处（称为远区），即满足 $kr = 2\pi r/\lambda \gg 1$ 的条件下，可得到电基本振子远区 r 处的辐射场为

$$E = \hat{\theta}_0 \sqrt{\frac{\mu}{\varepsilon}} \frac{jkI\Delta le^{j(\omega t-kr)}}{4\pi r}\sin\theta \tag{2.34}$$

$$H = \hat{\varphi}_0 \frac{jkI\Delta le^{j(\omega t-kr)}}{4\pi r}\sin\theta \tag{2.35}$$

式中，$\hat{\theta}_0$ 和 $\hat{\varphi}_0$ 是单位方向矢量，I 是电基本振子上的电流，ε 和 μ 分别是介电常数和磁导率▼。

电基本振子产生的场按 $1/r$ 衰减▼，电场、磁场和波传播方向三者相互垂直。我们来看看电基本振子远区场分布，即远区的辐射方向图，电场 E 只有 θ 分量，当 $\theta = \pi/2$ 时，电场最大；当 $\theta = 0$ 时，电场为零。图2.77给出天线轴（z 轴）所在平面（$x-z$ 平面，垂直面）以及与天线轴垂直的 $x-y$ 平面（水平面）辐射电场的分布。

阵列天线

将若干个辐射单元按一定方式排列所构成的系统称为阵列天线，或天线阵。构成天线阵的辐射单元叫天线元或阵元。阵元排列在一条直线

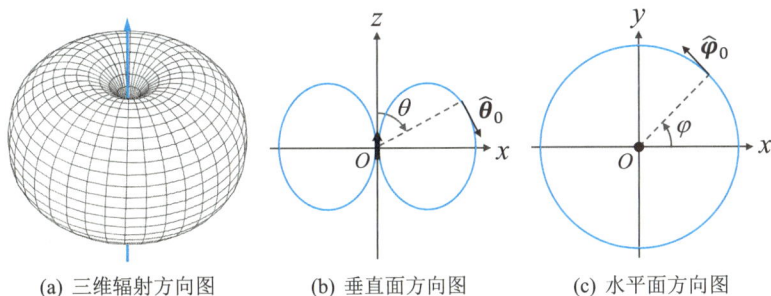

(a) 三维辐射方向图　　(b) 垂直面方向图　　(c) 水平面方向图

图 2.77　电基本振子天线辐射方向图

Karl Ferdinand Braun
（1850 —1918）

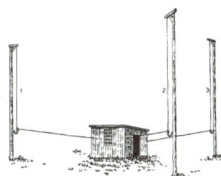

最早的阵列天线实验

上称为线阵天线，排列在一个平面上，称为面阵天线。根据线性系统的叠加原理，阵列天线的辐射场就是各天线元辐射场的矢量和。适当控制各天线元的激励电流大小与相位，就可得到所需的辐射特性▼。

　　相控阵天线是指通过控制阵列天线中辐射阵元的馈电相位来改变方向图形状的阵列天线。控制相位可以改变天线方向图最大值的指向，以达到波束扫描的目的，如图 2.78 所示。相控阵天线能对波束进行灵活控制和快速扫描，在军事和民用电子领域得到了广泛应用。

　　如图 2.79 所示的线阵天线，天线辐射单元按 z 方向指向且沿 y 轴均匀排列。假定各个辐射单元激励电流的幅值相同，相位不同，对于相邻的两辐射单元，激励电流的相位差 ψ，即第 1 个辐射单元的激励电流为 I，第 2 个单元为 $Ie^{j\psi}$，第 3 个单元为 $Ie^{j2\psi}$，$\cdots$，第 N 个单元为 $Ie^{j(N-1)\psi}$。应用叠加原理，该线阵天线辐射的场是每个辐射单元辐射场的总和。

相控阵天线的概念最初是由德国物理学家卡尔·费迪南德·布劳恩（Karl Ferdinand Braun，1850—1918）于 1905 年提出并进行展示，他证明通过调控天线阵列中每个阵元的幅度和相位关系可以使电磁波在一个方向上的传播得到增强，产生具有指向性的波束。

▼实际上是利用波的干涉原理。

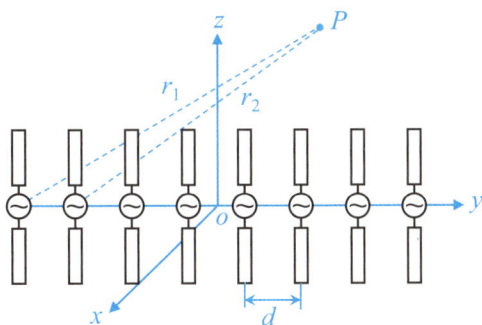

图 2.79　均匀线阵天线

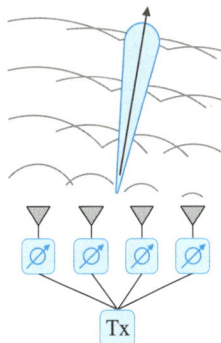

图 2.78　相控阵原理

　　我们考察一简单的场景。假设辐射单元为赫兹偶极子天线，并且只考察在 $\theta = \pi/2$ 的 $x - y$ 平面上远场的情况。由式 (2.34)，第 1 个辐射单元在 $x - y$ 平面上某点 P 的辐射电场为▼

$$E_1 = -\hat{z}_0 \sqrt{\frac{\mu}{\varepsilon}} \frac{jkI\Delta l e^{-jkr_1}}{4\pi r_1} \qquad (2.36)$$

式中，$\hat{z}_0$ 是单位方向矢量▼，r_1 为第 1 个辐射单元离 P 点的距离。电场用

▼这里只考虑电场的大小和方向，除去了时间因子。

▼在 $\theta = \pi/2$ 的 $x - y$ 平面上，单位方向矢量 $\hat{\theta}_0 = -\hat{z}_0$。

复数表示，其模表示电场幅度，相位角即为电场的初始相。

同样，用第 2 个辐射单元离 P 点的距离 r_2 代替式 (2.36) 中的 r_1，并将激励电流改为 $Ie^{j\psi}$，就得到第 2 个单元辐射的场 E_2。以此类推，则具有 N 个单元构成的均匀阵列天线在 P 点的总辐射场为

$$E_P = \sum_{n=1}^{N} E_n \tag{2.37}$$

例 2.9　八阵元阵列天线

代码 2.10　MATLAB 仿真相控阵天线方向图

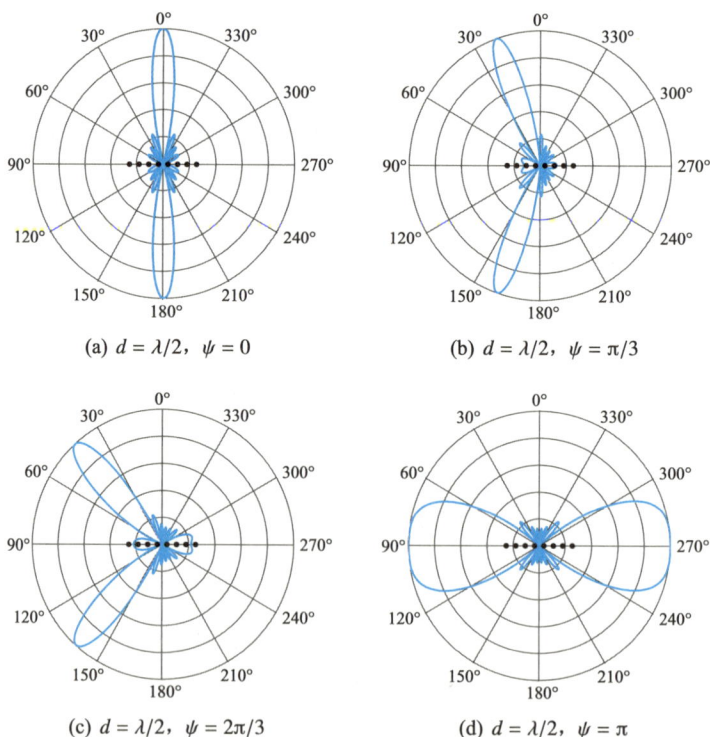

我们来观察一个天线元间距 $d = \lambda/2$ 的八阵元阵列天线的方向图。图 2.80 显示了 $\psi = 0, \pi/3, 2\pi/3, \pi$ 的情况（MATLAB 代码参见代码 2.10），天线辐射单元垂直于纸面（图中黑点所在的位置）。可见，只要改变阵列天线相邻两辐射单元激励电流的相位差 ψ，即可改变天线的辐射方向。

(a) $d = \lambda/2,\ \psi = 0$　　(b) $d = \lambda/2,\ \psi = \pi/3$

(c) $d = \lambda/2,\ \psi = 2\pi/3$　　(d) $d = \lambda/2,\ \psi = \pi$

图 2.80　八阵元阵列天线辐射方向图

测验 2.4　电磁场与波

阵列天线每一辐射单元的相位可以用电子方法控制，因而其辐射方向图也可用电子方法改变。通过控制阵列天线各辐射单元激励电流的相位从而实现对方向图的控制，这就是相控阵天线。

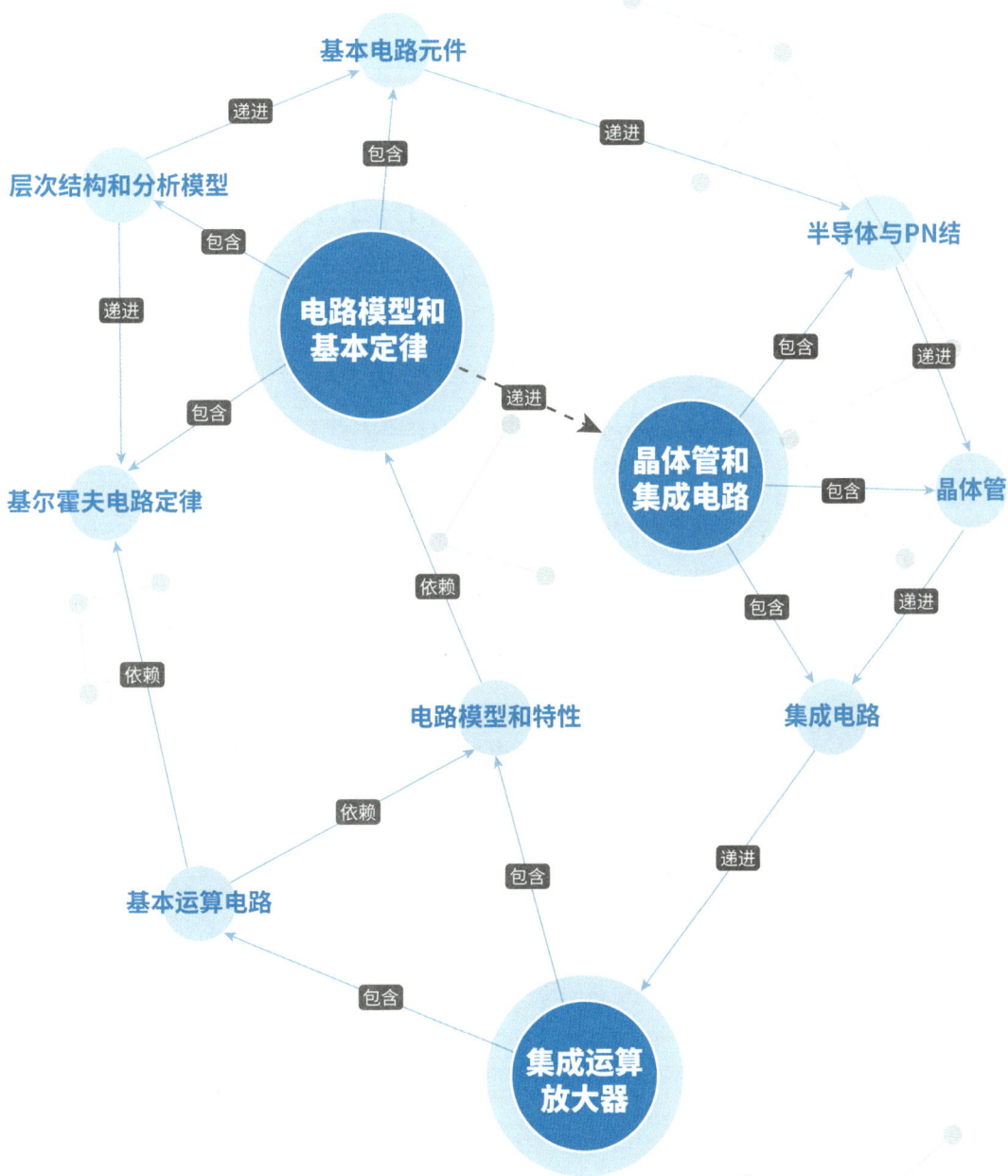

基本电路元件

递进

层次结构和分析模型

包含

递进

电路模型和
基本定律

递进

基尔霍夫电路定律

包含

递进

半导体与PN结

包含

递进

晶体管和
集成电路

包含

晶体管

包含

递进

依赖

电路模型和特性

集成电路

包含

递进

依赖

依赖

基本运算电路

包含

集成运算
放大器

电子器件与
电路

第3章 电子器件与电路

> 器件是用来制造电子设备和电子信息系统的基本物理单元。在工程中，把器件构成的系统称为电路。电路是电子信息系统的重要组成部分，用于产生、传输、转换、控制、处理和存储电信号。本章介绍电路的层次化架构、基本电路元件和电路模型、集成电路及其制造等。最后介绍应用最广泛的模拟集成电路——运算放大器。

3.1 电路模型和基本定律

实体电路

课件 3.1
电路模型和基本定律

"电路"一词既可以指代实体电路，也可以指代实体电路模型，通常是指实际的电气系统及其模型。

实体电路是由众多电气元件相互连接构成的实际电气系统，是可以感觉到的实体，其特性可以用仪器设备进行测量。电路模型是实体电路的抽象，是实际电气系统特性的近似数学模型，可以用电路元件连接构成的电路图表示。

对实体电路的分析，首先需要将其转变为电路模型，依据电路模型可以分析预测电路的特性。

3.1.1 层次结构和分析模型

现代电路具有层次化架构的特点。在每一个层次，电路可以分解成若干模块的组合，此时每个模块都被当作黑盒子处理，只关心模块完成的特定功能，并不关注模块内部的实现细节。模块的外部特性通常用其输入—输出关系表示。在下一个层次，深入模块的内部电路，依然可以做类似的处理，分解成若干模块的组合。这个过程可以一直持续到下层电路足够简单，无须进一步分解为止。

电路的层次化架构

▼晶体管（transistor）是一种固体半导体器件，可以用于检波、整流、放大、开关、稳压、信号调制等。晶体管主要分为两大类：双极型晶体管（BJT）和场效应晶体管（FET）。详见 3.2.2 节（第 110 页）。

电路可以分为积木级、晶体管▼和无源元件级、版图级三个层次。积木级是基于印刷电路板平台的板级电路（board-level circuit），其核心元件是集成电路（通常称为"芯片"），以及电阻、电容、电感等分立元件。晶体管和无源元件级，简称晶体管级，指芯片内部制作在半导体上的片上电路（on-chip circuit）。版图级是芯片内部电路真实物理情况的平面几何形状描述。在整个集成电路设计流程的最后一步，晶体管级电路被转换成可生产的版图，半导体加工厂接收版图文件，并利用半导体器件制造技术，制造出实际的芯片。

印制电路板（printed circuit board，PCB），简称印制板，由绝缘底板、连接导线和装配焊接电子元件的焊盘组成，具有导电线路和绝缘底板的双重作用，实现电路中各元件之间的电气连接。PCB 具有良好的产品一致性，已经广泛应用于电子产品的生产制造。

　　手机属于无线移动通信系统中的移动终端，是移动通信的一部分。手机内部集成了一个功能强大的微型计算机，实现收发信号的处理与控制，并有专门的电源管理系统。如果将手机拆解，可以发现其包含电路板、显示屏、电池、前后置摄像头、拾音器、扬声器等部件，如图 3.1 所示。根据功能与设计需要，电路板可进一步分为主板与副板。

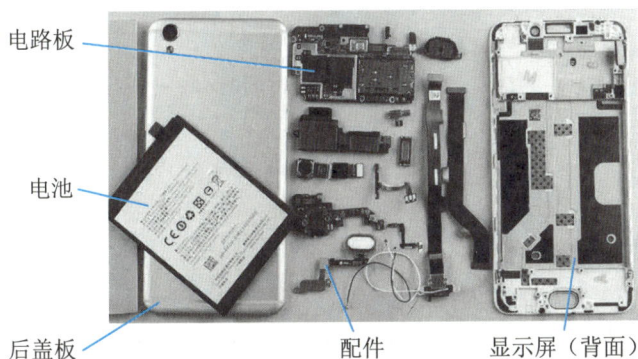

图 3.1　手机的主要组件

　　电路主板是手机的核心，图 3.2 为某型号手机电路主板的正面与背面，其基础是一块多层印刷电路板，在上面集成安装了组成手机的主要电气元件。其核心元件是芯片组，即图 3.2 中的①～⑦等多个芯片，以及电阻、电容、电感等其他分立元件。芯片组与元件之间通过印刷电路板上的金属导线有针对性地连接。印刷电路板上还有多个连接器，主板以外的其他电气元件通过这些连接器连接到主板。因此，手机电路主板就是板级电路的一个例子。

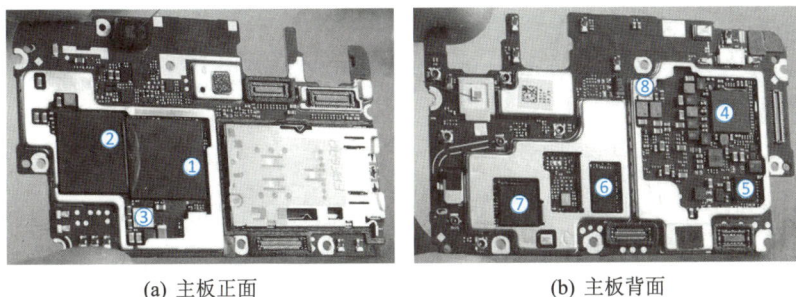

(a) 主板正面　　　　　　　　(b) 主板背面

图 3.2　手机电路主板

虽然现代智能手机的功能和性能几乎相当于一台微型计算机，涉及电路也极其复杂，但是基于现代电路的层次化架构，借助层次化描述，可以使复杂的电路易于理解，同时也使电路的设计变得简单。

图 3.3 为构成手机板级电路的主要功能模块。从移动通信角度来看，涉及的功能可以分为两大部分。一是基带电路▼，具体又可细分为数字基带和模拟基带，实现基带信号的处理、控制与监视。二是射频电路▼，负责高频信号的处理，主要是射频收发器，以及天线与射频开关▼，有时可能还包括独立的功率放大器。

▼基带信号是指从信源发出的没有经过调制的原始信号。参见 2.2.5 节（第 48 页）。

▼射频电路将基带信号调制至射频载波（或解调），并对射频信号进行处理。

▼射频开关用于控制信号的收发。接收时，天线接通接收机；发射时，发射机接通天线。

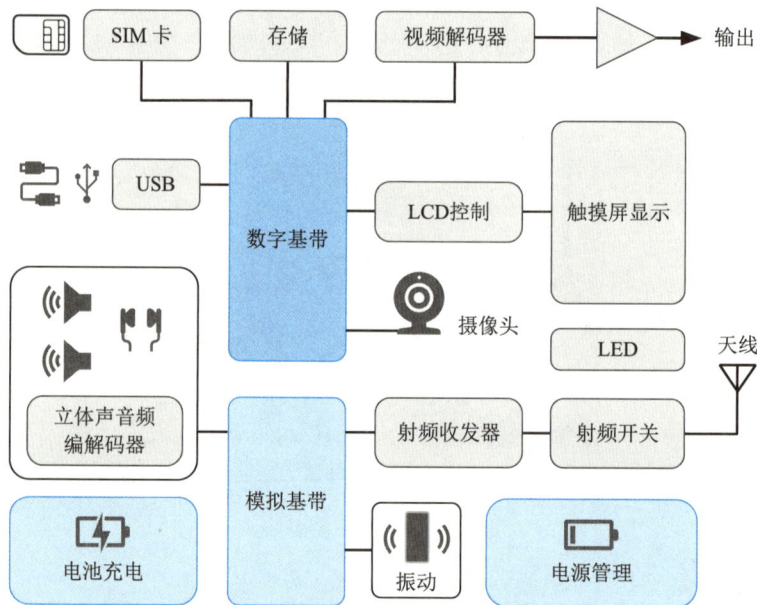

图 3.3　手机板级电路主要功能模块

除此以外，手机板级电路涉及的功能模块一般还包括：存储、液晶显示与触屏控制、音频编解码、视频编解码、摄像头、SIM 卡▼接口、通用 USB 接口，以及电池充电、电源管理等。

▼用户识别卡（subscriber identity module，SIM）是 GSM 系统的移动用户所持有的 IC 卡。

构成手机板级电路的所有芯片及元件通过印刷电路板连成一个系统，协同工作，一起完成手机中电信号的处理、存储、显示、射频收发、控制，以及电源管理等各种功能。

电路的基本物理量

电路是用来处理、传输、产生或存储电信号的，而电信号是以电压或电流的方式表示的，所以电压、电流是描述电气系统特性的重要物理量。对电路的分析，归根结底是对电路中电压与电流的分析。

这里我们简要阐述电压与电流、能量与功率的基本概念。

通常用符号 I 表示电流，V 表示电压。当电压、电流是直流量时（即与时间无关时），一般用大写的 V 和 I 表示；而当电压、电流与时间有关时，一般用小写的 v 和 i 表示。

电荷的概念是描述所有电现象的基础，电现象归结为电荷的运动和分离，如图 3.4 所示。电荷是双极性的，有正负电荷之分，常用符号 q 表示。电荷量是离散的，电子所带电荷是最小的电荷量。电荷量的单位是库仑（C）▼，一个电子所带的电荷量是 $-1.602176634 \times 10^{-19}$ 库仑，任何物体所带电荷量都是电子所带电荷量的整倍数。

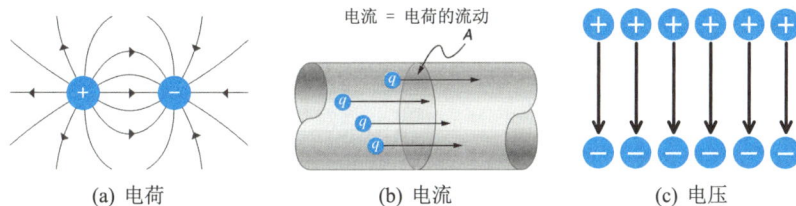

Charles-Augustin de
Coulomb
（1736—1806）

▼为纪念法国物理学家查利-奥古斯丁·库仑而命名。

电流 = 电荷的流动

| (a) 电荷 | (b) 电流 | (c) 电压 |

图 3.4　电荷、电流和电压

如图 3.4(b) 所示，电荷 q 的运动引起电的流动，电荷流动的速率称为电流 i，表示为

$$i = \frac{\mathrm{d}q}{\mathrm{d}t} \tag{3.1}$$

式中，电流的单位为安培（A）；t 是时间，单位是秒（s）。所以，电流 i 表示单位时间通过的电荷量。

电荷的接近或分离则引起电能的变化，可用电压 v 这个物理量来描述，如图 3.4(c) 所示。电压是电场力把单位正电荷从一点移到另一点所做的功，表示为

$$v = \frac{\mathrm{d}w}{\mathrm{d}q} \tag{3.2}$$

式中，v 是电压，单位是伏特（V）；w 是能量，单位是焦耳（J）▼。

电场力在单位时间内所做的功称为电功率，简称功率。功率为电压与电流的乘积

$$p = \frac{\mathrm{d}w}{\mathrm{d}t} = \frac{\mathrm{d}w}{\mathrm{d}q}\frac{\mathrm{d}q}{\mathrm{d}t} = vi \tag{3.3}$$

式中，p 是功率，单位是瓦特（W）▼。

James Prescott Joule
（1818—1889）

▼为纪念英国物理学家詹姆斯·普雷斯科特·焦耳而命名。

James Watt
（1736—1819）

▼以对蒸汽机发展做出重大贡献的英国科学家詹姆斯·瓦特的名字命名。

电路分析模型

电路理论形成的初期在 19 世纪至 20 世纪 40 年代，是从物理学的电磁学理论中发展出来的一门创新概念和方法的学科，是电磁学理论研究静止和运动电荷的特例。

电路分析是指在给定的电路结构及元件参数的条件下，找出电路输入（激励）与输出（响应）的关系，即已知输入求输出。电路综合是在已

视频 3.1　电路分析模型

图 3.5　手电筒

知输入和输出的条件下，设计电路的结构和参数，即给定技术指标，选择适当的电路去实现它。

我们先结合手电筒这一实体电路，归纳电路分析的简单"程式"。手电筒是一个很常见、很简单的电气系统，它由电池、灯泡、开关和连接线等几个电气元件连接而成，如图 3.5 所示。

电池是提供能量的元件，具有恒定的端电压，即在一定的电流范围内，电池两端的电压基本不随其释放电流的大小而变化。灯泡是消耗能量的元件，电池释放的电流流经灯泡中的灯丝使其发热，向周围辐射可见光。开关控制电流的通断。所以从电气角度看，连接线将电池、灯泡、开关三个电气元件连成一个系统。

可以将构成手电筒的各个元件用电路符号来表示。手电筒的构成可归结为三类电气元件：一是电池 E，提供能量；二是使电流通断的开关 S；三是连接线、灯丝，它们对电流都有一定的阻力，用电阻 R 表示。将各电气元件的电路符号按各实际电气元件的顺序连接起来，就得到一个电路模型，如图 3.6 所示。

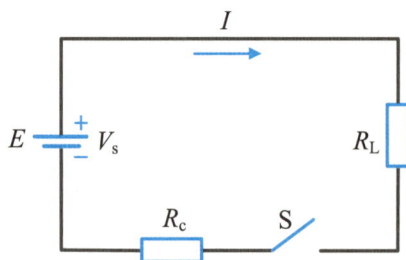

图 3.6　手电筒电路模型

电路中的灯泡对电流的阻力用电阻 R_L 表示。连接线对电流也有一定阻力，用电阻 R_c 表示。通常，R_c 与 R_L 相比是很小的。电气元件的电路符号不只是一个标识，还表示电气元件端口两端电压 V 与流过元件电流 I 的关系▼。这种电压和电流的关系称为电气元件的约束条件，也称为电气元件的电路模型。

▼例如，电阻 R 两端电压与流过电流的关系就是为我们所熟知的欧姆定律所描述的 $V = IR$。

当构成手电筒的电气元件连成一个电路时，又受到另外的约束，称为电路拓扑结构约束。这种约束反映的是电路的能量守恒原理，以及电荷守恒与电流连续性原理。

由电流连续性原理▼可知，如图 3.6 所示电路中各元件的电流相等。也就是，当开关 S 闭合时，电池 E、电阻 R_L 和电阻 R_c 上流过的电流相等，即 $I_{battery} = I_{R_L} = I_{R_c} = I$。

▼电流连续性原理指出，在有电荷流动的导体内任一闭合曲面 S，dt 时间内通过 S 向外净流出的电荷量应等于同一段时间内 S 内电荷量的减少。

由能量守恒关系可知，电池提供的功率等于电阻消耗的功率，即 $IV_s = IV_{R_L} + IV_{R_c}$，将电阻元件约束关系式代入，就可得到手电筒的电路方程，求解后可得到流过灯丝的电流值。

尽管手电筒电路系统十分简单，但上述对手电筒系统的分析过程以及采用的方法也可拓展到其他复杂的实际电气系统。由电路元件构建的电路模型，各节点电压、支路电流不能任意取值，而是受到约束的。

- 首先是元件约束。元件约束指单个电路元件的电压、电流必须满足的关系，即元件模型。电气元件的电路模型可以通过测量、理论分析得到。

- 其次是拓扑约束。拓扑约束指当众多元件连接构成电路系统时电压、电流必须满足的关系，即电路定律。

- 根据电路系统模型，利用元件约束、电路拓扑结构约束建立表示电路输入—输出关系的方程，通过求解电路方程可以预测电路特性。

　　实际的电气系统是由众多电气元件连接而成的。对于智能手机这种复杂的现代电路，仅其中的一块芯片，如果是数字电路▼，就可能是成千上万个晶体管的组合。如果直接在晶体管级分析整个电路的特性，就会非常困难。但是，我们可以借助电路的层次化描述，并按照模块化分析的思想进行分析。

▼用数字信号完成对数字量进行算术运算和逻辑运算的电路称为数字电路，或数字系统。

　　具体思路是将整个电路分解为若干层次，每层电路又分解为若干模块的组合，上层电路的模块由下层电路实现。如此层层分解，一直到底层晶体管级。

　　各层次上电路的电气特性，以及各功能模块电路的电气特性，常用其输入端、输出端电压与电流的关系，即 $i = f(v)$ 来描述。电荷 q 随时间的变化率即电流 i，所以 $i = f(v)$ 所表示的输入—输出关系也可用电荷 q 与电压 v 的关系，即 $q = f(v)$ 来表示。

视频 3.2
理想基本电路元件

3.1.2　基本电路元件

　　对实体电路的分析表明，其输入—输出关系原则上都可以用由五个理想基本电路元件构成的电路模型等效▼。这五个理想基本电路元件是理想电阻、理想电感、理想电容、理想电压源和理想电流源。所谓理想，是指元件特性是用数学关系定义的，在任何情况下都成立，所以是理想的。

▼ "等效" 是指：在基本物理原理约束下，由电路模型得出的输入—输出关系可十分逼近实体电气元件的输入—输出关系。

理想电阻

　　理想电阻元件是实际电阻的抽象，它有两个端子，图 3.7(a) 是其电路符号表示。当在两个端子之间施加电压 v 时，将会有电流 i 流经电阻，电压 v 与电流 i 之间的数学关系由欧姆定律▼描述为

$$v = Ri \tag{3.4}$$

式中，比例系数 R 为电阻值，电压 v 的单位取伏特（V），电流 i 的单位取安培（A），电阻 R 的单位取欧姆（Ω）。

Georg Simon Ohm
（1789 —1854）

▼1826 年，德国物理学家乔治·西蒙·欧姆提出了欧姆定律。

(a) 电路符号　　　　　　(b) 电压-电流特性

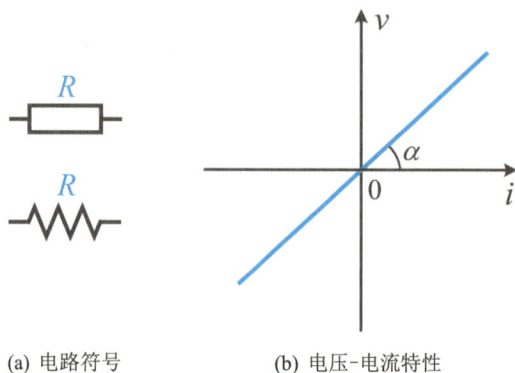

图 3.7　理想电阻的电路符号与特性

式 (3.4) 反映了电阻两端电压和流经电阻的电流之间的关系，是电阻的特性，我们常称之为电阻的电压-电流特性（伏安特性），也称为理想电阻元件关于电压电流的约束条件。

图 3.7(b) 是电阻的电压-电流特性在 $v-i$ 平面上的图示，它是通过原点的一条直线，其斜率 $\tan\alpha$ 等于电阻的阻值 R。

电阻 R 的倒数称为电导 G，即 $G = 1/R$，单位是西门子（S）▼。用电导表示时，式 (3.4) 成为

$$i = Gv \tag{3.5}$$

式 (3.4) 和式 (3.5) 都称为欧姆定律。

计算电阻上的功率，可以将式 (3.4) 或式 (3.5) 代入式 (3.3)，得到

$$p = i^2R = \frac{v^2}{R} = \frac{i^2}{G} = Gv^2 \tag{3.6}$$

从能量角度看，电阻是损耗能量的元件。电阻模拟的是物质阻碍电流（或电荷）流动的能力。可以想象，构成电流的电子在运动过程中与物质原子结构相互作用，并受到一定阻力。在相互作用过程中，一些电能被转化为热能，并以热的形式消耗，这就是电阻元件上损耗的能量。

理想电容

理想电容元件是实际电容的抽象，它也有两个端子，图 3.8(a) 是其电路符号表示。当在电容两端施加电压时，构成电容的两个导体上存储了电荷，存储的电荷量 q 与施加的电压 v 的数学关系可表示为

$$q = Cv \tag{3.7}$$

式中，比例系数 C 为电容值，等于图 3.8(b) 所示直线的斜率，电压 v 的单位取伏特（V），电荷 q 的单位取库仑（C），电容 C 的单位取法拉（F）▼。

Ernst Werner von Siemens
（1816—1892）

▼为纪念德国发明家、企业家、工程学家恩斯特·维尔纳·冯·西门子而命名。

▼以发现电磁感应现象的英国物理学家迈克尔·法拉第的名字命名。常用的电容单位有：μF（10^{-6}F）、nF（10^{-9}F）、pF（10^{-12}F）等。

(a) 电容符号　　　　　　　(b) 电荷-电压特性

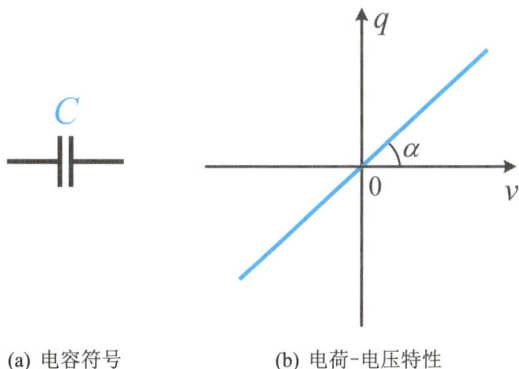

图 3.8　理想电容的符号与特性

将式 (3.7) 等式两边同时对时间 t 求导，$dq/dt = Cdv/dt$，又因为电流 $i = dq/dt$，从而得到

$$i = C\frac{dv}{dt} \tag{3.8}$$

式 (3.8) 是电容 C 的另一种定义，表示流过电容的电流 i 与两端电压 v 随时间 t 的变化率成正比。电容 C 的这两种定义是等价的。由式 (3.7) 可以得到式 (3.8)，反之，也可由式 (3.8) 得到式 (3.7)。

根据式 (3.8)，如果电容两端的电压不随时间而变化，则电流为零。因此对于恒定电压，即直流电压，电容相当于开路。此外，电容两端的电压不能突变。如果在 $\Delta t \to 0$ 时间内电压有突变（也即 $dv/dt \to \infty$），将导致一个无穷大的电流，这实际上是不可能的。

对式 (3.8) 作由 t_0 到 t 的积分，可以得到

$$v(t) = v(t_0) + \frac{1}{C}\int_{t_0}^{t} i(t)dt \tag{3.9}$$

式 (3.9) 表明，电容电压除了与充电电流有关，还与 t_0 时刻的电压值有关，故电容具有记忆性，因此电容也被称为记忆元件。相比之下，电阻元件在任意时刻的电压只与该时刻的电流有关，而与之前的状态无关，因此是非记忆元件。

由绝缘介质材料间隔开的两个导体就形成电容，这种结构的电容通常叫作电容器。实际电路中，任意两个导体（如两条相邻的金属导线）之间如果距离足够近，就可能产生电容▼。

如图 3.9 所示，当构成电容的两个导体是平板形状时，也称为平板电容，两个平板称为电容的极板。对于平板电容，如果忽略平板的边缘效应，电容的计算公式为

$$C = \varepsilon\frac{A}{d} \tag{3.10}$$

式中，A 是电容极板的面积，单位是平方米（m^2），d 是两极板间距，单位

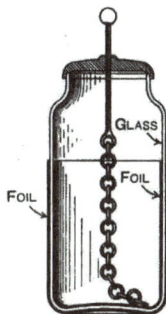

莱顿瓶（Leyden jar）是一种用以储存静电的装置，由荷兰莱顿大学物理学教授彼得·范·马森布洛克（Pieter van Musschenbrock，1692—1761）和德国卡明大教堂副主教克莱斯特（Ewald Georg von Kleist，约 1700—1748）于 1745—1746 年各自独立发明。作为原始形式的电容器，莱顿瓶曾被用来作为电学实验的供电来源，也是电学研究的重要基础。莱顿瓶的发明，标志着对电的本质和特性进行研究的开始。

▼但是这种电容显然不是我们期望的，称为寄生电容，属于电路寄生效应（parasitic effect）的一种。

是米（m），ε 是介电常数，由此计算得到电容 C，单位是法拉（F）。由式
(3.10) 可见，平板电容的电容 C 与极板面积 A 和介电常数 ε 成正比，与
极板间距 d 成反比。

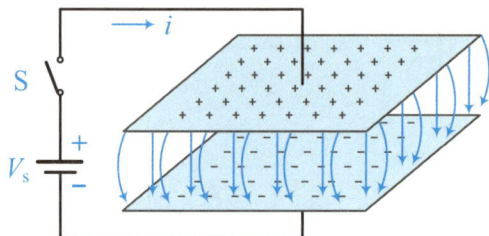

图 3.9　平板电容

将电容的两个极板分别连接到直流电压源的正极和负极，用 v 表示
电容两端的电压。当电容两端尚未与电源连接时（$t = 0$ 时刻前），此时
电压 $v = 0$。

在 $t = 0$ 时刻，电容与电源连接，正电荷不断地由电源正极流到电容
的正极板，因此在正极板表面积累正电荷 $+q$。同样，与电源负极连接的
负极板表面积累负电荷 $-q$。两极板间就有从正电荷指向负电荷的电场，
这一过程称为电源对电容器的充电过程。当充电时间足够长，电容极板
表面积累的电荷达到一定值，使两极板间的电压 v 等于电源电压 V_s 时，
就不再有电荷的流动。此时，连接电容极板与电源的导线上的电流 $i = 0$。

因此，在整个充电过程中，电容两端电压由零值上升到最大值，电
流由最大值下降到零。电源提供的功率可按电压与电流乘积的定义计算，
电源提供的总能量 W 为

$$W = \int_0^\infty iv\mathrm{d}t = \int_0^\infty vC\frac{\mathrm{d}v}{\mathrm{d}t}\mathrm{d}t = \int_0^V Cv\mathrm{d}v = \frac{C}{2}V^2 = \frac{q}{2}V = \frac{q^2}{2C} \tag{3.11}$$

电源提供的能量最终转变为电容的储能。所以与电阻不同，电容不
是损耗能量的元件，而是储存电场能量的元件。

理想电感

理想电感元件是实际电感的抽象，它也是两个端子，图 3.10(a) 是其
电路符号表示。当有电流通过电感时，能量以磁通量▼的形式存储在电感
中，磁通量 ψ 与通过的电流 i 的数学关系可表示为

$$\psi = Li \tag{3.12}$$

式中，比例系数 L 为电感值，等于图 3.10(b) 所示直线的斜率，磁通量 ψ
的单位取韦伯（Wb），电流 i 的单位取安培（A），电感 L 的单位取亨利
（H）▼。

Wilhelm Eduard Weber
（1804 —1891）

▼当有电流通过绕线感
的线圈时，产生的所有磁
场线方向相同，从线圈中
心穿过并包围线圈电流，
如图 3.11(b) 所示。包围
通电电感线圈的磁场线
总数称为磁通量，用 ψ 表
示，单位是韦伯（Wb），
以德国物理学家威廉·爱
德华·韦伯的名字命名。

▼以美国物理学家约瑟
夫·亨利的名字命名。
常用的电感单位有 μH
（10^{-6} H）、nH（10^{-9} F）、
pH（10^{-12} H）等。

(a) 电感符号　　　　(b) 磁通量-电流特性

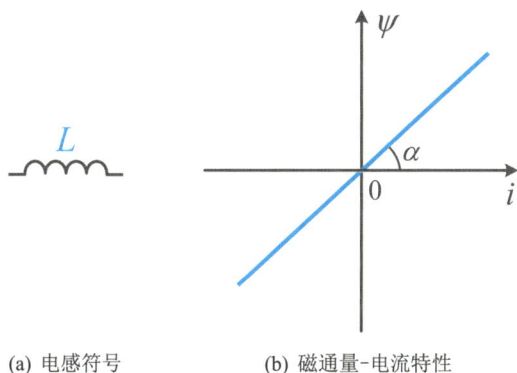

图 3.10　理想电感的符号与特性

Joseph Henry
（1797 —1878）

根据法拉第电磁感应定律，如果穿过线圈的磁通量随时间而变化，则在线圈两端感应一个电动势 E▼，并相应形成电压降 v，即

$$v = \frac{\partial \psi}{\partial t} \tag{3.13}$$

▼电动势 E 由低电位指向高电位，与电压降的大小相同、方向相反，单位是伏特（V）。

将式 (3.12) 等式两边同时对时间 t 求导，$\partial \psi / \partial t = L \mathrm{d}i/\mathrm{d}t$，并将式 (3.13) 代入，可以得到

$$v = L \frac{\mathrm{d}i}{\mathrm{d}t} \tag{3.14}$$

式 (3.14) 是电感 L 的另一种定义，表示电感两端电压 v 与电感电流 i 随时间 t 的变化率成正比。电感 L 的这两种定义是等价的。

根据式 (3.14)，如果电感电流不随时间而变化，则电感两端的电压为零。因此对于恒定电流，即直流电流，电感相当于短路。此外，电感中的电流不能突变。如果在 $\Delta t \rightarrow 0$ 时间内电流有突变（也即 $\mathrm{d}i/\mathrm{d}t \rightarrow \infty$），将导致一个无穷大的电压，而无穷大的电压实际上是不可能的。电感电流不能突变，如同电容两端电压不能突变。

对式 (3.14) 作由 t_0 到 t 的积分，可以得到

$$i(t) = i(t_0) + \frac{1}{L} \int_{t_0}^{t} v(t)\mathrm{d}t \tag{3.15}$$

式 (3.15) 表明，电感电流除了与两端电压有关，还与 t_0 时刻的电流有关，故电感也具有记忆性，属于记忆元件。

如电感的电路符号所示，电感可以通过将导线绕成线圈得到，这种电感特称为绕线电感，如图 3.11 所示。实际电路中，所有导线都或多或少存在一定的电感，这种电感同样不是我们期望的，称为寄生电感▼。

实际的绕线电感一般将线圈绕制在芯体上以增大电感值、减小电感体积，如图 3.11(a) 所示。此时决定电感大小的参数有：芯体材料的磁导率 μ、线圈的匝数 N、芯体长度 l 和芯体的横截面积 A。电感值可以利用

▼与寄生电容一样，寄生电感也属于电路寄生效应。当导线中通过高频（或高速）信号时，寄生电感的效应就会体现出来，并对信号的传输时延、传输质量等产生影响。

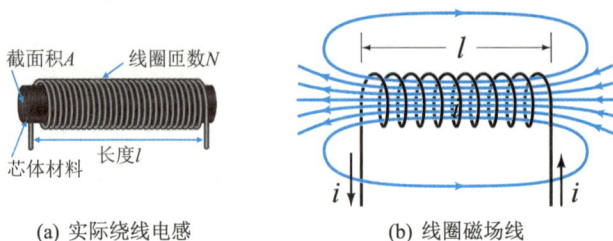

(a) 实际绕线电感　　　　　　(b) 线圈磁场线

图 3.11　绕线电感

以下公式计算得到

$$L = \frac{N^2 \mu A}{l} \tag{3.16}$$

电流通过任意导线时，会在导线周围产生闭合的磁场线包围电流，磁场线的方向和电流 i 构成右手螺旋关系，即如果右手握住导线，大拇指指向顺着电流 i 的方向，四指的方向就是磁场线环绕方向，如图 3.12 所示。

如果在 $t = 0$ 时刻前，电感两端尚未与电源连接，此时通过电感的电流 $i = 0$。电感与电源连接之后，通过的电流由零值最终上升到最大值，电压由最大值下降到零。可以计算得到电源提供的总能量 W 为

图 3.12　右手螺旋关系

$$W = \int_0^\infty iv\,\mathrm{d}t = \int_0^\infty iL\frac{\mathrm{d}i}{\mathrm{d}t}\mathrm{d}t = \int_0^I iL\,\mathrm{d}i = \frac{L}{2}I^2 = \frac{\psi}{2}I = \frac{\psi^2}{2L} \tag{3.17}$$

电源提供的能量最终转变为电感的储能。因此，电感也是储能元件。但是与电容不同的是，电容储存电场能量，而电感储存磁场能量。

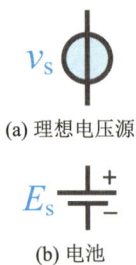

(a) 理想电压源

(b) 电池

图 3.13　电压源电路符号

▼从低势能到高势能，相当于正电荷从负极到正极。

▼注意，电动势的方向规定为从电压源负极（经内部）指向正极，与电压源电压 v_s 方向相反。

理想电压源

理想电压源是实际电压源的抽象，负责为外界提供确定的电压。图 3.13(a) 是理想电压源的电路符号，v_s 表示电压源从正极到负极的电压降。

理想电压源的电压可以是直流电压，也可以是交流电压。根据理想电压源的特性，两端电压 v_s 的幅值必须是恒定的，不随流过电压源的电流的大小而变化。电流的实际大小，取决于与理想电压源连接的外部电路的情况。

图 3.13(b) 给出了电池的电路符号，它是常用的直流电压源，可以将化学能转化为电能。当外接负载电路闭合时，在电池内部，电子因为化学能从电池正极到达电池的负极▼，并对外接负载释放电流。从电压源负极到正极的电压升，称为电动势，常用符号 E_s 表示，单位是伏特（V），表示如果将正电荷从负极经电压源内部移到正极需要做的功▼。

理想电流源

理想电流源是实际电流源的抽象，负责为外界提供确定的电流。图 3.14 是理想电流源的电路符号，i_s 表示电流源提供的电流。

根据理想电流源的特性，提供的电流 i_s 的幅值必须是恒定的▼，不随两端电压的实际大小而变化。两端电压的大小，取决于与理想电流源连接的外部电路的情况。

图 3.14　理想电流源电路符号

▼与理想电压源类似，理想电流源的电流可以是直流电流，也可以是交流电流。

电气元件模型

我们介绍了理想电阻、理想电感、理想电容、理想电压源和理想电流源这五个理想基本电路元件的基本特征。从能量角度而言，理想电阻消耗能量，理想电感和理想电容储存能量，而理想电压源和理想电流源提供能量。因此，一方面，理想基本电路元件不能再分解，这是"基本"的含义；另一方面，理想基本电路元件又是完备的，理论上可以用于描述任意实体电路元件。

需要说明的是，现实世界中理想基本电路元件并不存在，实际电路元件都存在所谓的"非理想性"。从能量角度而言，因为存在寄生电感与寄生电容，所以实际的电阻不仅消耗能量，在高频时也会表现出一定的储能特性。而实际的电感或电容，因为存在寄生的电阻，所以也会有能量的损耗。实际的电源一方面对外部提供能量，另一方面内部也会消耗能量。

实际电气元件在现实世界中是真实存在的，其特性可以测量。因此，根据测量得到的特性，我们可以建立与实际电气元件对应的模型。模型由理想基本电路元件构成，其预测得到的特性逼近实际电气元件测量得到的特性，称为实际元件的等效电路模型。类似地，对于由实际电气元件构成的实际电路，也可以建立相应的模型。由实际电路建立等效电路模型的过程，称为建模。

Alessandro Volta
（1745 —1827）

1800 年，意大利物理学家亚历山德罗·伏特发明了第一块电池，研究人员开始在实验中利用持续的直流电。

受控源

当描述晶体管的特性，或者对运算放大器电路建模时，还需要使用受控电源这类电路元件。受控电源可以分为受控电压源和受控电流源。与理想电压源和理想电流源不同，受控源输出的电压或电流的大小受到其他电压或电流的控制，即改变控制电压或电流，受控源的输出电压或电流也会相应改变▼。

受控源不属于基本电路元件，其特性可以用理想基本电路元件描述。换言之，受控电源可以用由理想基本电路元件构成的电路模型等效。受控源含有两条支路：一条是控制支路，另一条是受控（或输出）支路。为了将控制支路表示出来，受控源需要用 4 个端子的电路模型表示。对于

▼与受控源相对应，理想电压源和理想电流源也称为独立源。

受控源，如果受控量（输出电压或电流）与控制量（控制电压或电流）成正比关系，则为线性受控源。

- **用理想基本元件表示的理想受控电压源**

　　与独立电压源的区别是，受控电压源的输出电压受另一支路的电压或电流控制▼。当控制量是电压时，称为电压控制电压源（voltage controlled voltage source，VCVS），如图 3.15(a) 所示。其输出支路电压 v_{pq} 为另一支路电压 v_{kl} 所控制，可以表示为 $v_{pq} = \mu v_{kl}$，μ 是一个比例常数，无量纲，称为转移电压比。

▼在电路中，受控源与独立源本质的区别在于，受控源不是激励，它只是描述电路中两条支路的电压、电流间的一种约束关系，它的存在可以改变电路中的电压和电流，使电路特性发生变化。

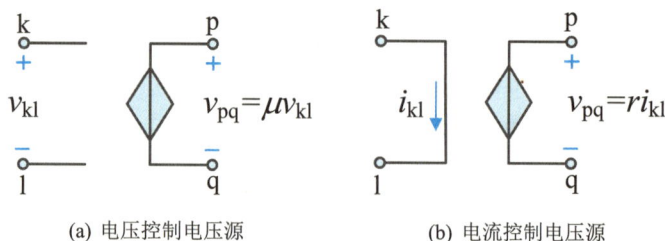

(a) 电压控制电压源　　　　(b) 电流控制电压源

图 3.15　受控电压源

　　图 3.15(b) 是电流控制电压源（current controlled voltage source，CCVS），控制量为电流，输出支路电压 v_{pq} 为另一支路电流 i_{kl} 所控制，表示为 $v_{pq} = r i_{kl}$，r 是比例系数，具有电阻量纲，称为转移电阻。

- **用理想基本元件表示的理想受控电流源**

　　与独立电流源相比，受控电流源的输出电流为另一支路电压或电流所控制。图 3.16(a) 表示的是电压控制电流源（voltage controlled current source，VCCS），其输出支路电流 i_{pq} 为另一支路电压 v_{kl} 所控制，表示为 $i_{pq} = g v_{kl}$，g 是一个比例常数，具有电导量纲，称为转移电导。

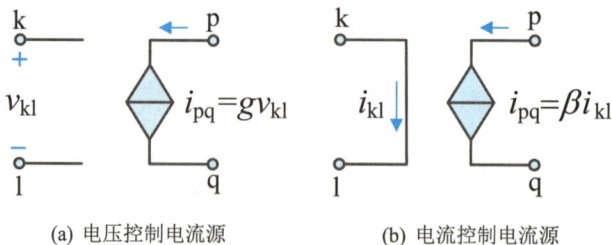

(a) 电压控制电流源　　　　(b) 电流控制电流源

图 3.16　受控电流源

　　图 3.16(b) 是电流控制电流源（current controlled current source，CCCS），输出支路电流 i_{pq} 为另一支路电流 i_{kl} 所控制，表示为 $i_{pq} = \beta i_{kl}$，β 是比例系数，无量纲，称为转移电流比。

忆阻器

忆阻器（memristor）是一种有记忆功能的非线性电阻，它可以根据流过它的电荷量来改变自己的电阻值，从而实现数据的存储和处理。忆阻器是继电阻、电容和电感之后的第四种基本的无源电路元件，它表示磁通与电荷之间的关系，如图 3.17 所示。

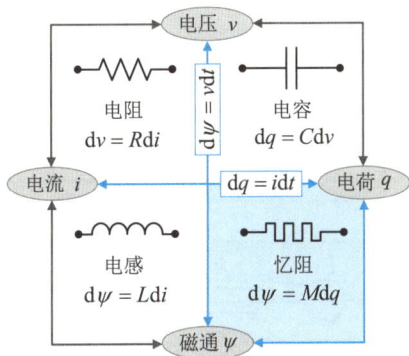

图 3.17　四种基本无源电路元件

蔡少棠
（1936—）

忆阻器的概念是由美国加州大学伯克利分校华裔教授蔡少棠（Leon Ong Chua，1936—）于 1971 年提出的[▼]，但直到 2008 年，惠普公司的研究人员才成功制造出基于 TiO_2 的纳米忆阻器件，掀起忆阻研究热潮。

忆阻器有很多优点，例如：它可以实现非易失性的随机存储器，即在断电后仍能保持数据不丢失，而且比传统的闪存具有更高的集成度、更低的功耗和更快的读写速度；它可以模拟人类大脑中的突触连接，从而实现类似于神经网络的模拟计算，或许能够创造出具有自我学习和适应能力的人工智能系统；它可以利用其非线性和记忆特性，产生混沌电路，从而在保密通信、加密解密等领域有很多应用。

▼L. O. Chua. Memristor —the missing circuit element [J]. *IEEE Transactions on Circuit Theory*, 1971, 18(5): 507–519.

3.1.3　基尔霍夫电路定律

当将众多电路元件连接成电路时，各节点电压、支路电流还受到电路拓扑结构的约束。

19 世纪 40 年代，由于电气技术发展十分迅速，电路变得愈来愈复杂。某些电路呈现出网络形状，网络中还存在一些由 3 条或 3 条以上支路形成的连接点。这种复杂电路难以用简单的串联、并联电路公式解决。

1845 年，刚从德国哥尼斯堡大学毕业，年仅 21 岁的古斯塔夫·罗伯特·基尔霍夫（Gustav Robert Kirchhoff，1824 —1887）提出了适用于计算这种网络状稳恒电路[▼]中电流、电压关系的两个定律，即著名的基尔霍夫电流定律（Kirchhoff's current law，KCL）和基尔霍夫电压定律（Kirchhoff's

视频 3.3
基尔霍夫电路定律

▼稳恒电路中的电流恒定不变。由于似稳电流（低频交流电）具有的电磁波波长远大于电路的尺寸，所以它在电路中每一瞬间的电流与电压均能很好地满足基尔霍夫定律。因此，基尔霍夫定律的应用范围亦可扩展到交流电路之中。

Gustav Robert Kirchhoff
（1824 —1887）

voltage law，KVL），并确定了网孔回路分析法的原理。基尔霍夫定律能够迅速地求解任何复杂电路，成功地解决了阻碍电气技术发展的难题。

在介绍基尔霍夫电路定律之前，有必要先对描述电路结构的几个名词进行说明。

支路：单个或若干个元件串联形成的分支称为支路。如图 3.18 所示电路中含有 6 条支路：电压源 V_s 和电阻 R_2 串联形成一条支路（①-⑤-②）；电流源 I_s 和电阻 R_5 串联形成一条支路（②-⑥-④）；电阻 R_1、R_3、R_4 和 R_6 分别形成一条支路。

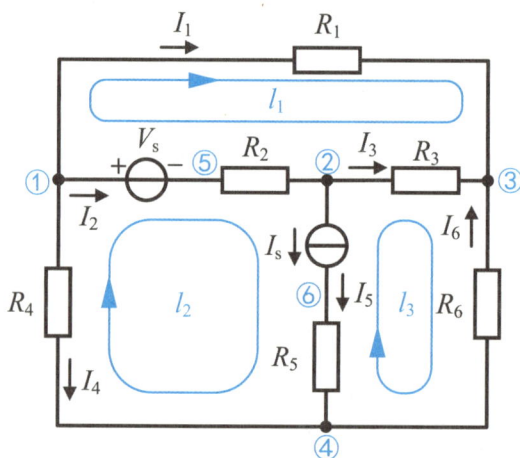

▼图 3.18 中电流与参考方向（标识方向）相同时为正值，与参考方向相反时为负值。

图 3.18　电路结构名词说明

节点：两个或多个电路元件的连接点统称为节点，其中三个及以上电路元件的连接点称为基本节点。如图 3.18 所示电路中含有 6 个节点，其中节点①、②、③ 和 ④ 这 4 个节点是基本节点。

回路：由若干条支路连成的闭合路径称为回路。如图 3.18 所示电路中，R_1、R_3、R_2 串联 V_s 所在的三条支路构成回路 l_1（①-③-②-⑤-①）；V_s 串联 R_2、I_s 串联 R_5、R_4 所在的三条支路构成回路 l_2（①-⑤-②-⑥-④-①）；R_1、R_6 和 R_4 所在的三条支路也构成一个回路（①-③-④-①）。电路中包含的其他回路不再一一指出。

网孔：对于平面结构电路，没有包围其他回路的回路称为网孔。如图 3.18 所示电路中，回路 l_1、l_2 和 l_3 都是网孔。但是 R_1、R_6 和 R_4 所在的三条支路构成的回路（①-③-④-①）就不是网孔，因为这个回路同时包围了回路 l_1、l_2 和 l_3。

基尔霍夫电流定律

▼在空间中任意选取一个闭合的曲面 S，从闭合曲面 S 流出的电流等于曲面内（体积 V 内）电荷随时间的减少率。

基尔霍夫电流定律（KCL）是当电压、电流不随时间而变化，即 $\partial/\partial t \rightarrow 0$ 时，麦克斯韦方程组中电荷守恒与电流连接原理▼的特例。

基尔霍夫电流定律指出，电路中流出任一节点的各支路电流的代数和为零，即

$$\sum_{i=1}^{N} I_i = 0 \tag{3.18}$$

式中，流出节点的电流取正，流入节点的电流取负。

例 3.1　用基尔霍夫电流定律计算

对于如图 3.19 所示的某电路节点 O，它是 5 条电流支路的汇合点。围绕节点 O 作一个闭合曲面（如图中虚线所示）。

设支路 1、4、5 的电流 I_1、I_4、I_5 从曲面流出，取正；而支路 2、3 的电流 I_2、I_3 流入曲面，取负。此时式 (3.18) 可写为

$$I_1 - I_2 - I_3 + I_4 + I_5 = 0$$

假如，$I_1 = 4\,\mathrm{mA}$，$I_2 = 2\,\mathrm{mA}$，$I_3 = 3\,\mathrm{mA}$，$I_4 = 2\,\mathrm{mA}$，则可求出 $I_5 = -1\,\mathrm{mA}$。I_5 为负，说明它是流入节点的。

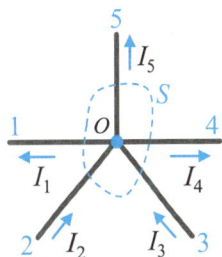

图 3.19　基尔霍夫电流定律图示

基尔霍夫电压定律

基尔霍夫电压定律（KVL）是当电压、电流不随时间而变化，即 $\partial/\partial t \to 0$ 时，麦克斯韦方程组中法拉第电磁感应定律▼的特例。

基尔霍夫电压定律指出，沿任一闭合回路一周各支路上电压降总和为零，即

$$\sum_{i=1}^{N} V_i = 0 \tag{3.19}$$

式中，当各元件上电压降的参考方向与回路绕行方向一致时取正，相反时取负。

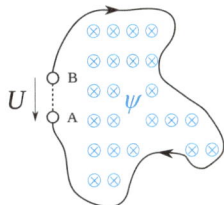

▼法拉第电磁感应定律描述了因磁通量随时间变化而产生感应电动势的现象。如果磁通量不随时间而变化，那么任一闭合回路一周的电压降就为零。

例 3.2　用基尔霍夫电压定律计算

对于如图 3.20 所示的某电路的一个回路，由 4 条支路组成。假设回路绕行方向为逆时针方向，则 V_1 和 V_3 取负，V_2 和 V_4 取正。此时式 (3.19) 可写为

$$V_4 - V_3 + V_2 - V_1 = 0$$

假如，$V_1 = 3\mathrm{V}$，$V_2 = 1\mathrm{V}$，$V_3 = 2\mathrm{V}$，则可求出 $V_4 = 4\mathrm{V}$。

基尔霍夫电压定律、电流定律，就是当诸多电路元件连成一个系统时，系统内各节点电压、各支路电流取值受到的电路拓扑结构方面的约束。对于给定的一个具体电路，基尔霍夫电路定律提供的约束条件正好用于确定待求的未知电压或未知电流。因此，基尔霍夫电路定律与反映

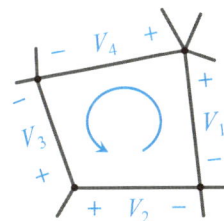

图 3.20　基尔霍夫电压定律图示

电路元件特性的约束方程就是电路分析的基本方程，是根据电路模型预测电路性能的依据。

> **例3.3　用基尔霍夫电路定律分析惠斯通电桥**

▼惠斯通电桥是由英国发明家塞缪尔·亨特·克里斯蒂（Samuel Hunter Christie，1784—1865）在1833年发明的，由于英国物理学家查尔斯·惠斯通（Charle Wheatstone，1802—1875）是第一个用它来测量电阻的，所以人们习惯上把这种电桥称作惠斯通电桥。

惠斯通电桥▼是由4个电阻组成的电桥电路，这4个电阻称为电桥的桥臂，如图3.21所示。当R_G无电流通过时，称电桥达到平衡。平衡时，4个臂的阻值满足一个简单的关系，利用这一关系就可测量电阻。惠斯通电桥可利用电阻的变化来测量物理量的变化，是一种精度很高的测量方式。

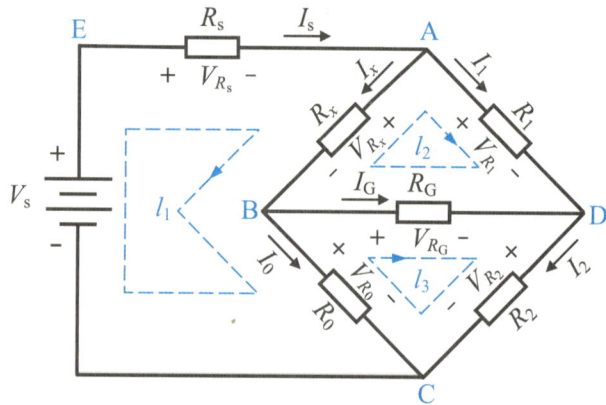

图3.21　惠斯通电桥电路

图3.21中标注了相关的节点、支路与回路。该电路由6个电阻和1个电源V_s构成，有5个节点，其中A、B、C、D是基本节点。各节点电压分别记作V_A、V_B、V_C和V_D。

电路有6条支路，其中5条支路（节点A→B，B→C，C→D，D→A和B→D）只有一个电阻元件，而从C经E再到A的支路包括电源V_s和电阻R_s两个元件。各支路电流分别记作I_s、I_x、I_0、I_1、I_2和I_G，其参考方向如图3.21所示。

▼另外4个回路不是网孔，节点顺序分别是：
A→D→C→B→A；
A→D→C→E→A；
A→D→B→C→E→A；
A→B→D→C→E→A。

电路有7个回路，其中有3个是网孔▼，分别记作l_1、l_2与l_3，如图3.21的虚线闭合圈所示，箭头表示绕行方向，都取顺时针方向。3个网孔途经的节点顺序分别为：

l_1：E → A → B → C → E；

l_2：A → D → B → A；

l_3：B → D → C → B。

根据理想电阻和理想电压源的特性，电路中各节点电压、支路电流必须遵循如下的元件约束关系：

$$\left.\begin{array}{l} V_s = V_{EC} = V_E - V_C = 3V \\[4pt] V_{R_s} = V_{EA} = V_E - V_A = R_s I_s \\[4pt] V_{R_x} = V_{AB} = V_A - V_B = R_x I_x \\[4pt] V_{R_1} = V_{AD} = V_A - V_D = R_1 I_1 \\[4pt] V_{R_2} = V_{DC} = V_D - V_C = R_2 I_2 \\[4pt] V_{R_0} = V_{BC} = V_B - V_C = R_0 I_0 \\[4pt] V_{R_G} = V_{BD} = V_B - V_D = R_G I_G \end{array}\right\} \quad (3.20)$$

如果将各支路电流视为待求解的变量，则利用上述关系，可以根据求解得到的各支路电流进一步得到各节点电压。以下我们将根据基尔霍夫电路定律，并以各支路电流（I_s、I_x、I_0、I_1、I_2、I_G）为独立变量，列写电路方程，这种方法称为支路电流法。

应用基尔霍夫电流定律，分别关于基本节点 A、B、C、D 列写 KCL 电路方程，可以得到如下拓扑约束关系：

$$\left.\begin{array}{ll} \text{节点 A：} & -I_s + I_x + I_1 = 0 \\[4pt] \text{节点 B：} & -I_x + I_G + I_0 = 0 \\[4pt] \text{节点 C：} & -I_0 - I_2 + I_s = 0 \\[4pt] \text{节点 D：} & -I_G - I_1 + I_2 = 0 \end{array}\right\} \quad (3.21)$$

式 (3.21) 的 4 个方程相加为零，其中任一方程可由其他 3 个方程得出▾。因此，4 个 KCL 方程中只有 3 个是独立的。换言之，对于 4 个基本节点，只需要关于其中的 3 个节点列写 KCL 方程就可以了。推广到一般的情况，对于具有 n 个基本节点的电路，可以围绕 $n-1$ 个基本节点，列写 $n-1$ 个独立的 KCL 方程。

▾例如，将前 3 个方程相加再乘以 "–1"，就可以得到第 4 个方程。

实际在列写方程时，因为节点电压都是相对于某一参考节点的电压而言，对于如图 3.21 所示的电路，一般取节点 C▾为电压参考节点，即 $V_C = 0$（接地）。因此，可以将节点 C 的 KCL 方程作为非独立方程，无须列写。

▾对应电源的负极。

根据基尔霍夫电压定律，对每个回路可列写 KVL 电路方程，但只有按网孔列写的 KVL 方程才是独立的。一般的情况是，对于具有 n 个基本节点、b 条支路的电路，存在 $b-n+1$ 个网孔，因此可以写出 $b-n+1$ 个独立的 KVL 方程。对于如图 3.21 所示的电路，我们可以得到如下拓扑约束关系：

$$\left.\begin{array}{ll} \text{网孔 } l_1: & V_{R_s} + V_{R_x} + V_{R_0} - V_s = 0 \\[4pt] \text{网孔 } l_2: & V_{R_1} - V_{R_G} - V_{R_x} = 0 \\[4pt] \text{网孔 } l_3: & V_{R_G} + V_{R_2} - V_{R_0} = 0 \end{array}\right\} \quad (3.22)$$

式 (3.22) 中的变量是各节点电压，可以将式 (3.20) 表示的元件约束

关系代入式 (3.22) 中的 3 个独立的 KVL 方程，得到以支路电流为变量的方程形式为

$$
\left.\begin{array}{l}
网孔\ l_1:\ R_s I_s + R_x I_x + R_0 I_0 - 3 = 0 \\
网孔\ l_2:\ R_1 I_1 - R_G I_G - R_x I_x = 0 \\
网孔\ l_3:\ R_G I_G + R_2 I_2 - R_0 I_0 = 0
\end{array}\right\} \tag{3.23}
$$

可以发现，式 (3.21) 中 3 个独立的 KCL 方程与式 (3.23) 3 个独立的 KVL 方程包含的独立变量就是 6 条支路的电流，即 I_s、I_x、I_0、I_1、I_2、I_G。联立求解上述 6 个方程，即可得到各支路电流。在此基础上，可以进一步得到各节点电压。

惠斯通电桥主要用于精确测量电阻。使用时，R_0 为已知参考电阻，R_x 为待测电阻，改变 R_1 和 R_2 的比值 R_1/R_2，使电流 I_G 为 0。将 $I_G = 0$ 代入式 (3.21) 前 3 个方程和式 (3.23) 可得：$I_0 = I_x$，$I_2 = I_1$，$I_x R_x = I_1 R_1$，$I_0 R_0 = I_2 R_2$。由此得到

$$
R_x = \frac{R_1}{R_2} R_0
$$

Thomas Alva Edison
（1847 — 1931）

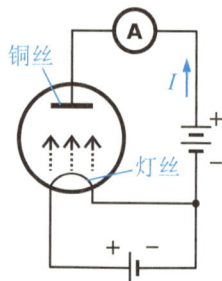

图 3.22　爱迪生效应

John Ambrose Fleming
（1849 — 1945）

早期的电子二极管

3.2　晶体管和集成电路

电子元器件发展史其实就是一部浓缩的电子学发展史。

1883 年，美国发明家托马斯·阿尔瓦·爱迪生（Thomas Alva Edison，1847—1931）为寻找电灯泡最佳灯丝材料，做了一个小小的实验。如图 3.22 所示，在灯泡内另行封入一根铜丝，希望可以阻止碳丝蒸发，延长灯泡寿命。实验结果非他所想，但他发现，没有连接在电路里的铜丝，却因接收到碳丝发射的热电子而产生了微弱的电流。爱迪生并没有重视这个现象，只是把它记录在案，申报了一个未找到任何用途的专利，称之为"爱迪生效应"。

英国电气工程师约翰·安布罗斯·弗莱明（John Ambrose Fleming，1849—1945）在马可尼电报公司工作时，一直在寻求一种可靠的检波手段。在真空灯泡里装上碳丝和铜板，分别充当阴极和阳极，则灯泡里的电子就能实现单向流动，实现一个有效检测微弱电报信号的检波器，使得"爱迪生效应"产生了实用价值。1904 年，弗莱明研制出了一种能够充当交流电整流和无线电检波的特殊"灯泡"，他把这项发明称为"热离子阀（thermionic valve）"，从而催生了世界上第一只电子管，也就是人们所说的真空二极管。

然而，直到真空三极管发明后，电子管才成为实用的器件。1906 年，为了提高真空二极管检波灵敏度，美国发明家李·德·福雷斯特（Lee de Forest，1873—1961）在弗莱明的玻璃管内添加了栅栏式的金属网，形成第三个极，如图 3.23 所示。这个"栅极"就像百叶窗那样，能控制阴极与阳极之间的电子流。只要栅极有微弱电流通过，就可在阳极上获得较

大的电流，而且波形与栅极电流完全一致，意味着这是一种能够起放大作用的真空三极管器件。

真空三极电子管的发明是电子学发展史上的第一个里程碑。从此以后，电子管这种被封在"小玻璃瓶"中的电子元器件被广泛运用于各种电子产品，直到 20 世纪 60 年代后才逐渐被半导体器件所取代。

Lee de Forest
（1873 —1961）

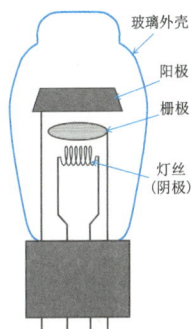

玻璃外壳
阳极
栅极
灯丝
（阴极）

图 3.23　真空三极管

3.2.1　半导体与 PN 结

电子器件是电子电路的核心，电子器件的发展被分为四个历史阶段：电子管时代、晶体管时代、中小规模集成电路时代，以及大规模和超大规模集成电路时代。晶体管和集成电路的制作材料都是半导体。

半导体

材料的导电能力通常用电导率 σ 来衡量，单位为西门子/米（S/m）。良导体的电导率很大，如铜的电导率约为 5.8×10^7 S/m。对于完纯导体，$\sigma \to \infty$。绝缘体的电导率很小，如酚醛塑胶的电导率约为 10^{-9} S/m。对于完纯介质，$\sigma = 0$。半导体的电导率介于良导体与绝缘体之间，如纯净硅的电导率约为 12 S/m。

如图 3.24 所示，半导体可以分为元素半导体与化合物半导体。硅（Si）和锗（Ge）均属于元素半导体。化合物半导体由两种或两种以上的元素组成，可以进一步分为 II-VI 族，如硫化锌（ZnS）、硒化锌（ZnSe）等；III-V 族，如砷化镓（GaAs）、磷化铟（InP）等；以及 IV-IV 族，如碳化硅（SiC）、锗化硅（SiGe）等。

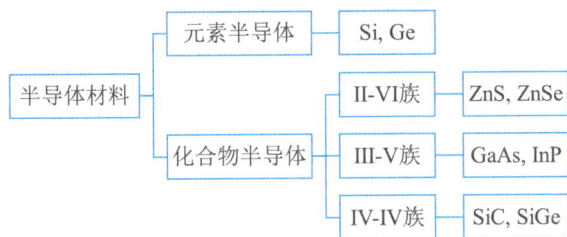

半导体材料 ── 元素半导体 ── Si, Ge
化合物半导体 ── II-VI族 ── ZnS, ZnSe
　　　　　　　── III-V族 ── GaAs, InP
　　　　　　　── IV-IV族 ── SiC, SiGe

图 3.24　半导体材料分类

完全不含杂质且无晶格缺陷的纯净半导体称为本征半导体（intrinsic semiconductor）。实际半导体不可能绝对纯净，因此，本征半导体一般是指导电主要由材料的本征激发▼决定的纯净半导体。

目前在集成电路制造中应用最多的半导体材料是硅。硅为 IV 族元素，在原子最外层轨道上的 4 个电子（electron）称为价电子，它们分别与周围 4 个原子的价电子形成共价键▼。共价键中的价电子为这些原子所共有，并为它们所束缚，无法自由移动，如图 3.25 所示。

▼一般来说，半导体中的价电子不完全像绝缘体中价电子所受束缚那样强，如果能从外界获得一定的能量（如光照、温升、电磁场激发等），一些价电子就可能挣脱共价键的束缚而成为近似自由的电子（同时产生一个空穴），这就是本征激发。

▼共价键是化学键的一种。两个或多个原子共同使用它们的外层电子，在理想情况下达到电子饱和的状态，由此组成比较稳定的化学结构叫作共价键。

单宗肃
（1910 —1990）

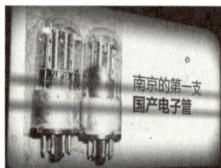

1936 年秋，单宗肃用进口的材料和零件，组装成功了 30 型直热式放大电子管，这是中国人第一次用自己的双手组装的电子管。抗战期间，单宗肃领导的研制组，成功组装了 3CA3 型通信电子管，为国民政府大后方的战时通信解了燃眉之急。1949 年 8 月，单宗肃在南京筹建第一家电子管厂。同年 12 月，866A 型真空电子管研制成功。电影《英雄儿女》中王成身背的报话机，就用了南京电工厂生产的 2E22 型电子管。

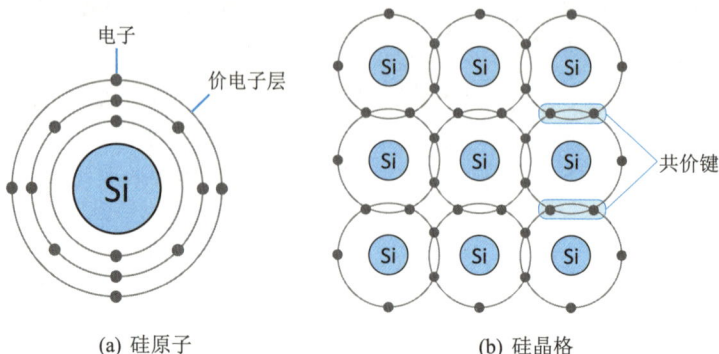

(a) 硅原子　　　　　　　　(b) 硅晶格

图 3.25　纯净硅晶体结构示意

当温度升高或受到光的照射时，价电子能量增高，有的价电子可以摆脱共价键的束缚而成为自由电子。同时，在其原来的共价键中就出现了一个空位，称为空穴（hole）。由于原子的电中性被破坏，空穴呈现出正电性，其正电量与电子的负电量相等。因热激发而产生的自由电子和空穴是成对出现的，称为电子空穴对，因此纯净硅中的自由电子与空穴的浓度相等。游离的部分自由电子也可能回到空穴中去，称为复合。本征激发和复合在一定温度下会达到动态平衡。

自由电子和空穴称为载流子（carrier）。自由电子的定向运动形成了电子电流，空穴的定向运动也可形成空穴电流，它们的方向相反。只不过空穴的运动是靠相邻共价键中的价电子依次填充空穴来实现的。

研究表明，硅晶体的原子密度为 $N_{Si} = 5 \times 10^{22}$ cm^{-3}。在室温（27℃）条件下，纯净硅的本征载流子（电子或空穴）密度为 $n_i = 1.5 \times 10^{10}$ cm^{-3}。由此可见，$n_i/N_{Si} = 3 \times 10^{-13}$，即在室温下，纯净硅晶体中由于热运动产生的载流子数量与总的原子数相比极其微小，所以导电能力很差，在外加电场作用下，产生的电流极其微弱。

通过向纯净半导体中掺入少量其他原子，可以增大自由电子或空穴的浓度，从而提高导电能力。掺入原子的工艺可以分为扩散和离子注入▾，而掺入的少量原子称为掺杂剂。

▾半导体掺杂工艺在 3.2.3 节（第 122 页）有介绍。

如果向纯净硅中掺入 III 族元素（如硼）原子，掺杂原子占据硅原子的位置，同时接受一个自由电子，因此空穴的浓度增大，晶体成为 P 型半导体，如图 3.26(a) 所示。接受电子的掺杂原子称为受主（acceptor）。

如果掺入 V 族元素（如磷、砷）原子，掺杂原子占据硅原子的位置，同时释放一个自由电子，因此电子的浓度增大，晶体成为 N 型半导体，如图 3.26(b) 所示。提供电子的掺杂原子称为施主（donator）。

假设有一 N 型硅半导体材料，掺入的磷原子密度为 $N_d = 2 \times 10^{19}$ cm^{-3}，则自由电子密度 n_n 为

$$n_n \approx N_d = 2 \times 10^{19} \ (\text{cm}^{-3})$$

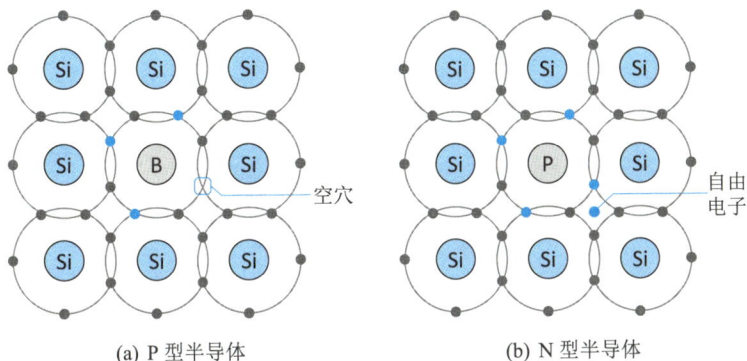

(a) P 型半导体　　　　　　　　(b) N 型半导体

图 3.26　掺杂半导体

根据质量作用定律▼，当温度不变时，自由电子密度 n_n 与空穴密度 n_p 的乘积是常数，$n_n n_p = n_i^2$，其中 n_i 为该温度下的本征载流子密度。因此空穴密度为

$$n_p \approx \frac{n_i^2}{N_d} = \frac{(1.5 \times 10^{10})^2}{2 \times 10^{19}} = 11.25 \ (\text{cm}^{-3})$$

因为 $n_n \gg n_p$，所以 N 型材料中起导电作用的主要是电子，且导电能力介于导体和绝缘体之间，属于半导体。

对于 N 型半导体，因为电子是主要的载流子，我们称其为多数载流子（多子），相应地将空穴称为少数载流子（少子），其导电能力主要由电子浓度决定。

类似地，对于 P 型半导体，空穴为多数载流子（多子），电子为少数载流子（少子），其导电能力主要由空穴浓度决定。总体而言，掺杂半导体的导电能力由掺杂的浓度决定。

PN 结

1939 年，贝尔实验室的罗素·奥尔（Russell Ohl，1898—1987）发现了掺杂不均匀的半导体材料会出现单向导电性，并由此发现了 PN 结（PN junction）。如图 3.27 所示，利用掺杂工艺可以将 P 型半导体与 N 型半导体制作在一起，在 P 型半导体与 N 型半导体的交界处就形成 PN 结▼。

对于空穴，在 P 型半导体区域中的浓度远高于在 N 型半导体区域中的浓度，即在 PN 结两侧存在浓度差。因此，空穴将由 P 区向 N 区扩散，并在 P 区留下带负电的受主离子。基于同样的原理，电子将由 N 区向 P 区扩散，并在 N 区留下带正电的施主离子。这一过程称为多子扩散，如图 3.28(a) 所示。

这种多子的扩散运动在 PN 结两侧分别留下的受主离子与施主离子，其空间位置是固定的。因此，在 PN 结附近形成所谓的空间电荷区，也称

▼挪威数学教授卡托·马克西米林·古德贝格（Cato Maximilian Guldberg，1836—1902）和化学教授彼得·瓦格（Peter Waage，1833—1900）于 1864—1879 年提出并发展了质量作用定律（mass action law），该定律提出：化学反应速率与反应物的有效质量成正比，其中的有效质量实际是指浓度。

Russell Ohl
（1898 —1987）

▼1949 年，贝尔实验室的威廉·布拉德福德·肖克利（William Bradford Shockley，1910—1989）推导出了 PN 结的电流公式，并制造出了锗基 PN 结二极管。1950 年，他发表了一系列文章，详细阐释了 PN 结的工作原理以及电学特性。

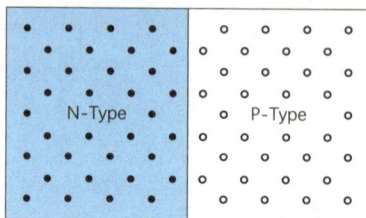

图 3.27　PN 结结构

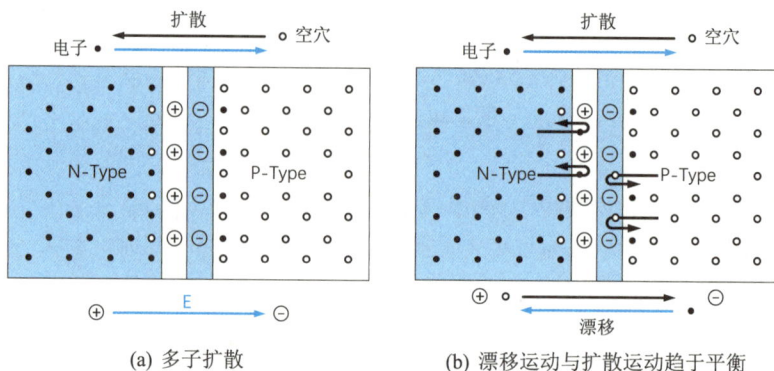

(a) 多子扩散　　　　(b) 漂移运动与扩散运动趋于平衡

图 3.28　PN 结形成过程

▼所谓耗尽，是指这一区域可用于导电的电子或空穴（即载流子）的密度大大降低或几乎耗尽。

▼耗尽区因而也称为势垒区。

▼对于锗 PN 结，需要克服的势垒电压约为 0.3 V；对于硅 PN 结，需要克服的势垒电压约为 0.7 V。

为耗尽区（或耗尽层）▼，如图 3.28(a) 所示。随着多子扩散过程的持续，耗尽区将变宽。

伴随着耗尽区的形成，在这一区域同时也产生了由 N 区（带正电的施主离子）指向 P 区（带负电的受主离子）的内建电场。在内建电场的作用下，N 区的空穴将向 P 区漂移，而 P 区的电子将向 N 区漂移。这种少子的漂移运动与多子的扩散运动方向相反。同时，多子扩散必须克服内建电场形成的势垒（barrier potential）▼。耗尽区越宽，内建电场形成的势垒越大，有利于少子的漂移运动而不利于多子的扩散运动。

最终，漂移运动与扩散运动趋于平衡，耗尽区稳定在特定的宽度，不再改变，如图 3.28(b) 所示。

在 PN 结两端施加电压，如果 P 区接电源正极，N 区接电源负极，称为正向偏置，如图 3.29(a) 所示。

正向偏置时，在正向电压作用下，耗尽区宽度减小，内建电场形成的势垒降低，少子漂移运动减弱，有利于 P 区空穴向 N 区、N 区电子向 P 区的多子扩散。如果多子扩散运动足够明显，则可以在 PN 结中形成一定大小的正向电流。随着正向电压增大，耗尽区宽度减小，多子扩散作用加强，电流也相应增大。当正向电压足够大到可以完全克服内建电场形成的势垒▼时，耗尽区消失，多子扩散不仅没有了障碍，还在正向电压作用下得到加速，因此随后的正向电流将迅速增大，如图 3.30 所示。

在 PN 结两端施加电压，如果 P 区接电源负极，N 区接电源正极，称

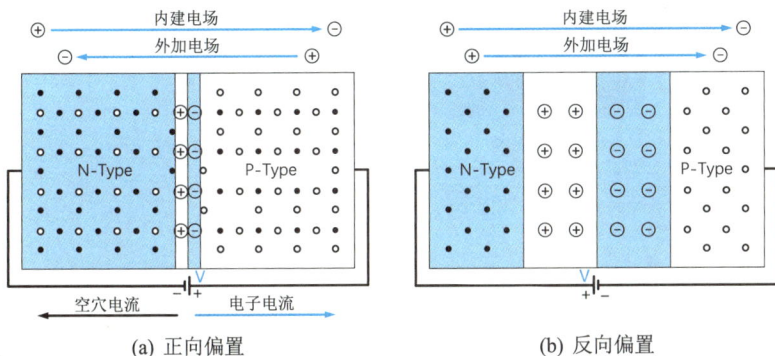

图 3.29　PN 结偏置

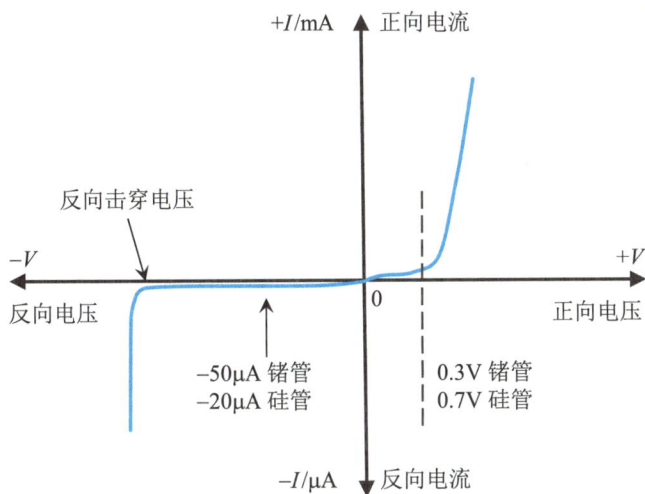

图 3.30　PN 结电压-电流特性

为反向偏置，如图 3.29(b) 所示。

反向偏置时，在反向电压作用下，耗尽区宽度变宽，内建电场形成的势垒增大，少子漂移运动大于多子扩散运动，即使增大反向电压也依然如此。因此形成的反向电流很小，几乎不随电压变化而变化，如图 3.30 所示。但是如果反向电压太大，反向电流会突然猛增，这种现象称为击穿。发生击穿时的电压称为击穿电压▼。

▼因此，偏置电压必须小于击穿电压以免 PN 结因反向电流过大而烧毁或损坏。

PN 结二极管

将 PN 结加以封装，从 P 型半导体与 N 型半导体分别引出两个引线端，就得到 PN 结二极管（diode）。连接 P 区的端子称为正极或阳极，连接 N 区的端子称为负极或阴极。图 3.31 为二极管及其电路符号。

二极管的一个主要特征是单向导电特性。加正向电压，二极管导通，阻值很小，如图 3.32(a) 所示；加反向电压，反向电流很小，二极管处于

(a) 正向偏置

(b) 反向偏置

图 3.32　不同偏置的 PN
结二极管电路

▼脉动电压是指方向不变
（没有正负变化）、大小随
时间呈周期性变化的电
压。

PN结

正极　　　负极

(a) 二极管

正极 ————▶|———— 负极

(b) 电路符号

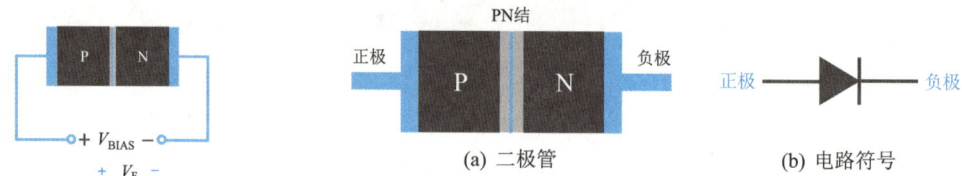

图 3.31　PN 结二极管

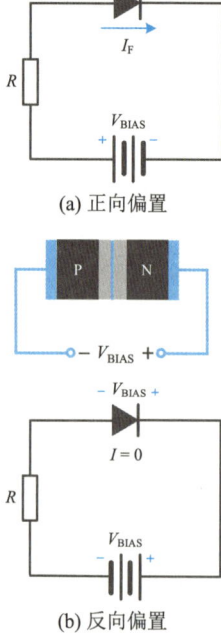

高阻截止状态，如图 3.32(b) 所示。

　　二极管根据用途可以分为整流二极管、检波二极管、稳压二极管、变容二极管、光电二极管、发光二极管、开关二极管等。整流二极管将大小和方向都随时间而变化的交流电压变换成单方向的脉动电压▼。检波二极管用于把叠加在高频载波上的低频信号检出来，实现解调（检波）功能。光电二极管是在反向电压作用下工作的，没有光照时，反向电流极其微弱，称为暗电流；有光照时，反向电流迅速增大到几十微安，称为光电流。光的强度越大，反向电流也越大。光的变化引起光电二极管电流变化，这就可以把光信号转换成电信号，成为光电探测（传感）器件。

整流

　　只允许交流电压的一个半周期通过、而去除另一个半周期的整流方法，称作半波整流。如图 3.33 所示，在 v_{in} 正半周，二极管加正向偏压而导通，有电流通过负载电阻 R_L；而在 v_{in} 负半周，二极管加反向偏压而截止，没有电流通过负载电阻 R_L，所以输出 v_{out} 只有正弦波的正半部分。

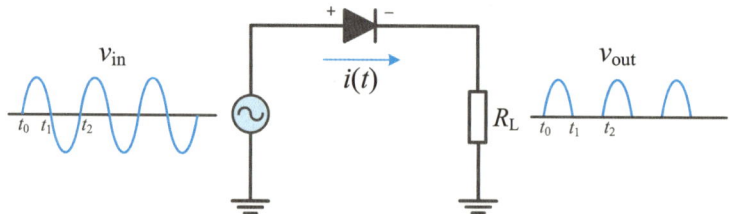

图 3.33　半波整流

代码 3.1
Multisim 半波整流仿真

　　半波整流利用二极管单向导通特性，在输入为标准正弦波的情况下，输出获得正弦波的正半周，负半周则被损失掉。为了克服这一缺点，可以采用全波整流。全波整流对输入正弦波的利用效率比半波整流高一倍。

　　桥式整流电路是全波整流的一种形式。如图 3.34 所示，桥式整流器利用 4 个二极管，两两对接。E_2 为正半周时，二极管 D_1 和 D_2 加正向电压而导通，二极管 D_3 和 D_4 加反向电压而截止。电路中构成 E_2、D_1、R_L、D_2、E_2 通电回路，在 R_L 上形成正的半波整流电压，如图 3.34(a) 所示。E_2 为负半周时，二极管 D_3 和 D_4 加正向电压而导通，二极管 D_1 和 D_2 加反向电压而截止。电路中构成 E_2、D_4、R_L、D_3、E_2 通电回路，同样在 R_L 上形成正的半波整流电压，如图 3.34(b) 所示。

(a) 正半周

(b) 负半周

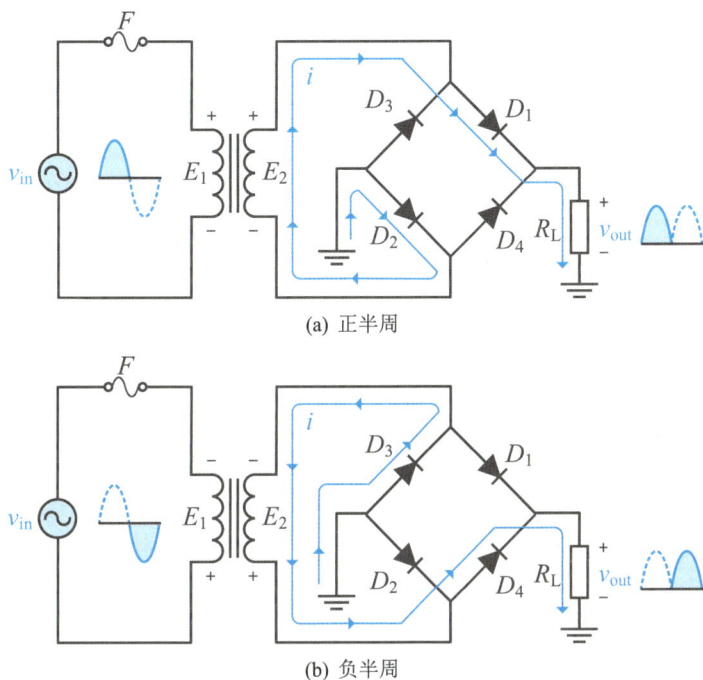

图 3.34 桥式整流

整流电路将交流电变换为单一方向的脉动电压和电流。这种脉动直流电中包含大量的交流成分，虽然极性不变，但大小是波动的，即平滑性差。通常还需在整流电路的输出端接入滤波电路，以滤除交流分量，从而得到平滑的直流电压，如图 3.35 所示。常见的滤波电路有电容滤波器、电感滤波器和复式滤波器等。电容滤波就是在整流电路之后与负载并联一个容量较大的电容。由于电容的充放电作用以及电容两端电压的存在，使得整流电路输出电压的脉动程度大为减弱，波形近于平滑，起到了滤波的作用。

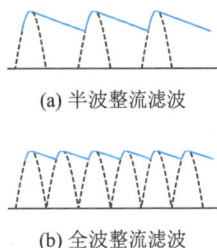

代码 3.2
Multisim 桥式整流仿真

(a) 半波整流滤波

(b) 全波整流滤波

图 3.35 整流电容滤波波形

检波（解调）

广义的检波通常称为解调，是调制▼的逆过程，即从已调信号中提取调制信号的过程。对调频信号是从它的频率变化提取调制信号的过程；对调相信号是从它的相位变化提取调制信号的过程。狭义的检波是指从调幅信号的包络提取调制信号的过程，也称为包络检波或幅度检波。

图 3.36 为调幅检波原理。先让调幅信号通过检波二极管 D_1，由于二极管只允许单向导电，所以只有正半周信号能通过，从而得到依调幅信号包络变化的脉动电流▼。二极管的输出端连接了一个电容 C_1，电容 C_1 与电阻 R_1 配合构成低通滤波器滤去高频成分，就得到反映调幅信号包络的调制信号。然后通过耦合电容 C_2，滤去不需要的直流成分，送后级电路进一步处理。

▼模拟调制参见 2.3.3 节（第 60 页）。

▼脉动电流是指方向不变（没有正负变化）、大小随时间呈周期性变化的电流。

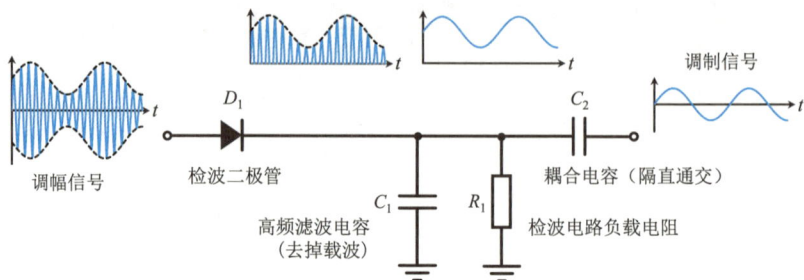

图 3.36　二极管检波原理

3.2.2　晶体管

1945 年，贝尔实验室成立了"半导体小组"，威廉·布拉德福德·肖克利为组长，成员包括约翰·巴丁（John Bardeen，1908—1991）和沃尔特·豪泽·布拉顿（Walter Houser Brattain，1902—1987）。肖克利和巴丁都是理论物理学家，而布拉顿则是实验物理学家。1947 年，巴丁和布拉顿成功演示了第一个基于锗半导体的具有放大功能的点接触式晶体管。1948 年，肖克利构思出三明治结构的双极型结式晶体管，最外面的两层是 N 型半导体，中间则是 P 型半导体。1951 年，戈登·蒂尔（Gordon Teal，1907—2003）和摩根·斯帕克斯（Morgan Sparks，1916—2008）制作出锗基 NPN 结型晶体管。晶体管的发明标志着现代半导体产业的诞生和信息时代的开启。

晶体管是集成电路的核心元件，它与电阻、电感、电容等无源元件的最大区别是，能实现电流或电压的可控放大。在半导体衬底上制作晶体管占用面积很小，而制作电阻要占用较大的面积。因此，在集成电路设计中，电阻通常也都用晶体管替代，晶体管在集成电路内部占主导地位。

目前晶体管主要有两大类：双极型晶体管（bipolar junction transistor，BJT）和场效应晶体管（field effect transistor，FET）。其中，场效应晶体管又可以分为结型场效应晶体管（junction type field effect transistor，JFET）、金属半导体场效应晶体管（metal semiconductor field effect transistor，MES-FET）、金属氧化物半导体场效应晶体管（metal oxide semiconductor field effect transistor，MOSFET）等。BJT 虽发展较早，但目前市场上应用最广的是 MOSFET。

双极型晶体管

双极型晶体管也称三极管，由两个 PN 结背靠背连在一起构成，它可以是 PNP 结构，也可以是 NPN 结构。两个 PN 结分别称为发射结和集电结，将晶体管分成三个区域：发射区、基区和集电区。从这三个区域各引出一个电极，分别称为发射极 E （emitter）、基极 B （base）和集电极 C

（collector）。图 3.37 分别为 NPN 与 PNP 三极管的结构以及电路符号。

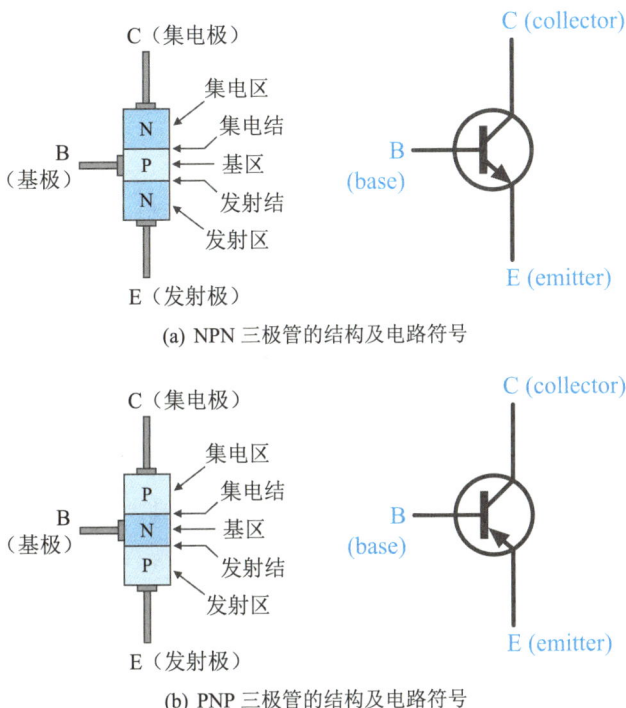

(a) NPN 三极管的结构及电路符号

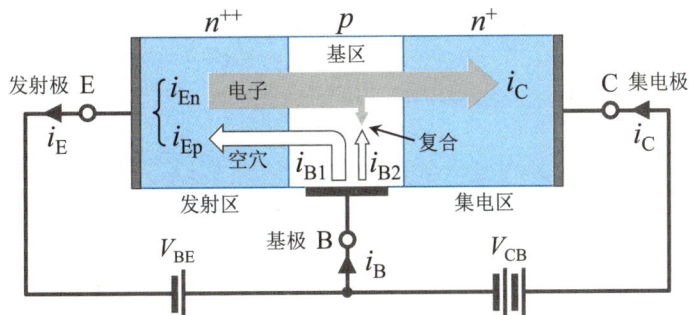

(b) PNP 三极管的结构及电路符号

图 3.37　双极型晶体管

- **工作原理**

以 NPN 三极管为例，简要说明其工作原理。就 NPN 晶体管结构而言，要求发射区掺杂浓度（n^{++}）▼远大于基区掺杂浓度（p），同时基区厚度很薄，远小于扩散长度▼。就偏置条件而言，要求发射结正向偏置（$V_{BE} > 0$），集电结反向偏置（$V_{CB} > 0$），如图 3.38 所示。

图 3.38　NPN 三极管工作原理

因为发射结正向偏置，所以发射区与基区的多数载流子流过发射结形成发射极电流 i_E，其中绝大部分为从重掺杂的发射区注入轻掺杂的基

中国第一只锗晶体管
研制图

中国第一个长期科学技术发展规划——《1956 至 1967 年科学技术发展远景规划纲要》于 1956 年制定完成并颁布实施，其中把发展半导体技术列为我国国民经济建设重点项目、国家新技术四大紧急措施之一。北京大学接收了复旦大学、东北人民大学（现吉林大学）、厦门大学和南京大学等高校的师生，共同承担起培养半导体专业人才的任务。中国科学院应用物理研究所（1958 年 10 月更名为中国科学院物理研究所）组织全国有关科研院所及大专院校的科技人员（以中国科学院应用物理研究所和第二机械工业部第十三研究所为主体），集中到北京进行半导体设备、半导体材料、半导体器件和半导体测试的科研攻关。1956 年 11 月，研制出了锗合金结晶体管，中国第一只晶体管诞生。

▼ "+" 表示重掺杂，如 n^+、p^+；"−" 表示轻掺杂，如 n^-、p^-。

▼扩散长度是指载流子一边扩散、一边复合所能够走过的平均距离，一般为微米量级。

区的电子形成的电流 i_{En}，从基区注入发射区的空穴形成的电流 i_{Ep} 则很小，几乎可以忽略。

i_{Ep} 构成了基区电流的一部分 i_{B1}。因为基区很薄，所以流入基区的电子只有很少一部分能够在基区与空穴复合，复合电流构成了基区电流的另一部分 i_{B2}。

绝大多数电子在与基区空穴复合前就扩散通过了基区，进入集电区。而且因为集电结是反向偏置的，有助于从基区扩散来的电子通过集电结进入集电区，向集电极移动，从而形成集电极电流 i_C。

▼相对而言，集电结原来很小的反向饱和电流可以忽略。

基极电流 i_{B1} 源自从基区注入发射区，并与发射区电子复合的空穴；i_{B2} 源自从发射区注入基区，并与基区空穴复合的电子。这些复合过程通常消耗不超过 1% 的发射极电流。换言之，只要向基极注入不到发射极电流 1% 的电流，对应的就有约 99% 发射极电流的电子到达集电极形成集电极电流 i_C▼。

▼注意，电流方向与电子运动方向相反。

因此对于双极型晶体管，较小的基极注入电流，就可以控制较大的集电极电流，即双极型晶体管属于电流控制电流元件。定义集电极电流 i_C 与基极电流 i_B 的比例关系为直流电流放大系数 β_{DC}，即

$$\beta_{DC} = \frac{i_C}{i_B} \tag{3.24}$$

β_{DC} 一般可达 99。图 3.39(a) 为 NPN 三极管的共发射极接法，其中基极为输入端，集电极为输出端，发射极为公共参考端。三极管的输入—输出特性可以用电流控制电流源模型等效，如图 3.39(b) 所示。

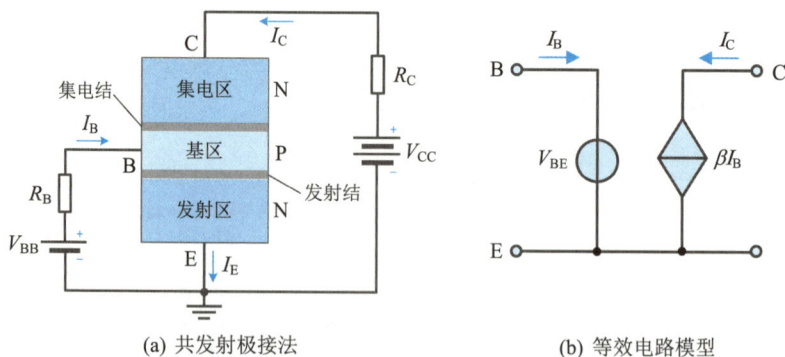

(a) 共发射极接法　　　　　　　　　(b) 等效电路模型

图 3.39　NPN 三极管共发射极接法

• **输出特性**

▼如以电压参数为例，显然有 $V_{CE} = V_{CB} + V_{BE}$；或者以电流参数为例，$I_C + I_B = I_E$。根据双极型晶体管的特性，还存在关系 $I_C = \beta_{DC} I_B$。

当采用共发射极接法时，NPN 三极管的直流工作状态可以用以下直流参数描述：基极电流 I_B、发射极电流 I_E、集电极电流 I_C、发射结压降 V_{BE}、集电结压降 V_{CB} 和集电极—发射极压降 V_{CE}，如 3.39(a) 所示。必须说明的是，并非所有的参数都是独立的▼。

三极管的输入特性是集电极—发射极压降 V_{CE} 保持不变时，输入电流（即基极电流 I_B）和输入电压（即发射结压降 V_{BE}）之间的关系。输入特性曲线与二极管的正向伏安特性类同，如图 3.30（第 107 页）所示。

三极管的输出特性是指以基极电流 I_B 为常数，输出电压 V_{CE} 和输出电流 I_C 之间的关系，即 $I_C = f(V_{CE})|_{I_B=常数}$。对于不同的 I_B，所得到的输出特性曲线也不同，所以，三极管的输出特性曲线是一簇曲线。根据三极管工作状态的不同，可以将输出特性分为三个区域，如图 3.40 所示。

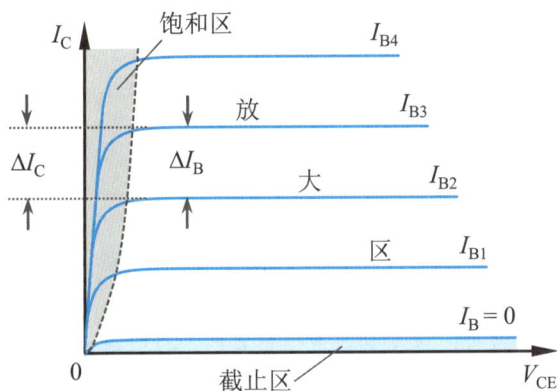

代码 3.3　Multisim 三极管输出特性仿真

图 3.40　三极管输出特性曲线

截止区：$I_B = 0$ 的这条特性曲线以下的浅蓝色区域。当发射结小于开启电压，集电结反偏，I_B 和 I_C 几乎都为零。此时 V_{BE} 太小，发射区不能发送电子到基区，或者只发送很少电子到基区，也就是不能形成明显的集电极电流 I_C。

饱和区：虚线左侧的灰色区域。在此区域内，对应不同 I_B 值的输出特性曲线几乎重合在一起。也就是说，V_{CE} 较小时，随着 I_B 增大，I_C 不再按照固定比例增大，增大程度减小，或者说几乎不变▼。这时候 I_C 不再受 I_B 控制，三极管失去了电流放大能力。

放大区：在截止区以上，介于饱和区与击穿区▼之间的区域为放大区。在此区域内，特性曲线近似于一簇平行等距的水平线，I_C 的变化量与 I_B 的变化量基本保持线性关系，即

$$\Delta I_C = \beta_{AC} \Delta I_B \tag{3.25}$$

式中，β_{AC} 为交流电流放大系数。$\Delta I_C \gg \Delta I_B$，也就是说在此区域内，三极管具有交流电流放大作用。

在选择晶体管直流工作状态时，必须保证晶体管工作于放大区。主要包括选择合适的 I_B 和 V_{CE}。选定的直流工作状态，称为直流工作点（operating point），也称为静态工作点▼。

▼如图 3.40 中不同 I_B 的曲线在饱和区重合。

▼如果 V_{CE} 过大，则三极管会被击穿而损坏。

▼静态是指放大器没有交流输入信号时放大电路的直流工作状态，通常用 Q 表示，对应的直流参数增加字母 Q 作为下标，如直流工作点对应的基极电流记为 I_{BQ}，集电极—发射极电压记作 V_{CEQ}。

例3.4　三极管直流工作点计算

已知晶体管和电路相关参数：$V_{BE} = 0.7\,V$（硅管），$\beta_{DC} = 100$，$R_B = 10$ kΩ，$R_C = 220\,\Omega$，$V_{BB} = 3.7\,V$，$V_{CC} = 10\,V$。计算图 3.41 电路中三极管的直流工作点。

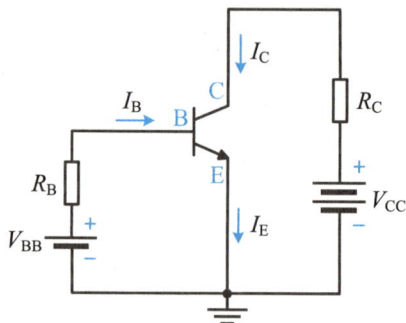

图 3.41　NPN 三极管直流放大电路

应用 KVL 方程，可得到直流工作点的基极电流为

$$I_{BQ} = \frac{V_{BB} - V_{BE}}{R_B} = 300\,(\mu A)$$

根据直流电流放大系数，可算出集电极电流为

$$I_{CQ} = \beta_{DC} I_{BQ} = 30\,(mA)$$

再应用 KVL 方程，可得集电极—发射极压降为

$$V_{CEQ} = V_{CC} - I_{CQ} R_C = 3.4\,(V) \tag{3.26}$$

直流工作点示于图 3.42 中的 Q 点。由式 (3.26) 可知，V_{CE} 和 I_C 呈线性关系，如图 3.42 中黑色实线所示。

例3.5　三极管交流放大电路

如图 3.43 所示，在直流电压 V_{BB} 的基础上，同时叠加一个交流分量 v_{in}，则基极输入电流中会呈现一个交流分量 i_b，即 $i_B = I_{BQ} + i_b$。

由图 3.42 可见，当输入直流基极电流上叠加幅度为 100 μA 的交流电流分量时，因为晶体管的（交流）电流放大能力，所以集电极电流将会得到幅度为 10 mA 的交流电流分量，并转化为集电极交流电压输出，幅度约为 2.2 V。

为了保证线性放大，输入信号幅度不能过大▼。另外，直流工作点 Q 如果选得不合适（如选择图 3.42 中更靠近 A 的点），也会缩小输入信号的线性放大范围。

▼当 i_b 过大，将导致 I_C 过大，电阻 R_C 上的压降过大，晶体管 V_{CE} 过小，进入饱和区，使电流放大系数变小。

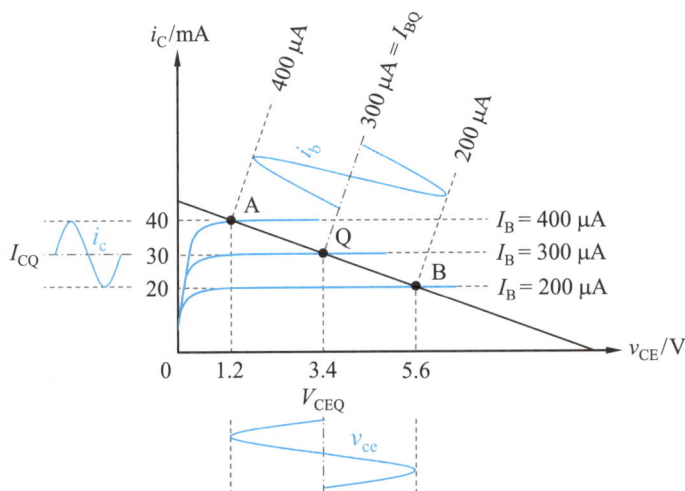

图 3.42　静态工作点

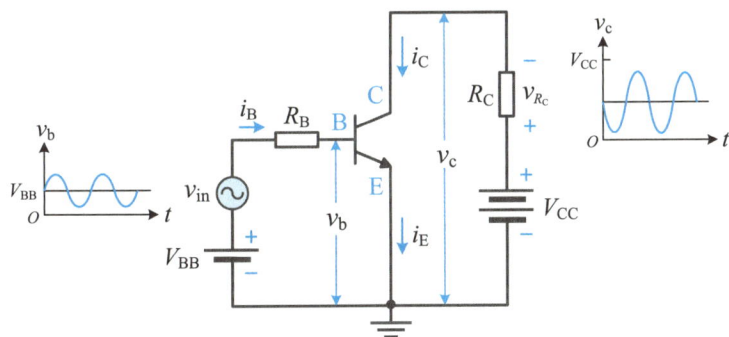

图 3.43　三极管交流放大电路

代码 3.4　Multisim 三极管交流放大电路仿真

双极型晶体管除共射极接法外，还有共基极和共集电极接法。共基极接法以基极为公共参考端，发射极为输入端，集电极为输出端；共集电极接法以集电极为公共参考端，基极为输入端，发射极为输出端。

场效应晶体管

双极型晶体管中的电荷流动主要是由于载流子在 PN 结处的扩散运动和漂移运动，同时涉及电子和空穴两种载流子的流动，因此它被称为双极型。场效应晶体管是另一种晶体管，它的工作方式是沟道中的多数载流子在电场作用下由源极向漏极作漂移运动，形成了漏极电流。由于只涉及一种载流子的漂移运动，所以也叫单极型晶体管。

世界上第一只 MOSFET

场效应晶体管的一些早期概念分别由波兰裔美国物理学家和发明家朱利叶斯·埃德加·利林费尔德（Julius Edgar Lilienfeld，1882—1963）在 1925 年和德国物理学家奥斯卡·海尔（Oskar Heil，1908—1994）在 1934 年提出。1952 年，肖克利提出了结型场效应晶体管（JFET）。1959 年，贝

尔实验室埃及裔科学家马丁·阿塔拉（Martin Atalla, 1924—2009）和韩国裔科学家江大原（Dawan Kahng, 1931—1992）发明了金属氧化物半导体场效应晶体管（MOSFET），从而代替了大部分 JFET，对电子行业的发展有着深远的意义。

根据起导电作用的载流子的不同，场效应晶体管可分为 N 沟道和 P 沟道两种类型，分别对应电子导电和空穴导电。对于 MOSFET，N 沟道 MOSFET 简称为 NMOS，P 沟道 MOSFET 简称为 PMOS，且 NMOS 和 PMOS 均可再分为增强型和耗尽型两种▾。

MOSFET 的电路符号如图 3.44 所示，三个引出的电极分别称为源极 S、栅极 G 和漏极 D，箭头方向用于区分 N 沟道和 P 沟道这两种类型，箭头方向向内为 N 沟道，方向向外为 P 沟道。

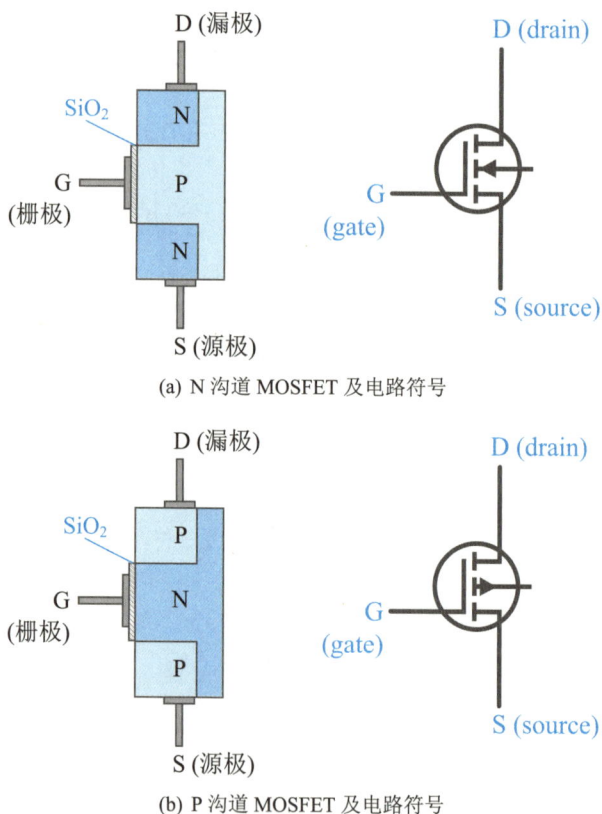

▾耗尽型与增强型的主要区别在于，耗尽型 MOS 管在栅极 G 不加电压时有导电沟道存在，而增强型 MOS 管只有在开启后，才会出现导电沟道；两者的控制方式也不一样，耗尽型 MOS 管的栅极电压 V_{GS} 可以用正、零、负电压控制导通，而增强型 MOS 管必须使 V_{GS} 大于栅极阈值电压 V_{TH} 才行。

(a) N 沟道 MOSFET 及电路符号

(b) P 沟道 MOSFET 及电路符号

图 3.44 增强型金属氧化物半导体场效应晶体管

与双极型晶体管的电流控制机制不同，场效应晶体管是电压控制电流器件。电压控制的概念可以作如下理解：源极和漏极之间的导电，需要借助所谓的沟道。而沟道是否存在，以及沟道的导电能力，可以通过栅极（相对源极的）电压予以控制▾，因为所需的控制（输入）电流非常小，对应输入电阻很大，在 $10^7 \sim 10^{12}$ 欧姆数量级。

以增强型 NMOS 晶体管为例，简要说明其结构及电压控制机理。

▾更加形象地说，栅极就像控制水龙头出水流量的阀门，通过改变栅源电压 V_{GS} 就可以控制漏极电流 I_D。

MOSFET 结构如图 3.44 所示，NMOS 晶体管的结构可以分三层，依次为：P 型硅衬底及制作在其表面区域的两个 N 型区，分别对应源极 S 和漏极 D，为半导体；二氧化硅（SiO_2）形成的一个薄层，为氧化物绝缘层；栅级 G，早期采用金属材料，后来考虑到耐温等问题更多改用多晶硅▼材料。因此，MOSFET 这一名称中的 MOS 这 3 个字母，其实是对其结构的描述，栅级对应字母 M（金属），SiO_2 绝缘层对应字母 O（氧化物），字母 S 则对应制作源极、漏极，以及衬底的半导体。

▼多晶硅是单质硅的一种形态。

观察 NMOS 晶体管的结构可以发现，沿源极经衬底到漏极，是一个 N-P-N 结构。两个 PN 结背靠背连接，因此不论在源极和漏极之间加什么极性的电压，总有一个 PN 结反向偏置、无法导电，源漏之间电流为零。这种状态称为晶体管的截止状态。

如图 3.45 所示，如果在栅极施加正电压 V_{GG}，由于电场的作用，源极和漏极的电子（对应 N 区的多子）被吸引过来，同时也排斥衬底中的空穴（P 区的多子）。因此在衬底中靠近栅极右侧的表面区域，电子浓度增加、空穴浓度减小。

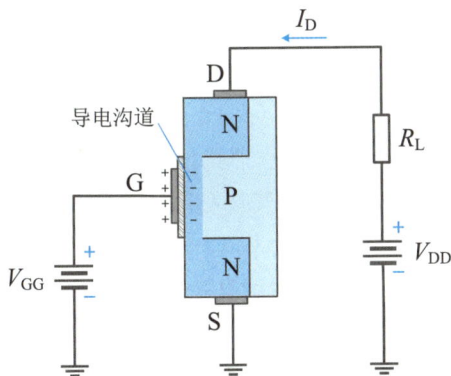

图 3.45　增强型 NMOS 晶体管导电原理

如果栅极电压 V_{GG} 足够大，使得电子浓度刚好等于空穴浓度▼，此时对应的栅源电压 V_{GS} 称为阈值电压 V_{TH}。

▼也就是少数载流子浓度不断增加，达到了多数载流子的浓度。

如果栅极电压 V_{GG} 继续增大，电子浓度超过空穴浓度，衬底中的这一区域（靠近栅极右侧的表面区域）由 P 型变成 N 型，形成所谓的反型层。反型层将源极和漏极连通，形成漏源之间的导电通道，因此也称为沟道。又因为沟道中导电的是电子，因此称为 N 型沟道。沟道形成的条件为：$V_{GS} > V_{TH}$。

一旦沟道形成，只要在漏极和源极之间施加正电压，即 $V_{DS} > 0$，就会有从漏极到源极的电流流过，这一电流通常简称为漏极电流 I_D，如图 3.45 所示。

如果栅极电压 V_{GG} 继续增大，被吸引的电子更多，反型层对应的区域更大（更向右侧延伸），沟道的导电能力更强。更强的导电能力意味着施加同样大小的漏源电压 V_{DS}，对应的电流更大，换言之，沟道的电阻更小。

因此，通过改变栅极电压，我们可以控制晶体管截止或者导通，及其导通时的导电能力（沟道电阻）。

把 NMOS 晶体管中的两种半导体的类型互换，N 型半导体改为 P 型，P 型半导体改为 N 型，就是 PMOS 管，如图 3.44(b) 所示。与增强型 NMOS 晶体管不同，对于增强型 PMOS 晶体管，为了形成导电沟道，栅源极间必须施加负电压，即 $V_{GS} < 0$，因此阈值电压也是负值，即 $V_{TH} < 0$。

3.2.3　集成电路

视频 3.6　集成电路

Jack Kilby
（1923 —2005）

第一块集成电路

Robert Noyce
（1927 —1990）

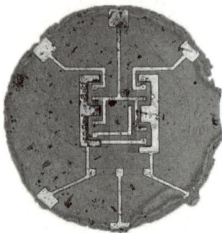

第一块基于平面工艺的
硅集成电路

1958 年 9 月，美国德州仪器公司青年工程师杰克•基尔比（Jack Kilby，1923—2005）成功地将包括锗晶体管在内的五个元器件芯片粘在一个锗片上，并用细金丝将这些器件连接起来，制作了一个叫作相移振荡器的简易集成电路。1959 年 7 月，美国仙童半导体公司的罗伯特•诺伊斯（Robert Noyce，1927—1990）研究出一种利用二氧化硅屏蔽的扩散技术和 PN 结隔离技术，基于硅平面工艺发明了世界上第一块硅集成电路。

集成电路是指采用半导体工艺，把一个电路中所需的晶体管、二极管、电阻、电容和电感等元件，连同它们之间的电气连线在一块或几块很小的半导体晶片或介质基片上一同制作出来，形成完整电路，然后封装在一个管壳内，成为具有特定电路功能的微型结构。

集成电路中所有元件在结构上已组成一个整体，这样，整个电路的体积大大缩小，且引出线和焊接点的数目也大为减少，从而使电子元件向着微小型化、低功耗和高可靠性方面迈进了一大步。

集成电路分类

集成电路按器件结构类型可分为三类：第一类是双极集成电路，主要由双极型晶体管构成；第二类是金属-氧化物-半导体（MOS）集成电路，主要由 MOS 晶体管构成；第三类是双极-MOS （Bi-MOS）集成电路，同时包括双极型晶体管和 MOS 晶体管，综合了两者的优点，但制作工艺复杂。

集成电路按功能分类，也可分三类：第一类是模拟集成电路，是用来处理各种连续变化的模拟信号的集成电路，如运算放大器（用于放大信号等）、模拟滤波器等，其输入信号和输出信号均为模拟信号；第二类是数字集成电路，是对各种数字信号进行运算和处理的集成电路，例如微处理器、存储器、数字信号处理器等；第三类是数模混合集成电路，既包含数字电路，又包含模拟电路。

集成电路按集成度高低的不同可分为：小规模集成电路（small scale integrated circuits，SSIC）、中规模集成电路（medium scale integrated circuits，

MSIC）、大规模集成电路（large scale integrated circuits，LSIC）、超大规模集成电路（very large scale integrated circuits，VLSIC）、特大规模集成电路（ultra large scale integrated circuits，ULSIC）和极大规模集成电路（giga scale integrated circuits，GSIC）。

集成电路制造

集成电路制作的完整过程包括设计、制造、封装、测试等环节。

集成电路通常是在一片晶圆▼（如图 3.46 所示）上制作出来的。晶圆上面的微芯片简称芯片，又称管芯，是未封装的集成电路，而晶圆通常称为衬底。

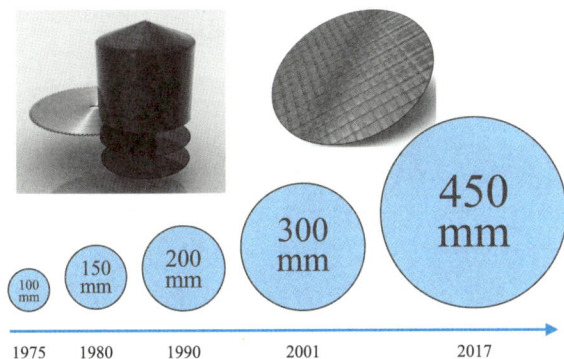

图 3.46　硅晶圆

最初的硅晶圆只有 4 英寸▼，随着技术的不断发展，陆续出现了 6 英寸、8 英寸、12 英寸，甚至是 18 英寸晶圆。目前制造芯片所用到的主流硅晶圆为 8 英寸和 12 英寸。随着晶圆直径的不断增加，一片硅片上将能制造出更多的芯片，从而使制造成本大幅度降低。

• 制造流程

集成电路制造主要有五个阶段：硅片制备、芯片制造、芯片测试与拣选、装配与封装、终测。

首先是晶圆制造厂商将硅从原材料——石英砂中提炼出来▼，生产成硅晶柱，然后再切割成一片片可以用来制造芯片的薄硅圆片。硅片制备包括晶体生长、滚圆、切片及抛光等。

裸露的硅片送到代工厂即可进行芯片制造。芯片制造便是通常所说的集成电路的流片过程。利用平面光刻工艺，通过清洗、制膜、光刻、刻蚀、掺杂等工艺步骤，将设计的图形永久性地刻蚀在硅片上，即可完成集成电路的芯片制造过程。

芯片制造完成后，硅片被送到测试、拣选区，进行单个芯片的检验和电学检测。测试合格的芯片，继续送往装配、封装厂，进行压焊、装配

位于重庆永川的中国集成电路创业史陈列馆

1961 年，中国科学院物理研究所研制出我国第一块锗器件微组装型集成电路。1964 年，研制成功我国第一块硅晶体管微组装集成电路。这是第三代电子计算机普遍采用的一种称为阻容耦合门电路，由制作在硅片上的 6 个晶体管、7 个电阻和 6 个电容共 19 个元件组成，电路封装到比西瓜子还小的管壳里。1965 年 6 月，华北半导体研究所研制出我国第一块单片集成电路样片。同年 12 月，第一代由我国自行设计，可供多种计算机和各种数字领域使用的硅单片 GT31 单与非门电路等 24 项硅器件通过了鉴定。同年国庆前夕，中国科学院冶金研究所研制出了我国第一块 PN 结隔离型硅单片集成电路样品。1972 年，四川固体电路研究所成功研制出我国第一块 PMOS 型大规模集成电路（集成度 1084 个元件/片）。

▼晶圆指制造晶体管或集成电路的衬底（也叫基片）。由于是晶体材料，其形状为圆形，所以称为晶圆。由于硅最为常用，如果半导体材料没有特别指明，通常指硅晶圆。

▼1 英寸 = 2.54 厘米。

▼纯净的硅是从自然界中的石英矿石（主要成分为二氧化硅）中提取出来的。

和封装。最后进行各种严格的电气测试和老化试验，检测合格后进入市场。图 3.47 为几种常见的集成电路封装形式。

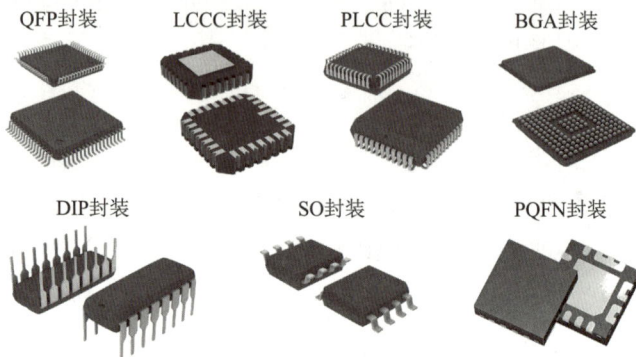

图 3.47　几种常见的集成电路封装形式

· 特征尺寸

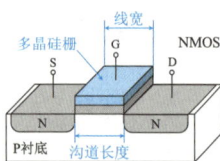

图 3.48　集成电路特征尺寸示意

在集成电路领域，特征尺寸是指半导体器件中的最小尺寸。芯片制造需要依赖微电子技术中的微细加工手段，这就会涉及各种尺寸，如衬底的厚度、PN 结的深度、金属连线的宽度、氧化物膜的厚度、MOSFET 沟道的长度等。其中，最小的尺寸往往就是最小线条的宽度，俗称"线宽"。对于 MOSFET 来说，这个"线宽"其实就是作为栅极的多晶硅的宽度，也就是晶体管的沟道长度，如图 3.48 所示。

一般来说，特征尺寸越小，芯片的集成度越高，性能越好，功耗越低。减小特征尺寸是提高集成度、改进器件性能的关键。特征尺寸的减小主要取决于光刻技术的改进。芯片制造工艺从 1971 年开始，经历了从 10 微米级到现在 10 纳米级以下的跨越，如图 3.49 所示。

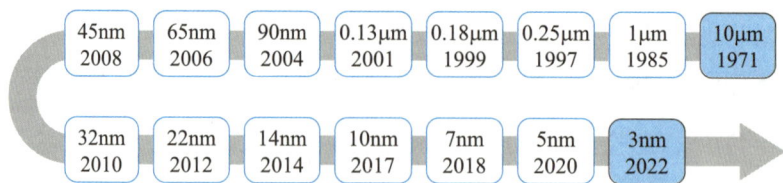

图 3.49　集成电路特征尺寸的缩小

· CMOS 工艺

▼CMOS 是 complementary metal oxide semiconductor（互补金属氧化物半导体）的缩写。"互补"是指将 NMOS 器件和 PMOS 器件同时制作在同一硅衬底上。

根据 NMOS 与 PMOS 这两种类型场效应晶体管的结构，NMOS 晶体管适合基于 P 型的衬底材料加工，而 PMOS 晶体管适合基于 N 型的衬底材料加工。而 CMOS▼工艺，可以将 NMOS 晶体管和 PMOS 晶体管同时制作在同一衬底上，是现代制造大规模集成电路芯片的主流技术。

如果衬底是 P 型材料，便于直接制作 NMOS 晶体管。为了同时能够制作 PMOS 晶体管，一般的做法是先在衬底上形成一个 N 型的区域，称为 N 阱, 然后在 N 阱的基础上制作 PMOS 晶体管, 这种工艺称为 N 阱 CMOS 工艺, 如图 3.50 所示。

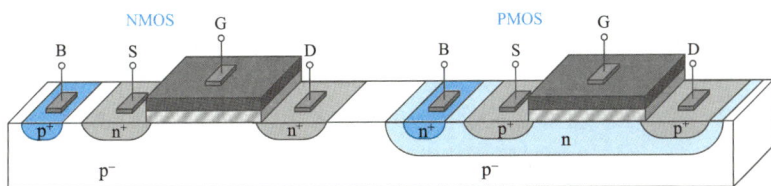

图 3.50　N 阱 CMOS 工艺

除了 N 阱 CMOS 工艺, 还有 P 阱 CMOS 工艺, 以及双阱 CMOS 工艺。P 阱 CMOS 工艺中, PMOS 晶体管直接制作于 N 型衬底上, 而 NMOS 晶体管位于 P 阱。而双阱 CMOS 工艺中, NMOS 晶体管和 PMOS 晶体管都位于各自的阱中。由于 N 阱 CMOS 工艺相对简单, 电路性能较 P 阱 CMOS 工艺更优, 从而获得了广泛应用。

图 3.51 为制备 N 阱的工艺流程。一般采用轻掺杂的 P 型 Si 作衬底, 先在 Si 衬底表面制备一层 SiO_2▼, 然后涂上一层光刻胶▼。下一步是曝光, 紫外光从掩模版▼的后面照过, 掩模版的阴影通过一个光学成像系统聚焦在光刻胶的表面, 这样一些区域被暴露在紫外光下, 而另外的区域被遮住。曝光以后的处理过程就与冲洗照片底片一样, 冲洗之后, 被遮住的光刻胶保持原样, 而其他区域则被冲洗掉。形成图形之后, 晶片将进行刻蚀处理▼。光刻胶保护区里的 SiO_2 不被刻蚀掉, 保留的图形与光刻胶

▼如干氧氧化工艺, 用干燥纯净的氧气作为氧化气氛, 在 1000℃ 左右的高温下氧直接与硅反应生成二氧化硅。

▼光刻胶是一种光敏组织聚合物, 它的性质与胶卷类似, 光能改变它的化学特性。

▼光刻掩模版 (mask reticle) 又称光罩, 简称掩模版, 是微纳加工技术常用的光刻工艺所使用的图形母版。由不透明的遮光薄膜在透明基板上形成掩模图形结构, 再通过曝光过程将图形信息转移到产品基片上。

▼刻蚀 (etch) 是通过溶液、反应离子或其他机械方式有选择地从硅片表面去除不需要的材料的过程, 其基本目的是在涂胶的硅片上正确地复制掩模图形。

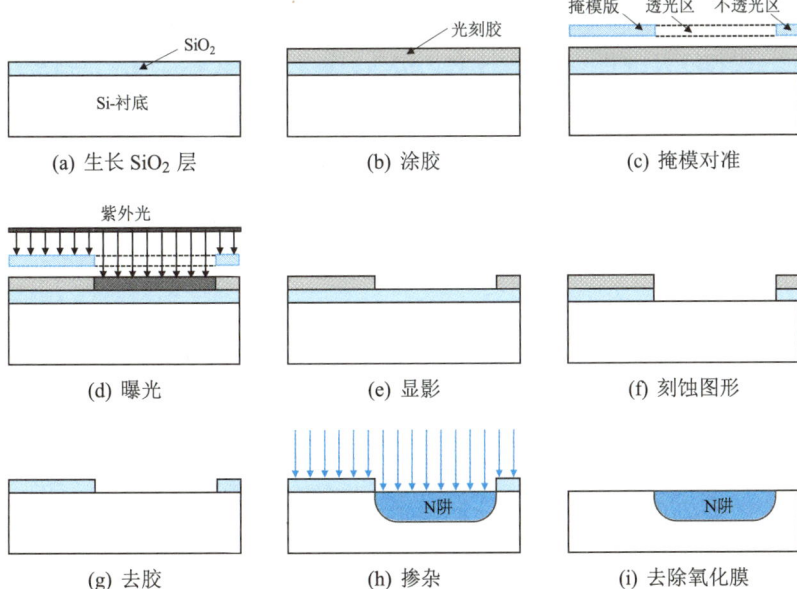

图 3.51　制备 N 阱的工艺流程

完全一致。最后是清洗光刻胶，这样就得到所需的图形了。

集成电路制造过程的许多工序中，都必须对晶片进行选择性掺杂。所谓掺杂就是将可控数量的所需杂质掺入晶圆中的特定区域，从而改变半导体的电学性能。扩散和离子注入是半导体掺杂的两种主要工艺▼。扩散是早期采用的掺杂工艺，并沿用至今；而离子注入是 20 世纪 60 年代发展起来的一种在很多方面都优于扩散的掺杂工艺。如图 3.51(h) 所示，通过前面的光刻工序，P 型衬底（晶片）表面只有特定的区域暴露在外，其余均被光刻胶保护起来。通过高能离子束注入 P 型衬底硅的暴露区域，就在 P 型衬底（晶片）的特定区域形成 N 阱。掺杂浓度（剂量）由注入离子束密度和注入时间决定，而掺杂区域的深度则取决于离子束的能量。

去除氧化膜后，N 阱就制备完成了。进一步在 N 阱上制作 PMOS 晶体管，如图 3.50 所示。

尽管各种电路结构和制造工序各异，但就其制造技术来说有其共性，即采用了一些相同的工艺技术，包含前面介绍的氧化、扩散、光刻等各种单项工艺。

▼离子注入法是先将杂质原子加速变为高能离子束，再用其轰击晶片表面使杂质注入到无掩模区域。

摩尔定律

Gordon Moore
（1929—2023）

▼G. E. Moore. Cramming more components onto integrated circuits [J]. Electronics, 1965, 38(8): 114 – 117.

摩尔定律并非数学、物理定律，而是对发展趋势的一种分析预测。它是由英特尔（Intel）公司创始人之一戈登·摩尔（Gordon Moore，1929—2023）经过长期观察发现的，准确预测了芯片工艺技术呈指数级增长的发展规律，这在过去的几十年中都能得到验证。

1965 年 4 月 19 日，时任仙童半导体公司研究开发实验室主任的摩尔应邀为《电子学》杂志 35 周年专刊写一篇观察评论报告，题目是《让集成电路填满更多的元件》▼。摩尔在整理资料时发现了一个惊人的趋势：每一代芯片大体上包含其前一代两倍的容量，每一代芯片的产生都是在前一代芯片产生后的 18～24 个月。如果这个趋势继续的话，计算能力相对于时间周期将呈指数式上升。摩尔的观察资料，就是现在所谓的摩尔定律，所阐述的趋势一直延续至今。人们还发现，这不光适用于对存储器芯片的描述，也精确地说明了处理器能力和磁盘驱动器存储容量的发展。该定律成为工业界对于性能预测的基础。图 3.52 为摩尔定律 120 年示意。

后来人们对摩尔定律进行了归纳，主要有以下三种"版本"：

- 集成电路芯片上所集成的晶体管数目，每隔 18～24 个月增加一倍。
- 微处理器的性能每隔 18～24 个月提高一倍，或价格下降一半。
- 相同价格所买到的电脑，其性能每隔 18～24 个月提高一倍。

以上几种说法中，以第一种说法最为普遍，第二、第三两种说法涉及价格因素，其实质是一样的。三种说法虽然各有千秋，但有一点是共同的，即"翻番"的周期都是 18～24 个月。

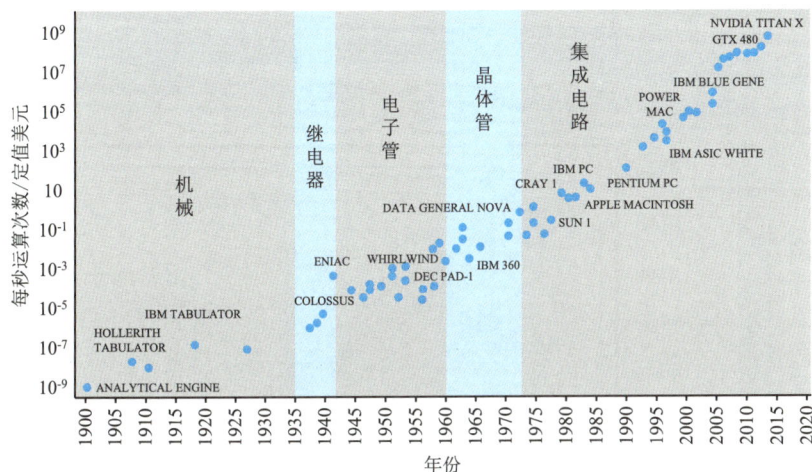

图 3.52　摩尔定律 120 年示意

有人从个人计算机的三大要素——微处理器芯片、半导体存储器和系统软件来考察摩尔定律的正确性。

在微处理器方面，从 1979 年的 8086 和 8088，到 1982 年的 80286、1985 年的 80386、1989 年的 80486、1993 年的 Pentium、1996 年的 Pentium Pro、1997 年的 Pentium Ⅱ，功能越来越强，价格越来越低，每一次更新换代都是摩尔定律的直接结果。与此同时，内存储器容量由最早的 480 KB 扩大到 8 MB、16 MB，与摩尔定律更为吻合。

在系统软件方面，早期的计算机由于存储容量的限制，系统软件的规模和功能也受到很大限制，随着内存容量按照摩尔定律的速度呈指数级增长，系统软件所包含的程序代码的行数也剧增。例如，BASIC▾的源代码在 1975 年只有 4000 行，20 年后发展到大约 50 万行；微软的文字处理软件 Word，1982 年的第一版含有 27000 行代码，20 年后增加到大约 200 万行。将其发展速度绘制成一条曲线后可发现，软件的规模和复杂性的增长速度甚至超过了摩尔定律。系统软件的发展反过来又提高了对处理器和存储芯片的需求，从而刺激了集成电路的更快发展。

摩尔定律是简单评估半导体技术进展的经验法则，其重要的意义在于，集成电路制程技术是以一直线的方式向前推进，使得集成电路产品能持续降低成本，提升性能，增加功能。

当前半导体制程已拓展至纳米量级，特征尺寸越来越接近宏观物理和量子物理的边界，导致高级工艺制程的研发越来越困难，研发成本也越来越高，摩尔定律逐渐到达极限。在摩尔定律面临来自物理极限、经济限制等多重压力的现实下，集成电路技术潮流分化为延伸摩尔（more Moore）、超越摩尔（more than Moore）和超越 CMOS（beyond CMOS）三个主要方向，如图 3.53 所示，系统集成、系统封装以及新材料新技术成为行业技术突破方向。

▾BASIC（beginners' all-purpose symbolic instruction code），意思就是"初学者通用符号指令代码"，是一种设计给初学者使用的程序设计语言。

测验 3.2
晶体管和集成电路

图 3.53　超越摩尔定律

胡正明
（1947 —）

1999 年，加州大学伯克利分校胡正明（Chenming Hu）教授发明了在国际上极受瞩目的 FinFET 和 FD-SOI 等多种新结构器件。这两个器件结构都集中在解决器件的漏电问题，均被工业界实现。

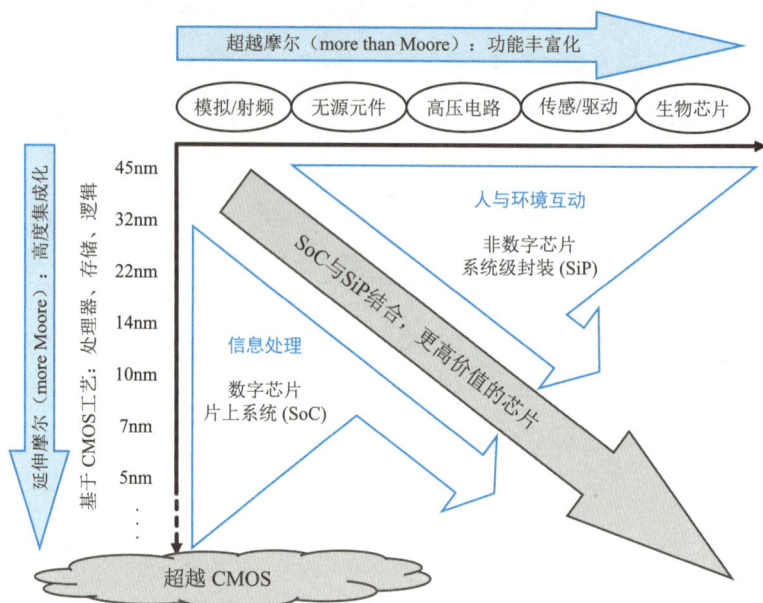

超越摩尔（more than Moore）：功能丰富化

模拟/射频　无源元件　高压电路　传感/驱动　生物芯片

延伸摩尔（more Moore）：高度集成化

基于 CMOS 工艺：处理器、存储、逻辑

45nm
32nm
22nm
14nm
10nm
7nm
5nm

人与环境互动
非数字芯片
系统级封装 (SiP)

信息处理
数字芯片
片上系统 (SoC)

SoC与SiP结合，更高价值的芯片

超越 CMOS

延伸摩尔：通过引入极紫外（extreme ultra-violet，EUV）光刻等尖端技术进一步按比例微缩化晶体管尺寸，集成各种存储器、微处理器、数字信号处理器和逻辑电路等，以信息处理数字电路为主，发展片上系统（system on chip，SoC）技术。当前延伸摩尔依旧是行业技术发展的主推动力。

▼SoC 是从设计的角度出发，将系统所需的组件高度集成到一块芯片上，是一个专有目标的集成电路的产品。详见 4.5.1 节（第 198 页）。

超越摩尔：以系统级封装 SiP（system in package）实现数字和非数字功能、硅和非硅材料器件、CMOS 和非 CMOS 电路以及光电、微机电系统（MEMS）、生物芯片等集成在一个封装内，完成子系统或系统，提高电路的等效集成度，降低成本。

超越 CMOS：探索新原理、新材料和器件与电路的新结构，向着纳米、亚纳米及多功能器件▼方向发展，发明和简化新的信息处理技术，以取代面临极限的 CMOS 器件。

▼如量子器件、单电子器件、自旋器件、石墨烯、碳纳米管、纳米线等。

3.3　集成运算放大器

1963 年，仙童半导体公司鲍勃·维德拉（Robert Widlar，1937—1991）设计了世界上首款单片电路的集成运算放大器——μA702。1965 年，仙童成功推出商用产品 μA709，并得到了广泛应用。

运算放大器（operational amplifier，op-amp，OPA）简称运放，作为一个基本电路模块，已被广泛应用于模拟信号的运算与处理，如线性放大、有源滤波等。同时，运算放大器也是众多复杂模拟电路模块的核心，如模数转换器、数模转换器等。

视频 3.7　运算放大器

3.3.1　电路模型和特性

根据输入、输出信号的表示方式是电压还是电流，运算放大器可以分为四类：输入、输出信号都以电压表示，称为电压型运算放大器；输入、输出信号都以电流表示，称为电流型运算放大器；输入信号以电压表示、输出信号以电流表示，称为跨导型运算放大器；输入信号以电流表示、输出信号以电压表示，称为跨阻型运算放大器。其中，电压型运算放大器问世最早，应用最广。

Robert Widlar
（1937—1991）

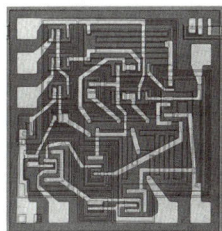

μA709 运算放大器

电压型运算放大器

运算放大器的电路符号如图 3.54 所示，它有两个输入端，以及一个输出端 v_o。标记减号"$-$"的称为反相输入端 v_n，标记加号"$+$"的称为同相输入端 v_p，两个输入电压的差值 $v_d = v_p - v_n$ 作为运放的有效输入，这种形式的输入称为差分输入。

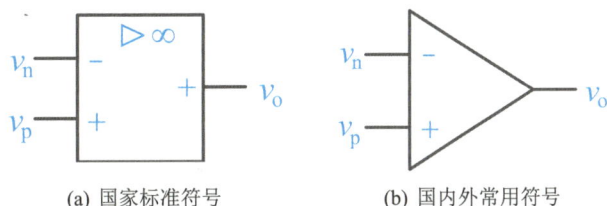

(a) 国家标准符号　　　　(b) 国内外常用符号

图 3.54　运算放大器符号

课件 3.3
集成运算放大器

作为电压放大器，输出电压必须是输入电压经过了放大，即 $v_o = A_v v_d$，其中放大系数 A_v 称为电压增益。而作为运算放大器，增益必须非常大，一般要求大于 10^4。

实际运算放大器除信号输入、输出端以外，还必须包括供电端。以 μA741 运算放大器▼为例，图 3.55 是其封装的顶视图，共有 8 个引脚。引脚 2 与 3 分别为反相输入端和同相输入端，引脚 6 为输出端。此外，引脚 7 与 4 分别接正电源 $+V_{CC}$ 与负电源 $-V_{CC}$，引脚 1 与 5 为补偿端，用于连接辅助电路，补偿因老化和缺陷引起的电路性能退化。引脚 8 未使用，不需要连接。

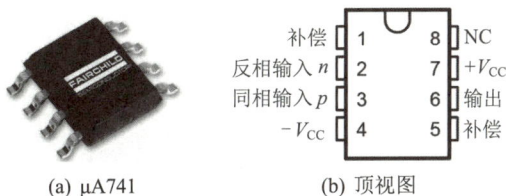

▼自 1968 年上市以来，该芯片已成为模拟放大器集成电路事实上的标准，目前仍在生产使用。

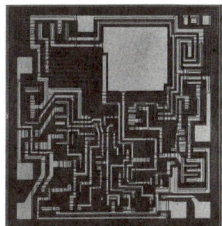

补偿	1	8	NC
反相输入 n	2	7	$+V_{CC}$
同相输入 p	3	6	输出
$-V_{CC}$	4	5	补偿

(a) μA741　　　　(b) 顶视图

μA741 运算放大器
（仙童半导体，1968）

图 3.55　μA741 运算放大器

图 3.56 是典型的运算放大器的内部电路结构。为了实现对输入电压的放大，运放内部一般由多个放大级组成。第一级为输入级，采用差分放大结构；中间为 1～2 级电压放大级，主要用于提供足够的电压增益；输出级一般采用功率放大结构，进一步提高最后的输出功率。

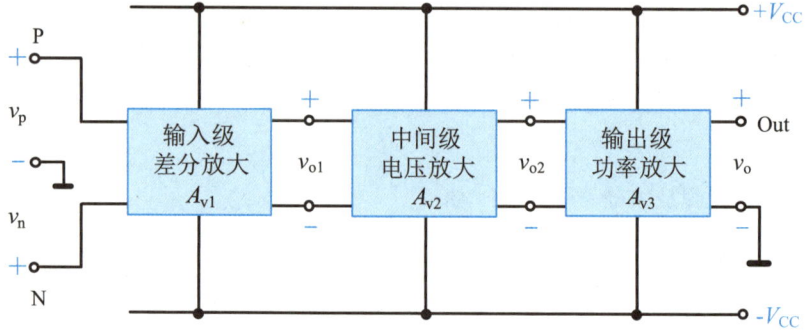

图 3.56　运算放大器内部电路结构

▼差分放大器（differential amplifier）由两个完全对称的共发射极单管放大电路组成，该电路有两个信号输入端，两个输入信号的差值为电路有效输入信号，电路的输出是对这两个输入信号之差的放大。差分放大器不仅能有效地放大交流信号，而且能有效地减小由于电源波动和晶体管随温度变化而引起的零点漂移，因而获得广泛的应用，常被用作多级放大器的前置级。

▼功率放大器（power amplifier）是一种以输出较大功率为目的的放大电路。它一般直接驱动负载，带载能力强。功率放大器通常作为多级放大电路的输出级。

图 3.57 是一种运算放大器的内部电路。输入级是差分放大器▼，中间经二级放大，输出级为功率放大器▼。

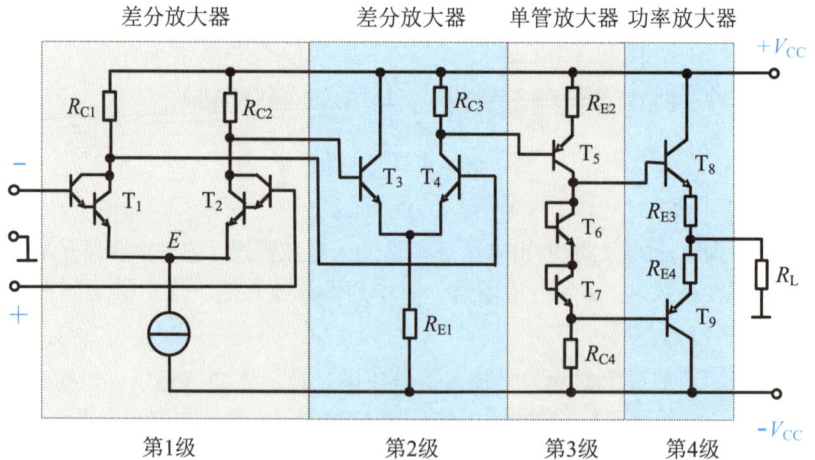

图 3.57　一种运算放大器的内部电路

运算放大器可以用图 3.58 所示的电路模型来描述。输出电压受输入电压控制，这一特性可以用电压控制电压源表示，其输入—输出关系可表示为

$$v_o = A_v v_d = A_v(v_p - v_n) \tag{3.27}$$

此外，电阻 r_o 为输出电阻，用于表示当外接负载时，输出到负载的电压会因负载大小不同而不同程度地略低于电压控制电压源电压，即电压增益与负载有关。电阻 r_i 为输入电阻，用于表示当连接输入信号时，运放会对输入形成有限值的负载，并从输入信号源支取电流。

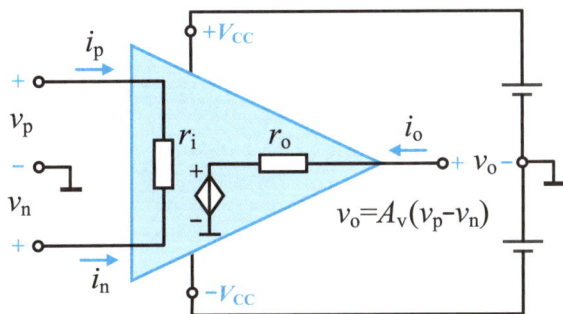

图 3.58　运算放大器模型

由于输出电压不可能超出运算放大器的供电电压范围，即 $-V_{CC} \leqslant v_o \leqslant V_{CC}$，式 (3.27) 表示的线性关系只有当输入电压在 $(-V_{CC}/A_v, V_{CC}/A_v)$ 范围时才成立，称为运放的线性范围 ε，此时运放工作于线性放大区，如图 3.59(a) 所示。如果输入电压超出线性范围，运放将出现饱和▼。

▼虽然运放的增益很大，但其线性范围非常小。实际使用时，通过在输出与输入之间引入负反馈，可以扩大输入信号的线性范围。

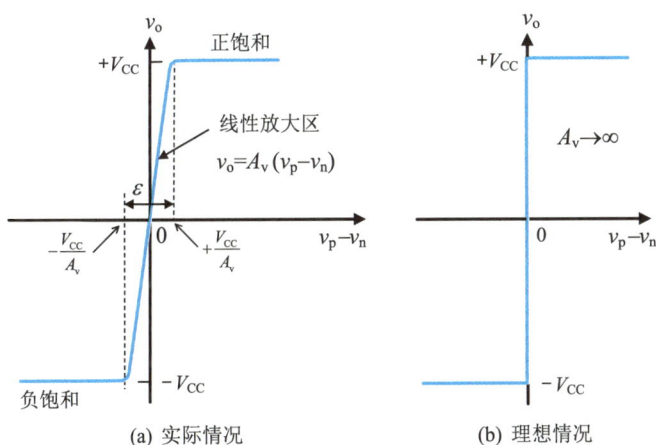

图 3.59　运算放大器输入—输出特性

理想运算放大器

针对图 3.58 所示的运算放大器电路模型，如果同时满足以下三个条件，就称为理想运算放大器。

- 增益 A_v 趋于无穷大，$A_v \to \infty$；
- 输入电阻 r_i 趋于无穷大，$r_i \to \infty$；
- 输出电阻 r_o 趋于零，$r_o \to 0$。

因为增益趋于无穷大▼，理想运算放大器的线性范围趋于零，其输入—输出特性如图 3.59(b) 所示。

▼实际运算放大器的开环增益达到 10^4 以上，非常大，所以可把实际运算放大器的开环增益理想化为无穷大。定义理想运算放大器是为了简化计算，可以推导出简单而实用的公式。

由于输出电阻 r_o 趋于零，相当于短路；输入电阻 r_i 趋于无穷大，相当于断路，图 3.58 的电路模型就可以简化为图 3.60 所示的模型。输出支路的电压控制电压源 $A_v(v_p - v_n)$ 表示输出电压与输入电压之间的关系。

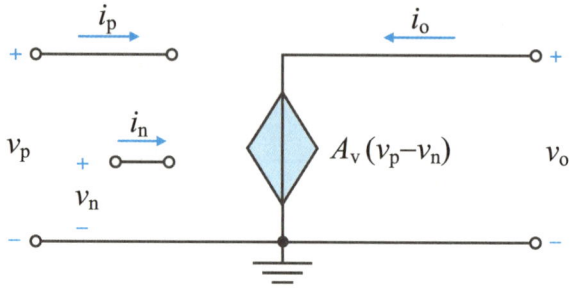

图 3.60   理想运算放大器电路模型

理想运算放大器有两个重要特性——"虚断"和"虚短"，这两个特性对分析线性运放电路十分有用。

- **虚断**

由于输入电阻趋于无穷大，输入回路断路，同相输入和反相输入的电流都为零，即

$$i_p \approx 0, \quad i_n \approx 0 \tag{3.28}$$

称为理想运放的"虚断"特性▼。

▼即在理想情况下，流入运放输入端的电流为零。这是由于理想运放的输入电阻无穷大，就好像运放两个输入端之间开路。但事实上并没有开路，称为"虚断"。

- **虚短**

因为增益趋于无穷大，但是输出电压必须是有限值，根据式 (3.27)，$(v_p - v_n) \to 0$，即

$$v_p \approx v_n \tag{3.29}$$

说明两个输入端电压趋于相同，称为理想运放的"虚短"特性▼。

▼即在理想情况下，两个输入端的电位相等，就好像两个输入端短接在一起，但事实上并没有短接，称为"虚短"。

另外，输出电阻趋于零，说明输出电压就是电压控制电压源的电压 $A_v(v_p - v_n)$，运放电压增益与负载大小无关。当分析由多个运放级联组成的线性电路时，可以分别针对每个运放进行分析。

显然，理想运算放大器并不存在，是实际运算放大器的抽象。但是只要实际运放的增益足够高、输入电阻足够大、输出电阻足够小，在分析时就可以将其等效为理想运放，从而使分析简化。在后续的分析中，如无特殊说明，我们都假设运算放大器是理想的。

3.3.2   基本运算电路

基于理想运算放大器可以实现比例放大、加、减、乘、除、对数、指数、微分、积分等多种模拟运算，这类电路称为理想运算电路。其主要

特点是以运算放大器为核心元件，都运用了负反馈技术，电路差别仅在于所用的反馈网络不同。

负反馈

如图 3.61 所示，反馈放大器由基本放大器和反馈网络组成。根据图中标注，基本放大器的增益为 x_o/x_i'，反馈放大器的增益为 x_o/x_i。所谓的反馈是指将放大器输出端口的信号 x_o 的一部分或全部，通过一定的方式反馈到放大器的输入端。反馈量与输出量的比值定义为反馈系数 β，$\beta = x_f/x_o$▼。

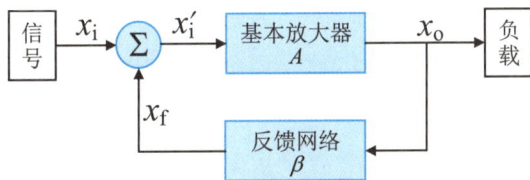

图 3.61　反馈放大器原理

▼需要说明的是，输入信号、反馈信号和输出信号可能是电压，也可能是电流，因此基本放大器的增益 A 可能是电压增益（v_o/v_i'）、电流增益（i_o/i_i'）、互阻增益（v_o/i_i'）或者互导增益（i_o/v_i'）。同样，反馈系数 β 可能是电压反馈系数（v_f/v_o）、电流反馈系数（i_f/i_o）、互阻反馈系数（v_f/i_o）或互导反馈系数（i_f/v_o）。具体是什么量纲需要根据具体的反馈放大器进行分析。

如果反馈使得反馈信号 x_f 和原输入信号 x_i 作用相反，放大器的净输入 x_i' 减小，即 $x_i' = x_i - x_f$，增益下降，这样的反馈称为负反馈。反之，若反馈信号 x_f 与原输入信号 x_i 作用相同，使放大器的净输入 x_i' 增加，即 $x_i' = x_i + x_f$，增益提高，这样的反馈称为正反馈。

因为引入了反馈，信号既有经由基本放大器的正向传输，也有经由反馈网络的反向传输，电路形成闭合环路，因此反馈放大器的增益（x_o/x_i）也称为闭环增益。相对地，基本放大器的增益（x_o/x_i'）就称为开环增益。

类似地，基本放大器的输入电阻、输出电阻分别称为开环输入电阻和开环输出电阻，而反馈放大器的输入电阻、输出电阻分别称为闭环输入电阻和闭环输出电阻。

比例放大电路

同相放大器和反相放大器都属于比例放大电路▼。

▼比例放大电路是将输入信号按比例放大的电路。

• 同相放大器

如图 3.62 所示电路可以实现输入电压信号的同相放大，称为同相放大器。输入信号 v_i 加在运算放大器的同相输入端，反馈信号 v_f 加在运算放大器的反相输入端，为电压串联负反馈▼。

根据理想运放的"虚断"特性，同相输入和反相输入的电流都为零，即 $i_p = 0$，$i_n = 0$。因此，反馈电压 v_f 为输出电压 v_o 经由电阻 R_1 和 R_2 串联分压之后在 R_1 上得到的分压，即

▼假如同相输入 v_p 变大，则输出 v_o 变大，通过 R_1 和 R_2 两串联电阻，使反相输入 v_n 也变大。反相输入的变大，又引起输出 v_o 的减小，这样便形成了负反馈。

$$v_f = \frac{R_1}{R_1 + R_2} v_o \tag{3.30}$$

代码 3.5　Multisim 同相
放大器仿真

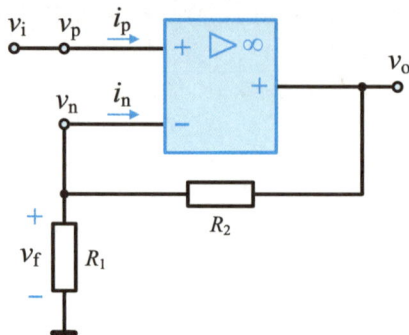

图 3.62　同相放大器

根据理想运放的"虚短"特性，两个输入端电压相等，即 $v_p = v_n$。注意到 $v_i = v_p$，$v_f = v_n$，因此 $v_i = v_f$，从而可得到同相放大器的电压增益为

$$A_v = \frac{v_o}{v_i} = \frac{v_o}{v_f} = \frac{R_1 + R_2}{R_1} = 1 + \frac{R_2}{R_1} \qquad (3.31)$$

因此，通过合理选择 R_1 和 R_2 的阻值，同相放大器的增益可以确定，与运算放大器增益无关，仅取决于反馈网络。式 (3.31) 同时表明，输出电压极性与输入电压极性相同，或相位相同，故称为同相放大器。

电压跟随器

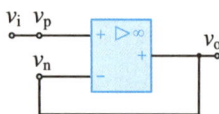

图 3.63　电压跟随器

电压跟随器是同相比例放大器的一个特例。在同相放大器中，令电阻 R_1 为无穷大，R_2 为零，信号从同相端输入，输出电压全部反馈到运算放大器的反相输入端，就得到了电压跟随器，如图 3.63 所示。电压跟随器电压增益为 1，即电压没有放大。电压跟随器的输入电阻为无穷大，输出电阻为零，用作阻抗变换或缓冲器。

在信号源和负载之间插入电压跟随器用作缓冲：一方面，因为理想电压跟随器的输入电阻趋于无穷大，所以电压跟随器与负载的接入不会影响信号源的工作；另一方面，因为理想电压跟随器输出电阻趋于零，其电压增益与负载基本无关，所以起到了信号源和负载之间的隔离作用。

• 反相放大器

如图 3.64 所示电路可以实现输入电压信号的反相放大，称为反相放大器。输入信号 v_i 经由电阻 R_1 加在运算放大器的反相输入端，反馈信号经由电阻 R_2 也加在反相输入端，为电压并联负反馈▼。电阻 R_B 为平衡电阻，其作用是使运算放大器的两个输入端对地的静态电阻相等▼。

根据理想运放的"虚断"特性，同相输入和反相输入的电流都为零，即 $i_p = 0$，$i_n = 0$。因此，可认为输入电流全部流向电阻 R_2，流经电阻 R_B 的电流为零，即 $v_p = -i_p R_B = 0$。

▼由于"虚短"特性，反相输入端为"虚地"，R_1 和 R_2 可视为并联。

▼R_B 一般取 $R_1 \parallel R_2$，也可以不用，直接接地。

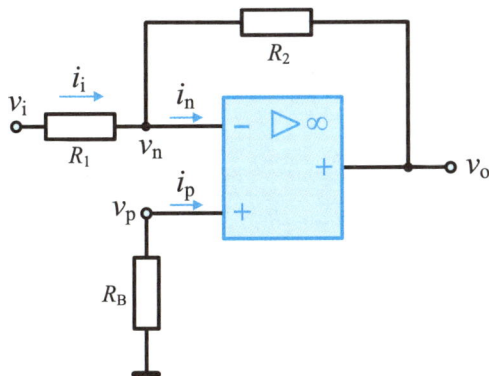

图 3.64　反相放大器

根据理想运放的"虚短"特性,两个输入端电压相等,$v_\mathrm{p} = v_\mathrm{n}$,因此 $v_\mathrm{n} = 0$,即运算放大器的反相输入端虽然没有接地,但是为地电位,相当于接地,称为"虚地"。这样可以得到

$$v_\mathrm{i} = i_\mathrm{i} R_\mathrm{i}, \quad v_\mathrm{o} = -i_\mathrm{i} R_2 \tag{3.32}$$

从而得到反相放大器的电压增益为

$$A_\mathrm{v} = \frac{v_\mathrm{o}}{v_\mathrm{i}} = -\frac{R_2}{R_1} \tag{3.33}$$

因此,反相放大器的增益同样与运算放大器增益无关,仅取决于反馈网络。通过合理选择 R_1 和 R_2 的阻值,就可以实现期望的增益。式 (3.33) 中的负号表示输入/输出电压极性相反,或相位相反,故称为反相放大器。

例 3.6　求 T 型网络反相比例运算电路的电压增益

对于如图 3.65 所示的 T 型网络反相比例运算电路,根据理想运放的"虚短"特性,$v_\mathrm{n} = v_\mathrm{p} = 0$,即运算放大器的反相输入端为"虚地"。根据理想运放的"虚断"特性,$i_\mathrm{n} = 0$,因此 $i_1 = i_2$。

将节点 M 的电压记为 v_M,并关于该节点列写 KCL 电路方程,得到 $i_2 + i_4 - i_3 = 0$,即▼

$$\left(-\frac{v_\mathrm{M}}{R_2}\right) + \left(-\frac{v_\mathrm{M}}{R_4}\right) - \frac{v_\mathrm{M} - v_\mathrm{o}}{R_3} = 0 \tag{3.34}$$

▼电流参考方向与电压参考方向不一致时,要加负号。式 (3.34) 中 v_M 和 i_2、v_M 和 i_4 均为非关联参考方向。

关于节点 N 列写 KCL 方程,得到

$$\frac{v_\mathrm{i}}{R_1} = -\frac{v_\mathrm{M}}{R_2} \tag{3.35}$$

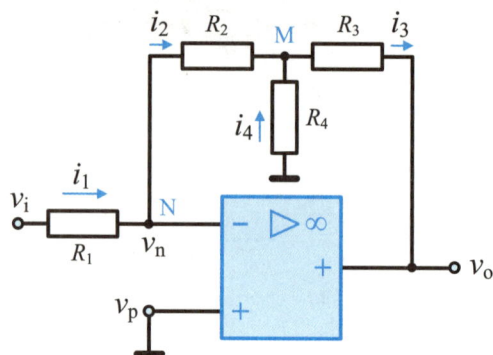

图 3.65　T 型网络反相比例运算电路

联立式 (3.34) 和式 (3.35)，可以求解得到电压增益 A_v 为

$$A_v = \frac{v_o}{v_i} = -\frac{R_2}{R_1}\left(1 + \frac{R_3}{R_4} + \frac{R_3}{R_2}\right) \tag{3.36}$$

从增益表达式可以发现，该电路也实现了反相放大功能，而且增益可以比反相放大器更高▼。从另一个角度看，为了实现与反相放大器相同的增益，在 R_1 取值相同的前提下，R_2 取值可以小一些，然后通过合理选择 R_3 和 R_4 取值，达到期望的增益。

▼指电阻 R_1 和 R_2 的取值与图 3.64 所示的反相放大器相同的情况下。

加法和减法运算电路

加法运算电路和减法运算电路分别用于实现两个或多个输入信号的加法和减法运算。

• 加法运算电路

图 3.66 是加法放大电路的一种实现方式。与图 3.64 的反相放大器相比，可以注意到该电路增加了一个输入，两个输入都是经由电阻加在运算放大器的反相输入端。

根据理想运放的"虚短"特性，反相输入端为"虚地"▼，电压为零。

▼即 $v_n = v_p = 0$。

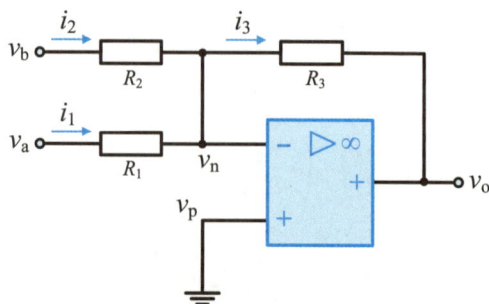

图 3.66　加法放大电路

根据理想运放的"虚断"特性，$i_1 + i_2 = i_3$。因此

$$v_o = -i_3 R_3 = -(i_1 + i_2)R_3 = -\left(\frac{R_3}{R_1}v_a + \frac{R_3}{R_2}v_b\right) \tag{3.37}$$

如果电阻取值满足条件 $R_1 = R_2$，则

$$v_o = -\frac{R_3}{R_1}(v_a + v_b) \tag{3.38}$$

式 (3.38) 表明，输出电压 v_o 正比于两个输入电压 v_a 和 v_b 之和，比例系数由外接电阻决定▼。负号表示加法放大操作是反相的。如果进一步使 $R_1 = R_2 = R_3$，即 3 个电阻全部相等，则

$$v_o = -(v_a + v_b) \tag{3.39}$$

▼通过合理选择电阻值，就可以实现对两个输入电压相加再放大的功能。

输出电压是两个输入电压相加再反相，说明电路实现了反相加法运算。如图 3.66 所示的加法运算电路，可以方便地扩展到需要对更多输入信号进行加法放大的情况，如图 3.67 所示。不难推导得到，该电路的输入—输出关系为

$$v_o = -R_f\left(\frac{v_1}{R_1} + \frac{v_2}{R_2} + \cdots + \frac{v_n}{R_n}\right) \tag{3.40}$$

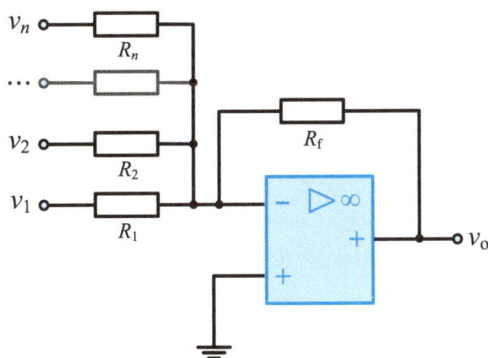

图 3.67　多输入加法放大电路

• **减法运算电路**

如图 3.68 所示的减法放大电路，根据理想运放的"虚断"特性，同相输入和反相输入的电流都为零，因此，$i_2 = i_3$，$i_1 = i_4$。

在 v_b—R_2—R_3 回路中，因为 $i_2 = i_3$，根据电阻分压关系可得

$$v_p = \frac{R_3}{R_2 + R_3}v_b \tag{3.41}$$

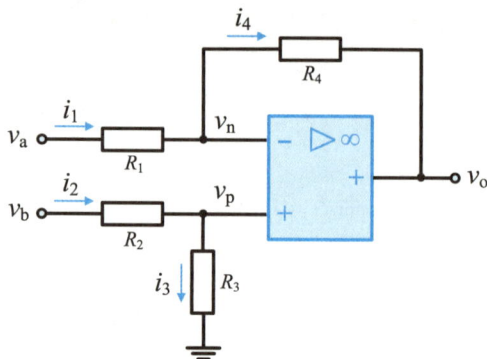

图 3.68　减法放大电路

类似地，v_a—R_1—R_4 回路中，因为 $i_1 = i_4$，可得

$$\frac{v_a - v_n}{R_1} = \frac{v_n - v_o}{R_4} \tag{3.42}$$

▼并根据理想运放的"虚短"特性，$v_p = v_n$。

联立式 (3.41) 和式 (3.42)▼，可以求解得到

$$v_o = \frac{R_3(R_1 + R_4)}{R_1(R_2 + R_3)}v_b - \frac{R_4}{R_1}v_a \tag{3.43}$$

如果电阻取值满足条件 $R_1 = R_2$，$R_3 = R_4$，则式 (3.43) 可以简化为

$$v_o = \frac{R_4}{R_1}(v_b - v_a) \tag{3.44}$$

式 (3.44) 表明，输出电压 v_o 与输入电压 v_b、v_a 之差成比例，比例系数由外接电阻决定▼。如果进一步假设 $R_1 = R_4$，即 4 个电阻全部相等，则

▼通过合理选择 4 个电阻的阻值，就可以实现对两个输入电压的差值的放大。

$$v_o = v_b - v_a \tag{3.45}$$

输出电压是两个输入电压之差，说明电路实现了减法运算。

例 3.7　设计加减运算电路

设计一个加减运算电路，使得 $v_o = 2v_{i1} + 5v_{i2} - 10v_{i3}$。

因为涉及 3 个输入信号，且既有加法操作又有减法操作，因此考虑采用两级电路，第一级加法放大用于实现 $v_{o1} = -(2v_{i1} + 5v_{i2})$，其输出作为第二级加法放大的输入，用于实现 $v_o = -(v_{o1} + 10v_{i3}) = 2v_{i1} + 5v_{i2} - 10v_{i3}$。具体电路如图 3.69 所示，为两个加法放大电路的级联。

如果选择 $R_{f1} = R_{f2} = 100\,\text{k}\Omega$，根据第一级加法放大系数关系，$R_{f1}/R_1 = 2$，$R_{f1}/R_2 = 5$，则 $R_1 = 50\,\text{k}\Omega$，$R_2 = 20\,\text{k}\Omega$，平衡电阻 $R_3 = R_1 \parallel R_2 \parallel R_{f1} = 12.5\,\text{k}\Omega$。根据第二级加法放大系数关系，$R_{f2}/R_4 = 1$，$R_{f2}/R_5 = 10$，则 $R_4 = 100\,\text{k}\Omega$，$R_5 = 10\,\text{k}\Omega$，平衡电阻 $R_6 = R_4 \parallel R_5 \parallel R_{f2} = 8.3\,\text{k}\Omega$。

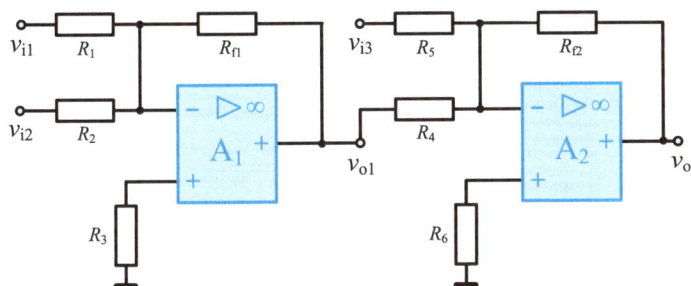

图 3.69　加减法运算电路

例 3.8　用加法器构成的数模转换器

　　数字量转换成模拟量的过程称为数模转换，简写为 D/A，完成这种功能的电路称为数模转换器（DAC）。

　　DAC 的输入是一组二进制信号，利用基准电压，将这组二进制信号转化为等效的模拟信号。n 位二进制序列 $b_0 b_1 b_2 \cdots b_{n-1}$ 称为码字，b_0 为最高有效位（most significant bit, MSB），b_{n-1} 为最低有效位（least significant bit，LSB）。b_i 有两个可能值，0 或 1。

　　图 3.70 为 n 位权电阻网络 DAC 电路原理图。它由权电阻网络 ($2^0 R$, $2^1 R$, $2^2 R$, $\cdots$, $2^{n-1} R$)、电子开关 ($S_0, S_1, S_2, \cdots, S_{n-1}$) 和加法运算电路组成。

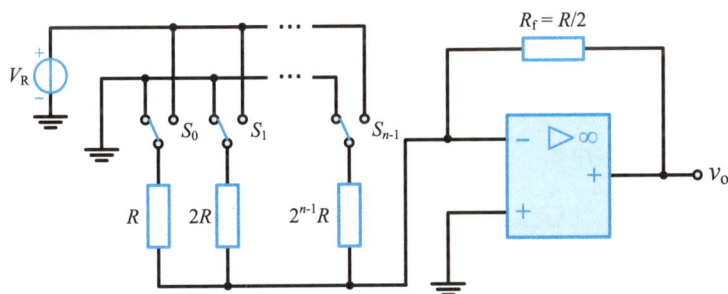

图 3.70　数模转换电路

　　二进制序列的每一位都有不同的权重，只需给每个数字赋予不同的权重后相加即可。开关 S_i 受相应位置的二进制码 b_i 控制，当 $b_i = 0$ 时，相应电阻接地；当 $b_i = 1$ 时，R_i 连接参考电压源 V_R。因加法运算电路是反相加法器，输出模拟信号可表示为

$$v_o = -(2^{-1} b_0 + 2^{-2} b_1 + \cdots + 2^{-n} b_{n-1}) V_R = -V_R \sum_{i=0}^{n-1} \frac{b_i}{2^{i+1}} = -V_R B \quad (3.46)$$

式中，V_R 为基准电压，B 为二进制序列的值，$B = 2^{-1} b_0 + 2^{-2} b_1 + \cdots + 2^{-n} b_{n-1}$▼。

▼B 的最大值为 $1 - 2^{-n}$。

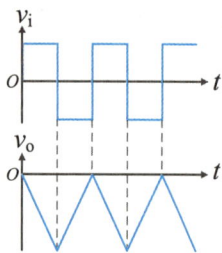

图 3.71 积分电路波形变换应用

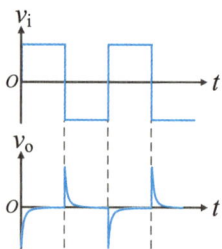

图 3.72 微分电路波形变换应用

积分和微分运算电路

积分运算电路和微分运算电路在自动控制系统中，常被用来对控制信号进行积分和微分调节。此外，它们也被广泛应用于各种非正弦波的产生与变换。例如，积分电路在波形变换中，将方波变换为三角波，如图 3.71 所示。微分电路可以使输入方波转换成尖脉冲波，如图 3.72 所示。

将如图 3.64 所示的反相放大电路的反馈电阻 R_2 用电容 C 替代，就构成了反相积分运算电路，如图 3.73(a) 所示。

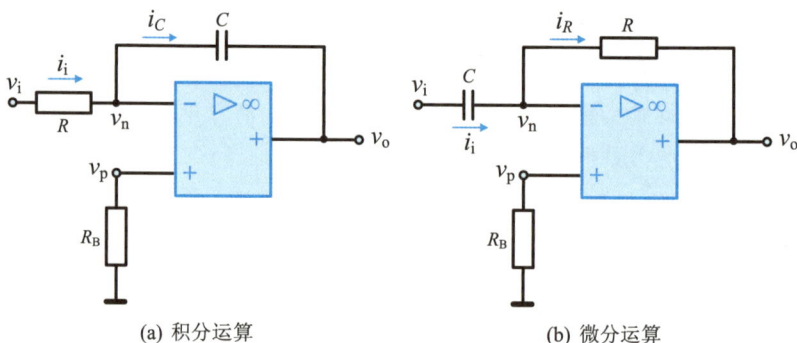

(a) 积分运算   (b) 微分运算

图 3.73 积分和微分运算电路

▼我们知道，电容上的电压等于其电流的积分，而电感上的电流等于其电压的积分。然而，在集成电路中，电感显得过于庞大，所以，可以用电容接进运算放大器的反相端来代替电感。

将如图 3.64 所示的反相放大电路中输入端的电阻换成电容▼，就构成如图 3.73(b) 所示的微分运算电路。

对数和指数运算电路

对数运算电路与指数运算电路都利用了双极型晶体管中电流电压的指数关系特性，电路结构简单，但是对温度相对敏感，因此应用场合受到一定程度的限制。

对数运算电路如图 3.74(a) 所示，与如图 3.64 所示反相放大器的主要区别在于，把反馈电阻换成了 NPN 双极型晶体管。

将对数运算电路中的电阻与晶体管的位置互换，同时把晶体管基极与集电极连接到一起，这就是指数运算电路，如图3.74(b) 所示。

乘法和除法运算电路

基于对数运算电路和指数运算电路，再结合使用加法运算，就可以实现对两个输入信号的乘法运算，或者结合使用减法运算得到除法运算电路，如图 3.75 所示。

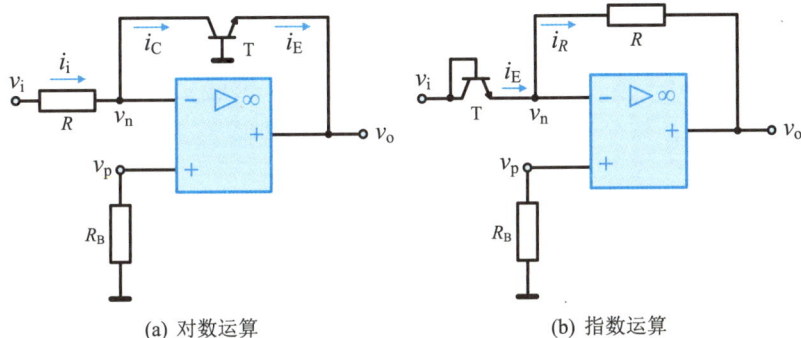

(a) 对数运算 (b) 指数运算

图 3.74 对数和指数运算电路

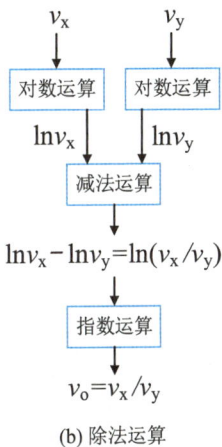

(a) 乘法运算

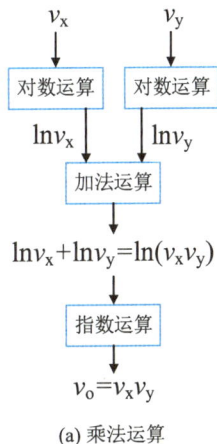

(b) 除法运算

图 3.75 乘法和除法运
算电路框图

比较器电路

电压比较器是将一个模拟电压信号与一个基准电压相比较的电路。比较器的两路输入为模拟信号，输出则为二进制信号 0 或 1。当输入电压的差值增大或减小且正负符号不变时，其输出保持恒定。

比较器由运算放大器发展而来，可以看作运算放大器的一种应用电路，电路符号一般与运算放大器相同。由于比较器电路应用较为广泛，所以开发出了专门的比较器集成电路。

如图 3.76 所示的比较器有两个输入端：同相输入端 "+" 和反相输入端 "−"，有一个输出端 V_{out}，输出电平信号。另外有电源 V_{CC} 和地▼。同相端输入电压 V_A，反相端输入 V_B。当 $V_A > V_B$ 时，V_{out} 输出高电平▼；当 $V_A < V_B$ 时，V_{out} 输出低电平。

▼这是个单电源比较器。
▼高电平为饱和电压输出，小于电源电压。

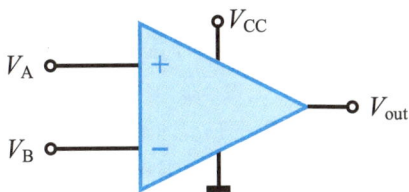

图 3.76 电压比较器

从原理上讲，运算放大器在不加负反馈时可以用作比较器，但由于运放开环增益不够高，所以无法处理输入差分电压非常小的信号。而且一般情况下，运算放大器的延迟时间较长，无法满足实际需求。

比较器工作频率宽、输出延迟小，广泛用于电压比较、波形整形、波形产生、脉冲调宽、判决电路以及模数转换▼等。

▼也可以将比较器当作一个 1 bit 模数转换器。

逐次逼近式模数转换器

逐次逼近式模拟数字转换器是采样速率低于 5 MSa/s▼的中高分辨率模数转换器（ADC）应用的常见结构，分辨率一般为 8~16 位，具有低

▼Sa/s 就是 samples per second，每秒钟的采样数，也就是采样率或采样速率。Sa 为 sample 的缩写，为避免与 s（秒）混淆，取了前两个字母。

功耗、小尺寸等特点。

　　SAR-ADC 转换器由采样保持电路、数模转换器（DAC）、比较器、逐次逼近寄存器（successive approximation register，SAR）、时序及其他控制电路组成，核心是 DAC 和比较器。电路结构如图 3.77 所示。

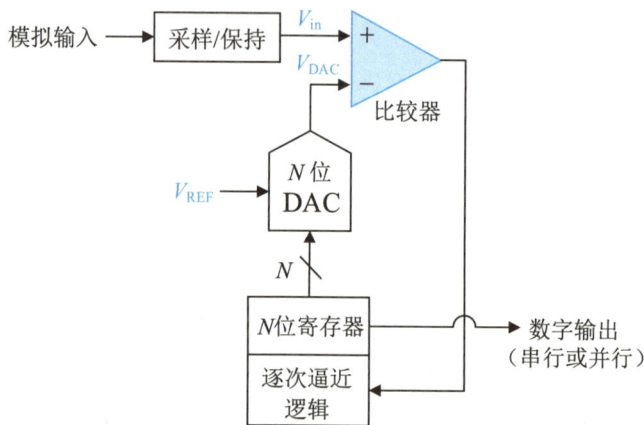

图 3.77　逐次逼近式 A/D 转换器

　　SAR-ADC 使用二进制搜索算法，使得 DAC 的输出电压逼近输入模拟电压，对于 N 位转换器，至少需要 N 个转换周期▼。其转换过程大致如下：

▼SAR-ADC 在每一次转换过程中，通过遍历每一位的量化值并将其转化为模拟值，将输入信号与其逐一比较，最终得到要输出的数字信号。

* 采样保持模拟输入电压 V_{in}，送入比较器的一端。
* 将 SAR 最高位 MSB 预置 1，其他位全部清零。
* DAC 转换器输出 $V_{REF}/2$，并送入比较器的另一端。
* 如果 $V_{in} > V_{REF}/2$，比较器输出 0，b_0 定为 1；否则比较器输出 1，b_0 定为 0。
* 接下来确定次高位 b_1，即先预置 SAR 的次高位为 1，如果前一个转换周期确定的 MSB=1，那么此时的 DAC 就输出 $3V_{REF}/4$，V_{in} 与 $3V_{REF}/4$ 比较大小，从而确定 SAR 的次高位 b_1。若前一个转换周期中确定的最高位 MSB=0，那么此时 DAC 转换器输出 $V_{REF}/4$，V_{in} 与 $V_{REF}/4$ 比较从而确定 SAR 的次高位 b_1。
* 以此类推，直到 SAR 的最低位确定为止，SAR 的值即为 SAR 型 ADC 的最终输出。

　　图 3.78 是一个 4 位的 SAR-ADC 工作过程中 DAC 转换器输出电压示意。

　　第一次比较 $V_{IN} < V_{DAC}$（$V_{REF}/2$），$b_0 = 0$。然后 V_{DAC} 被置为 $V_{REF}/4$，执行第二次比较。由于 $V_{IN} > V_{DAC}$，$b_1 = 1$，第三次比较时，V_{DAC} 被置为 $3V_{REF}/8$，根据比较结果，$b_2 = 0$。V_{DAC} 又被设置为 $5V_{REF}/16$，执行最后一次比较，由于 $V_{IN} > V_{DAC}$，$b_3 = 1$，最终输出 0101。

测验 3.3
集成运算放大器

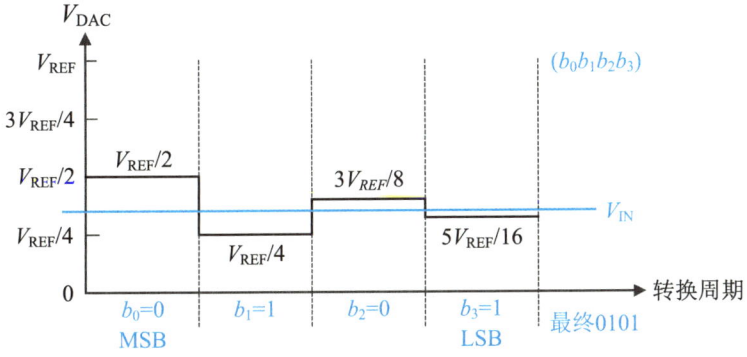

图 3.78　4 位 A/D 转换器

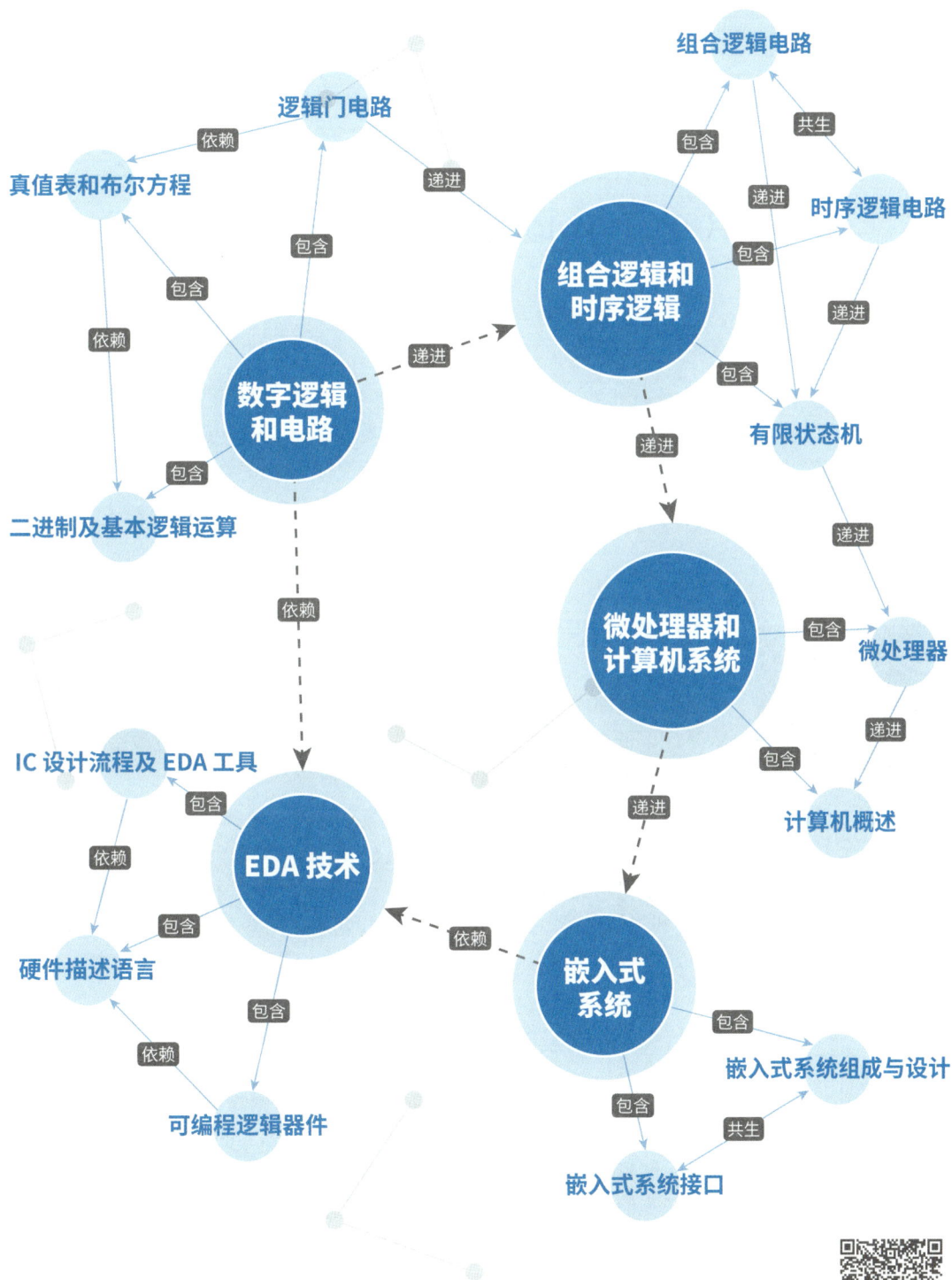

逻辑门电路

真值表和布尔方程

依赖

组合逻辑电路

共生

递进

时序逻辑电路

包含

包含

递进

组合逻辑和
时序逻辑

包含

有限状态机

包含

递进

递进

依赖

数字逻辑
和电路

二进制及基本逻辑运算

依赖

微处理器和
计算机系统

包含

微处理器

递进

包含

计算机概述

递进

IC 设计流程及 EDA 工具

包含

EDA 技术

依赖

包含

硬件描述语言

依赖

包含

可编程逻辑器件

嵌入式
系统

包含

嵌入式系统组成与设计

共生

包含

嵌入式系统接口

逻辑与数字
系统

第4章　逻辑与数字系统

用数字信号完成对数字量进行算术运算和逻辑运算的电路称为数字电路或数字系统。由于它具有逻辑运算和逻辑处理功能，又称数字逻辑电路。逻辑门是数字电路的基本单元；存储器是用来存储二进制数据的数字电路；处理器是一种复杂的数字集成电路，已成为电子信息系统的核心。本章阐述从逻辑门到处理器的实现过程以及数字系统的基本构成。

4.1　数字逻辑和电路

1946 年 2 月 16 日，世界第一台通用计算机 ENIAC（electronic numerical integrator and computer）诞生。

数字电路中传递的脉冲是用来表示二进制数码的，例如用高电平表示"1"，低电平表示"0"。声音、图像、文字等信息经过数字化处理后变成了一串串电脉冲，它们被称为数字信号。

能处理数字信号的电路就称为数字电路，也称为逻辑电路，因为电路中的"1"和"0"还具有逻辑意义。例如，逻辑"1"和逻辑"0"可以分别表示电路的"接通"和"断开"、事件的"是"和"否"、逻辑推理的"真"和"假"等。数字电路的输出和输入之间具有逻辑关系，除了能进行二进制算术运算外，还能完成逻辑运算，并具有逻辑推理能力。

4.1.1　二进制及基本逻辑运算

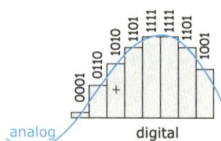

图 4.1　模拟信号和数字信号

我们生活在一个充满模拟量的世界，对周围物体的度量不是离散的，而是在一个连续的范围。我们在第 2 章谈到过，可以对模拟量进行数字抽象，即只使用 0 和 1 两个值组成的序列而不是使用无限连续的模拟值来表征我们的世界，如图 4.1 所示。因为只有两个值，所以我们称之为二进制值。0 或 1，是一个二进制数字（binary digit），简称比特（bit）。

二进制数

图 4.2　阴阳八卦

中国古代的阴阳学说可以认为是最早二进制的雏形。如图 4.2 所示，八卦中的每一个卦，由称为"爻（yáo）"的两种符号排列而成。"– –"叫作"阴爻"，相当于二进制中的"0"；"—"叫作"阳爻"，相当于二进制中的"1"。而二进制作为一个计数系统，则是公元前 5 世纪至公元前 2 世纪由印度学者完成的，但是他们没有使用 0 和 1 计数。到 17 世纪，德国哲学家、数学家戈特弗里德·威廉·莱布尼兹（Gottfried Wilhelm Leibniz，1646—1716）进一步完善了二进制，并且用 0 和 1 来表示它的两个数字，成为我们今天使用的二进制。

Gottfried Wilhelm Leibniz
（1646 —1716）

一个比特，它的值是 0 或 1，只能代表两种可能的状态，其表达的信息是有限的。因此，需要组合许多比特来表示更多的信息。一串 n 比特的字符串可以表示 2^n 种不同的信息▼，如表 4.1 所示▼。通过使用不同的编码技术，一组比特字符可以用来代表不同的信息，比如一个数字、一个字母、一个特征符号、微处理器执行的一个指令等▼。

▼例如，一个 2 比特的字符串可以有四种不同的组合：00、01、10 和 11。

▼在 2.2.1 节（第 39 页）我们提到过，根据国际电工委员会（IEC）的标准，用于二进制存储单位的标准命名是 KiB、MiB 等，1 KiB =1024 B，1 MiB =1024 KiB。实际应用中常省略 i，和十进制前缀有所混淆。

▼譬如,ASCII 码就是使用 7 位二进制数来表示一个英文字母、数字、标点符号或控制符号，见表 2.1（第 40 页）。

表 4.1　n 比特的字符串可以表示 2^n 种不同的信息

n	2^n		n	2^n		n	2^n	
1	2		9	512		17	131,072	(128K)
2	4		10	1,024	(1K)	18	262,144	(256K)
3	8		11	2,048	(2K)	19	524,288	(512K)
4	16		12	4,096	(4K)	20	1,048,576	(1M)
5	32		13	8,192	(8K)	21	2,097,152	(2M)
6	64		14	16,384	(16K)	22	4,194,304	(4M)
7	128		15	32,768	(32K)	23	8,388,608	(8M)
8	256		16	65,536	(64K)	24	16,777,216	(16M)

二进制计数就像十进制计数一样▼。用十进制计数时，计数从 0 到 9，再回到 0，并且左边一位加 1，得到 10。用二进制计数时，从 0 到 1 计数▼，再返回 0，并在左边一位加 1，得到 10。因为一个基数是 10，另一个基数是 2，所以两个系统中的"10"具有不同的值。如表 4.2 所示，二进制数 10 相当于十进制数 2。十进制数 0 到 15 有 16 个值，因为 $2^4 = 16$，所以我们需要 4 比特二进制数来表示这些数。

▼十进制数、二进制数都是表示数值的一种形式，我们也可以使用八进制数、十六进制数等来表示数值。

▼二进制和十进制的区别是，二进制是以 2 为基数的系统，它只使用两个数字 0 和 1，而不是十个数字 0 到 9。

表 4.2　十进制和二进制

十进制	0	1	2	3	4	5	6	7
二进制	0000	0001	0010	0011	0100	0101	0110	0111
十进制	8	9	10	11	12	13	14	15
二进制	1000	1001	1010	1011	1100	1101	1110	1111

课件 4.1
数字逻辑和电路

二进制加法和十进制加法类似。相加时，和的数值是 2 或者 3 时，需要进位 1。例如，两个 4 比特二进制数 1011 和 0111 相加，结果为 10010。

$$
\begin{array}{rcr}
1\ 0\ 1\ 1 & = & 11\\
+\ 0\ 1\ 1\ 1 & = & +\ 7\\
\hline
1\ 0\ 0\ 1\ 0 & = & 18
\end{array}
$$

对于二进制减法，当需要借位时，借的是 2 而不是 10。例如，两个 4 比特二进制数 1011 和 0111 相减，结果为 0100。

$$
\begin{array}{rcr}
1\ 0\ 1\ 1 & = & 11\\
-\ 0\ 1\ 1\ 1 & = & -\ 7\\
\hline
0\ 1\ 0\ 0 & = & 4
\end{array}
$$

二进制数可以分为无符号数和有符号数。无符号数只包括正数和零，全部二进制位均表示数值位，相当于数的绝对值。而有符号数则包括正数、负数和零，最高位用于标识数据的符号。最高位为 1，表示这个数为负数；最高位为 0，表示这个数为正数。

在计算机系统中，用补码表示有符号数。正数的补码和其原码相同，负数的补码为将原码除符号位外的所有位取反▼后加 1。表 4.3 列出了 4 位二进制补码数▼，对补码再求补码可转换回原码。使用补码，可以将符号位和数值域统一处理，同时加法和减法也可以统一处理。

▼即 0 变 1，1 变 0，符号位为 1 不变。

▼一般来说，对于一个 n 位二进制补码数，范围从 -2^{n-1} 到 $2^{n-1}-1$。

表 4.3　四位二进制补码数

十进制	0	1	2	3	4	5	6	7
二进制原码	0000	0001	0010	0011	0100	0101	0110	0111
二进制补码	0000	0001	0010	0011	0100	0101	0110	0111
十进制	-8	-7	-6	-5	-4	-3	-2	-1
二进制原码	1000	1111	1110	1101	1100	1011	1010	1001
二进制补码	1000	1001	1010	1011	1100	1101	1110	1111

(a) 打开或切断

(b) 闭合或接通

图 4.3　二进制开关

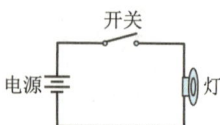

图 4.4　开关控制的灯

二进制开关

由于开关可以处于"开"或"关"两种状态，称之为二进制开关。开关有三部分：一个输入、一个输出和一个控制开关通断的控制端，如图 4.3 所示。当开关打开时，输入到输出是断开的；当开关闭合时，无论输入端输入什么，都可以通过输出端输出。

假如开关是一个电气开关，输入端连接一个电源，输出端连接一盏灯，如图 4.4 所示。开关闭合时，灯点亮；开关断开时，灯熄灭。我们可以使用一个变量 x 来表示开关的状态，$x=1$ 代表开关"接通"，$x=0$ 代表开关"切断"。通过这种转换，就可以用一个简单的逻辑表达式来描述

灯 L 的状态与开关的状态 x 之间的关系。当 $x = 1$ 时，$L = 1$，灯点亮；当 $x = 0$ 时，$L = 0$，灯熄灭。所以可以写成

$$L = x \tag{4.1}$$

这个逻辑表达式描述了输出 L 和输入变量 x 之间的关系，物理意义在于，当开关 x 闭合时灯 L 点亮。

基本逻辑运算

两个二进制开关可以串联或并联在一起，如图 4.5 所示。

如果两个开关串联，要使输出 F 为 1，两个开关都必须闭合。换句话说，如果 $x = 1$，同时 $y = 1$，则 $F = 1$。如果 x 或 y 断开或者两者都断开，则 $F = 0$，即 x 或 y 为 0，或者两者都是 0，那么 $F = 0$。因此，两个开关串联得到逻辑"与（AND）"运算。在逻辑表达式中，逻辑"与"运算用一个点"·"或者无符号表示，可写为

$$F = x \cdot y \quad \text{或} \quad F = xy \tag{4.2}$$

如果把两个开关并联，只要有一个开关闭合，输出 F 就是 1。换句话说，如果 $x = 1$，或者 $y = 1$，或者两者都为 1，则 $F = 1$。这意味着只有当 x 和 y 都是 0 时，$F = 0$。这表示了逻辑"或（OR）"运算。在逻辑表达式中，逻辑"或"运算用加号"+"表示，可写为

$$F = x + y \tag{4.3}$$

除了"与"和"或"运算，还有另外一个基本逻辑运算——"非（NOT）"运算，也称为反相器▼。"非"运算是对输入进行取反，即输入 0 时输出为 1，输入 1 时输出为 0。在逻辑表达式中，"非"运算用撇号" ' "或者顶上一拔" ¯ "表示，如

$$F = x' \quad \text{或} \quad F = \bar{x} \tag{4.4}$$

当一个逻辑表达式中有多个逻辑运算符时，运算优先级从最高到最低依次为非、与、或，运算顺序可以通过使用括号来改变▼。

4.1.2　逻辑门电路

数字逻辑门是实现逻辑运算的实际物理器件，可以由晶体管连接而成。晶体管可看成微型的电子二进制开关，对应有"通"和"断"两种状态，即 1 和 0 两种状态，所以，晶体管是数字系统最基本的组成单元。

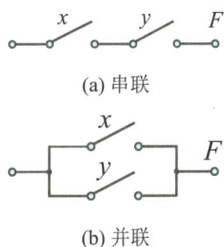

(a) 串联

(b) 并联

图 4.5　两个开关串联和并联

▼不同于"与"和"或"运算可以有多个输入，"非"运算只有一个输入和一个输出。

▼例如，表达式 $F = xy + z'$ 表示"(x AND y) OR (NOT z)"；而表达式 $F = x(y+z)'$ 表示"x AND [NOT (y OR z)]"。

图 4.6 为 NPN 双极型晶体管开关电路。当输入电压为 +V_{BB}（高电平）时，使三极管工作于饱和区▼，负载电流被导通，相当于开关的闭合，如图 4.6(a) 所示。当输入电压为 0 V（低电平）时，使三极管工作于截止区，负载电流被阻断，相当于开关的断开，如图 4.6(b) 所示。

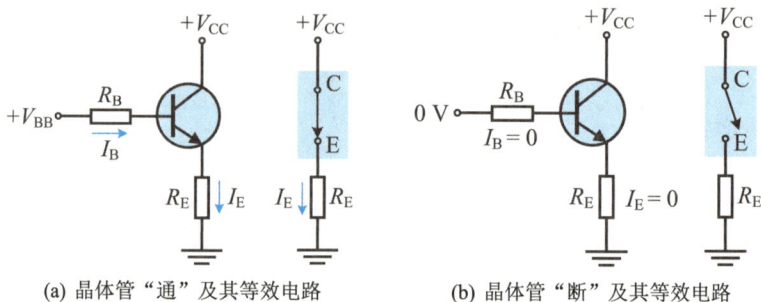

▼三极管的工作特性参见
3.2.2 节（第 113 页）。

视频 4.1　逻辑门电路

(a) 晶体管"通"及其等效电路　　　(b) 晶体管"断"及其等效电路

图 4.6　晶体管开关

▼"门"这个名字来源于
这些器件像一扇门一样
运行，允许或者阻碍电流
通过。

门电路▼是用以实现逻辑运算的单元电路，最基础的有与门、或门、非门，对应于"与""或""非"逻辑运算。两个晶体管串接，构成一个与门，如图 4.7(a) 所示；两个晶体管并联，构成一个或门，如图 4.7(b) 所示；用晶体管实现高低电平的变换，构成一个非门，如图 4.7(c) 所示。

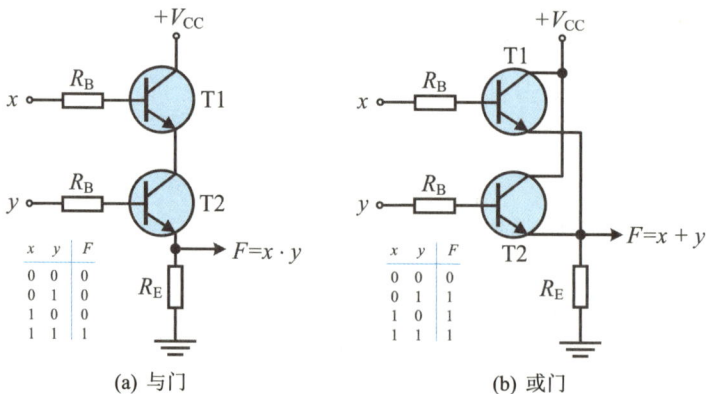

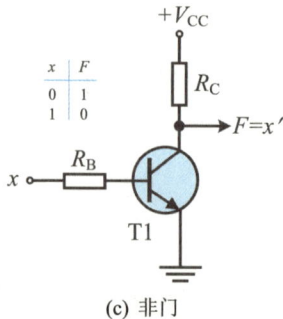

(a) 与门　　　　　　(b) 或门

(c) 非门

图 4.7　晶体管门电路

在数字电路图（也称为电路原理图）中，使用专门的逻辑符号来表示这些逻辑门，如表 4.4 所示。中国国家标准▼等同采用国际电工委员会（IEC）国际标准▼，逻辑符号的基本形状均为一个矩形框，框内用各种符号、说明等来表示特定的逻辑功能。特定外形符号采用特定形状的图形符号来区分不同的逻辑功能，也被 IEC 接受为国际标准▼。

▼《电气简图用图形符号第 12 部分：二进制逻辑元件》（GB/T 4728.12—2022）。
▼IEC 60617 database。
▼矩形轮廓符号是美国国家标准学会（American National Standards Institute，ANSI）和电气与电子工程师协会（Institute of Electrical and Electronics Engineers，IEEE）于1984 年制定的关于二进制逻辑图形符号的标准符号。1991 年，ANSI 和 IEEE 对标准进行了补充和修订，增加了一组特定外形符号，由此推出的 ANSI/IEEE 91—84 标准中，矩形轮廓符号和特定外形符号均允许使用。

表 4.4　基本逻辑门符号

逻辑门	与门	或门	非门
矩形轮廓符号	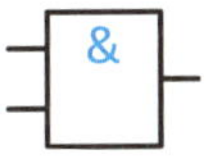 &	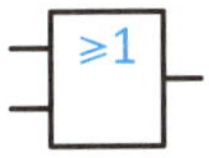 ≥1	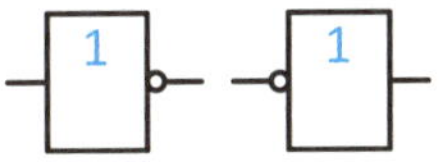 1　　1
特定外形符号		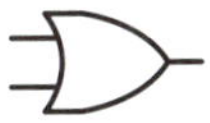	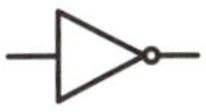

有时，一个与门或者或门需要有两个以上的输入端。因此，除了二输入与门和或门，还有三输入、四输入或更多输入的与门和或门。

把这三种基本门电路组合起来可以得到各种复合门电路，如与非门、或非门、异或门、同或门等。与非门由与门和非门串联而来，因此输出的是与门取反▼。同样的，或非门输出的是或门取反。异或门▼就是当两个输入相异时，输出是 1。同或门▼和异或门相反，当两个输入相同时，输出是 1，也就是异或门取反。这些复合门电路的逻辑符号如表 4.5 所示。注意到表 4.5 中，一些逻辑符号的输出端有个小圆圈。这个圆圈是用来表示信号取反▼。

▼"与非（NAND）"这个名字来自"NOT AND"。
▼异或门，Exclusive OR gate，简称 XOR gate。
▼同或门也称异或非门，Exclusive NOT OR gate，简称 XNOR gate。
▼例如，与非门是与门取反。因此，与非门的逻辑符号是在与门的符号输出端加个小圆圈。

表 4.5　复合逻辑门符号

逻辑门	与非门	或非门	异或门	同或门（异或非门）
矩形轮廓符号	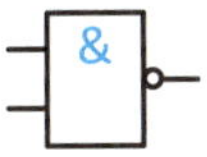 &	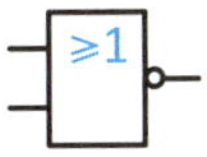 ≥1	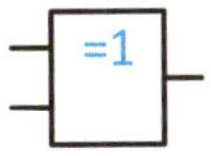 =1	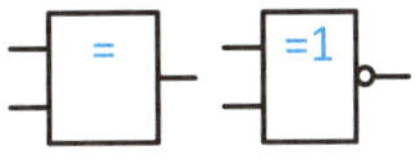 =　　　=1
特定外形符号		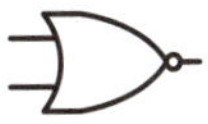		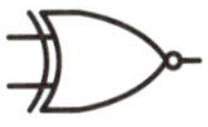

MOSFET 逻辑门电路

基于 CMOS 工艺，MOSFET 晶体管▼广泛应用于当前主流芯片之中。图 4.8 为由 MOSFET 构成的与门和或门。图中，箭头向里（指向栅极）的是 NMOS 管，箭头向外的是 PMOS 管。

▼MOSFET 参见 3.2.2 节（第 115 页）。

由于非门、与非门、或非门可以简单地通过 PMOS 管和 NMOS 管构成，而与门、或门功能电路则分别在与非门、或非门的输出端加上一个非门实现，所以复杂些，延迟时间也长些。

(a) MOSFET 与门　　　　　　　　　(b) MOSFET 或门

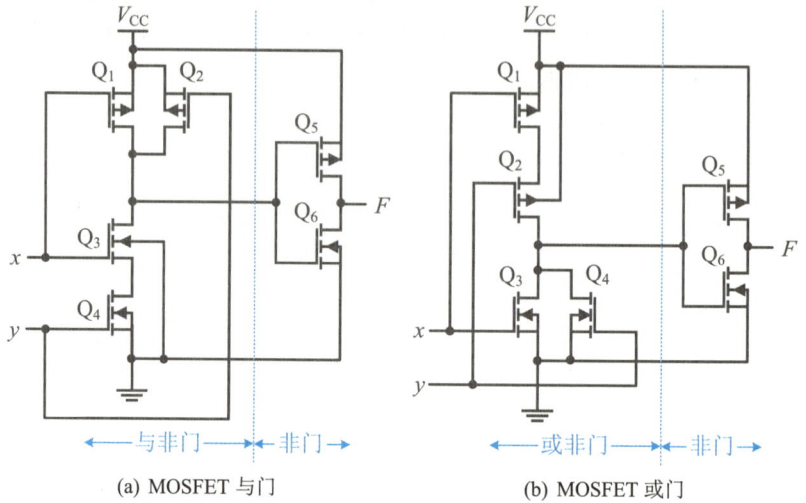

图 4.8　MOSFET 构成的逻辑门

George Boole
（1815 —1864）

4.1.3　真值表和布尔方程

　　与、或、非逻辑运算可以通过真值表来描述其操作结果，如表 4.6 所示。真值表是一个二维数组，每个输入对应一列，输出对应一列。输入列举所有可能输入的 0 和 1 的组合，通常按二进制计数顺序排列。

表 4.6　三种基本逻辑运算的真值表

与			或			非	
x	y	F	x	y	F	x	F
0	0	0	0	0	0	0	1
0	1	0	0	1	1	1	0
1	0	0	1	0	1		
1	1	1	1	1	1		

　　对于两个输入的情况，有 2^2 个组合，得到表中的 4 行。输出列中的值是由相应的输入值经过逻辑运算确定。与运算只有在 x 和 y 都为 1 时，$F = 1$，否则 $F = 0$。因此，在真值表的 F 列，前 3 行都是 0，只有最后一行是 1。或运算当 x 和 y 有一个为 1 或者都为 1 时，$F = 1$，否则 $F = 0$。因此，在真值表的 F 列，第一行是 0，后 3 行都是 1。非运算的真值表，输出 F 是输入 x 的取反。

　　真值表是一种描述逻辑运算的方式。对于任何给定的逻辑表达式，无论其多么复杂，真值表都是可以得到的。

　　另一种描述逻辑运算的方法是布尔方程，即逻辑表达式。

　　1847 年，英国数学家乔治·布尔（George Boole，1815—1864）出版

了《逻辑的数学分析，论演绎推理的演算法》▼。1854 年，他又出版了《思维规律的研究》▼，这是他最著名的著作，在这本书中，布尔介绍了现在以他的名字命名的布尔代数。布尔的重要贡献在于，他首次阐述了"逻辑即运算"的思想，也就是说，任何复杂的算法和计算，都可以通过逻辑运算来实现。但问题是，逻辑运算通过什么物理载体来实现呢？这个问题被香农解决了。

　　1940 年，24 岁的香农在他的硕士学位论文《继电器与开关电路的符号分析》▼ 中，首次提出可以用布尔代数来描述电路，他将布尔代数的"真"和"假"和电路系统的"关"和"开"对应起来，并用数学中最简单的两个数字——"1"和"0"来表示。香农发现，复杂逻辑运算可以用电路来实现。于是，就有了现在可以做任意运算的数字电路与数字系统。

　　定义 $B = \{0, 1\}$ 是布尔代数，它的元素是 0 和 1，是开关断开和闭合的抽象。如果变量 x 只在 B 中取值（即 0 或 1），那么变量 x 被称为布尔变量。

　　表 4.7 中的公理是与运算（·）、或运算（+）和非运算（′）的定义。我们可以得到单变量、两个变量和三个变量的定理，如表 4.7 所示▼。

▼G. Boole. *The Mathematical Analysis of Logic, Being an Essay Towards a Calculus of Deductive Reasoning* [M]. Cambridge: MacMillan, Barclay, and MacMillan, 1847.

▼G. Boole. *An Investigation of the Laws of Thought, on Which Are Founded the Mathematical Theories of Logic and Probabilities* [M]. London: Dover Constable, 1854.

▼C. E. Shannon. *A Symbolic Analysis of Relay and Switching Circuits* [D]. Cambridge: Massachusetts Institute of Technology, 1940.

▼布尔代数的基本运算和数字电路的或门、与门和非门等基本单元相对应，进而提供了一种严格的、直观的描述数字电路的方式。运用布尔代数和布尔代数定理可化简逻辑表达式，从而减少所需的逻辑门数，降低电路的功耗及成本。

表 4.7　布尔代数公理和定理

公理	
$0 \cdot 0 = 0$	$1 + 1 = 1$
$1 \cdot 1 = 1$	$0 + 0 = 0$
$0 \cdot 1 = 1 \cdot 0 = 0$	$1 + 0 = 0 + 1 = 1$
$0' = 1$	$1' = 0$
单变量定理	
$x \cdot 0 = 0$	$x + 1 = 1$
$x \cdot 1 = 1 \cdot x = x$	$x + 0 = 0 + x = x$
$x \cdot x = x$	$x + x = x$
$(x')' = x$	
$x \cdot x' = 0$	$x + x' = 1$
两变量或三变量定理	
$x \cdot y = y \cdot x$	$x + y = y + x$
$(x \cdot y) \cdot z = x \cdot (y \cdot z)$	$(x + y) + z = x + (y + z)$
$(x \cdot y) + (x \cdot z) = x \cdot (y + z)$	$(x + y) \cdot (x + z) = x + (y \cdot z)$
$(x \cdot y)' = x' + y'$	$(x + y)' = x' \cdot y'$

　　任何数字电路都可以用布尔方程来描述，任何布尔方程都可以由二进制变量和布尔运算符组成。例如，布尔方程 $F(x, y, z) = xy'z + xyz' + yz$

表 4.8 $F(x,y,z)$ 真值表

x	y	z	F
0	0	0	0
0	0	1	0
0	1	0	0
0	1	1	1
1	0	0	0
1	0	1	1
1	1	0	1
1	1	1	1

使用了三个变量 x，y 和 z，它是三个乘积项（与运算）之和（或运算）。函数 $F(x,y,z)$ 的值为 0 或 1，取决于给定的一组变量的值。表 4.8 为该式的真值表。

数字电路是将两个或者更多的逻辑门连接在一起，从而形成庞大而复杂的电路网络。这些网络可以直观地使用电路原理图描述，或者用布尔方程和真值表来描述。

例4.1 用布尔方程和真值表描述数字电路

如图 4.9 所示的数字电路原理图有 3 个非门、5 个三输入与门和 1 个五输入或门。该电路可以用布尔方程的形式来描述，即

$$F(x,y,z) = x'y'z + x'yz' + x'yz + xyz' + xyz \tag{4.5}$$

测验 4.1
数字逻辑和电路

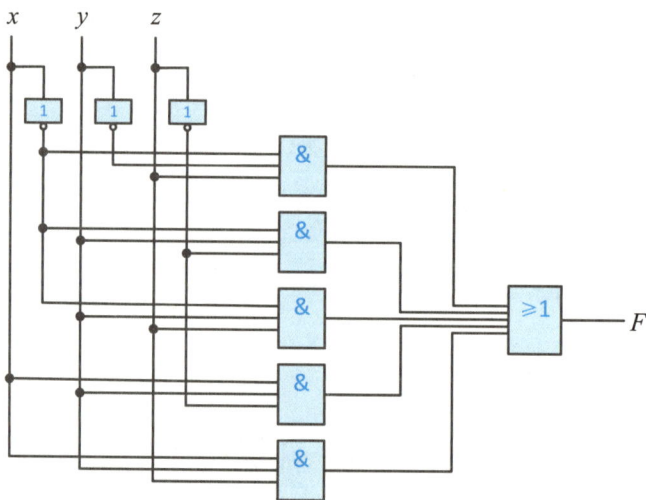

图 4.9 数字电路原理图示例

原理图和布尔方程之间的对应关系为：5 个与门对应方程中的 5 个与运算；每个与门的 3 个输入对应于与运算中的 3 个变量；五输入或门对应于将 5 个与运算结果进行或运算。与门的输入直接来自 x，y 和 z 这 3 个变量或是它们的取反。方程中一共有 6 个反变量，但在电路中我们不需要 6 个非门，只需要 3 个非门，分别用于每个变量。

该电路也可以用真值表来描述：首先，枚举三个输入变量所有可能的值，产生了表中的 8 行；然后，由式 (4.5) 或电路图可得到每行的 F 值，如表 4.9 所示。

表 4.9 真值表和电路的对应关系

xyz	F	111
000	0	
001	1	$x'y'z$
010	1	$x'yz'$
011	1	$x'yz$
100	0	
101	0	
110	1	xyz'
111	1	xyz

在真值表中，F 值为 1 的每一行对应于电路中的每一个与门，也即式 (4.5) 中的一个与运算。例如，对于第一个与门，它的 3 个输入为 x'，y' 和 z，因而表中输出 F 第一个为 1 所对应的输入是：$x=0$，$y=0$，$z=1$。

4.2　组合逻辑和时序逻辑

可以把数字逻辑电路分成两类：一类是组合逻辑电路，输出只和当前的输入有关，即没有记忆功能；另一类是时序逻辑电路，输出不仅和当前的输入有关，还和以前的输入有关，即具有记忆功能。

一个较大规模的数字电路可能包含组合逻辑电路和时序逻辑电路。然而，无论它是组合逻辑电路还是时序逻辑电路，都可以由最基本的与门、或门和非门组成。所不同的是数字电路中逻辑门的连接方式，时序逻辑电路的基本门电路连接中带有反馈回路，而组合逻辑电路的基本门电路连接中没有反馈回路。

4.2.1　组合逻辑电路

组合逻辑电路是指在任何时刻，输出状态只取决于同一时刻各输入状态的组合，与电路以前状态无关，与其他时间状态也无关▼。

组合逻辑电路的特点可归纳为：输入、输出之间没有反馈延迟通道；电路中无记忆单元。

组合逻辑电路的"综合"和"分析"是互逆的过程。在"综合"中，首先对电路的功能进行描述，然后得到精确描述电路的真值表或布尔方程，进而得到电路图。"分析"是"综合"的反向过程，其步骤是：写出逻辑表达式，画出真值表，进而分析其功能。下面我们先结合汽车警报器的例子来说明组合逻辑电路的综合。

> **例 4.2　汽车警报器 1.0 版**

假设汽车警报器系统有 3 个输入量：车门感应传感器 D▼、振动探测器 V▼和总开关 M。

在系统开启，即总开关 M 合上（$M = 1$）的情况下，当检测到振动（$V = 1$），或者检测到门打开（$D = 1$），或者同时检测到振动和门打开（$V = 1$ 与 $D = 1$）时，希望警报声响起，即 $S = 1$。而当系统关闭，也即 $M = 0$ 时，不管 D 和 V 取什么值，警报信号都保持关闭，即 $S = 0$。

根据汽车警报器的功能描述，可以写出真值表，如图 4.10 中表所示。有了真值表后，就可以推导出布尔方程。在设计电路时，我们只对输出 S 为 1 时有兴趣。因此，只需考虑真值表中输出值 $S = 1$ 的行。

如图 4.10 所示的真值表中，有 3 行 $S = 1$。对于每一行 $S = 1$，我们将所有的输入相"与"。如果这些输入变量是 0 则取其非，是 1 则不取非。比如在第 1 项中，当 $M = 1$，$D = 0$ 和 $V = 1$ 时，$S = 1$，则与运算表达式为 $MD'V$，类似的第 2 项和第 3 项的表达式分别为 MDV' 和 MDV。因为当上述任一项的运算结果为 1 时，$S = 1$，所以再进行或运算，得到最终的表达式为

$$S = MD'V + MDV' + MDV \tag{4.6}$$

课件 4.2
组合逻辑和时序逻辑

视频 4.2　组合逻辑电路

▼常用的组合逻辑电路有：加法器、编码器、译码器、数值比较器、数据分配器和数据选择器等。

▼车门打开时，$D = 1$；关闭时，$D = 0$。
▼检测到汽车振动时，$V = 1$；否则 $V = 0$。

主开关 M	车门 D	振动 V	警报信号 S
0	0	0	0
0	0	1	0
0	1	0	0
0	1	1	0
1	0	0	0
1	0	1	1
1	1	0	1
1	1	1	1

$$S = MD'V + MDV' + MDV$$

图 4.10　汽车警报器的真值表和逻辑表达式

最后，可以将这个方程转化为一个电路图。转化的依据是一个简单的一对一映射关系，与运算转换为与门，或运算转换为或门，非运算转换为非门，运算次序为先非、后与、再或。因此，可得到汽车警报器的电路，如图 4.11 所示。

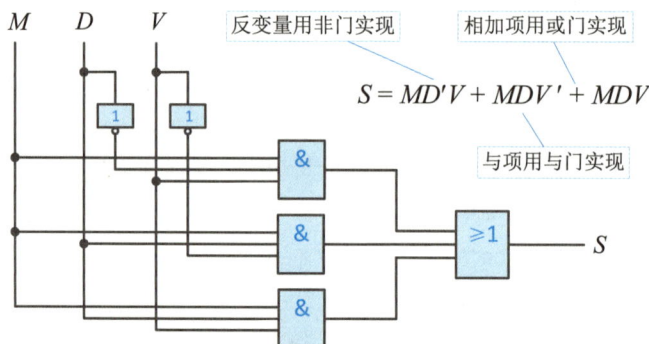

图 4.11　汽车警报器电路

基于布尔代数，可以对式 (4.6) 进行化简▼，得到

$$S = M(D + V) \tag{4.7}$$

这个简化的方程表示，仅当主开关闭合以及检测到门打开或者检测到振动时，发出警报信号。图 4.12 为简化后的电路。

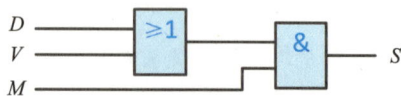

图 4.12　简化后的汽车警报器电路

▼化简过程如下：
$S = MD'V + MDV' + MDV$
　$= MD'V + MD(V' + V)$
应用 $x' + x = 1$
$S = MD'V + MD$
　$= M(D'V + D)$
应用 $x + yz$
　$= (x + y)(x + z)$
$S = M(D + D')(D + V)$
　$= M(D + V)$

如果列写真值表，我们就可以看到，简化前后的电路在功能上是等同的。

接下来我们介绍几种常见的组合逻辑电路。

数据选择器

图 4.13 为二选一数据选择器[▼]，有 2 个数据输入 d_0 和 d_1，1 个选择输入 s。当 $s = 0$ 时，输出 y 等于 d_0；当 $s = 1$ 时，输出 y 等于 d_1。

[▼]数据选择器（data selector），又称多路选择器（multiplexer），是根据给定的输入地址代码，从一组输入信号中选出指定的一个送至输出端的组合逻辑电路。

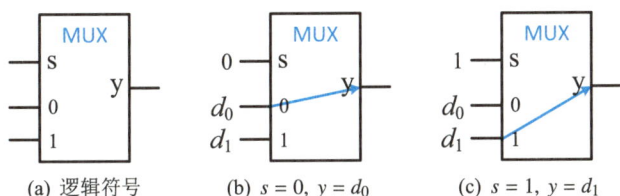

(a) 逻辑符号　　　(b) $s = 0$, $y = d_0$　　　(c) $s = 1$, $y = d_1$

图 4.13　二选一数据选择器

设计分三个步骤。

第一步，列出真值表，真值表中有 4 行输出 $y = 1$，如图 4.14 所示。

s	d_1	d_0	y
0	0	0	0
0	0	1	1
0	1	0	0
0	1	1	1
1	0	0	0
1	0	1	0
1	1	0	1
1	1	1	1

$$y = s'd_1'd_0 + s'd_1d_0 + sd_1d_0' + sd_1d_0$$

图 4.14　二选一数据选择器的真值表和逻辑表达式

第二步，根据真值表写出逻辑表达式，共 4 项，如图 4.14 所示。基于布尔代数，对这个表达式进行化简[▼]，得到 $y = s'd_0 + sd_1$。

第三步，就是画出电路，如图 4.15 所示。

[▼]化简过程如下：
$$s'd_1'd_0 + s'd_1d_0$$
$$= s'd_0(d_1' + d_1)$$
$$= s'd_0$$
$$sd_1d_0' + sd_1d_0$$
$$= sd_1(d_0' + d_0)$$
$$= sd_1$$

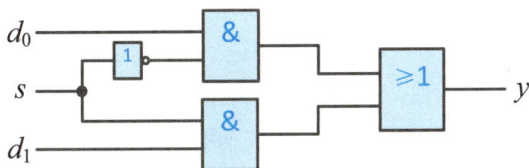

图 4.15　二选一数据选择器电路

可用二选一数据选择器构建更大规模的数据选择器，图 4.16 为八选一数据选择器。

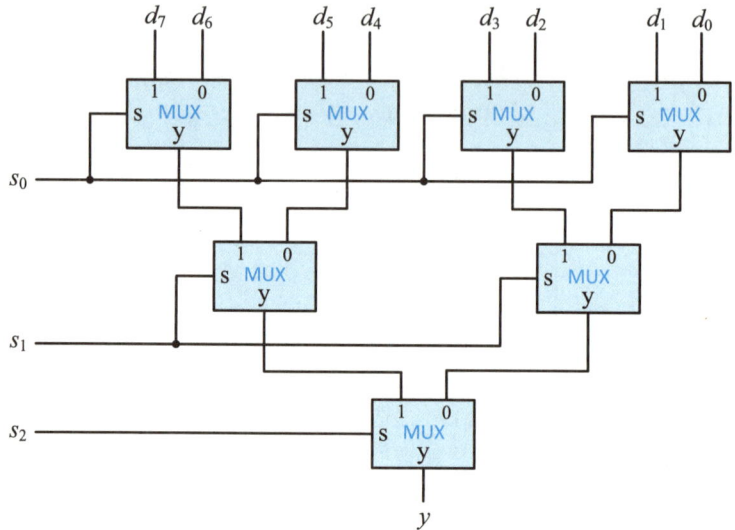

图 4.16　八选一数据选择器

对于 d_0 至 d_7 共 8 条数据输入线，八选一数据选择器需含有 3 条选择线 s_0、s_1、s_2。根据 3 条选择信号的值，8 条输入数据中的一条会被选中并作为输入信号传输至输出端 y。例如，如果选择线 $s_2 s_1 s_0$ 的值为 110（对应十进制数 6），则输入线 d_6 被选中，$y = d_6$，d_6 的数据被传输至输出端 y。

无符号比较器

设计一个 3 比特无符号比较器电路，用来测试一个数是否"大于或等于 6"。输入是 3 位无符号数，因此范围是从 0 到 7。如果输入数字在 0 和 5 之间，则电路输出 0；如果输入是 6 或 7，则电路输出 1。

表 4.10　3 比特无符号比较器真值表

可以用真值表来描述此电路的功能。在表 4.10 中，先把所有的输入列出，每列表示一个输入项，然后在输出列 f 填入所有的输出信号。

根据真值表，我们可以得到对应的逻辑表达式为

$$f = x_2 x_1 x_0' + x_2 x_1 x_0 \tag{4.8}$$

图 4.17 为逻辑电路，图中标注了每个逻辑门的输出结果。以顶端第 1 个与门的输出为例，因为第 1、第 2 项输入分别是 x_2 和 x_1，第 3 项输入是 x_0 的非，则该与门的输出逻辑表达式为 $x_2 x_1 x_0'$。同理，第 2 个与门的逻辑表达式为 $x_2 x_1 x_0$。最后，将所有与门的输出做或运算。

输入			输出
x_2	x_1	x_0	f
0	0	0	0
0	0	1	0
0	1	0	0
0	1	1	0
1	0	0	0
1	0	1	0
1	1	0	1
1	1	1	1

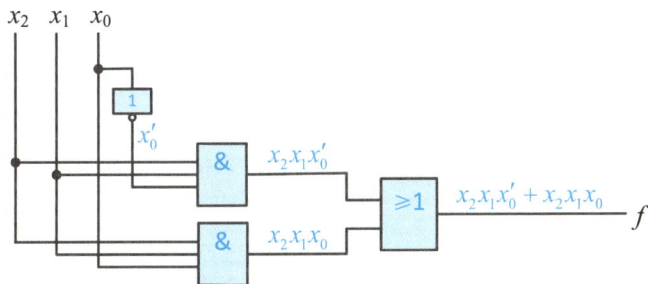

图 4.17　3 比特无符号比较器电路

半加器

加法器是完成 1 比特二进制相加的一种组合逻辑电路，是算术运算电路中的基本单元。半加器的功能是将两个 1 比特二进制数相加，其逻辑电路符号如图 4.18(a) 所示。半加器的输出为"和 S（sum）"和"进位 C（carry）"，可以用真值表来描述其功能，如表 4.11 所示。

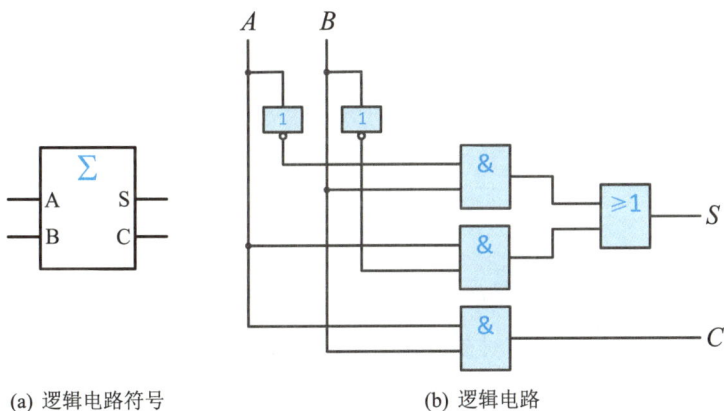

(a) 逻辑电路符号　　　　　　　　(b) 逻辑电路

图 4.18　半加器

表 4.11　半加器真值表

输入		输出	
A	B	C	S
0	0	0	0
0	1	0	1
1	0	0	1
1	1	1	0

表 4.11 输出有两列。如果一个电路有两个或两个以上的输出，那么必须对每个输出写出对应的布尔方程，每个方程的推导是完全独立的。由此可写出逻辑表达式为

$$S = AB' + A'B = A \oplus B \tag{4.9a}$$

$$C = AB \tag{4.9b}$$

式 (4.9a) 中"$\oplus$"表示异或运算。异或门是复合门，当两个输入相异时输出 1，可由 2 个非门、2 个与门和 1 个或门组成，见表 4.5（第 147 页）。图 4.18(b) 为半加器逻辑电路。

全加器

表 4.12　全加器真值表

输入			输出	
C_{in}	A	B	C_{out}	S
0	0	0	0	0
0	0	1	0	1
0	1	0	0	1
0	1	1	1	0
1	0	0	0	1
1	0	1	1	0
1	1	0	1	0
1	1	1	1	1

图 4.19(a) 是全加器的逻辑电路符号，与半加器的不同之处在于，它还能接收一个低位进位输入信号 C_{in}。全加器的输出和半加器类似，包括向高位的进位信号 C_{out} 和本位的和信号 S，真值表如表 4.12 所示。

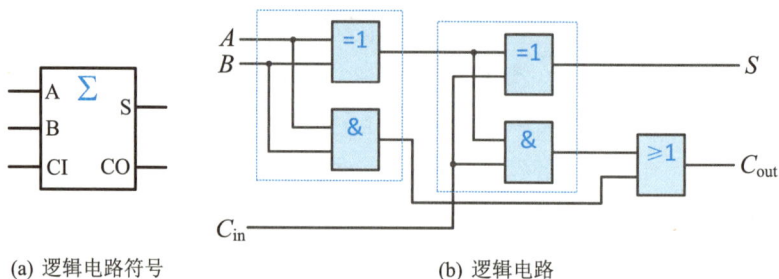

(a) 逻辑电路符号　　　　　　　(b) 逻辑电路

图 4.19　全加器

由表 4.12 可写出全加器的逻辑表达式为

$$S = A \oplus B \oplus C_{in} \tag{4.10a}$$

$$C_{out} = (A \oplus B)C_{in} + AB \tag{4.10b}$$

▼由式 (4.9) 可知，半加器可由 1 个异或门和 1 个与门构成。

图 4.19(b) 是逻辑电路，图中的蓝色虚线框内是半加器▼，全加器可由 2 个半加器级联而成。

全加器通常可以通过级联的方式，构成多比特二进制数加法器。

4.2.2　时序逻辑电路

视频 4.3　时序逻辑电路

时序逻辑电路任何时刻的输出不仅和该时刻的外部输入信号有关，还和该时刻的电路状态及以前的输入信号有关，也就是具有记忆功能。正是因为时序逻辑电路需要记住以前输入的历史，因此必然包含存储单元▼，如图 4.20 所示。

▼常见时序逻辑电路有触发器、寄存器和计数器等。

以汽车警报器为例，对于基于组合逻辑电路的汽车警报器，在总开关 M 打开时，如果有小偷打开门 D，警报信号 S 就会被触发。但如果小偷马上把门关上，警报信号又被关闭了，于是小偷就可以毫无压力地在车内偷东西。

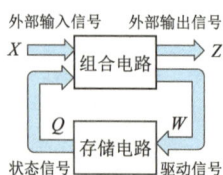

图 4.20　时序逻辑电路结构模型

在这个系统中，输出警报信号 S，仅仅取决于输入，也就是总开关、门和振动传感器。而为了使这个警报器更有用，警报信号在第一次被触发后，即使门已关闭或振动已停止，警报器应该依然保持鸣笛状态。要使警报器具有这一特性，需要对电路进行修改，使输出不只是取决于总开关、门状态和振动传感当前的输出，还要取决于车门之前是否被打开过或之前是否检测到有振动。因此，需要一个记忆单元来实现这样的功能，这就需要一个时序逻辑电路。

　　锁存器和触发器是用来存储信息的两种基本存储单元，因而它们是所有时序逻辑电路的基本结构单元。下面我们来介绍如何用逻辑门构建这些存储单元。

双稳态存储单元

　　我们先来回顾一下反相器。当一个反相器有输入时（0 或 1），则有输出（1 或 0）。因为它是没有记忆功能的，所以如果不再给反相器提供输入▾，那么反相器的输出端将没有输出值。

　　如果想利用反相器构建一个存储电路，希望反相器在没有输入 1 的情况下能够继续保持输出 0，那么反相器就必须自己提供输入值。最简单的办法是，将输出值 0 反相后（变成 1）反馈回输入端。

　　图 4.21 是将两个反相器进行交叉耦合。所谓交叉耦合，是指第一个门电路的输出作为第二个门电路的输入，称为正向连接；第二个门电路的输出又作为第一个门电路的输入，称为反馈连接。这种电路称为双稳态存储单元（bistable element），它是最简单的存储电路，通过引入反馈，使电路具有记忆功能。

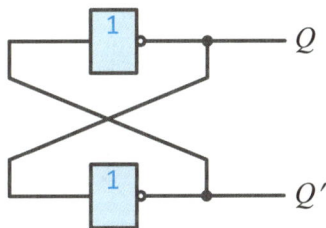

图 4.21　双稳态存储单元电路

　　Q 和 Q' 是两个互为反相的对称信号。假设 $Q = 0$，则下面的反相器输出 $Q' = 1$，这又作为上面反相器的输入，输出后 $Q = 0$，是一个稳定状态，表示存储数据为 0；假设 $Q = 1$，则下面的反相器输出 $Q' = 0$，作为上面反相器的输入后 $Q = 1$，也是一个稳定状态，表示存储数据为 1。这一电路就具有了记忆功能，能够记住电路的状态。双稳态电路的存储数据是由链路构成的瞬间门电路的状态决定的，并且能够永久保持。但由于双稳态电路没有输入端，所以无法改变其存储数据▾。

SR 锁存器

　　如果把双稳态电路中的非门换成与非门▾，与非门的输入就可以作为外部输入，用于改变电路状态，这一电路称为 SR 锁存器（set-reset latch）。除了 Q 和 Q' 这两个输出端口以外，还有两个输入端口 S' 和 R'，分别表示置位端和复位端，如图 4.22(a) 所示。

　　SR 锁存器可用如图 4.22(b) 所示的逻辑符号来表示。与双稳态存储单元一样，SR 锁存器的状态可以是两个状态中的任意一个：$Q = 1$ 的置

▾也即：既不是 0，也不是 1。

▾我们不能直接在节点 Q 输入一个不同值，因为直接将 0 和 1 相连将会短路。可以认为，节点 Q 和 Q' 均为输出，也就是说，电路没有任何其他的外部输入，因此没有办法输入一个不同的值。

▾与非门是与门和非门的结合，先进行与运算，再进行非运算。与非门的逻辑符号是在与门的输出端加个小圆圈。

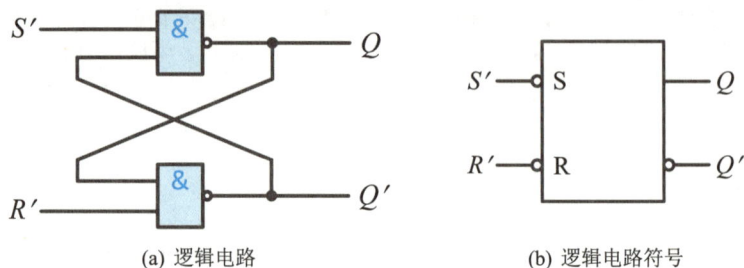

(a) 逻辑电路　　　　　　　　　(b) 逻辑电路符号

图 4.22　SR 锁存器

位状态和 $Q = 0$ 的复位状态。根据信号命名的规定，输入端 S' 和 R' 上的标示"'"用来表示低电平有效▼。若 $S' = 1$ 且 $R' = 1$，则 SR 锁存器就退化为如图 4.21 所示的双稳态存储单元电路。

▼低电平有效是指输入为 0 时，电路的输出才能够翻转（置位或复位）。输入为 1 时，对电路不起作用，即无效状态。

再看 S' 和 R' 其中有一个为 0 的情况。如果 $S' = 0$，$R' = 1$，SR 锁存器处于置位状态，即 Q 被置为 1，$Q' = 0$；如果 $R' = 0$，$S' = 1$，SR 锁存器处于复位状态，即 $Q = 0$，$Q' = 1$。若 S' 和 R' 两者均为 0，则系统可能会进入不稳定或不确定状态，这种情况应予以避免。

表 4.13 是 SR 锁存器所对应的真值表，表中 Q 和 Q_{next} 实际上是电路中的同一个点，其区别在于：Q 为该点的当前值，称为现态，而 Q_{next} 为下一个周期待更新的状态值，称为次态▼。

▼也可以理解为：Q 为输入到门电路的值，Q_{next} 为从门电路输出的值。换句话说，信号 Q 进入门电路，经过两个门电路的传播得到新信号 Q_{next} 返回到 Q。

表 4.13　SR 锁存器真值表

S'	R'	Q	Q_{next}	功能
0	0	0	×	不定（应予以避免）
0	0	1	×	
0	1	0	1	$Q_{next} = 1$　置 1
0	1	1	1	
1	0	0	0	$Q_{next} = 0$　置 0
1	0	1	0	
1	1	0	0	$Q_{next} = Q$　保持
1	1	1	1	

时序

视频 4.4　时序分析

下面我们讨论数字信号的时序。数字系统中的信号是有序的信息流，各信号之间有严格的时序关系。时序，简单地说就是时间顺序。数字系统中每种数字设备均具有特定的逻辑功能，这就要求各个部分按照预先规定的逻辑程序进行工作。因此，时序是数字系统中非常重要的概念。

图 4.23 是 SR 锁存器的时序图。具体描述如下：

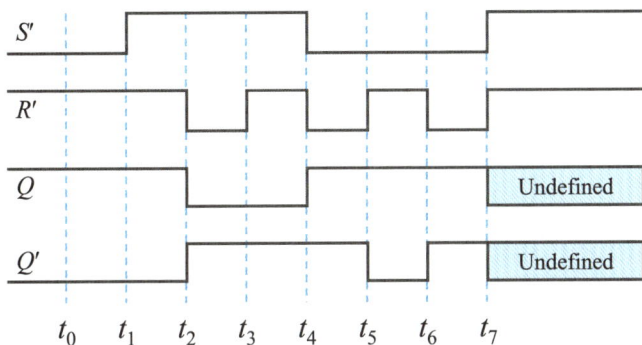

代码 4.1
Multisim SR 锁存器仿真

图 4.23　SR 锁存器的时序图

- t_0 至 t_1 时段，$S' = 0$，$R' = 1$，锁存器置位，$Q = 1$，$Q' = 0$。
- t_1 至 t_2 时段，$S' = R' = 1$，锁存器将保持当前的置位状态，$Q = 1$，$Q' = 0$。
- t_2 至 t_3 时段，$S' = 1$，$R' = 0$，锁存器复位，$Q = 0$，$Q' = 1$。
- t_3 至 t_4 时段，$S' = R' = 1$，锁存器保持当前的复位状态，$Q = 0$，$Q' = 1$。
- t_4 至 t_5 时段，由于 $S' = R' = 0$，系统进入不稳定或不确定状态▼。
- t_5 至 t_6 时段，$S' = 0$，$R' = 1$，锁存器再次置位，$Q = 1$，$Q' = 0$。
- t_6 至 t_7 时段，由于 $S' = R' = 0$，系统再次进入不稳定或不确定状态。
- t_7 时刻后，$S' = R' = 1$，锁存器继续当前的不稳定或不确定状态。

▼即 Q 和 Q' 会从 0 变成 1，再变成 0，反复循环，状态不定，产生振荡。

例 4.3　汽车警报器 2.0 版

在原先用组合逻辑电路实现的汽车警报器（见第 152 页图 4.12）的基础上，加入 SR 锁存器，就可以设计出具有记忆功能的汽车警报器（2.0 版），如图 4.24 所示▼。

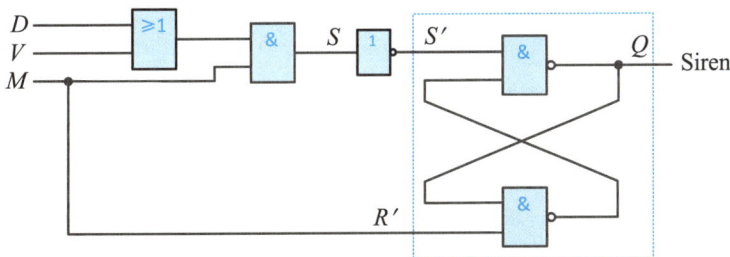

▼图 4.24 中蓝色虚线框部分为 SR 锁存器。

图 4.24　具有记忆功能的汽车警报器

SR 锁存器连接于组合逻辑电路的输出端 S▼。SR 锁存器的复位端 R' 与总开关 M 相连，以便警报能够通过总开关关闭。警报信号 Siren 与 SR 锁存器的输出端 Q 相连。

当总开关开启时，如果车门开关传感器或者振动传感器被触发，则 $S = 1$，$S' = 0$，SR 锁存器将 Q 置 1，也即警报响起。此后如果车门开关传感器和振动传感器被关闭，$S = 0$，$S' = 1$，但由于总开关是开启的，$R' = 1$，此时 SR 锁存器处在保持状态，对于警报之前的开启状态具有记忆性，Q 继续为 1，警报一直响起。只有等总开关关闭，$R' = 0$，Q 被置 0，警报才关闭。

D 锁存器

如果 SR 锁存器的两个输入端 S' 和 R' 同时为零，则系统将进入不稳定状态。为避免出现这种情况，在 S' 和 R' 两个输入端之间增加一个反相器，使 S' 和 R' 总保持相反的状态，即不会同时为零，这就是 D 锁存器（data latch），如图 4.25 所示。

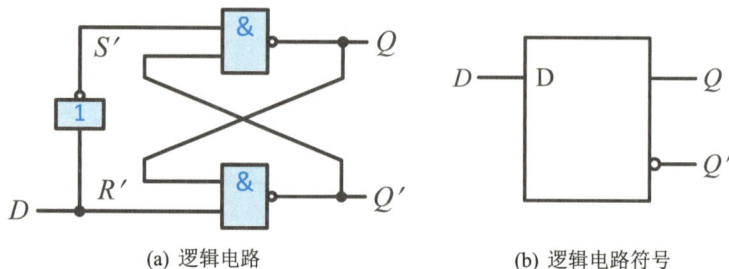

(a) 逻辑电路　　　　　　　　　　(b) 逻辑电路符号

图 4.25　D 锁存器

D	Q	Q_{next}	Q'_{next}
0	×	0	1
1	×	1	0

D 锁存器仅有一个输入。$D = 0$，锁存器复位，$Q = 0$，$Q' = 1$；$D = 1$，锁存器置位，$Q = 1$，$Q' = 0$。表 4.14 为 D 锁存器真值表。

D 锁存器虽然避免 SR 锁存器同时取 0 的情况，但也无法同时取 1 了，这就失去了保持状态的功能。为了让 D 锁存器具有记忆功能，利用一个二选一数据选择器构成具有使能端的 D 锁存器，如图 4.26 所示。

当使能信号有效时（$E = 1$），外部输入信号 D 通过数据选择器，$R' = D$，等同于图 4.25(a) 所示的 D 锁存器，Q_{next}（即输出端 Q）随输入端 D 的变化而变化。当使能信号无效时（$E = 0$），当前状态值 Q 返回到电路的输入端 R'，Q_{next} 将保持当前状态值，且与输入端 D 互相隔离▼。表 4.15 为带有使能端的 D 锁存器真值表。

图 4.27 为带有使能端的 D 锁存器的时序图。具体描述如下：

- t_0 至 t_1 时段，使能信号有效，$E = 1$，输出 Q 和输入 D 一致。

- t_1 至 t_2 时段，使能信号无效，$E = 0$，不管 D 有无变化，输出都保持原来状态不变。

(a) 逻辑电路　　　　　　　　　　(b) 逻辑电路符号

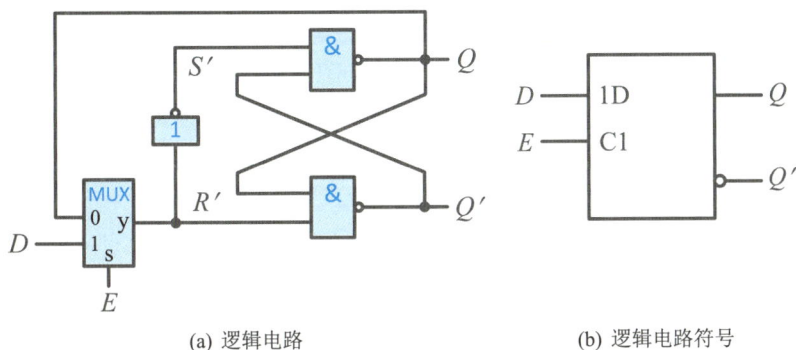

图 4.26　带使能端的 D 锁存器

表 4.15　带有使能端的 D 锁存器真值表

E	D	Q	Q'	Q_{next}	Q'_{next}
0	×	0	1	0	1
0	×	1	0	1	0
1	0	×	×	0	1
1	1	×	×	1	0

- t_2 至 t_3 时段，使能信号又变为有效，$E = 1$，输出 Q 随输入 D 的变化而变化。

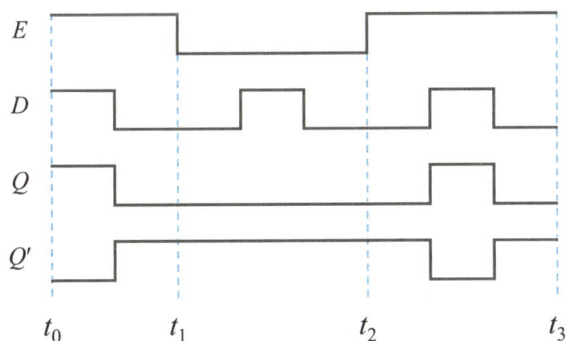

图 4.27　带有使能端的 D 锁存器的时序图

代码 4.2　Multisim 带有使能端的 D 锁存器仿真

时钟信号

类似于很多人进行齐步走，需要有一个 $1 - 2 - 1$ 的同步指令，一个复杂的数字系统要正确工作，也需要有一个用于同步的时钟信号▼。

锁存器是对电平敏感的存储单元电路，因为只要锁存器处于有效使能状态，其输出端将会受到输入端的影响。也就是说，只要使能信号是有效的，锁存器的存储器状态在所有时刻均能被改变。

▼时钟信号是时序逻辑的基础，用于决定逻辑单元中的状态何时更新，是有固定周期并与运行无关的信号量。

在计算机电路中，我们不希望当使能信号有效时，多个存储器状态在不同时刻发生改变，而是每隔一段时间在完全相同的时刻所有存储器状态同时发生改变。为了达到这种效果，就需要有一个用于同步的时钟信号和一个能够实现时钟边沿触发的触发器。

时钟信号是一个常规的方波信号，如图 4.28 所示。我们把信号由 0 变为 1 的边沿称为时钟信号的上升沿或正边沿，信号由 1 变为 0 的边沿称为时钟信号的下降沿或负边沿。如果可以使用时钟信号的上升沿或下降沿进行触发，就可以实现电路同步工作。

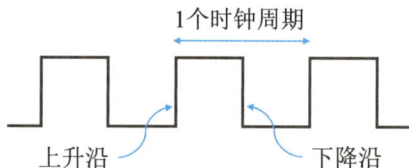

图 4.28　时钟信号

一个时钟周期（clock cycle）是指从一个上升沿到另一个上升沿或从一个下降沿到另一个下降沿的一段时间。时钟频率是指每秒的时钟周期数▼，单位是赫兹。时钟周期是时钟频率的倒数。

▼通常，嵌入式系统的微处理器的时钟频率在 50 MHz 左右，而个人电脑微处理器能够达到 2 GHz 甚至更高的频率。

D 触发器

与锁存器不同，触发器对电平不敏感，是由边沿触发的。也就是说，数据只在时钟信号的有效边沿才被存储到触发器中。边沿触发的 D 触发器（D flip-flop）可以通过级联一对带使能端的 D 锁存器来实现。

图 4.29(a) 给出了一个正边沿触发的 D 触发器，时钟信号 Clk 分别通过直连和反相器连接到两个锁存器的使能端 C1。图 4.30 为正边沿触发的 D 触发器的时序图示例。

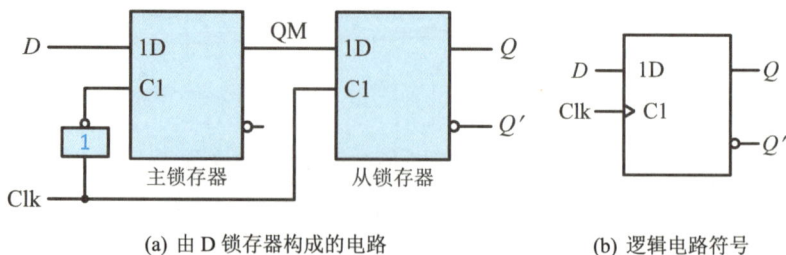

(a) 由 D 锁存器构成的电路　　　　(b) 逻辑电路符号

图 4.29　正边沿触发的 D 触发器

前一个锁存器称为主锁存器，由于存在反相器，当 Clk = 0 时，主锁存器处于使能状态，则 QM 随输入端 *D* 的改变而改变。但此时后一个锁存器（从锁存器）没有处于使能状态，QM 端的信号无法到达主输出端 *Q*，所以从锁存器的输出 *Q* 保持不变。

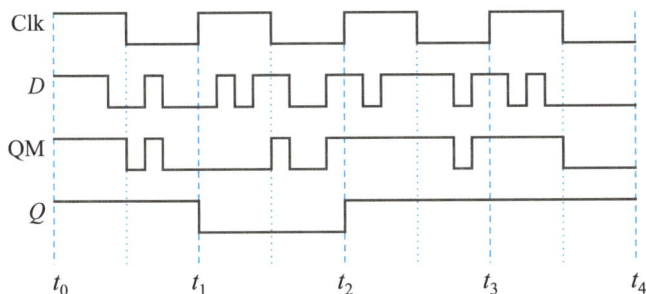

图 4.30　正边沿触发的 D 触发器的时序图示例

代码 4.3　Multisim 正边
沿 D 触发器仿真

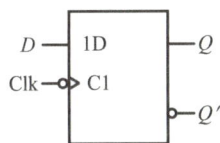

当 Clk = 1 时，主锁存器没有处于使能状态，而从锁存器是被使能的，那么主锁存器的输出 QM 将被传送到输出端 Q。虽然从锁存器在 Clk = 1 时一直处于使能状态，但是其内容只会在时钟信号的上升沿时刻才发生改变，这是因为一旦 Clk 为 1，主锁存器没有处于使能状态，QM 是保持不变的，输出端 Q 也保持不变。输出端 Q 的更新只发生在时钟信号 Clk 的上升沿时刻，即 D 触发器的输出 Q 为时钟上升沿时刻的信号 D。

正边沿触发的 D 触发器的逻辑符号如图 4.29(b) 所示，与图 4.26(b) 不同的是，时钟信号输入端 C1 端有个 ">" 符号，表示电路是由时钟信号的边沿所触发的。如果在时钟信号输入端前面有一个小圆圈，则表示该触发器是通过时钟信号的下降沿触发的，即表示的是负边沿触发的 D 触发器，如图 4.31 所示。

表 4.16 为正边沿触发的 D 触发器真值表，符号 "↑" 代表时钟信号的上升沿。无论 Clk 是 0 还是 1，触发器均保持其当前值不变，即 $Q_{next} = Q$。Q_{next} 只在时钟信号的上升沿随着输入端 D 的变化而变化。

图 4.31　负边沿触发的 D 触发器

表 4.16　正边沿触发的 D 触发器真值表

Clk	D	Q	Q'	Q_{next}	Q'_{next}
0	×	0	1	0	1
0	×	1	0	1	0
1	×	0	1	0	1
1	×	1	0	1	0
↑	0	×	×	0	1
↑	1	×	×	1	0

寄存器

一个触发器只能存储一个比特的数据，如果要存储一个字节的数据时，就需要将 8 个触发器组合起来，使其成为一个共同工作的单元。寄存器（register）就是一种由多个 D 触发器相连的电路，各个 D 触发器协同工作，并通过同一个时钟信号和一个使能信号进行同步。

图 4.32 为具有同步置数和异步清零▼（复位）功能的 4 比特寄存器，由 4 个具有高电平有效使能端（Load）和异步清零功能（Clear）的 D 触发器所构成。

▼同步和异步是指是否和时钟脉冲同步。同步清零一定要等时钟脉冲有效时才能清零，异步清零就是不用看时钟脉冲，一置清零端就立刻能清零。

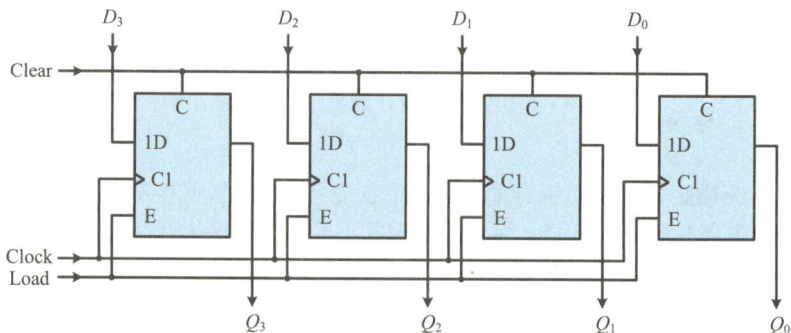

图 4.32 四比特寄存器电路结构

注意到电路中 4 个 D 触发器的控制信号 C1（Clock）、E（Load）和 C（Clear）都是连在一起的，以便于当某个控制信号变为有效状态时，各个触发器能够同时响应。4 位输入数据分别与 D_0、D_1、D_2、D_3 相连，相应地，Q_0、Q_1、Q_2、Q_3 对应于寄存器的 4 位输出数据。

当高电平有效的 Load 信号处于有效状态，即 Load = 1，在输入信号线 D 上的数据将在下一个时钟信号的上升沿存储到 4 个触发器中。当 Load 信号被禁用，即 Load = 0，寄存器中的内容保持不变。

寄存器可通过使 Clear 信号线处于有效状态来实现异步清零▼。寄存器中存储的数据在输出信号线 Q 上是一直有效的，所以无须控制信号线来控制寄存器的数据读取过程。

▼即立即将 Q_0、Q_1、Q_2、Q_3 复位为 0，而无须等到下一个时钟信号的有效边沿。

4.2.3 有限状态机

视频 4.5 有限状态机

触发器是最基本的存储元件。一个触发器能够记住的只有一个信息位或者一个历史位，可以记住过去输入完整历史的触发器集合称为状态存储器。

状态存储器是所有微处理器内部控制电路的主要组成部分。因为状态存储器的触发器数目是有限的，所以对应的所有可能的总状态数也是有限的，因此称为有限状态机（finite state machine，FSM）。

有限状态机是微处理器的核心部件，因为它控制了整个微处理器的操作。要完成一个任务，需要分很多步骤，每个步骤看成一个状态。状态机是一种实现多个状态任务的时序逻辑电路的有效抽象。

有限状态机的工作方式是不停地经过一串不同的状态。每个时钟周期可以看成一个状态，在每一个状态下，有限状态机执行分配给该状态的操作。

虽然状态的数量有限，但是有限状态机可以不止一次地进入这些状态，所以一个有限状态机经过的状态序列可以无限长。

状态图

状态图是一种由节点和连接节点的有向边组成的确定结构的图，可以精确描述一个有限状态机的操作。

对于有限状态机的每一个状态，用状态图中的一个节点表示，并在节点上标注这一状态的名称或者状态编码。对于有限状态机中的每一个状态转换，使用状态图中的一条有向边表示，有向边起源于状态机的当前时刻状态的节点，指向下一时刻要转向的状态。有向边上标注的是状态转换的条件▼。

▼如果没有标注转换条件，说明这一状态转换是无条件的。

图 4.33 中，Y 为输出信号，标注在节点中，表明输出只和当前状态有关；若标注在有向边上，则意味着输出不仅取决于当前状态，还取决于输入信号 C。

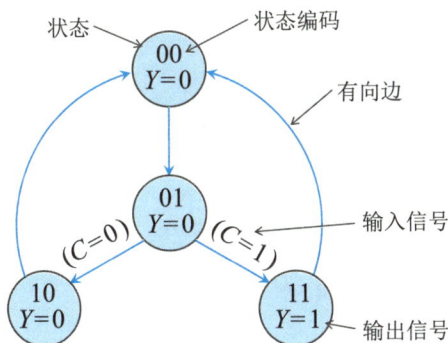

图 4.33　状态图示例

例 4.4　一段伪代码的状态图设计

图 4.34 中的伪代码▼中有 3 个执行状态（$x = 5$，OUTPUT x，$x = x-1$），每一个执行状态都可视为一个状态节点，再加最终的一个停止状态，一共有 4 个状态。我们按执行的顺序在状态图中添加有向边。从状态 s_0 开始，执行 $x = 5$。状态 s_0 有两条有向边线，如果 $x \neq 0$，则执行从状态 s_0 到 s_1 的语句。如果 $x = 0$▼，状态 s_0 转移到 s_3，状态 s_3 无条件地自身循环，是停止状态。

▼伪代码（pseudo-code）是对计算机程序或算法的一种非正式的高级描述，对每一个模块的描述都必须与设计结构图一起出现。

▼$x = 0$ 在图 4.34 中表示为 $(x \neq 0)'$，即 $x \neq 0$ 的非。

状态 s_1 执行输出语句后，无条件转移到状态 s_2，执行减法运算。在状态 s_2 再次判断，如果 $x \neq 0$，则回到状态 s_1，重复循环。如果 $x = 0$，则条件为假，到达状态 s_3。

伪代码：

```
x = 5
WHILE (x≠0){
  OUTPUT x
  x = x - 1
}
```

$x=5$　s_0　$(x≠0)$　s_1　OUTPUT x

$(x≠0)'$　$(x≠0)$

s_3　$(x≠0)'$　s_2　$x=x-1$

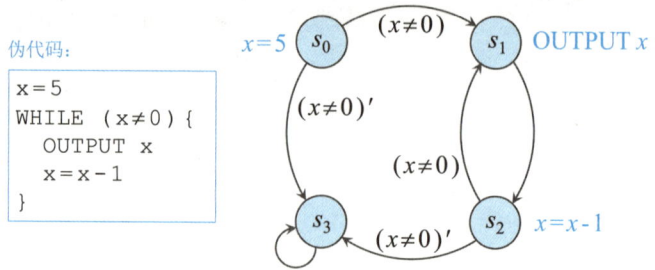

图 4.34　一段伪代码及其状态图

　　有两种不同的有限状态机模型，Moore 状态机和 Mealy 状态机，如图 4.35 所示。对于 Moore 状态机，输出逻辑电路只将当前状态作为它的输入；而对于 Mealy 状态机，输出逻辑电路同时将当前状态和输入信号作为其输入。

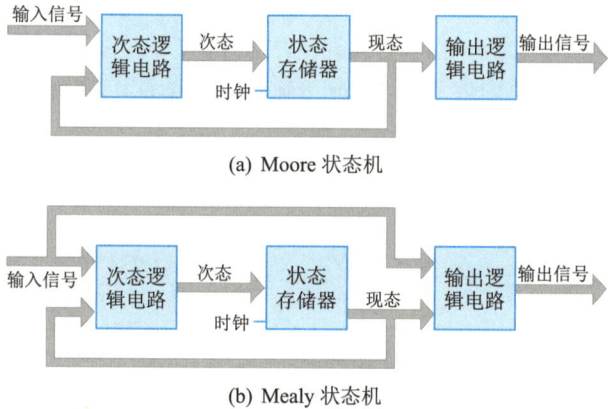

输入信号　次态逻辑电路　次态　状态存储器　现态　输出逻辑电路　输出信号　时钟

(a) Moore 状态机

输入信号　次态逻辑电路　次态　状态存储器　现态　输出逻辑电路　输出信号　时钟

(b) Mealy 状态机

图 4.35　有限状态机模型

　　这两种有限状态机都有三个组成部分：次态逻辑电路、状态存储器和输出逻辑电路▼。

▼次态逻辑电路和输出逻辑电路都是组合逻辑电路，而状态存储器是一个或多个 D 触发器组成的时序逻辑电路。

有限状态机分析

　　有限状态机的分析是指，给定一个状态机电路，分析其状态图。具体分为三个步骤：

　　第一步，依据次态逻辑电路写出次态逻辑方程和真值表。

　　第二步，依据输出逻辑电路写出输出逻辑方程和真值表。

　　第三步，根据次态方程和输出方程画出状态图。

　　图 4.36 是一个 Moore 型有限状态机示例，我们可以得到两个 D 触发器的次态方程，即

$$Q_{1next} = D_1 = Q_1'Q_0 \tag{4.11a}$$

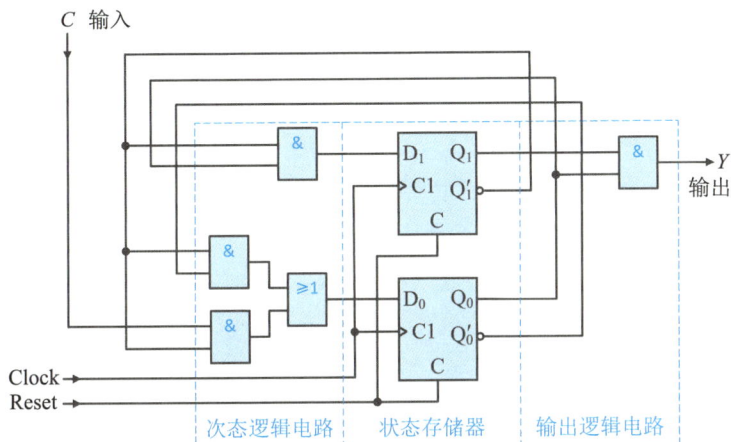

图 4.36　Moore 型有限状态机示例

$$Q_{0next} = D_0 = Q_1'Q_0' + CQ_1' \tag{4.11b}$$

表 4.17 是由次态方程获得的次态真值表，有 3 个输入：C、Q_1 和 Q_0，2 个输出：Q_{1next} 和 Q_{0next}。我们将此表调整为表 4.18 的格式，这样更容易看清楚在当前状态和输入值下次态的值。

表 4.17　次态真值表

CQ_1Q_0	$Q_{1next}Q_{0next}$
000	01
001	10
010	00
011	00
100	01
101	11
110	00
111	00

表 4.18　次态逻辑真值表

当前状态	次态 $Q_{1next}Q_{0next}$	
Q_1Q_0	$C = 0$	$C = 1$
00	01	01
01	10	11
10	00	00
11	00	00

根据输出逻辑电路写出输出方程和真值表。由图 4.36 中的输出逻辑电路可得输出方程为

$$Y = Q_1Q_0 \tag{4.12}$$

表 4.19 为输出逻辑真值表。

分析有限状态机的最后一步是画出状态图。这个有限状态机由 2 个触发器构成状态寄存器，2 个触发器有 4 个不同的状态，因此状态图有 4 个节点。为了画出状态图，首先要画出 4 个节点并用组合状态编码标记每个节点，如图 4.37 所示。

接下来，利用次态表 4.18 画有向边。表 4.18 中的每一次态项，有一条有向边从当前状态指向该次态，相应的输入条件标记在边线上。例如，当前状态 Q_1Q_0 是 01，次态 $Q_{1next}Q_{0next}$ 是 10，因此，存在有向边从标记

表 4.19　输出真值表

Q_1Q_0	Y
00	0
01	0
10	0
11	1

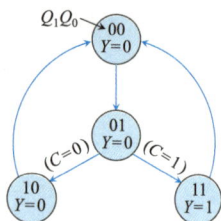

图 4.37　状态图

01 到标记 10。由于只有当输入信号 C 是 0 时该转移才发生，因此条件 $C = 0$ 标记在有向边上。

如果从当前状态到次态在所有可能的输入条件下都会发生，那么它是无条件转移的，只要画一条没有标签的有向边即可。例如，当前状态 00，次态是 01，对 C 的所有值都会发生转移，这就是无条件转移。因此，只有一条有向边从状态 00 达到状态 01，没有条件标签。

由于输出信号只和当前状态有关，所以输出值标记在状态内或旁边。

有限状态机综合

有限状态机的综合是指，给定一个状态图，综合出该状态图的电路，也有三个步骤：

第一步，依据状态图，写出次态电路真值表和次态电路逻辑表达式。

第二步，依据状态图，写出输出电路真值表和输出电路逻辑表达式。

第三步，依据第一步和第二步，画出电路图。

例4.5　汽车警报器3.0版

我们回顾一下前文介绍过的汽车警报器。1.0 版的电路是组合逻辑电路，如图 4.12（第 152 页）所示。组合逻辑电路的问题是，一旦警报器被触发，譬如开门，警报声可通过再次关门立即关闭▼。汽车警报器 2.0 版中增加了一个 SR 锁存器，解决了 1.0 版的问题，如图 4.24（第 159 页）所示。

现在我们用一种一般化的方法，也就是用有限状态机综合的方法来设计汽车警报器。

首先，推导系统的状态图，如图 4.38 所示。汽车警报器有两个状态，一个是警报响，一个是警报不响。两个状态之间可以互相跳转，每个状态也可以继续留在原先的状态，所以有 4 条有向边。根据输入所有可能的组合引起的状态变化，在有向边上标注跳转条件。

▼我们希望的是，一旦警报被触发，即使关门后也应该保持，关闭它的唯一办法是断开总开关。这就需要一个时序逻辑电路，输出不仅与当前输入有关，还与警报的当前状态相关。

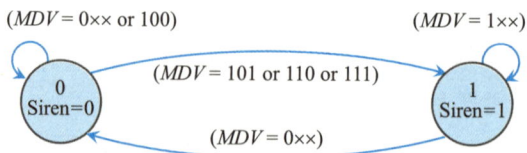

图 4.38　汽车警报器（3.0 版）状态图

在状态 0，如果总开关 M 断开（$M = 0$），或者总开关闭合（$M = 1$）但车门关闭（$D = 0$）也没发生振动（$V = 0$），则不发生跳转，继续停留在状态 0。如果在总开关闭合的情况下（$M = 1$），车门被打开（$D = 1$），或汽车发生振动（$V = 1$），就要跳转到状态 1，发出警报声。

在状态 1，只有当总开关 M 断开（$M = 0$），才会跳转回状态 0，警报声停止。否则，一直停留在状态 1，发出警报声。

用一个 D 触发器作为状态寄存器可将状态图转换为对应的次态真值表，如表 4.20 所示。

表 4.20　汽车警报器 3.0 版次态真值表

现态 Q_0	次态 Q_{0next}							
	M, D, V							
	000	001	010	011	100	101	110	111
0	0	0	0	0	0	1	1	1
1	0	0	0	0	1	1	1	1

现态 $Q_0 = 0$ 时，当 $M = 1$，且 D 和 V 至少有 1 个为 1 时，次态 Q_{0next} 输出为 1。现态 $Q_0 = 1$ 时，如果 $M = 1$，次态 Q_{0next} 就输出为 1。所以，次态方程可写为

$$Q_{0next} = Q_0'M(D + V) + Q_0M \tag{4.13}$$

这个逻辑表达式可化简为▼

$$Q_{0next} = M(Q_0 + D + V) \tag{4.14}$$

汽车警报器在状态 1 报警，在状态 0 不报警，所以输出方程为

$$\text{Siren} = Q_0 \tag{4.15}$$

据此，我们可以得到汽车警报器 3.0 版的电路，如图 4.39 所示。该电路用了一个 D 触发器，由次态方程式(4.14) 得到次态电路：Q_0, D, V 先进行或运算，再和 M 进行与运算，产生触发器的输入信号 D_0。触发器的输出信号 Q_0 直接驱动警报器。

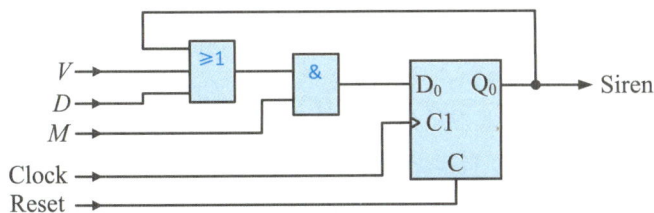

▼化简过程如下：
Q_{0next}
$= Q_0'M(D + V) + Q_0M$
$= (Q_0M) + (Q_0'M)(D + V)$
应用 $x + yz = (x + y)(x + z)$
Q_{0next}
$= (Q_0M + Q_0')(Q_0M + D + V)$
$= M(Q_0M + D + V)$
应用 $x \cdot x = x$
$Q_{0next} = M(Q_0 + D + V)$

图 4.39　汽车警报器 3.0 版电路

最后，我们比较一下 2.0 版和 3.0 版的汽车警报器。2.0 版不需要时钟，而 3.0 版需要时钟，且 3.0 版具有外部可控性。2.0 版设计需要对系统有较为深入的理解，相比而言，3.0 版只要按照有限状态机的设计流程就可以完成，是一种程序化的设计方法。对于复杂数字系统功能的设计，基于有限状态机的设计方法得到广泛应用。

测验 4.2
组合逻辑和时序逻辑

算盘是一种手动操作计算工具，起源于中国，迄今已有 2600 多年的历史，是中国古代的一项重要发明。

课件 4.3
微处理器和计算机系统

▼结绳记事是文字发明前，人们所使用的一种记事方法。即在一条绳子上打出大小不同的绳结，用来记录所发生的事和所做过的事。

巴斯柯的加法器

巴贝奇的差分机

哈佛马克一号

▼International Business Machines Corporation，国际商业机器公司。

4.3 微处理器和计算机系统

电子计算机俗称电脑，是现代一种用于高速计算的计算机器，既可以进行数值计算，又可以进行逻辑计算，还具有存储记忆功能，是能够按照程序运行，自动、高速处理海量数据的现代化智能电子设备。

中央处理器（central processing unit，CPU）是计算机内部对数据进行处理并对处理过程进行控制的部件，是现代计算机的核心。伴随着大规模集成电路技术的迅速发展，芯片集成密度越来越高，CPU 可以集成在一个半导体芯片上，这种具有中央处理器功能的大规模集成电路器件，统称为微处理器。

4.3.1 计算机概述

计算工具的演化经历了由简单到复杂、从低级到高级的不同阶段，如从"结绳记事"▼中的绳结到算筹、算盘、计算尺、机械计算机等。它们在不同的历史时期发挥了各自的历史作用，同时也启发了现代电子计算机的研制思想。

现代计算机问世之前，计算机的发展经历了机械式计算机、机电式计算机和萌芽期的电子计算机三个阶段。

计算机起源

早在 17 世纪，欧洲一批数学家就已开始设计和制造以数字形式进行基本运算的数字计算机。1642 年，法国数学家布累斯·巴斯柯（Blaise Pascal，1623—1662）采用与钟表类似的齿轮传动装置，制成了最早的滚轮式加法器（pascaline）。1671 年，德国数学家莱布尼兹发明的步进计算器（stepped reckoner），增添了"步进轮"装置，可通过重复加减法和移位进行乘除运算，这是第一台具有完整四则运算能力的机械式计算器。

19 世纪 20 年代，英国数学家、经济学家、机械工程师查尔斯·巴贝奇（Charles Babbage，1791—1871）发明了差分机，用来计算数学用表，将每次完成一次算术运算发展为自动完成某个特定的完整运算过程。1833 年，巴贝奇制造出了一台可运转的小原型机，并转而开始研制分析机。分析机已描绘出有关程序控制方式计算机的雏形，算术运算和数字存储分离，体现了现代数字计算机几乎所有的重要功能，但限于当时的技术条件而未能实现。

1937 年，美国哈佛大学研究生霍华德·哈撒韦·艾肯（Howard Hathaway Aiken，1900—1973）与 IBM 公司▼开始合作制造机电式全自动数字计算机，1944 年 5 月完工并投入使用，IBM 公司将它命名为自动序列控制计算器（automatic sequence controlled calculator，ASCC）。同年 8 月，正式交付给用户哈佛大学，哈佛大学称之为"哈佛马克一号（Harvard

Mark I)"。"哈佛马克一号"由开关、继电器、转轴以及离合器等构成，可以按照任何指定的顺序对 23 位十进制数字执行查表和四则运算，几乎完全实现了巴贝奇的分析引擎原理，同时增加了重要的新功能。但它无法执行如今称为"条件分支"的操作，就此而言，比巴贝奇设计的分析机逊色不少。

图灵机（Turing machine）

1936 年，英国数学家艾伦·麦席森·图灵（Alan Mathison Turing, 1912—1954）发表了《论可计算数及其在判定性问题中的应用》▼一文，提出了一种抽象的计算模型——图灵机，将人们使用纸笔进行数学运算的过程进行抽象，由一个虚拟的机器替代人类进行数学运算。

图灵机的处理对象是一条划分为一个个小方格的纸带▼，如图 4.40 所示。纸带可左右移动，读写头可以对指针指向的单个小方格进行读取、擦除和打印操作。控制器（有限状态机）根据程序中制定的状态转移规则，决定读写头的具体操作。在每个时刻，控制器都要从当前纸带上读入一个方格信息，然后结合自己的内部状态查找程序表，根据程序输出信息到纸带方格上，并转换自己的内部状态，然后移动纸带。通用图灵机向人们展示这样一个过程：程序和其输入可以先保存到纸带上，图灵机就按程序一步一步运行直到给出结果，结果也保存在纸带上。

▼A. Turing. On computable numbers, with an application to the entscheidungsproblem [J]. *Proceedings of the London Mathematical Society*, 1937, s2-42(1): 230–265.

▼纸带可以比作计算机的内存，其每个小方格可以存放一个符号（可以是数字、字母或其他符号）。

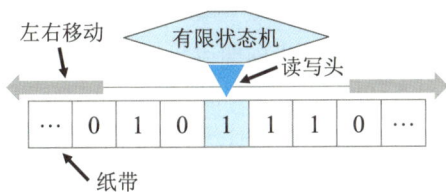

图 4.40　图灵机模型

图灵提出图灵机模型并不是为了同时给出计算机的设计▼，其意义在于：证明了通用计算理论，肯定了计算机实现的可能性，同时它给出了计算机应有的架构；图灵机模型引入了读写与算法、程序语言的概念，极大地突破了过去的计算机器的设计理念；图灵机模型理论是计算学科最核心的理论，因为计算机的极限计算能力就是通用图灵机的计算能力，很多问题可以转化到图灵机这个简单的模型来考虑。

▼数理逻辑的理论发展在计算机科学成为一门学科的进程中产生了重大影响。然而，当时参与计算机制造的人很少了解数理逻辑的发展，这些理论发展对于实际的计算机制造影响甚微。

电子计算机的诞生

美国爱荷华州立大学的计算机项目始于 1937 年，发起人是约翰·文森特·阿塔纳索夫（John Vincent Atanasoff，1903—1995），他得到了研究生克利福特·爱德华·贝瑞（Clifford Edward Berry，1918—1963）的协助。到 1939 年，一台初步的电子计算设备已经成型。之后的两年中，两

John Vincent Atanasoff
（1903—1995）

人继续推进整机的制造工作，这台计算机后来被称为阿塔纳索夫-贝瑞计算机（Atanasoff-Berry computer，简称 ABC）。1942 年，阿塔纳索夫应征前往美国海军军械实验室从事战时工作，研制工作就没有继续进行下去。阿塔纳索夫与贝瑞提出的二进制运算、电子开关▼等概念，后来都在电子计算机的设计中得到应用。但 ABC 机不可编程，仅仅设计用于求解线性方程组，缺乏通用性、可变性与存储程序的机制。

▼采用电子管取代机械装置或者继电器等元件。

　　1942 年 8 月，美国宾夕法尼亚大学莫尔电气工程学院约翰·威廉姆·莫奇利（John William Mauchly，1907—1980）提交了一份名为《高速电子管计算装置的使用》（*The use of vacuum tube devices in calculating*）的备忘录，提出"电子计算机"的概念。1943—1945 年，工程师约翰·普雷斯伯·埃克特（John Presper Eckert，1919—1995）和莫奇利开始了电子数字积分计算机（ENIAC）的研制，旨在为美国陆军弹道研究实验室计算火炮弹道轨迹。1946 年 2 月 16 日，ENIAC 在莫尔学院正式启用，世界上第一台通用电子计算机诞生。

John Presper Eckert（右）
（1919—1995）
John William Mauchly
（左）
（1907—1980）

　　ENIAC 由 1.8 万个电子管、7 万个电阻、1 万个电容、6000 个开关以及 1500 个继电器组成，完全采用电子线路执行算术运算、逻辑运算和信息存储，运算速度比"哈佛马克一号"快 1000 倍。但是，这种计算机的程序仍然是外加式的，针对特定算题要人工把各个部件用电线重新连接▼，需要花费数小时甚至数天时间才能更换程序。另外，ENIAC 的存储容量过小，仅能存储 20 个数字，不太适合求解偏微分方程。

▼ENIAC 的运算速度高达每秒 5000 次，使用打孔卡或纸带进行编程，速度不匹配，因此并不可行。

　　计算机设计中的逻辑与数学问题引起数学家约翰·冯·诺伊曼（John von Neumann，1903—1957）的兴趣，他担任 ENIAC 研制小组的顾问，试图帮助解决这台机器的缺陷，并设计一种新方案。在继续制造 ENIAC 的同时，宾夕法尼亚大学计算机小组所有重要的研究工作均围绕 ENIAC 后继者的设计展开，这就是离散变量自动电子计算机（electronic discrete variable automatic computer，EDVAC）。埃克特提出采用延迟线存储单元替代电子管存储▼，可使电子元件的数量减少为原来的 1%，让大容量存储成为可能。冯·诺伊曼在体系结构设计中发挥了重要作用，1945 年 6 月，他提交了著名的《EDVAC 报告书的第一份草案》（*First draft of a report on the EDVAC*），里面描述了计算机的逻辑结构，尤为重要的一点是，提出了"存储程序"的思想。

▼汞延迟线存储器利用汞对超声波的延迟作用存储信息，采用电—超声波—机械振动—超声波—电反馈原理，属于电-机械记录方式。

冯·诺依曼结构（von Neumann architecture）

　　冯·诺伊曼结构，也称冯·诺伊曼模型或普林斯顿结构，是一种将程序指令和数据都以二进制形式储存在存储器的计算机设计概念结构。依据冯·诺伊曼结构设计出的计算机称作冯·诺依曼计算机，又称存储程序计算机。冯·诺依曼机由 5 种功能部件组成，分别是控制器、运算器、存储器、输入设备和输出设备，如图 4.41 所示。

John von Neumann
（1903—1957）

　　"存储程序"的意思就是将程序存储到计算机内部，计算机执行程序时，将自动地并按顺序从主存储器中一条一条地取出指令并执行。

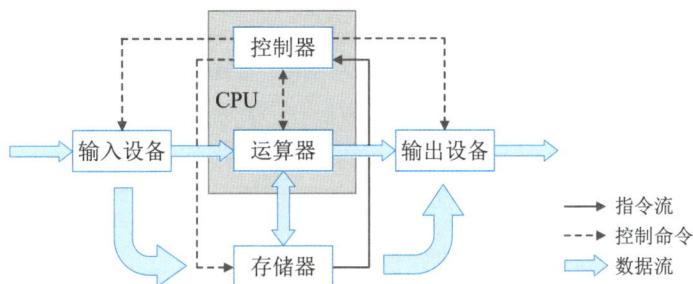

图 4.41　冯·诺依曼计算机结构

冯·诺依曼体系结构是现代计算机的基础，现在大多数计算机仍然是冯·诺依曼计算机的组织结构。冯·诺依曼也因此被称为"计算机之父"。

1946 年 7—8 月，莫尔学院组织了美国和英国 20 多个机构的专家参加的暑期课程，推动了存储程序式计算机的设计与制造。最早的两台存储程序计算机都诞生在英国。1948 年 6 月，曼彻斯特"小婴儿"（Manchester baby）▷在英国曼彻斯特大学诞生，证明了存储程序计算机的可行性。1949 年 5 月，英国剑桥大学研制成电子延迟存储自动计算机（electronic delay storage auto-matic calculator，EDSAC），世界上第一台实用的存储程序计算机由此诞生。

现代计算机的发展

电子计算机的发展已经经历了四代，这是根据构成计算机的电子元件划分的。随着物理元器件的变化，不仅计算机主机经历了更新换代，它的外部设备也在不断变革。

- 电子管计算机（1946—1958 年）

逻辑元件采用真空电子管，主存储器采用汞延迟线、阴极射线示波管静电存储器、磁鼓、磁芯等，外存储器采用磁带。通常使用机器语言或者汇编语言来编写应用程序，科学计算用的高级语言 Fortran 初露头角。应用领域以军事和科学计算为主。电子管计算机的缺点是体积大，功耗高，可靠性差，运算速度慢（一般为每秒数千次至数万次）。

- 晶体管计算机（1959—1964 年）

逻辑元件采用晶体管代替电子管，普遍采用磁芯存储器作为主存储器，磁盘和磁带作为外存储器。运算速度提高到了每秒数十万次。事务处理的 COBOL、科学计算用的 ALGOL、符号处理用的 Lisp 等高级语言开始进入实用阶段，提出了操作系统的概念。应用领域以科学计算和数据处理为主，并开始进入工业控制领域。

103 机

中国《1956 至 1967 年科学技术发展远景规划纲要》中把计算机列为发展重点之一，并于 1957 年筹建了中国第一个计算技术研究所。在苏联专家的帮助下，中国科学院计算技术研究所研制的中国第一台数字电子计算机——103 机（占地约 40 平方米，定点 32 位二进制，每秒 2500 次）在 1958 年交付使用。

▷正式名称为曼彻斯特小型实验机（Manchester small-scale experimental machine，SSEM）。

1971 年，英特尔（Intel）公司推出世界上首款微处理器——4004。它是用于计算器的 4 位微处理器，含有 2300 个晶体管。

▼固件（firmware）是固化在只读存储器中的程序，担任着一个系统最基础最底层的工作，比如计算机主板上的基本输入/输出系统（basic input/output system，BIOS）。任何数码设备都有固件。

• 集成电路计算机（1965—1970 年）

逻辑元件采用小规模集成电路和中规模集成电路；主存储器仍采用磁芯存储器，并逐渐被半导体存储器取代。高级语言发展迅速，操作系统逐步成熟，开始有了分时操作系统。计算机产品走向了通用化、系列化和标准化，应用开始进入信息管理和图像处理领域。

• 大规模集成电路计算机（1971 年至今）

计算机用集成电路的集成度迅速从中小规模发展到大规模、超大规模的水平，微处理器和微型计算机应运而生，各类计算机的性能迅速提高。软件方面出现了数据库管理系统、网络管理系统和面向对象语言等，软件系统工程化、理论化，程序设计自动化。微型计算机在社会上的应用范围进一步扩大，几乎所有领域都能看到计算机的"身影"。

随着科学技术的发展，计算机系统由仅包含硬件发展到包含硬件、软件和固件▼三类子系统，其性能-价格比平均每 10 年提高两个数量级。计算机种类也不断分化，包括微型计算机、小型计算机、大型计算机、超级计算机等。此外，还有各种专用计算机，如控制计算机、模拟-数字混合计算机等。

现代计算机结构以存储器为核心，所有输入的数据/程序以及输出的计算结果，均先存入存储器，然后再送往 CPU 进行执行或送至输出设备，如图 4.42 所示。现代计算机结构能有效地为 CPU 减负，让 CPU 更加专注地执行指令，大幅度提高了工作效率。

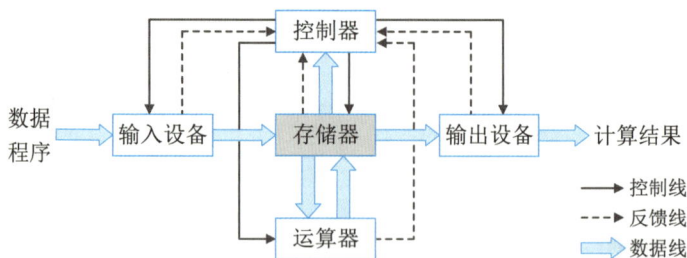

图 4.42　现代计算机结构

在现代计算机中，外围设备包括辅助存储器和输入输出设备两大类，其价值一般已超过计算机硬件子系统的一半以上。其技术水平在很大程度上决定着计算机的技术面貌。外围设备技术的综合性很强，既依赖于电子学、机械学、光学、磁学等多门学科知识的综合，又取决于精密机械工艺、电气和电子加工工艺以及计量的技术和工艺水平等。

新一代计算机将是把信息采集存储处理、通信和人工智能结合在一起的智能计算机系统。它不仅能处理一般信息，而且能面向知识处理，具有形式化推理、联想、学习和解释的能力，能帮助人类开拓未知的领域和获得新的知识。

计算机语言

　　计算机系统的最大特征是将指令通过一种语言传达给机器。为了使电子计算机进行各种工作，就需要有一套用以编写计算机程序字符和语法规则，由这些字符和语法规则组成计算机各种指令。因为计算机语言是用来进行程序设计的，所以又称程序设计语言或者编程语言。

　　正如从甲骨文到现代汉字的演变过程一样，计算机语言在诞生后的短短几十年里，也发生了巨大的变化，经过了一个从低级到高级的演变过程。具体地说，它经历了机器语言、汇编语言、高级语言三个阶段。在所有的程序设计语言中，只有机器语言编制的源程序才能被计算机直接理解和执行，若用其他程序设计语言编写程序，则必须利用语言处理程序"翻译"成计算机所能识别的机器语言程序，如图 4.43 所示。

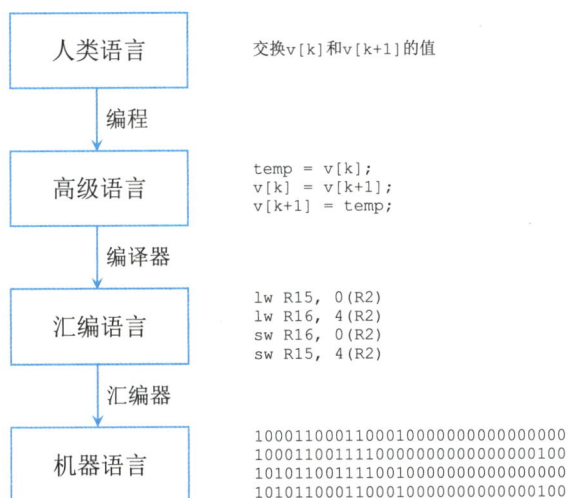

图 4.43　计算机语言

- **机器语言**

　　计算机使用的是由 0 和 1 组成的二进制数，在计算机诞生之初，人们只能用计算机能理解的"语言"对计算机发出指令，即写出一串串由 0 和 1 组成的指令序列交由计算机执行。这种计算机认知的语言，就是机器语言。

　　用机器语言编写程序，编程人员首先要熟记所用计算机的全部指令代码和代码的含义。编写程序时，程序员得自己处理每条指令以及每一数据的存储分配和输入输出，还得记住编程过程中每步所使用的工作单元处在何种状态，这是一项十分烦琐的工作。而且，编出的程序全是二进制的指令代码，直观性差也容易出错，修改起来也比较困难。此外，不同型号计算机的机器语言是不相通的，按一种计算机的机器指令编制的程序，不能在另一种计算机上执行。但由于机器语言可以被计算机直接识别而不需要进行任何翻译，其运算效率是所有语言中最高的。

• 汇编语言

为了克服机器语言难读、难编、难记和易出错的缺点，人们就用与代码指令实际含义相近的英文缩写词、字母和数字等符号来取代指令代码▼，于是就产生了汇编语言。

▼如用 ADD 表示运算符号“+”的机器代码。

汇编语言是一种用助记符表示的仍然面向机器的计算机语言，助记符与指令代码一一对应，基本保留了机器语言的灵活性。由于采用助记符号编写程序，比用机器语言的二进制代码编写程序要方便些，在一定程度上简化了编程过程。使用汇编语言能面向机器并较好地发挥机器的特性，得到质量较高的程序▼。

▼汇编语言用来编制系统软件和过程控制软件，其目标程序占用内存空间小，运行速度快，有着高级语言不可替代的用途。

用汇编语言等非机器语言书写好的符号程序称源程序，运行时汇编程序要将源程序翻译成目标程序。目标程序就是机器语言程序。

• 高级语言

不论是机器语言还是汇编语言都是面向硬件具体操作的，语言对机器的过分依赖，要求使用者必须对硬件结构及其工作原理都十分熟悉。随着计算机技术的发展，促使人们寻求一些与人类自然语言相接近且能为计算机所接受的语义确定、规则明确、自然直观和通用易学的计算机语言。这种计算机语言称为高级语言▼。

▼高级语言是面向用户的语言，无论何种机型的计算机，只要配备相应的高级语言的编译或解释程序，则用该高级语言编写的程序就可以通用。

高级语言是绝大多数编程者的选择。和汇编语言相比，它不但将许多相关的机器指令合成为单条指令，并且去掉了与具体操作有关但与完成工作无关的细节，例如使用堆栈、寄存器等，这样就大大简化了程序中的指令。同时，由于省略了很多细节，编程者也就不需要有太多的专业知识。

高级语言主要是相对于低级语言而言，它并不是特指某一种具体的语言，而是包括了很多编程语言▼。

▼流行的高级语言有：BASIC（True BASIC、Quick BASIC、Visual BASIC）、C、C++、Pascal、Fortran、智能化语言（Lisp、Prolog、CLIPS、OpenCyc、Fazzy）、动态语言（Python、PHP、Ruby、Lua）等。

微处理器能认识的是机器语言，即指令集中各种指令的二进制代码。为方便编程，可使用高级语言或者汇编语言，然后通过“翻译程序”翻译成机器语言形式的目标程序。具体示例程序，如图 4.44 所示。汇编代

汇编代码：

```
        IN A        -- 输入一个数据至A寄存器
Loop:   OUT A       -- 从A寄存器输出
        DEC A       -- A寄存器数据减1
        JNZ loop    -- 如果A不为零转至Loop
        HALT        -- 停止
```

二进制可执行代码：

```
memory      instruction
address     encoding
0000        01100000;       -- IN A
0001        10000000;       -- OUT A
0010        10100000;       -- DEC A
0011        11000001;       -- JNZ loop
0100        11111111;       -- HALT
```

图 4.44　示例程序

码为：首先输入一个数据到 A 寄存器，并输出，然后递减这个数据，并输出，直到该数据递减到 0。把每个指令换成对应的二进制编码，即完成了编译的过程。

4.3.2　微处理器

微处理器能完成取指令、执行指令，以及与外界存储器和逻辑部件交换信息等操作，是微型计算机的运算控制部分，它可与存储器和外围电路芯片组成微型计算机。

图 4.45 是微处理器的一般结构，大致可分为两个部分：数据通路和控制单元。

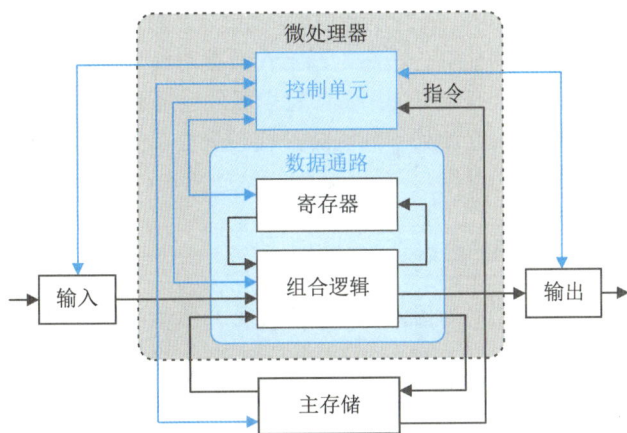

图 4.45　微处理器电路结构示意

2002 年 8 月 10 日诞生的“龙芯一号”是我国首枚拥有自主知识产权的通用高性能微处理器芯片。龙芯的诞生，打破了国外的长期技术垄断，结束了中国近二十年无“芯”的历史。龙芯至今已开发了 1 号、2 号、3 号三个系列处理器和龙芯桥片系列，在安全、金融、能源等领域得到了广泛的应用。

视频 4.6　微处理器

数据通路主要负责微处理器对数据操作的执行。为了使数据通路能按照设计要求自动执行一系列操作以完成一个有实际意义的任务，则必须有控制单元。控制单元是通过控制数据通路中的各个功能单位的使能，来控制整个微处理器的操作。控制单元通常由一个有限状态机构成。

数据通路

数据通路主要包括三部分：一是功能单元，如加法器、乘法器、算术逻辑单元（arithmetic and logic unit，ALU）、比较器等；二是寄存器和其他暂时存放数据的内存单元；三是总线（bus）、数据选择器和三态门等。外部数据可以通过数据输入线进入数据通路，运算的结果可以通过数据输出线返回。

总线是一种内部结构，是由导线组成的传输线束，是各功能部件之间传送数据的公共通道，各个部件通过总线相连接，如图 4.46(a) 所示。总线分为数据总线、地址总线和控制总线三类▼

三态门是一种重要的总线接口电路。如图 4.46(b) 所示，三态门都有

▼数据总线用于传送数据，地址总线则用于选择存储单元或外设，控制总线用于传送控制信号和时序信号。总线按功能又可分为片内总线、系统总线和外部总线，详见4.4.2 节（第 193 页）。

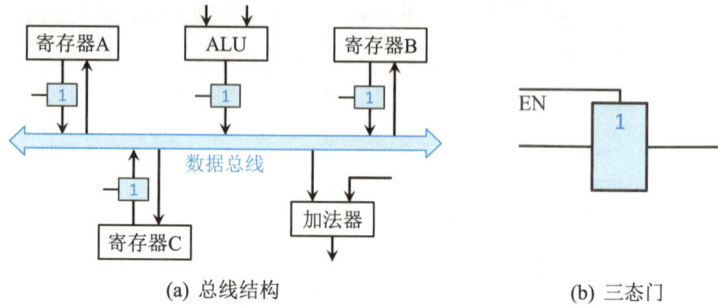

(a) 总线结构　　　　　　　　　　　　(b) 三态门

图 4.46　总线和三态门

一个控制使能端 EN，当 EN 有效时，三态电路呈现正常高电平或低电平的输出；当 EN 无效时，三态电路呈现高阻态▼，相当于开路，主要是将逻辑器件和系统的其他部分隔离。通常在数据总线上接有多个器件，因为总线只允许同时只有一个使用者，每个器件通过 EN 之类的信号选通。如器件没有被选通，它就处于高阻态，相当于没有接在总线上，这样就不会影响其他器件的工作。

▼高阻态是数字电路里常见的一个术语，指的是电路的一种输出状态，既不是高电平也不是低电平。处于高阻抗状态时，输出电阻很大，相当于开路。如果高阻态再输入下一级电路，则对下级电路无任何影响。高阻态的意义在于，实际电路中不可能断开电路。

例 4.6　一段伪代码的数据通路

设计一个可以完成如图 4.34（第 166 页）所示的一段伪代码的数据通路。

我们先看看需要哪些功能部件。由于只有 x 一个变量，所以只需要一个寄存器。根据 x 的取值，选择 4 bit▼的寄存器能够将变量数值范围表示出来。由于有数据运算，因此需要一个加法器。考虑到要进行输入输出，需要有输入输出总线。要控制是否输出，需要一个三态门。程序有循环，需要一个数据选择器。判断条件 "$x \neq 0$" 是否满足，需要一个判断电路，并有反馈给控制单元的信号。

▼最高位为符号位，数值为 3 bit。

设计的数据通路如图 4.47 所示，图中的黑色粗线表示总线，总线边的数字表示总线的宽度，即总线数据的条数。"4" 表示总线宽度为 4 bit。表 4.21 列出了各指令对应的信号赋值。

表 4.21　程序指令与控制信号

指令	Mux	Load	Out
$x = 5$	1	1	0
OUTPUT x	×	0	1
$x = x - 1$	0	1	0

执行指令 "$x = 5$"，Mux 置 1，选择器选择 "1" 通道。Load 被置 1，在下一个时钟上升沿到达时输入端的数据 "5" 将加载到寄存器。这时不输出数据，Out 置 0。

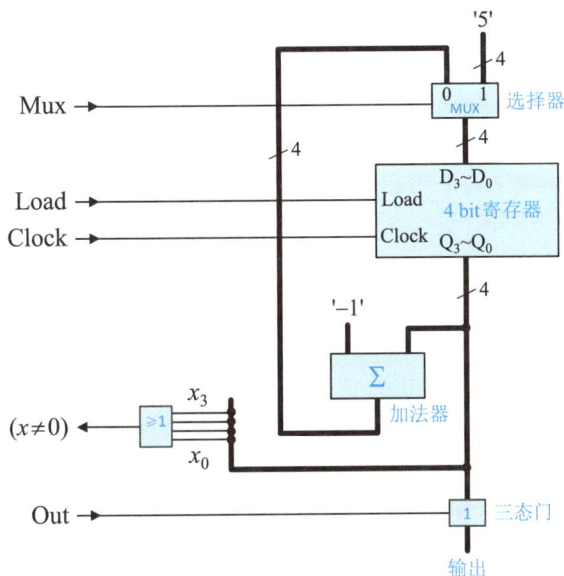

图 4.47 一段伪代码的数据通路

执行指令 "OUTPUT x"，使 Out 置 1，使能三态门，输出寄存器的结果。寄存器不加载数据，Load 置 0。这条指令与数据选择器无关，可不关心 Mux 的值。

执行指令 "$x = x - 1$"，Mux 置 0，选择器选择 "0" 通道。Load 被置 1，在下一个时钟上升沿到达时加法器▼输出的结果将加载到寄存器。这时也不输出数据，Out 置 0。

伪代码中的 while 循环语句要测试寄存器的值是否不为 0，通过将寄存器输出的 4 bit 数据线连接到一个 4 输入的或门实现。或门的输出送入控制单元，作为控制单元的状态反馈信号输入。控制单元收到数据通路的状态反馈信号后，将决定是执行下一条指令还是结束程序▼。

控制单元

数据通路能够完成任务中所有的操作，但是在哪个时钟周期内完成哪一个操作，由控制单元的输出信号决定。控制单元实际上是一个有限状态机，按照时钟电平的翻转从一个状态向另一个状态转移。通过状态机按顺序经历一系列状态的过程，控制单元可以自动控制数据通路的运算▼。

有限状态机所处的状态是由寄存器中的内容决定的。在每一个状态当中，有限状态机会输出相应的控制信号来控制数据通路；数据通路提供状态反馈信号给有限状态机用于其决定下一步的状态应该是什么。建立起控制单元和数据通路之间的控制和状态反馈信号的联系，就可以得到完整的微处理器。

▼x 和 "−1" 相加。"−1" 的二进制补码为 "1111"，见表 4.3（第 144 页）。

▼注意这个决定是由控制单元做出的而不是由数据通路做出的。

▼数据通路只对数据的操作负责，它只完成寄存器传输级操作。

例4.7　一段伪代码的控制单元

在例4.4（第165页）中，我们设计了这一段伪代码的状态图（见图4.34），状态图中的每个状态节点旁标出了该状态需要执行的指令。

因为总共有4个状态，使用二进制编码需要2个D触发器作为状态寄存器▼。从状态图出发，可以得到如表4.22所示的次态真值表，次态表实际上是状态图以表的形式呈现。

▼状态 s_0、s_1、s_2 和 s_3 的编码分别为00、01、10和11。

表4.22　一段伪代码的次态真值表

当前状态	次态 $Q_{1next}Q_{0next}$	
Q_1Q_0（名称）	$(x \neq 0)$	$(x \neq 0)'$
00（s_0）	01	11
01（s_1）	10	10
10（s_2）	01	11
11（s_3）	11	11

▼在次态表中，2个D触发器的次态值被组合在一起，所以在求取次态方程时，我们需要把它们分成2张真值表 Q_{1next}、Q_{0next}。

从次态表可以得到如下次态方程▼

$$Q_{1next} = D_1 = Q_0(x \neq 0) + (x \neq 0)' \tag{4.16a}$$

$$Q_{0next} = D_0 = Q_0' + Q_1Q_0 \tag{4.16b}$$

2个触发器中的每一个触发器都对应一个次态方程，次态方程取决于2个状态触发器 Q_1、Q_0 和判断条件 $(x \neq 0)$。

我们在例4.6中看到，一个指令的执行需要给所有控制信号正确赋值，这样的一个控制信号组称为控制字。算法中所有的数据操作指令都被对应成相应的控制字，在一个时钟周期内，通过为控制字指定二进制比特串使数据通路完成一个寄存器传输级操作。

根据状态图和表4.21所示的指令和控制信号，表4.23给出了每个状态对应的控制字及操作指令。

表4.23　控制字

状态	控制字	Q_1Q_0	指令	Mux	Load	Out
s_1	1	00	$x = 5$	1	1	0
s_2	2	01	OUTPUT x	×	0	1
s_3	3	10	$x = x - 1$	0	1	0
s_4	4	11	无操作	×	0	0

在控制单元的有限状态机设计中，控制字实际上可以看成一个输出逻辑表。对应控制字中的每一个控制信号，有一个相应的输出逻辑电

路，该逻辑电路取决于有限状态机不同状态下该信号的取值。每个控制信号都只与状态寄存器的状态值有关。对于每一个输出信号，我们可以从表 4.23 的控制字获得其真值表，进而求出其输出逻辑方程为

$$\text{Mux} = Q_1' Q_0' \qquad\qquad (4.17a)$$

$$\text{Load} = Q_0' \qquad\qquad (4.17b)$$

$$\text{Out} = Q_1' Q_0 \qquad\qquad (4.17c)$$

得到次态方程和输出方程后，将次态逻辑电路、状态寄存器和输出逻辑电路组合起来，即可构成控制单元电路，如图 4.48 所示，其中状态寄存器由 2 个 D 触发器组成。

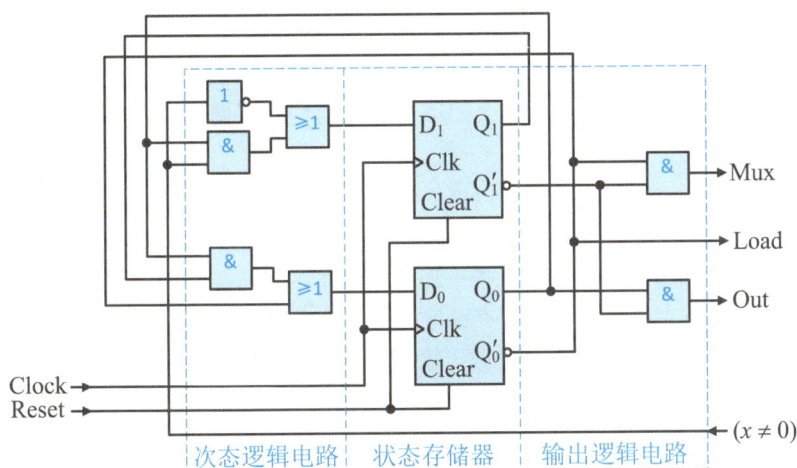

图 4.48　一段伪代码的控制单元

指令执行

将例 4.6 设计的数据通路（见图 4.47）和例 4.7 设计的控制单元（见图 4.48）之间的 4 个控制信号与一个状态反馈信号相互连接，就形成一个完整的专用微处理器，如图 4.49 所示。这个专用微处理器可以运行如图 4.34（第 166 页）所示的一段伪代码程序。

不像专用微处理器只能处理一种功能任务，通用微处理器能够在不同的程序指令下完成不同的功能任务。状态机本身运行过程是一样的，所不同的是状态机每次运行的指令不一样。程序是一条一条指令的有序集合，通用微处理器从存储器中读出程序的一条条指令进行执行。所以，通用处理器也可以看作执行"存储中的程序指令"的专用微处理器。

除了能够执行指令集▼中的所有指令操作外，通用微处理器还包括一些执行其他数据操作的功能单元和寄存器，用于处理通用微处理器从存储器中读取指令并执行它们。比如，数据通路中有一个程序指针寄存器

▼指令集就是微处理器中用来计算和控制计算机系统的一套指令的集合，每一种新型的微处理器在设计时就规定了一系列与其他硬件电路相配合的指令系统。

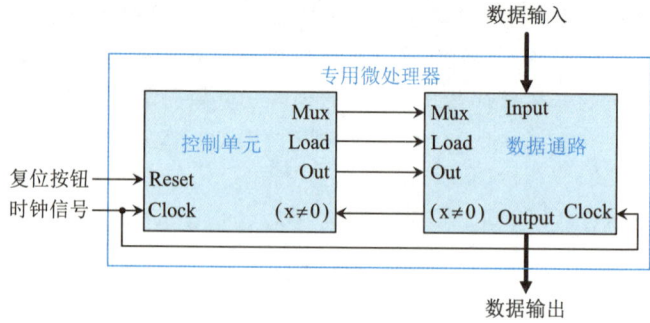

图 4.49　运行一段伪代码程序的专用微处理器

（program counter, PC）和一个指令寄存器（instruction register, IR），分别用于存储下一条指令在程序存储器中的地址信息和当前从程序存储器中获得的指令。每次当 PC 所指向地址的程序存储器中的指令被读出到 IR 后，一般情况下 PC 的值将会递增 1 以指向程序存储器中下一条指令的地址▼。

▼如果当前的指令是跳转指令，PC 的值将被赋值成下一个跳转的新存储器地址。

　　一条指令的执行过程可以拆分为三个阶段：取指令（fetch）、指令译码（decode）和执行指令（execute），如图 4.50 所示。取指令是把指令从内存加载到指令寄存器中；指令译码是将指令解析成具体的操作，比如操作哪些寄存器、数据或内存地址；执行指令就是实际去执行这些操作，比如进行算术逻辑操作、数据传输或者直接的地址跳转。我们把这样的"取指令—指令译码—执行指令"循环称为指令周期▼。取出一条指令后，经过指令周期内的一系列操作，完成一条指令的执行。微处理器执行指令的过程就是不断重复指令周期的过程。

▼指令周期是微处理器取出并执行一条指令所需的全部时间。一个指令周期包含若干个机器周期，机器周期是所有指令执行过程中的一个基准时间，通常以取指周期作为机器周期。指令不同，所需的机器周期数也不同。一个机器周期又包含若干个时钟周期，时钟周期是机器主频的倒数，是控制微处理器操作的最小单位时间。

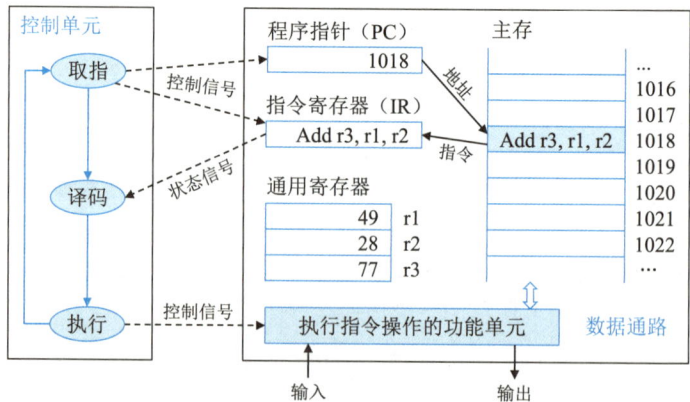

图 4.50　一条指令的执行过程

▼也存在只有操作码没有操作数的指令，如空操作指令、停机指令等。

　　指令的格式是"操作码＋操作数"▼。操作码表示的是指令动作，是控制单元的输入信号，它与时钟配合可产生不同的控制信号。操作数表示的是指令对象，指参加运算的数据及其所在的存储单元地址。如图 4.50 所示的指令"Add r3, r1, r2"，"Add"是操作码，"r3, r1, r2"为操作数。这条指令表示将寄存器 r1 和 r2 中的内容相加，其结果存放在寄存器 r3 中。

图 4.50 示出了执行一条指令的执行过程▼。第一步取指，控制单元读出 PC 所指向地址为"1018"的存储器中的指令"Add r3, r1, r2"，并拷贝到 IR 寄存器，然后 PC 递增 1 指向下一条指令地址"1019"。第二步译指，控制单元从 IR 中提取出操作码，得到当前需要执行的指令。第三步进入执行某个特定指令对应的状态，控制单元完成此状态下控制字的设定以使数据通路完成对应的操作。

▼在微处理器中，指令、数据、地址都是用 0 和 1 组成的二进制代码。为了便于书写和阅读，图 4.50 中用助记符和十进制数来表示。

指令流水

指令流水就是改变各条指令按顺序串行执行的规则，使机器在执行上一条指令的同时取出下一条指令，即上一条指令的执行周期和下一条指令的取指周期同时进行，如图 4.51 所示。这样，每个时钟周期都可以开始处理新指令，与顺序执行相比，性能得到了大幅度提升。

指令序列		1	2	3	4	5	6	7	8	9	周期
	指令1	IF	DE	OP	EX	WB					
	指令2		IF	DE	OP	EX	WB				
	指令3			IF	DE	OP	EX	WB			
	指令4				IF	DE	OP	EX	WB		
	指令5					IF	DE	OP	EX	WB	

IF：指令读取　　DE：指令译码　　OP：取出数据　　EX：计算　　WB：写回计算结果

图 4.51　流水作业处理指令

要实现流水线处理，就要在功能单元之间增加流水线寄存器，还要添加上述控制电路，整体来看需要的元件数大幅度增加。1961 年，IBM 公司开发的 Stretch（IBM 7030）超大型计算机第一次采用流水线处理。

为了便于说明运作原理，图 4.51 示出了指令分为 5 个步骤的处理。现代高性能处理器的指令步骤数量（流水线的级数）可以从 2 级到 30 级。

存储器

存储器是用来存放数据和执行代码的。微处理器系统的存储器包含高速缓冲存储器（cache）、主存储器（简称主存或内存）和辅助存储器（简称辅存或外存），如图 4.52 所示。

cache 是一种容量小、速度快的存储器阵列，它位于主存和微处理器内核之间，存放的是最近一段时间微处理器使用最多的程序代码和数据。在需要进行数据读取操作时，微处理器尽可能地从 cache 中读取数据，而不是从主存中读取，这样就大大改善了系统的性能，提高了微处理器和主存之间的数据传输速率。

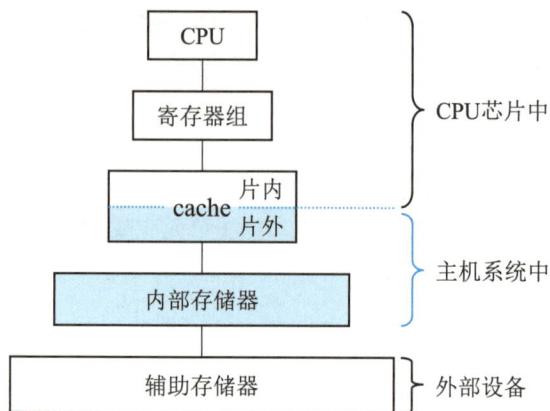

图 4.52　存储器的层次

　　主存是微处理器能直接访问的寄存器，用来存放系统和用户的程序及数据，它可以位于微处理器的内部或外部。一般片内存储器容量小，存取速度快；片外存储器容量大，存取速度慢。常用作主存的存储器分为只读存储器（read-only memory，ROM）和随机存取存储器（random access memory，RAM）两类。ROM 是不可擦除的存储介质，其特点是存取速度慢、容量小，断电后数据不会丢失。RAM 是一种可以读写的临时存储器，其特点是存取速度快、容量大，但存储的数据只有在通电的情况下才有效，一旦断电数据就会丢失。

　　微型计算机常用的外存储器有硬盘、光盘、U 盘和 SD 卡等。

指令集架构和微架构

　　指令集架构（instruction set architecture，ISA）定义了微处理器的指令集，即微处理器能够执行的指令集合。指令集架构主要规定了指令格式、寻址访存、数据类型、寄存器等，通常包括三大类主要指令类型：运算指令、分支指令和访存指令。此外，还包括架构相关指令、复杂操作指令和其他特殊用途指令。

　　早期各个计算机的机器指令各不相同，需要为每个型号的计算机分别开发程序。即使是同一公司的计算机，大型机和小型机、商业用和科学计算用的计算机也有不同的机器指令。针对这种情况，IBM 于 1964 年发布了 System 360▼。同年发布的 Model 30、40、50、60、62、70 等从小型机到大型机共 6 种机型，都采用同样的机器指令集。从此，机器指令集从处理器硬件中独立出来。现在，每一系列的处理器都支持同一机器指令集，并在扩展指令架构时保证兼容性。

　　从现阶段的主流体系结构讲，指令集可分为复杂指令集和精简指令集两类。

　　复杂指令集（complex instruction set computing，CISC）侧重于硬件

▼360 这个名字表示它不区分商业还是科学计算，能在 360° 全方位应用。

执行指令的功能性，其对应的硬件结构复杂。复杂指令集的特点是，指令长度不固定，执行需要多个周期；有很多用于特定目的的专用寄存器；处理器能够直接处理寄存器中的数据。复杂指令集主要应用于计算机的处理器，我们的个人计算机处理器用的是 X86。

精简指令集（reduced instruction set computing，RISC）侧重于使微处理器的结构更加简单、处理速度更加快速。精简指令集的特点是：一个周期执行一条指令，指令长度固定，通过简单指令的组合实现复杂的操作▼；其寄存器多是通用寄存器。精简指令集主要用于嵌入式处理器上，主要有 ARM 指令集、MIPS 指令集和 RISC-V 指令集等。

微架构又称为微体系结构或微处理器体系结构，是实现指令集架构的硬件电路结构，包括处理器的组成部分和对指令集架构的连接和操作▼。同一指令集可以有不同的微架构，因为同一指令可以通过不同的电路单元或组合来实现。例如，Intel 的 Pentium 处理器与 AMD 的 AMD Athlon 处理器，都属于 X86 的指令集架构，但是两者在处理器的内部设计上存在本质区别。

针对不同的应用场景，可以基于同一套指令集设计出不同的微架构，不同微架构表现的性能会不同。比如，嵌入式处理器中基于 ARMV7 指令集的 Cortex 系列内核，Cortex-A8 是针对能耗平衡需求，Cortex-M3 是针对成本、低性能需求，Cortex-R4 是针对实时控制领域。

总的来说，处理器架构是微架构和指令集架构的结合，指令集是处理器的语言，而微架构是具体的实现形式。

图 4.53 是计算机系统的层次结构。指令集架构为汇编语言的编程者和编译器▼所见，是软件与硬件之间的接口，使得软件可以被编写、编译和运行在计算机上▼。

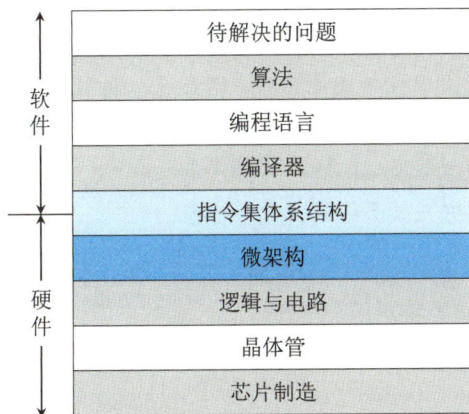

测验 4.3
微处理器和计算机系统

▼实际上在后来的发展中，RISC 与 CISC 在竞争过程中相互学习，现在的 RISC 指令集也达到数百条，运行周期也不再固定。

▼可以说是众多的运算单元、逻辑单元、寄存器等在各种总线和控制线的连接下组成了微架构。

▼编译器旨在将高级语言转换成汇编语言，并且不改变代码的含义。

▼相同指令架构下可以运行相同的软件。

| 待解决的问题 |
| 算法 |
| 编程语言 |
| 编译器 |
| 指令集体系结构 |
| 微架构 |
| 逻辑与电路 |
| 晶体管 |
| 芯片制造 |

软件 ← 待解决的问题、算法、编程语言、编译器
硬件 ← 逻辑与电路、晶体管、芯片制造

图 4.53　计算机系统的层次结构

视频 4.7　嵌入式系统

课件 4.4　嵌入式系统

4.4　嵌入式系统

嵌入式系统是以应用为中心，以计算机技术为基础，并且软硬件可裁剪，适用于应用系统对功能、可靠性、成本、体积、功耗等有严格要求的专用计算机系统，用于实时控制、监视、管理或辅助其他设备运行。可以是专用或多用途的，一般具有可编程的特性，其应用十分广泛。嵌入式系统的"嵌入"意味着这些系统本身与所控制和管理的系统融为一体，是其中的一个有机组成部分，是各种控制系统的基本构造单元。

广义上说，凡是带有微处理器的专用软硬件系统都可以称为嵌入式系统。狭义上说，那些使用嵌入式微处理器构成独立系统，具有自己的操作系统，具有特定功能的系统都是嵌入式系统。嵌入式系统可以说是无处不在，从简单的电子体温计到飞机的自动导航系统都是典型的微处理器嵌入式控制的系统。

嵌入式系统并不是最近出现的新技术，只是随着微电子技术和计算机技术的发展，微控制芯片功能越来越强大，嵌入了微控制芯片的设备和系统越来越多，从而使得这种技术越来越引人注目。

▼单片机是将微处理器、随机存储器 RAM、只读存储器 ROM、多种输入/输出接口和中断系统、定时器/计数器等功能集成到一块芯片上构成的一个小而完善的微型计算机系统。

嵌入式系统的出现最初是基于单片机▼的。最早的单片机是 Intel 公司的 8048，它出现在 1976 年。之后在 20 世纪 80 年代初，Intel 又进一步完善了 8048，在它的基础上研制成功了 8051，这在单片机的历史上是值得纪念的一页。迄今为止，51 系列的单片机仍然是最为成功的单片机芯片之一，在各种产品中有着广泛的应用。

20 世纪 80 年代初，嵌入式系统的程序员开始用商业级的"操作系统"编写嵌入式应用软件，以获取更短的开发周期、更低的开发资金和更高的开发效率，真正出现了"嵌入式系统"。确切地说，这时的操作系统是一个实时核，这个实时核包含了许多传统操作系统的特征，包括任务管理、任务间通信、同步与相互排斥、中断支持、内存管理等功能。

Intel 8051 单片机

20 世纪 90 年代以后，随着对实时性要求的提高，软件规模不断扩大，逐渐出现实时多任务操作系统，并作为一种软件平台逐步成为目前国际嵌入式系统的主流。这时更多的公司看到了嵌入式系统的广阔发展前景，开始大力发展自己的嵌入式操作系统。

一般来说，嵌入式系统具有如下特点：

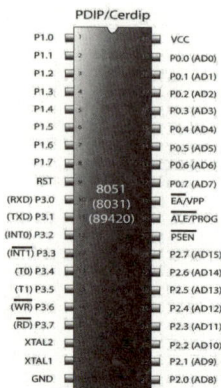
8051 单片机引脚图

- 专用性强。由于嵌入式系统通常是面向某个特定应用的，其硬件和软件，都是为特定用户群设计的，具有专用性的特点。

- 技术融合。嵌入式系统将计算机技术、通信技术、微电子技术等与各个行业的具体应用相结合，是一个技术密集、高度分散、不断创新的知识集成系统。

- 可裁剪性好。嵌入式系统软硬一体，硬件和软件都可以高效率地协同设计，量体裁衣，去除冗余，可以在同样的硅片面积上实现更高的性能，体积小、价格低。

4.4.1　嵌入式系统组成与设计

　　一个嵌入式系统装置一般都由嵌入式计算机系统和执行装置组成，嵌入式计算机系统是整个嵌入式系统的核心，它由硬件层、驱动层、操作系统层和应用层组成，如图 4.54 所示。

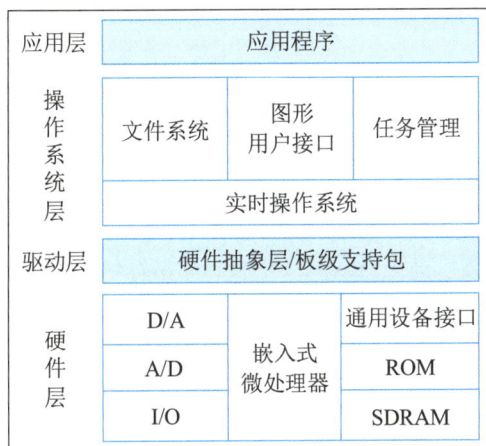

图 4.54　嵌入式计算机系统的组成

硬件层

　　硬件层中包含嵌入式微处理器、存储器、通用设备接口、A/D、D/A 和 I/O 接口▼等。在嵌入式处理器的基础上添加电源电路、时钟电路和存储器电路等，就构成了一个嵌入式核心控制模块，其中操作系统和应用程序都可以固化在只读存储器 ROM 中。

▼I/O 接口是 input/output 接口的简称，即输入/输出接口。

　　嵌入式系统硬件层的核心是嵌入式微处理器。嵌入式微处理器与通用 CPU 最大的不同在于，嵌入式微处理器大多工作在为特定用户群所专门设计的系统中，它将通用 CPU 许多由板卡完成的任务集成在芯片内部，从而有利于嵌入式系统在设计时趋于小型化，同时具有很高的效率和可靠性。

　　目前，嵌入式系统除了部分为 32 位处理器外，大量的是 8 位和 16 位的嵌入式微控制器。嵌入式平台可分为微处理器（microprocessor unit，MPU）、微控制器（microcontroller unit，MCU）、数字信号处理器（digital signal processor，DSP）、片上系统（SoC）等，如图 4.55 所示。

　　MPU 是由通用计算机中的 CPU 演变而来的。与计算机处理器不同，在实际嵌入式应用中，只保留和嵌入式应用紧密相关的功能硬件，去除冗余功能部分，这样就以最低的功耗和资源实现嵌入式应用的特殊要求。其主要特点是功耗低、处理器结构可扩展、调试功能丰富、支持实时多任务操作系统▼。

▼目前主要的嵌入式处理器类型有：ARM Cortex-A 系列、Power PC、MIPS 等。

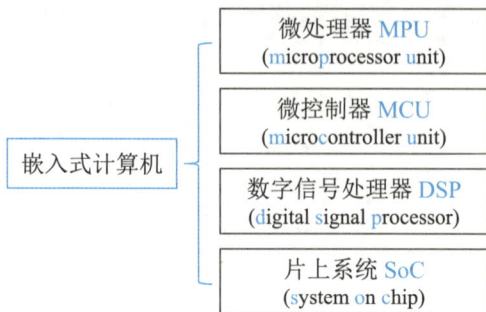

图 4.55　嵌入式平台分类

MCU 又称单片机，一般以一种微处理器的 CPU 为核心，芯片内部集成存储器、总线、定时/计数器、I/O 接口、串行口、脉宽调制输出、A/D、D/A 等各种必要功能和外设▼。与嵌入式微处理器相比的最大特点是，实现单片化，使得芯片尺寸大大减小，从而使系统总功耗和成本下降，可靠性提高。片上外设资源一般比较丰富，适合应用于控制领域，是目前工业嵌入式系统的主流。

▼典型的 MCU 有：C51、AVR、MSP430、PIC、STM32 等。

在数字化时代，数字信号处理是一门应用广泛的技术，如数字滤波、快速傅里叶变换、谱分析、音视频编码等，传统微处理器进行这类计算操作的性能较低，专门的数字信号处理芯片——DSP 也就应运而生。DSP 是一种具有特殊结构的微处理器，芯片内部采用程序和数据分开的哈佛结构▼，具有专门的硬件乘法器，因而在执行相关操作时具有很高的效率，可以快速实现各种数字信号处理的算法。

▼哈佛结构是一种并行体系结构，它的主要特点是将程序和数据存储在不同的存储空间中，即程序存储器和数据存储器是两个独立的存储器，每个存储器独立编址、独立访问。

利用大规模集成电路技术将某一类应用需要的大多数模块集成在一个芯片上，如图 4.56 所示，从而在芯片上实现一个嵌入式系统的大部分核心功能，这就是嵌入式 SoC。SoC 极大地简化了嵌入式系统的设计流程，减小了尺寸，降低了成本，提高了可靠性，是嵌入式处理器的一个重要发展趋势。

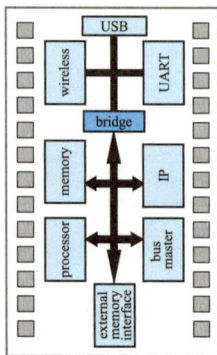

图 4.56　嵌入式 SoC

驱动层

硬件层与操作系统层之间为驱动层，也称为硬件抽象层（hardware abstract layer，HAL）或板级支持包（board support package，BSP），它将系统上层软件与底层硬件分离开来，使系统的底层设备驱动程序与硬件无关。上层软件开发人员无须关心底层硬件的具体情况，根据 BSP 层提供的接口即可进行开发。该层一般包含相关底层硬件的初始化、数据的输入/输出操作和硬件设备的配置功能。BSP 具有以下两个特点：

• 硬件相关性：因为嵌入式实时系统的硬件环境具有应用相关性，而作为上层软件与硬件平台之间的接口，BSP 需要为操作系统提供操作和控制具体硬件的方法。

- 操作系统相关性：不同的操作系统具有各自的软件层次结构，因此，不同的操作系统具有特定的硬件接口形式。

实际上，BSP 是一个介于操作系统和底层硬件之间的软件层次，包括系统中大部分与硬件联系紧密的软件模块。

操作系统层

操作系统层由实时操作系统（real-time operation system，RTOS）、文件系统、图形用户接口（graphic user interface，GUI）、网络系统及通用组件模块组成。

RTOS 是嵌入式应用软件的基础和开发平台，负责嵌入式系统的全部软件和硬件资源的分配、任务调度、控制协调等▼。

▼目前主流的嵌入式 OS 有：μClinux、μC/OS-II、eCos、FreeRTOS、mbed OS、RTX、VxWorks、QNX、NuttX 等，国产嵌入式 OS 有：DJYOS、AliOS　Things、Huawei LiteOS、RT-Thread、SylixOS 等。

应用层

嵌入式应用软件是针对特定应用领域，用来实现用户预期目标的软件。嵌入式应用软件和普通应用软件有一定的区别，它不仅要求在准确性、安全性和稳定性等方面能够满足实际应用的需要，而且还要尽可能地进行优化，以减少对系统资源的消耗，降低硬件成本。

嵌入式系统设计

嵌入式系统设计分为软件设计部分和硬件设计部分，其设计过程大致包含 8 个阶段，如图 4.57 所示。

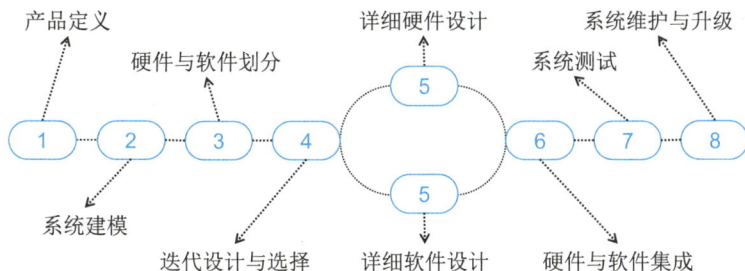

图 4.57　嵌入式系统设计过程

硬件设计的基本过程如下：明确硬件总体需求，如 CPU 处理能力、存储容量及速度、I/O 端口的分配、接口要求等；根据总体需求制定硬件总体方案，寻求相关技术资料及关键器件等▼，在确定总体方案中应充分考虑技术可行性、可靠性、先进性和性价比等，并对开发调试工具提出明确要求；总体方案确定后，绘制硬件原理图，进行 PCB 设计，同时完成元器件清单；制作好 PCB 板并焊接后，对原理设计中的各个功能单元进行功能调试，若调试出现问题，则应修改原理图。

▼开源硬件是指采取与开源软件相同的方式设计的各种电子硬件的总称，是开源文化的一部分。开源硬件可以自由传播硬件设计的各种详细信息，如电路图、材料清单和开发板布局数据。通常使用开源软件来驱动开源的硬件系统。目前三大主流开源硬件为：Arduino、Beagle Bone 和 Raspberry Pi。

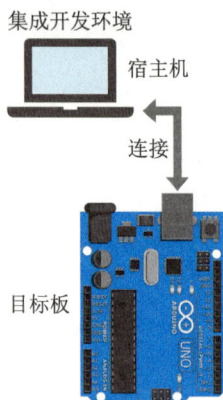

集成开发环境

宿主机

连接

目标板

图 4.58 　"宿主机/目标板"开发模式

嵌入式软件设计一般采用"宿主机/目标板"开发模式，如图 4.58 所示，即利用宿主机（PC 机）上丰富的软硬件资源及良好的开发环境和调试接口来开发目标板上的软件，然后通过交叉编译环境生成目标代码和所需的执行文件，通过 PC 机接口（串口/USB/以太网等方式）下载到目标板上，利用交叉调试器监控程序运行并实时分析。调试成功后，将程序下载固化到目标机上完成整个开发过程。

4.4.2 　嵌入式系统接口

一个嵌入式最小系统是由嵌入式处理器、存储模块、供电模块、时钟电路、复位电路以及调试接口等组成，如图 4.59 所示。嵌入式系统要实现特定的功能，必须外接一些设备（简称外设）。要与这些外设进行通信，需要通过嵌入式接口来进行，其常用接口有数字量 I/O 口、A/D 和 D/A 转换口、脉冲宽度调制（PWM）、总线接口和显示接口等。

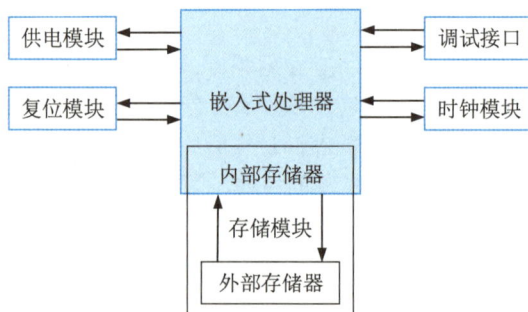

图 4.59 　嵌入式最小系统

数字量 I/O 接口

键盘输入、显示输出、打印输出、数据采集、伺服系统、数据存储、数据通信等众多功能，皆通过 I/O 端口实现与微处理器的信息交互。不同端口的驱动能力▼也不同，输入和输出逻辑电平范围也不同。

在数字电路中，数字信号使用不同电压值表示二进制 0 和 1，逻辑电平是指电压的高、低电平，高电平是电压高的状态，一般记为 1，低电平是电压低的状态，一般记为 0。

我们先了解一下逻辑电平的几个相关参数的定义，如图 4.60 所示。

▼I/O 驱动能力是指在满足 V_{OH}（输出引脚为逻辑 1 时的最小电压值）或 V_{OL}（输出引脚为逻辑 0 时的最大电压值）前提下，最大可以输出或吸收的电流大小。

视频 4.8　逻辑电平

- 输出低电平 V_{OL}：保证逻辑门的输出为低电平时的输出电平最大值。
- 输出高电平 V_{OH}：保证逻辑门的输出为高电平时的输出电平最小值。
- 输入低电平 V_{IL}：保证逻辑门的输入为低电平时所允许的输入电平最大值。
- 输入高电平 V_{IH}：保证逻辑门的输入为高电平时所允许的输入电平最小值。

- 阈值电平 V_{TH}：数字电路芯片都存在一个阈值电平，就是电路勉强能翻转时的电平▼。

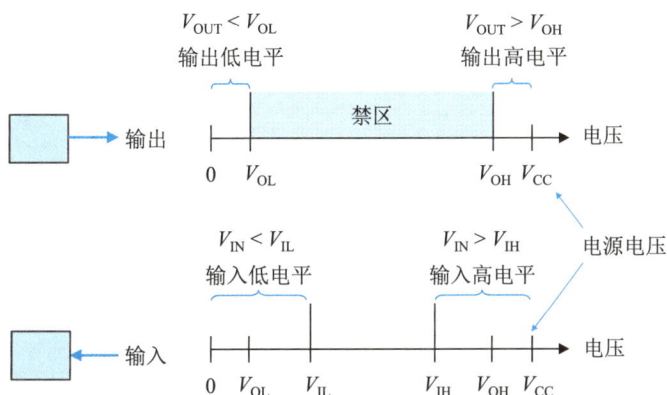

图 4.60　逻辑电平的相关参数

▼阈值电平是一个介于 V_{IL} 和 V_{IH} 之间的电压值，如果输入电平在阈值上下，也就是 $V_{IL} \sim V_{IH}$ 这个区域，电路的输出会处于不稳定状态。

V_{OL}、V_{IL}、V_{TH}、V_{IH}、V_{OH} 是数字系统/电路/芯片技术规范里的重要参数。不同的元器件形成的数字电路，电压对应的逻辑电平也不同。常用的逻辑电平有：TTL、CMOS、ECL、PECL、GTL、RS232、RS422、LVDS 等。其中，TTL 和 CMOS 的逻辑电平按典型电压可分为四类：5V 系列、3.3V 系列、2.5V 系列和 1.8V 系列。5V TTL 和 5V CMOS 逻辑电平是通用的逻辑电平。3.3V 及以下的逻辑电平被称为低电压逻辑电平，常用的为 LVTTL 和 LVCMOS 电平。图 4.61 为 TTL 和 CMOS 电平规范▼。

▼TTL 为双极型晶体管构成，CMOS 为场效应晶体管构成。CMOS 的高低电平之间相差比较大、抗干扰性强；TTL 则相差小，抗干扰能力差。在同样 5V 电源电压情况下，CMOS 电路可以直接驱动 TTL，而 TTL 电路则不能直接驱动 CMOS 电路。

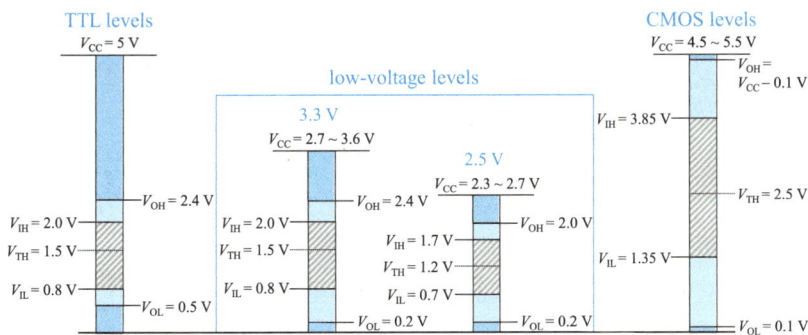

图 4.61　TTL 和 CMOS 电平规范

TTL、CMOS、ECL 等输入、输出电平标准不一致，在不同逻辑电平的器件之间进行连接时，为了使前级输出的逻辑 0 和 1 能被后级安全、可靠地识别，应考虑电平之间的转换问题。

另外，各种器件所需的输入电流、输出驱动电流不同，为了驱动大电流器件、实现远距离传输、同时驱动多个器件，都需要审查电流驱动能力，输出电流应大于负载所需的输入电流。

A/D 和 D/A 转换口

在嵌入式系统应用中，特别是在实时控制系统中，常常需要把外界连续变化的物理量（如温度、压力等），变成数字量送入嵌入式系统进行加工处理。反之，也需要将计算机输出的数字量转为连续变化的模拟量，用以控制调节一些执行机构，实现对被测控对象的控制。图 4.62 是典型的具有模拟量输入和模拟量输出的嵌入式应用系统。若输入的是非电的模拟信号，还需要通过传感器▼转换成电信号。这种由模拟量变为数字量，或由数字量变为模拟量的转换，就需要 A/D 转换器或 D/A 转换器。

▼传感器（transducer/sensor）是一种检测装置，能感受到被测量的信息，并能将感受到的信息，按一定规律变换成为电信号输出。根据其基本感知功能分为热敏元件、光敏元件、气敏元件、力敏元件、磁敏元件、湿敏元件、声敏元件、放射线敏感元件、色敏元件和味敏元件等十大类。

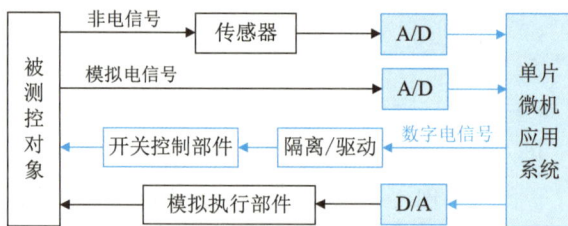

图 4.62   具有模拟量输入/输出的嵌入式应用系统

A/D 转换器在实际应用系统中十分重要，它的性能好坏在很大程度上决定了应用系统的性能指标。一般来说，A/D 转换器的主要性能指标有：分辨率、精度、量程、转换时间、输出逻辑电平等。

D/A 转换是将多位数字量转换为对应的模拟量，以实现控制模拟对象的目的。一般来说，D/A 转换器的主要性能指标有：分辨率、建立时间、输入编码形式、转换线性度、输出电平等。

PWM 端口

脉冲宽度调制（pulse width modulation，PWM），简称脉宽调制，是利用微处理器的数字输出来对模拟电路进行控制的一种技术，广泛应用在从测量、通信到功率控制与变换的许多领域中。

PWM 就是占空比▼可变的脉冲波形，图 4.63 中分别示出占空比为 75%、50%、25% 和 12.5% 的 PWM 信号。通过对半导体开关器件的导

▼占空比是指在一个脉冲循环内，通电时间相对于总时间所占的比例。

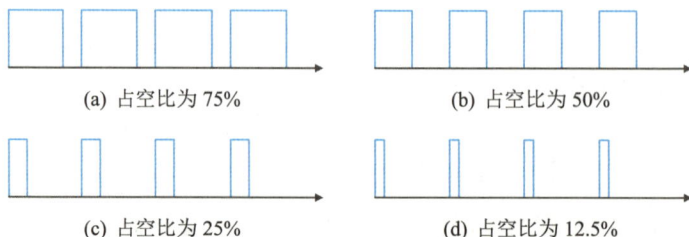

(a) 占空比为 75%   (b) 占空比为 50%

(c) 占空比为 25%   (d) 占空比为 12.5%

图 4.63   不同占空比的 PWM 信号

通和关断进行控制，使输出端得到一系列幅值相等而宽度不相等的脉冲，用这些脉冲来代替正弦波或其他所需的波形。按一定的规则对各脉冲的宽度进行调制，既可改变逆变电路输出电压的大小，也可改变输出频率。图 4.64 为脉冲宽度按正弦规律变化的等幅 PWM 序列波。根据面积等效原理▼，和正弦半波是等效的。

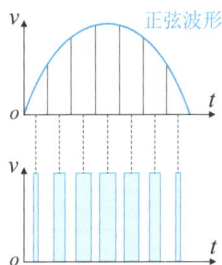

图 4.64　与正弦波等效的 PWM 序列波

▼面积等效原理是指冲量（即窄脉冲的面积）相等而形状不同的窄脉冲加在惯性环节（含有电容或电感等储能元件）上时，输出波形基本相同。

总线接口

任何一个微处理器都要与一定数量的部件和外围设备连接，但如果将各部件和每一种外围设备都分别用一组线路与 CPU 直接连接，那么连线将会错综复杂，甚至难以实现。为了简化硬件电路设计、简化系统结构，常用一组线路，配置以适当的接口电路与各部件和外围设备连接，这组共用的连接线路被称为总线。采用总线结构便于部件和设备的扩充，尤其是制定了统一的总线标准则容易使不同设备间实现互联。

微型计算机中总线一般有内部总线、系统总线和外部总线。内部总线是微机内部各外围芯片与处理器之间的总线，用于芯片一级的互联；系统总线是微机中各插件板与系统板之间的总线，用于插件板一级的互联；外部总线是微机和外部设备之间的总线，微机作为一种设备，通过该总线和其他设备进行信息与数据交换，它用于设备一级的互联。

另外，从广义上说，计算机通信方式可以分为并行通信和串行通信，如图 4.65 所示，相应的通信总线被称为并行总线和串行总线。

并行通信是指各个数据位同时进行传送的数据通信方式，因此有多少个数据位，就需要多少根数据线。并行数据的特点是传送速度快、效率高，但成本高。随着线路长度的增加，干扰就会增加，数据也容易出错，因此传送线路长度受到限制，通常只适合 30 m 距离内的数据传送。

串行通信是指各个数据按传送位顺序进行传输，最少只需要两条传输线即可完成。其传输速度慢、效率低，但简易、方便、灵活，传输距离远，而且可以使用现有的通信通道（如电话线、各种网络等），在远距离通信中使用很广。串行通信一般可分为异步模式▼和同步模式▼。

▼异步通信在发送字符时，所发送的字符之间的时间间隔可以是任意的，但必须在每一个字符的开始和结束的地方加上标志，即加上开始位和停止位，以便接收端能够正确地将每一个字符接收下来。异步通信的好处是，通信设备简单、便宜，但传输效率较低，因为开始位和停止位的开销所占比例较大。

▼同步通信是一种连续串行传送数据的通信方式。同步通信时，将许多字符组成一个信息组，在每组信息（通常称为帧）的开始加上同步字符。当接收端检测到有一串数位和同步字符相匹配时，就认为开始一个信息帧，把此后的数位作为实际传输信息来处理。

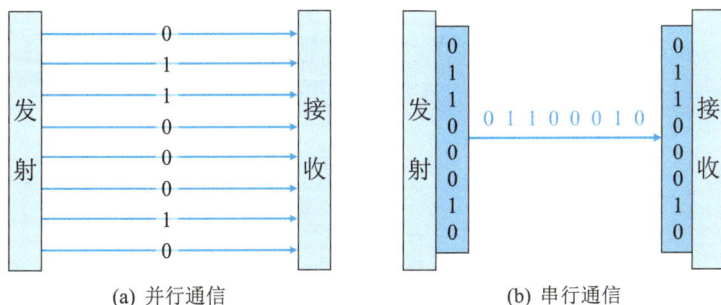

(a) 并行通信　　　(b) 串行通信

图 4.65　并行通信和串行通信

随着微电子技术和计算机技术的发展，总线技术也在不断地发展和完善。计算机总线技术种类繁多，各具特色。下面介绍微机各类总线中目前比较流行的几种总线技术。

- I^{2}C 总线

I^{2}C（inter-IC）总线是一种简单、双向二线制同步串行总线，只需要两根线即可在连接于总线上的器件之间传送信息。在主从通信中，可以有多个 I^{2}C 总线器件同时连接到 I^{2}C 总线上，通过地址来识别通信对象。

- SPI 总线

串行外围设备接口 SPI（serial peripheral interface）总线是一种三线同步总线，因其硬件功能很强，与 SPI 有关的软件就相当简单，使 CPU 可以有更多的时间处理其他事务。

- SCI 总线

串行通信接口 SCI（serial communication interface）是一种通用异步通信接口 UART（universal asynchronous receiver/transmitter，通用异步收发传输器）。

- RS-232-C 总线

RS-232-C 是一种串行物理接口标准，设有 25 条信号线，包括 1 个主通道和 1 个辅助通道。对于一般双工通信▼，仅需几条信号线就可实现，如 1 条发送线、1 条接收线及 1 条地线。

- USB 总线

通用串行总线 USB 基于通用连接技术，实现外设的简单快速连接，达到方便用户、降低成本、扩展 PC 连接外设范围的目的。USB 4.0 的传输速率可达 40 Gbps。

图 4.66 是一个嵌入式应用系统的示例，各类外围部件和外设通过各种接口与微处理器连接。

▼单工、半双工、全双工是三种通信方式。单工通信只支持数据在一个方向传输，不能实现双向通信，例如电视、广播。半双工通信允许数据在两个方向上传输，但是，在某一时刻，只允许数据在一个方向上传输，它实际上是一种切换方向的单工通信，在同一时间只可以有一方接收或发送信息，例如对讲机。全双工通信允许数据同时在两个方向上传输，它要求发送设备和接收设备都有独立的接收和发送能力，实现双向通信，例如电话通信。

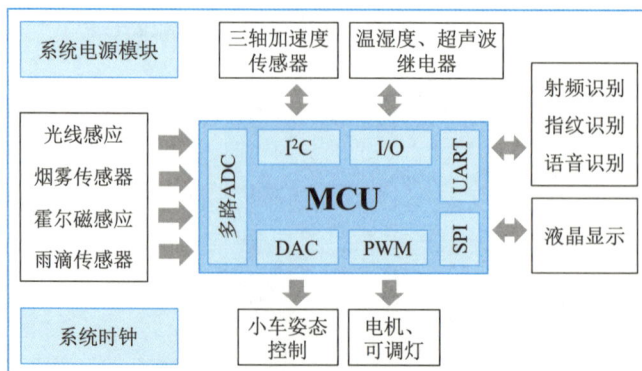

图 4.66　一个嵌入式应用系统示例

4.5　EDA 技术

EDA（electronic design automation）就是电子设计自动化。数字系统 EDA 设计是在 EDA 工具软件平台上，以硬件描述语言（hardware description language，HDL）为手段，完成系统逻辑的设计，并自动地完成逻辑编译、化简、分割、综合、布局布线以及仿真测试，直至实现既定的电子电路系统功能。EDA 技术使得设计者的主要工作仅限于利用软件的方式来完成对系统硬件功能的实现。

EDA 技术的发展大致分为以下三个阶段：

• CAD（计算机辅助设计）阶段

始于 20 世纪 70 年代，利用计算机辅助进行 PCB 布线、电路模拟、逻辑模拟及版图的绘制等，从而使电子系统设计人员能够借助计算机辅助设计软件从大量烦琐、重复的计算和绘图工作中解脱出来，使设计周期得以缩短，设计效率显著提高。

• CAE（计算机辅助工程）阶段

始于 20 世纪 80 年代，其主要特征是以定时分析、逻辑模拟、故障仿真、自动布局布线为核心，重点解决了电子电路设计过程中的功能检测等问题，从而使得电子产品的设计在制作之前就能够预知产品的功能与性能。

• EDA（电子设计自动化）阶段

始于 20 世纪 90 年代，其主要特征是以高级描述语言、系统仿真和综合技术为特点，采用自顶向下（top-down）的设计理念。这里的"顶"是指系统的功能，"向下"是指将系统由大到小、由粗到精进行分解，直至可用基本模块实现，如图 4.67 所示。

时至今日，通过采用类似编程语言的硬件描述语言来设计、验证电路预期行为，利用工具软件综合得到门级电路设计并进一步完成物理设计，仍然是数字集成电路设计的基础。随着设计规模的不断扩大，对仿真和验证工具在容量、速度和精度等的要求越来越高。因此，没有高可靠性的计算机辅助设计手段是不可能完成设计任务的。

EDA 工具真正起步于 20 世纪 80 年代，1981 年诞生了第一个工作站平台 Apollo▼。目前，EDA 工具几乎涵盖了集成电路的方方面面，从硬件描述语言到逻辑仿真工具，从逻辑综合到自动布局布线系统，从物理设计规则检查到电路图版图比对，以及芯片的制造测试。

EDA 技术将设计前期的许多高层次设计由 EDA 工具来完成。这种方法不仅极大地提高了电路系统的设计效率，而且使设计人员从大量的辅助性工作中解脱出来，能够将精力集中于方案的创造与概念的构思上。

一般地，利用 EDA 技术进行电子系统设计的最终目标，是完成专用集成电路（application specific integrated circuit，ASIC）或 PCB 的设计和

视频 4.9　EDA 技术

课件 4.5　EDA 技术

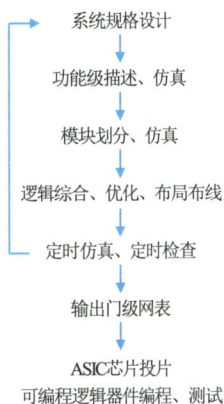

系统规格设计

功能级描述、仿真

模块划分、仿真

逻辑综合、优化、布局布线

定时仿真、定时检查

输出门级网表

ASIC芯片投片
可编程逻辑器件编程、测试

图 4.67　自顶向下的设计理念

▼1981 年，美国阿波罗计算机（Apollo Computer）公司开发了 DN100 工作站，使用 Motorola 的 68000 微处理器。Apollo 工作站使用的是 Aegis（之后改称 Domain/OS）操作系统，是一种专属操作系统。

▼图 4.68 中，SOPC: system on a programmable chip （可编程片上系统）。

实现。同一个数字系统可用全定制、半定制（门阵列、标准单元）、可编程逻辑器件（CPLD、FPGA）等不同的硬件形式实现，如图 4.68 所示▼。不同的硬件实现有不同的特性。

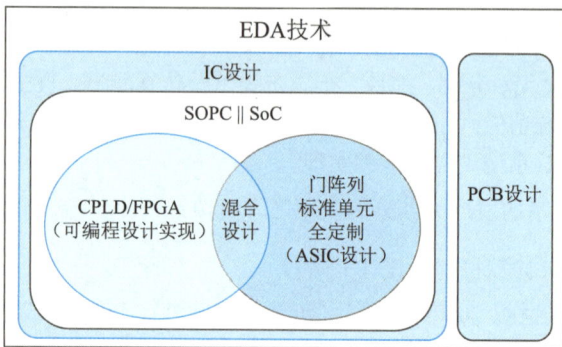

图 4.68　IC 设计与 EDA 技术

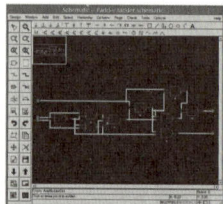

线路图

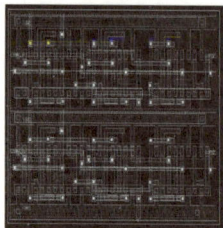

局部版图

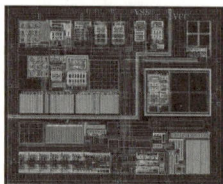

整体版图

封装后的芯片

4.5.1　IC 设计流程及 EDA 工具

IC 设计（integrated circuit design，集成电路设计）是电子工程学和计算机工程学的一门交叉学科，其主要内容是运用专业的逻辑和电路设计技术设计集成电路。

随着微电子生产工艺的成熟，使得工艺库的引入成为可能，芯片代工厂（称为 foundry）可以向设计者提供各种仿真和测试。自动化设计工具的发展成熟，结合 HDL 语言和工艺库，实现给定约束条件下的逻辑综合与优化、版图布局布线与优化、时序分析与自动测试矢量生成等。

20 世纪 80 年代中期以后，IC 工艺与设计技术的发展水平已能够在单芯片上实现相当规模与复杂功能的电路，可把本来需要多个中小规模集成块完成的某一电路功能集成到一个芯片上去实现。

专用集成电路（ASIC）就是具有专门用途和特定功能的独立集成电路器件。ASIC 作为最终的物理平台，集中容纳了用户通过 EDA 技术将电子应用系统的既定功能和技术指标具体实现的硬件实体。ASIC 一般是面向特定应用领域的 IC，如音/视频编解码芯片、网络通信芯片、LCD（liquid crystal display，液晶显示）驱动芯片等。为了加快 ASIC 产品的开发速度，更好地满足市场需求，ASIC 的设计采取了不同的模式——全定制（full custom）和半定制（semi-custom）。

全定制

全定制设计方法就是按所要设计的集成电路的规定功能和性能要求，基于晶体管级，对电路的结构布局、布线均进行专门的最优化设计。这种设计方法适用于要求得到最高速度、最低功耗和最省面积的芯片设计，比较适合大批量生产，但是设计时间较长。

全定制 IC 设计的主要 EDA 工具有 Cadence 的 Virtuoso、Synopsys 的 Custom Designer（CD）等，这两款工具实际上是提供了一个集成设计环境，用户在这个环境里可以方便地配置和利用各家 EDA 的工具来完成各个设计阶段的任务。下面简要介绍它的设计基本流程。

• 定义设计规格

芯片规格也就像功能列表一样，是客户向芯片设计公司（称为 Fab-less，无晶圆设计公司）提出的设计要求，包括芯片需要达到的具体功能和性能方面的要求。

• 绘制电路图

电路图绘制工具称为 Schematic Capture，可以提供门级和晶体管级的电路图绘制功能，电路图绘制完成后可生成网表文件供电路仿真时使用。

• 电路仿真

调用电路仿真器，如 HSpice、Spectre、Eldo 等来实现电路的仿真，用以验证电路的各项电性能指标是否符合规格说明书。若仿真的结果不满足规格说明书要求，则需要调整电路图，然后再做仿真。另外，电路仿真需要代工厂提供的元器件库。

• 生成版图

版图是连接电路设计与芯片代工厂的一个桥梁，版图不仅反映了电路图的连接关系和各种元器件规格，还反映了芯片的制造过程和工艺。由电路图 schematic 到版图绘制一般使用集成开发环境中的 layout editor。

• 后仿真

版图生成后，要进行一系列的检查，最后进行后仿真（post-layout simulation）。后仿真的输入是包含原始电路信息以及寄生信息的网表，是最接近真实电路的网表文件。通过后仿真，用户可以获得该设计完整真实的性能信息，包括延时、功耗、逻辑功能、时序信息等。这一过程也是验证整个设计是否成功的最后一关。

以上步骤只能保证该设计在仿真的角度是经过验证了的，并不保证制造出来的电路一定和仿真结果一致。所以在大规模投放代工厂制造（称为"流片"）前，还需要经过一些小批量的试流片，称为硅验证（silicon verification）▼。

▼通过硅验证后的设计才是真正成功的设计，我们经常听说的"硬 IP"就是指经过硅验证后的成功的设计，而"软 IP"通常指的是只通过 EDA 工具验证的设计。

半定制

半定制集成电路是由厂家提供一定规格的功能块，如门阵列（gate array）、标准单元（standard cell）等，按用户要求利用专门设计的软件进行必要的连接，从而设计出所需要的专用集成电路。半定制设计方法设计时间较短。

门阵列是预先设计生产好的由基本逻辑门组成的阵列，只需根据不同电路设计制作连接线，即得到最后电路，如图 4.69 所示。

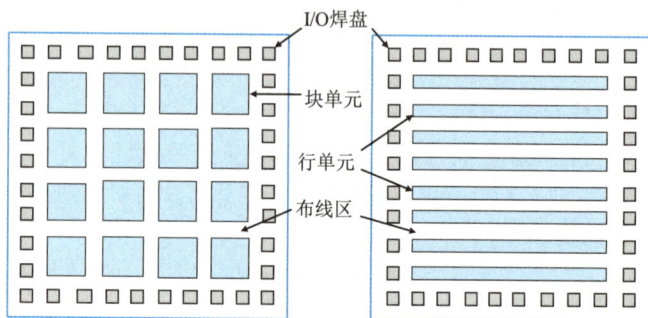

图 4.69　门阵列

▼数字电路中 NAND、NOR、INV 分别代表与非门、或非门、非门。

半定制 IC 设计流程中，大量地复用标准单元，如 D 触发器、NAND、NOR、INV、RAM、DSP 等▼，如图 4.70 所示。这些基本电路单元的版图是预先设计好的（一般由全定制方法设计），放在 EDA 工具的版图库（process design kit，PDK）中，设计者直接调用即可，"半定制"由此得名。这种设计方法与全定制方法相比，基于标准单元库，实现逻辑功能到门级的自动映射（综合）、自动布局布线、生成版图，自动化程度较高，一般用来设计大规模的数字电路。

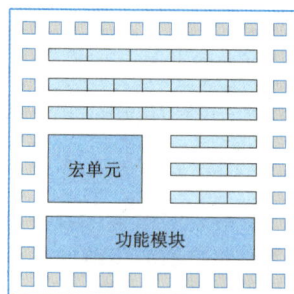

图 4.70　标准单元

图 4.71 是 IC 设计的简要流程图。IC 的设计可以分为两个部分，分别为前端设计（也称逻辑设计）和后端设计（也称物理设计），这两个部分并没有统一严格的界限，凡涉及与工艺有关的设计均可称为后端设计。

最后产生的是 GDSII 版图数据▼，提交代工厂流片。

▼GDSII 流格式是一个数据库文件格式，用于集成电路版图的数据转换，并成为事实上的工业标准。GDSII 是一个二进制文件，可以用作制作光刻掩模版。

SoC 和 IP 核

从 20 世纪 90 年代中期开始，IC 设计能力发生了一次质的飞跃，即由 ASIC 设计方法向 SoC 设计方法转变。片上系统指的是在单个芯片上

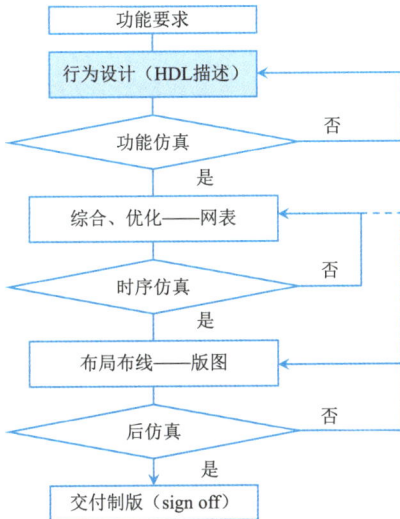

图 4.71　IC 设计流程

集成一个完整的系统，一般包括系统级芯片控制逻辑模块、微处理器/微控制器 CPU 内核模块、数字信号处理器 DSP 模块、嵌入的存储器模块、和外部进行通信的接口模块、含有 ADC/DAC 的模拟前端模块、电源提供和功耗管理模块等，是一个具备特定功能、服务于特定市场的软硬件的混合体，比如 WLAN （wireless local area network）基带芯片、便携式多媒体芯片、DVD 播放机解码芯片等，如图 4.72 所示。

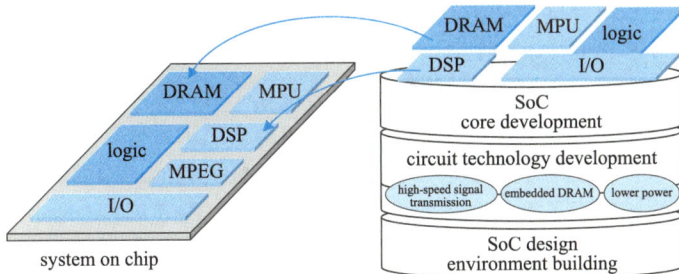

图 4.72　片上系统（SoC）

　　ASIC 设计是基于时序驱动的设计方法，SoC 设计是基于 IP （intellectual property，知识产权）复用的设计方法。SoC 设计方法使 IC 设计开始进一步分工细化，出现了 IP 设计和 SoC 系统设计。

　　IP 核是具有知识产权的集成电路芯核的简称，可以是一段与工艺无关的具有特定电路功能的硬件描述语言程序（软核），也可以是与工艺相关的版图（硬核▼），可以在不同的产品中进行集成应用▼。其作用是把一组拥有知识产权的电路设计集合在一起，构成芯片的基本单位，以供设计时调用▼。

▼IP merge：对硬核进行保护，在代工厂进行版图数据融合。

▼使用 IP 核需要 license & royalty（授权费与提成费）。

▼可以把 IP 理解为一颗 ASIC，以前是 ASIC 做好以后，用户在 PCB 上使用，现在是 IP 做好以后让使用者集成在更大的芯片中。

4.5.2　硬件描述语言

　　硬件描述语言（HDL）是电子系统硬件行为描述、结构描述、数据流描述的语言。利用这种语言，数字电路系统的设计可以从顶层到底层（从抽象到具体）逐层描述自己的设计思想，用一系列分层次的模块来表示极其复杂的数字系统。然后，利用 EDA 工具，逐层进行仿真验证，再把其中需要变为实际电路的模块进行组合，经过自动综合工具转换到门级电路网表。最后，再用专用集成电路 ASIC 或可编程逻辑器件自动布局布线工具，把网表转换为要实现的具体电路布线结构。

　　目前常用的 HDL 主要有 VHDL 和 Verilog HDL。

VHDL

　　VHDL（very high speed integrated circuit hardware description language）于 1983 年由美国国防部发起创建，由 IEEE▼进一步发展并在 1987 年作为 IEEE 1076 标准发布。从此，VHDL 成为硬件描述语言的业界标准之一。自 IEEE 公布了 VHDL 的标准版本之后，各 EDA 公司相继推出了自己的 VHDL 设计环境，或宣布自己的设计工具支持 VHDL。此后，VHDL 在电子设计领域得到了广泛应用，并与 Verilog 一起逐步取代了其他的非标准硬件描述语言。

▼IEEE 是世界上最大的非营利性专业技术学会，致力于电气、电子、计算机工程与科学有关领域的出版、会议、技术标准以及专业和教育活动。

　　VHDL 作为一种规范语言和建模语言，随着它的标准化，出现了一些支持该语言的行为仿真器。由于创建 VHDL 的最初目标是用于标准文档的建立和电路功能模拟，其基本想法是在高层次上描述系统和元件的行为。但到了 20 世纪 90 年代初，人们发现，VHDL 不仅可以作为系统模拟的建模工具，还可以作为电路系统的设计工具，可以利用软件工具将 VHDL 源码自动地转化为文本方式表达的基本逻辑元件连接图，即网表文件。这种方法对于电路自动设计来说具有极大的推动作用。很快，电子设计领域出现了第一个软件设计工具，即 VHDL 逻辑综合器，它把标准 VHDL 的部分语句描述转化为具体电路实现的网表文件。

　　1993 年，IEEE 对 VHDL 进行了修订，从更高的抽象层次和系统描述能力上扩展了 VHDL 的内容，公布了新版本 VHDL，即 IEEE 1076—1993。现在，VHDL 与 Verilog 一样作为 IEEE 的工业标准硬件描述语言，得到众多 EDA 公司的支持，在电子工程领域已成为通用硬件描述语言。

Verilog HDL

　　Verilog HDL 是在应用最为广泛的 C 语言的基础上发展起来的一种硬件描述语言，它是由美国 Gateway 设计自动化公司的工程师菲尔·穆尔比（Phil Moorby，1953—2022）于 1983 年末首创的。最初只设计了一个仿真与验证工具，之后又陆续开发了相关的故障模拟与时序分析工具。1985 年，穆尔比推出他的第三个商用仿真器 Verilog-XI，获得了巨大的成功，从而使得 Verilog HDL 迅速得到推广应用。1989 年，Cadence 公司收购了 Gateway 公司，使得 Verilog HDL 成为该公司的独家专利。1990 年，Cadence 公司决定公开 Verilog HDL，并成立开放 Verilog 国际组织（Open Verilog International，OVI）▼，以促进 Verilog HDL 成为 IEEE 标准。

▼2000 年，VHDL International（VI）和 Open Verilog International（OVI）合并成立了 Accellera，旨在推动全世界范围内的系统、半导体和设计工具公司所需标准的开发和使用。

　　1992 年，该组织寻求将 Verilog 纳入 IEEE 标准。最终，Verilog HDL 成为 IEEE 1364—1995 标准，即通常所说的 Verilog—1995。2001 年，设计人员对 Verilog 进行了修正和扩展，扩展后的版本后来成为 IEEE 1364—2001 标准，即通常所说的 Verilog—2001。Verilog—2001 是对 Verilog—1995 的一个重大改进版本，是 Verilog 的主流版本，支持大多数商业 EDA 软件包。2005 年，Verilog 再次进行了更新，即 IEEE 1364—2005 标准。2009 年，IEEE 1364—2005 和加强硬件验证语言特性的 SystemVerilog（IEEE 1800—2005）合并为 IEEE 1800—2009，成为一个新的、统一的 SystemVerilog 硬件描述验证语言，从而开启了一个新的时代。

　　VHDL 发展较早，语法严格，书写规则比 Verilog 烦琐一些。而 Verilog HDL 是在 C 语言的基础上发展起来的一种硬件描述语言，语法较自由，如果有 C 语言的编程经验，便可以在较短时间内学习和掌握。但 Verilog 自由的语法也容易让少数初学者出错。

HDL 基础概念

　　HDL 是硬件描述语言，因此，利用 HDL 编写的程序最终会通过工具转换为具体的电路模块。此外，利用 HDL 编写的模型可以是实际电路的不同级别的抽象，如图 4.73 所示。通常情况下，我们将这种抽象级别分为以下五类。

- 系统级：用语言提供的高级结构能够实现待设计模块的外部性能的模型。
- 算法级：用语言提供的高级结构能够实现算法运行的模型。
- 寄存器转换级：描述数据在寄存器之间的流动和如何处理、控制这些数据流动的模型。
- 门级：描述逻辑门以及逻辑门之间连接的模型。
- 开关级：描述器件中晶体管和存储节点以及它们之间连接的模型。

　　其中，前三种抽象级别为行为级抽象，它侧重于描述电路的功能；门级和开关级属于结构级别抽象，侧重于模块内部结构实现的具体描述。

　　由于硬件描述语言在编写程序时往往是通过模块的形式来进行组织的，这里的模块可以看作其他编程语言中的函数，它用于描述一个特定的功能模块。通过将多个模块联合起来最终可以形成我们所需的设计模型。下面我们从几个简单模块的分析来形成对模块的基本认识。

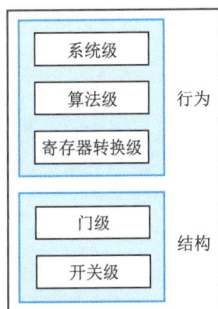

图 4.73　HDL 的抽象级别

例 4.8　一个二选一选择器的 Verilog HDL 程序

从图 4.74(a) 所示的代码中可以看出，一个模块是一段以 module-endmodule 包含的代码段构成。紧跟在关键字 module 之后的是模块名 muxtwo 以及端口列表（out, a, b, sel），这里包含了 4 个端口，依次为信号端口 a、信号端口 b、选择端口 sel，以及输出端口 out。

```verilog
module muxtwo(out, a, b, sel);
    input    a, b, sel;
    output   out;
    reg out;
        always @ (sel or a or b)
            if(!sel) out = a;
            else out = b;
endmodule
```

(a) Verilog HDL 程序　　　　　　　　　(b) 电路图

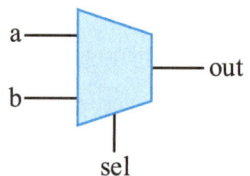

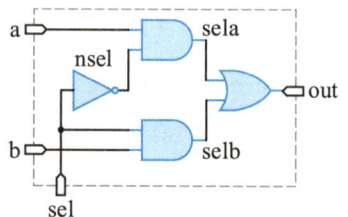

图 4.74　二选一选择器

在模块内部，第 2、第 3 行是 I/O 说明，说明了端口列表中端口的输入/输出方向以及端口的位数；第 4 行是内部信号声明，通常包括 reg 和 wire 两种▼；最后的 always 块是模块的功能定义，描述的是模块的核心功能。程序中 "!" 表示逻辑取反。

▼reg 相当于存储单元，wire 相当于物理连线。

值得注意的是，always 语句实际上已经属于行为级抽象了，它只关心逻辑功能而不关心其电路结构▼。

▼行为级抽象是指采用对信号行为级的描述方法来建模。行为级是最符合人类逻辑思维方式的描述角度，它不关心电路的具体结构，只关注算法。

例 4.9　二选一选择器的门级描述

图 4.75(a) 的程序是对例 4.8 中的二选一数据选择器的门级描述方式。程序用到了 &（与）、|（或）、~（非）等位运算符来实现门电路的功能，其对应的电路模块如图 4.75(b) 所示。

```verilog
module muxtwo(out, a, b, sel);
    input    a, b, sel;
    output   out;
    wire nsel, sela, selb;
        assign nsel = ~sel;
        assign sela = a & nsel;
        assign selb = b & sel;
        assign out = sela | selb;
endmodule
```

(a) Verilog HDL 程序　　　　　　　　　(b) 电路图

图 4.75　二选一选择器门级描述

我们还可以利用 Verilog 中的逻辑元件来实现同样的功能，如图 4.76 所示。这里的 not、and、or 都是 Verilog 语言的保留字；u1、u2、u3、u4

```
module muxtwo(out, a, b, sel);
    input a, b, sel;
    output out;
        not          u1(nsel, sel);
        and    #1    u2(sela, a, nsel);
        and    #1    u3(selb, b, sel);
        or     #1    u4(out, sela, selb);
endmodule
```

图 4.76　Verilog 中的逻辑元件

表示逻辑元件的实例名称；中间的 #1 代表该门从输入到输出的延迟为 1
个单位时间。

例 4.10　Verilog 用于模块的测试

Verilog 可用于描述变化的测试信号。描述测试信号的变化和测试过
程的模块也叫作测试平台，它可对电路模块进行动态测试，观测被测试
模块的输出信号是否符合设计要求。如图 4.77 所示的测试模块是对例 4.8
中的二选一选择器进行测试。

```
`include "muxtwo.v"
    module t;
        reg ain, bin, select;
        reg clock;
        wire outw;

        initial
            begin
                ain = 0;
                bin = 1;
                select = 0;
                clock = 0;
            end

        always #50 clock = ~clock;

        always @ (posedge clock)
            begin
                #1 ain = {$ random} % 2;
                #3 bin = {$ random} % 2;
            end

        always #1000 select = !select;

        muxtwo m(.out(outw), .a(ain), .b(bin), .sel(select));
    end module
```

图 4.77　二选一选择器测试

这里定义了一个模块 t，它没有端口列表和 I/O 说明，其主要包括三
个部分：信号初始化、产生激励信号和模块测试。其中，模块测试部分
只有一行代码，就是引用例 4.8 和例 4.9 中所设计的 muxtwo 模块，并将

测试信号流传进去。我们通过观察输入/输出信号流的变化就可以判断模块的逻辑功能是否正确。

这种测试可以在功能级（即行为级）上进行，也可以在逻辑网表（逻辑布尔表达式）和门级电路上进行▼。如果门级结构模块与具体的工艺技术对应起来，并加上布局布线引入的延迟模型，此时进行的仿真称为布线后仿真，这种仿真与实际电路情况非常接近。

▼分别为 RTL 仿真、逻辑网表仿真和门级仿真。

4.5.3　可编程逻辑器件

可编程逻辑器件（programmable logic device，PLD）起源于 20 世纪 70 年代，是在 ASIC 基础上发展起来的一种新型逻辑器件，是当今数字系统设计的主要硬件平台。这些器件可以通过软件编程对其硬件结构和工作方式进行重构，从而使得硬件的设计可以如同软件设计那样方便快捷，为数字系统的设计带来了极大的灵活性。可编程逻辑器件极大地改变了传统的数字系统设计方法、设计过程和设计观念，促进了 EDA 技术的迅速发展。

典型的 PLD 由一个"与"门阵列和一个"或"门阵列组成，由于任意一个组合逻辑都可以用"与-或"表达式来描述，所以，PLD 能以"乘积和"的形式完成大量的组合逻辑功能，如图 4.78 所示▼。

▼图中蓝色长条表示可编程连接。

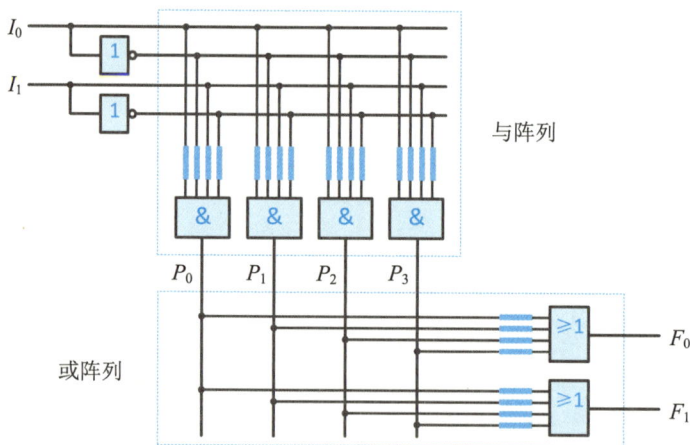

图 4.78　基本可编程逻辑器件原理结构

▼EEPROM：electrically erasable programmable ROM（电可擦除可编程只读存储器），采用电擦除，因此可以在线编程和擦除。

▼FLASH 存储器又称闪存，它结合了 ROM 和 RAM 的长处，不仅具备电子可擦除可编程的性能，还不会因断电而丢失数据，同时可以快速读取数据。

▼SRAM：static random-access memory（静态随机存取存储器）。

▼反熔丝型：是对熔丝技术的改进，在编程处通过击穿漏层使得两点之间获得导通，这与熔丝烧断获得开路正好相反。

目前，常见的大规模可编程逻辑器件的编程工艺主要有三种：基于电可擦除存储单元的 EEPROM▼或 FLASH▼技术、基于 SRAM▼查找表的编程单元和基于反熔丝▼编程单元。

PLD 器件从规模上可细分为 SPLD（简单 PLD）、CPLD（复杂 PLD）以及 FPGA（field programmable gate array，现场可编程门阵列），它们内部结构的实现方法各不相同。目前，大量使用的是 CPLD 和 FPGA，其产品种类很多，可实现任何数字逻辑功能。CPLD/FPGA 是一种半定制的 ASIC，属大规模或超大规模逻辑器件。

CPLD（复杂可编程逻辑器件）

20 世纪 80 年代末，美国莱迪思（Lattice）半导体公司提出了在线可编程（in-svstem programming，ISP）技术，在此基础上，于 20 世纪 90 年代初推出了 CPLD。图 4.79 为 CPLD 的结构示意，它由若干个逻辑阵列块（logic array block，LAB）、可编程连线阵列（programmable interconnect array，PIA）和可编程的输入/输出模块（input/output block，IOB）组成。

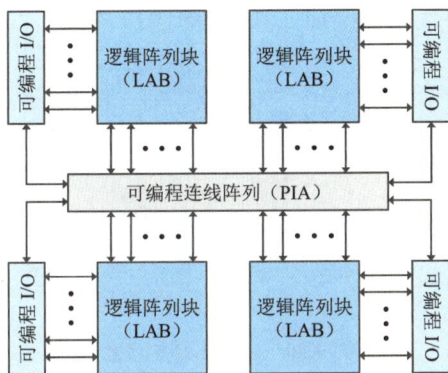

图 4.79　CPLD 结构示意

CPLD 大都采用分区阵列结构，即将整个器件分成若干个 LAB，每个 LAB 由多个宏单元（macro cell）构成。在通常情况下，每个宏单元包括可编程的与门阵列、乘积项选择矩阵、或门阵列以及一个可编程的寄存器。LAB 经过内部的 PIA 进行连接，从而实现比较复杂的逻辑功能。IOB 允许每个 I/O 引脚单独配置成输入、输出或双向工作方式。

CPLD 一般采用 CMOS 工艺和 EEPROM 或 FLASH 等技术、具有密度高、速度快和功耗低等性能。

FPGA（现场可编程门阵列）

FPGA 是另一种重要的可编程逻辑器件，是由罗斯·弗里曼（Ross Freeman，1948—1989）发明的。1984 年，他作为共同创始人创立了赛灵思（Xilinx）公司，1985 年，推出了第一款 FPGA——XC2064▼。

FPGA 在原理上与 CPLD 不同，FPGA 内部使用查找表（look-up table，LUT）这种存储器型的逻辑块，并包括小规模的门阵列和触发器电路，代替了 CPLD 中的与或逻辑结构。同时，因为 FPGA 含有更多的逻辑块和更多的连线单元，使用与 CPLD 不同的可编程连线工艺，能提供更灵活的布线功能，因而显得更为灵活。

查找表本质上就是一个 RAM。当设计者通过 HDL 语言描述了一个逻辑电路以后，FPGA 开发软件会自动计算逻辑电路的所有可能的结果，并把配置数据写入 RAM。这样，每输入一个信号进行逻辑运算就等于输

▼XC2064 只包含 64 个逻辑块，现代 FPGA 中的逻辑块有几千个或数百万个。

入一个地址进行查表，找出地址对应的内容，然后输出即可。设计者可以在现场修改器件的逻辑功能，即所谓的现场可编程。

　　FPGA 主要由可配置逻辑块（configurable logic block，CLB）、输入/输出模块（input/output block，IOB）和可编程连线（programmable interconnect，PI）组成，如图 4.80 所示。

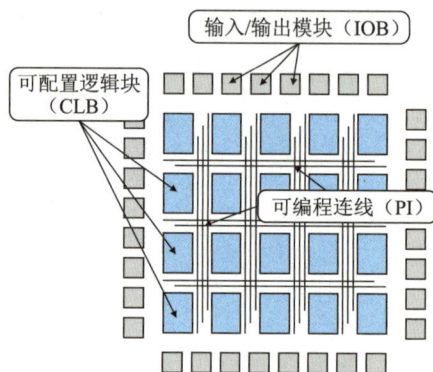

图 4.80　FPGA 结构示意

　　CLB 是 FPGA 的基本结构单元，能够实现逻辑函数，一般由函数发生器、数据选择器、触发器和信号变换电路等部分组成。IOB 分布于器件四周，提供内部逻辑与外围引脚间的连接。PI 由许多金属线构成，以提供高速可靠的内部连接，将 CLB 之间、CLB 和 IOB 之间连接起来构成复杂逻辑。

　　随着集成度的提高，目前的 FPGA 器件内嵌了高速乘法器、Gbps 差分串行接口、微处理器等专用硬核，以提高性能。Altera、Xilinx 还分别提供了用户可裁剪的 RISC▼软核 Nios、NiosII（Altera）和 MicroBlaze、Picoblaze（Xilinx）。这标志着 FPGA 的应用范围已扩展到系统级，和 SoC 类似，与各种 IP 核一起实现 SOPC，为嵌入式系统的开发提供了便利。

▼RISC（精简指令集）参见 4.3.2 节（第 185 页）。

CPLD/FPGA 开发流程

　　FPGA 和 CPLD 的特点是：直接面向用户、具有极大的灵活性和通用性、使用方便、硬件测试和实现快捷、开发效率高、成本低、上市时间短、技术维护简单、工作可靠性好等。它们的应用是 EDA 技术有机融合了软硬件电子设计技术、SoC 和 ASIC 设计，是对自动设计与自动实现最典型的诠释▼。

　　基于高复杂度 PLD 器件的开发，在很大程度上要依靠 EDA 来完成。PLD 的 EDA 工具以计算机软件为主，将典型的单元电路封装起来形成固定模块并形成标准的 HDL 语言，供设计人员使用。设计人员考虑如何将可组装的软件库和软件包搭建出满足需求的功能模块甚至完整的系统。PLD 开发软件需要自动完成逻辑编译、化简、分割、综合及优化、布

▼由于 FPGA 和 CPLD 的开发工具、开发流程和使用方法与 ASIC 有类似之处，因此，这类器件通常也被称为可编程专用 IC 或可编程 ASIC。

局布线、仿真以及对于特定目标芯片的适配编译和编程下载等工作,如
图 4.81 所示。

测验 4.5　EDA 技术

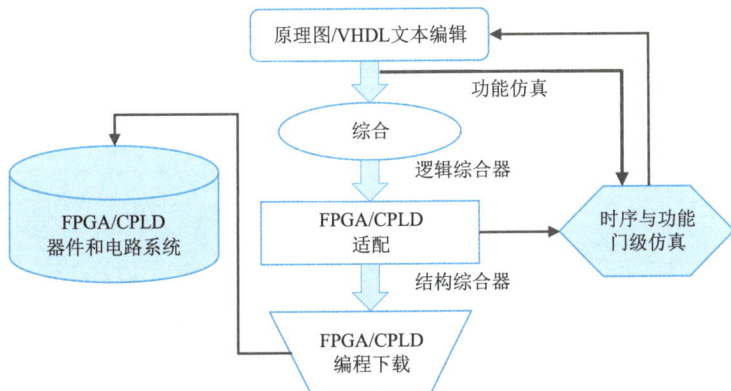

图 **4.81**　可编程逻辑器件开发流程

　　典型的 EDA 工具中必须包含两个特殊的软件包,即综合器和适配
器。综合器的功能就是将设计者在 EDA 平台上完成的针对某个系统项目
的 HDL、原理图或状态图描述,针对给定的硬件系统组件,进行编译、优
化、转换和综合。适配器的功能是将由综合器产生的网表文件配置于指
定的目标器件中,产生最终的下载文件。

　　随着开发规模的级数性增长,必须缩短 PLD 开发软件的编译时间,
提高其编译性能,并提供丰富的 IP 核资源供设计人员调用。Xilinx 公司
的 ISE、Altera 公司的 Quartus II 和 Maxplus II 是业界公认的主流集成 PLD
开发软件。

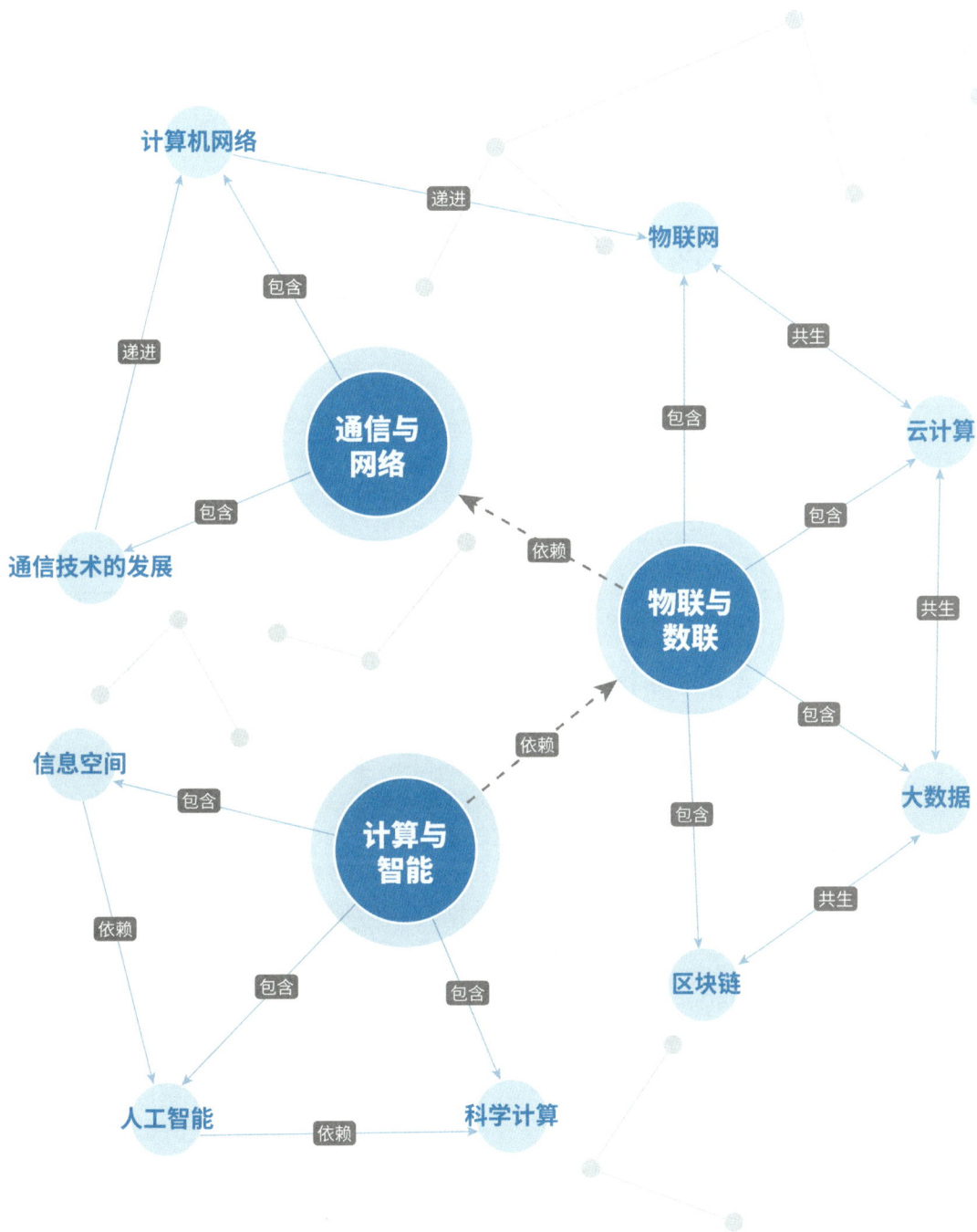

计算机网络

物联网

递进

通信与
网络

包含

递进

包含

共生

云计算

通信技术的发展

包含

依赖

物联与
数联

包含

共生

信息空间

包含

包含

大数据

计算与
智能

依赖

依赖

包含

包含

共生

人工智能

依赖

科学计算

区块链

互联与计算

第5章　互联与计算

人工智能技术被视为一次伟大的技术革新，简而言之，其技术魅力在于，能够赋予机器像人类一样"思考"的能力。实现人工智能技术的两大技术基础是"计算"和"通信"。本章从通信技术发展的脉络，介绍通信和网络的基础知识、关键技术和核心应用；然后针对无所不在的互联与计算，分别介绍物联网、云计算、大数据、区块链以及人工智能的基本概念、技术特点和主要应用场景。

5.1　通信与网络

网络

通信是人与人、人与自然之间，通过某种行为或媒介进行的信息交流与传递。通信不仅限于人类之间的信息交换，也包括自然万物。网络是由若干个节点和连接这些节点的链路构成。通信网络将各个孤立的设备进行物理连接，实现人与人、人与计算机、计算机与计算机之间的信息交换，从而达到资源共享和通信的目的。

5.1.1　通信技术的发展

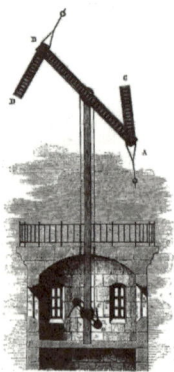

法国发明家克劳德·查普（Claude Chappe，1763—1805）在1792年发明了信号机。信号机模仿人的手臂，通过不同角度组合可产生几百种可能的信号。

在人类诞生的那一刻起，通信就是生存的基本需求。例如，婴儿通过哭声传递饥饿的信息，索取母乳和关爱；参与围猎的部落成员，通过呼吼声，召唤同伴的支援和协助。这一切，都属于通信的范畴。

随着人类社会组织的不断壮大，通信的作用也越来越大。通信的手段，也由面谈这种近距离方式，逐渐发展出烽火、旗语、击鼓、鸣金等多种远距离方式。这些通信方式主要通过视觉或者听觉来实现的，这就要求通信双方之间是可视的或可听见的，从而限制了通信的范围。而如果采用驿站或信鸽等方式，虽然在一定程度上解决了通信范围的问题，但同时带来了时效性的问题，即无法在很短的时间内送达。

19世纪电磁理论出现并成熟，人类就此开启了用电磁波进行通信的近现代通信时代。通信的距离限制不断被突破，长距离通信的时延也在不断缩短。1844年，有线电报的发明人塞缪尔·莫尔斯在美国华盛顿的国会大厦里向巴尔的摩发出了"What hath God wrought!"一语，这是人类历史上的第一份电报。1876 年，亚历山大·贝尔在美国专利局申请了电话专利权。同年，在费城世纪博览会上，贝尔到现场演示电话，通过一条几百英尺▼长的铜线电缆，在一个单方向上用电流传送了声音。1892 年，纽约和芝加哥之间（长约 1520 km）的电话线正式开通。1896 年，伽利尔摩·马可尼在英国取得了无线电报专利权。1899 年，发送无线电信号穿越了英吉利海峡。1901 年 12 月 12 日，成功使用 800 kHz 中波信号实现了由英格兰康沃尔（Cornwell）横越大西洋与加拿大纽芬兰（Newfoundland）的无线电通信，相距 3300 多公里，开创了人类无线通信的新纪元。

19 世纪末的中国电报员

1877 年，福建巡抚丁日昌（1823—1882）在台湾架设第一条电报线，成为中国自办电报的开端。

▼1 英尺 = 0.3048 米。

无线通信技术的发展

无线通信是指采用无线电波进行信息传递的通信方式。在无线通信初期，受技术条件的限制，人们大量使用长波和中波▼进行通信。20 世纪 20 年代初，人们发现了短波通信，直到 20 世纪 60 年代卫星通信兴起前，短波通信一直是远程国际通信的重要手段，目前在应急通信和军用通信领域依然有一定的实用价值。20 世纪 40 年代到 50 年代产生了传输频带较宽、性能较稳定的微波通信，成为长距离大容量地面干线无线传输的重要手段。随着社会信息化的发展，人们需要随时随地获取信息，原来点对点的固定电话通信方式已远不能满足人们的需求，无线通信也从固定方式发展为移动方式。

▼有关无线电波段划分详见表 2.6（第 76 页）。

课件 5.1 通信与网络

视频 5.1 通信与网络

20 世纪 20 年代初至 50 年代初，移动通信主要用于舰船及军事，采用短波频段和电子管技术，后期美国才出现 VHF 150 MHz 单工汽车公用移动电话系统（mobile telephone service，MTS）。20 世纪 50 年代至 60 年代，频段扩展至 UHF 450 MHz，器件技术向半导体过渡，大都为移动环境中的专用系统，并解决了移动电话与公用电话网的接续问题。

1973 年，美国摩托罗拉（Motorola）公司工程师马丁·库珀（Martin Cooper，1928—）研制了世界上第一部蜂窝移动电话 DynaTAC（dynamic adaptive total area coverage）。蜂窝移动通信的概念是在 1947 年由贝尔实验室率先提出的，由于当时技术水平的限制，直到 1978 年高级移动电话系统（advanced mobile phone system，AMPS）才研制成功，1983 年，在美国芝加哥正式商用。

Martin Cooper
（1928 —）

蜂窝移动通信

如图 5.1 所示，蜂窝移动服务区形状类似蜂巢，由许多小区拼接而成，每个小区采用一个叫作基站的设备提供无线信号覆盖。为了避免相邻小区之间的信号干扰，基站发射功率要求小于规定值，且相邻小区所使用的频段不同。相邻的不同频段的小区一起组成一个小区组，再复制拼接成服务区，实现频率的重复使用。图中，不同字母表示使用不同频段的小区，A～G 7 个小区组成一个小区组。

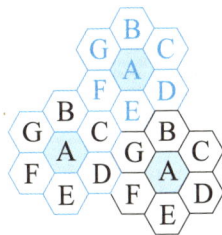

图 5.1 蜂窝移动通信

中国的第一代模拟移动通信系统采用英国TACS制式，于1987年11月18日在广东开通并正式商用，2001年12月底，中国移动关闭模拟移动通信网。1G系统在中国的应用长达14年，用户数高达660万。

▼将介于300~3400 Hz的语音转换到800多 MHz的高频载波上。

· 第一代移动通信（1G）

对于第一代（the 1st generation，1G）移动通信系统，国际上没有形成统一的标准，最具代表性的是美国的 AMPS 和英国的 TACS（total access communication system，全接入通信系统）两大系统，其中，AMPS 主要使用 800 MHz 的频带▼，而 TACS 使用的是 900 MHz 的频带。它们的共同特征是，采用模拟调频信号传输和频分多址（frequency division multiple access，FDMA）复用技术提供语音通信服务。

FDMA 技术是把信道频带分割为若干个更窄的互不相交的频带（称为子频带），每个子频带被分配给一个用户专用（称为地址），从而使多个用户共享一个物理通信信道，如图 5.2 所示。

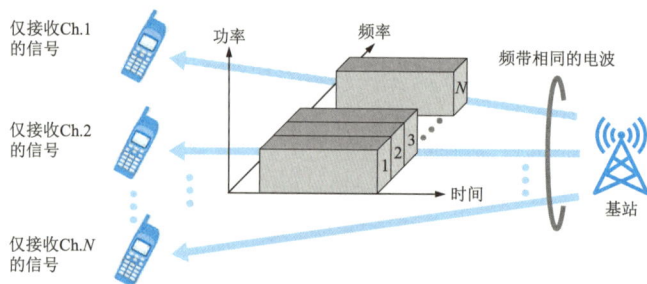

图 5.2　频分多址（FDMA）

在今天看来，1G 虽然存在频谱利用率低、容量有限、业务功能单一、保密性差等缺陷，但其小区制、频率复用等概念形成了移动通信系统的雏形，在当今愈加复杂的通信系统中仍能得到体现。

· 第二代移动通信（2G）

20 世纪 80 年代，大规模集成电路、微型计算机、微处理器和数字信号处理技术发展迅猛，人们对移动通信的需求也越来越大，第一代移动通信已经不能满足人们的需要，第二代（the 2nd generation，2G）移动通信系统诞生。

▼1991 年，芬兰诺基亚（Nokia）公司和瑞典爱立信（Ericsson）公司率先在欧洲大陆架设了第一个 GSM 网络。短短十年内，全世界有 162 个国家建成了 GSM 网络，使用人数超过 1 亿、市场占有率高达 75%。最终随着 GSM 标准在全球范围内的广泛使用，诺基亚击败摩托罗拉成为全球移动手机行业的"霸主"。1995 年，中国 GSM 数字电话网正式开通。1996 年，移动电话实现全国漫游，并开始提供国际漫游服务。主要使用 GSM-800、GSM-900 和 GSM-1800 频段。

▼伪随机码（pseudo random code）是指结构可以预先确定，可重复产生和复制，具有某种随机序列随机特性的序列码。

2G 移动通信系统变革性地采用数字信号传输，以语音和低速数据业务为主，因而被称为窄带数字移动通信系统。第二代移动通信系统中最有代表性的标准是欧洲的全球移动通信系统（global system for mobile communication，GSM）和美国的 IS-95（也称 TIA-EIA-95）。GSM 采用时分多址（time division multiple access，TDMA）技术，IS-95 则采用了码分多址（code division multiple access，CDMA）技术▼。

TDMA 是在一个宽带的无线载波上，把时间分成周期性的帧，再将每一帧分割成若干时隙（无论帧或时隙都是互不重叠的），每个时隙作为一个通信信道分配给一个用户，如图 5.3 所示。

CDMA 的原理是基于扩频技术，即将需传送的具有一定信号带宽的数据，用一个带宽远大于信号带宽的高速伪随机码▼进行调制，使原数据

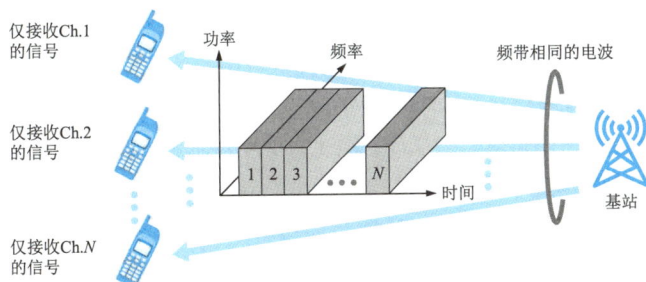

图 5.3 时分多址（TDMA）

信号的带宽被扩展，再经载波调制并发送出去。接收端使用完全相同的伪随机码，与接收的带宽信号作相关处理▼，把宽带信号转换成原信息数据的窄带信号（即解扩），从而实现信息通信。不同用户传输信息所用的信号不是依据频率不同或时隙不同来区分，而是用各自不同的伪随机码编码序列来区分，如图 5.4 所示。

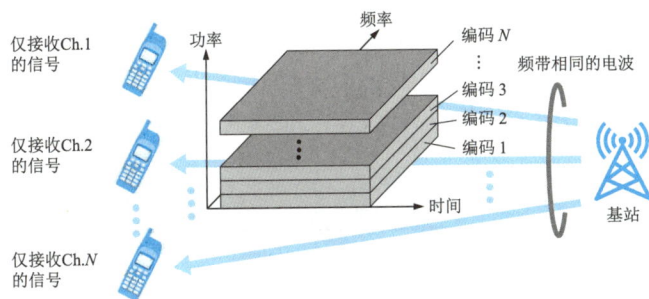

图 5.4 码分多址（CDMA）

2G 移动通信系统具有更高的频谱利用率，能够满足用户高业务量的需求，并且可以灵活配置通信带宽和业务。

• **第三代移动通信（3G）**

20 世纪 90 年代，第三代（the 3rd generation，3G）移动通信系统逐渐成形。国际电信联盟（ITU）在 1996 年将 3G 移动通信系统更名为 IMT-2000（international mobile telecommunication -2000），意为系统工作在 2000 MHz 频段，最高业务速率可达 2000 kbps，预计在 2000 年商用▼。而在欧洲，电信业巨头们将其命名为 UMTS（universal mobile telecommunications system，通用移动通信系统）。

3G 系统以 CDMA 为核心技术，最终确定的通信标准包括欧洲和日本的 WCDMA（wideband code division multiple access，宽带码分多址）、美国的 CDMA2000 和中国的 TD-SCDMA（time division-synchronous code division multiple access，时分同步码分多址）▼。

3G 移动通信系统旨在实现移动宽带多媒体业务，传输速率高，具有更高的可靠性和有效性，通信安全得到了保障。

高通专利墙

美国高通（Qual-comm）公司成立于 1985年，1989 年开始致力于 CDMA 技术的研究和推广。高通公司开创了一种新的商业模式，通过对 CDMA 技术知识产权的垄断，成为全球最大的手机基带芯片供应商和专利授权商。

▼两个信号的相关性表示两个信号的相似程度。

▼2009 年 1 月 7 日，工业和信息化部为中国移动、中国电信和中国联通发放 3G 牌照，中国进入了 3G 时代。

▼TD-SCDMA 是中国主推的第一个国际通信标准，在中国通信业发展史上具有非常重要的历史意义，虽然网络使用体验不好，但它的确是中国通信业崛起的奠基石，也是中国移动通信之所以可以成长到今天可以引领 5G 发展的重要原因之一。

• 第四代移动通信（4G）

▼3GPP 成立于 1998 年 12 月，是一个国际标准化机构，目标是在 ITU 的 IMT-2000 计划范围内制订和实现全球性的第三代移动通信系统。

第三代合作伙伴计划（3rd Generation Partnership Project，3GPP）▼在开展 3G 系统标准化工作和推动 3G 设备大规模商用的同时，也启动了对第四代（the 4th generation，4G）移动通信系统的研究工作，其显著又具有代表性的通信系统就是 LTE（long term evolution，长期演进）。2012 年，LTE 的演进版本 LTE-Advanced 被正式确立为 4G 国际标准，包括由中国提出的 TD-LTE（也称 TDD-LTE，time-division duplex，时分双工）和由欧洲提出的 FDD-LTE（frequency-division duplex，频分双工）两种制式▼。

▼2013 年 12 月 4 日，工业和信息化部正式发放 4G 牌照，中国移动、中国电信和中国联通均获得 TD-LTE 牌照。2015 年 2 月 27 日，工业和信息化部向中国电信和中国联通发放 FDD-LTE 牌照。

LTE 系统引入了 OFDM（orthogonal frequency division multiplexing，正交频分复用）和 MIMO（multiple-input multiple-output，多入多出）等技术，显著增加了频谱效率和数据传输速率。

▼有关数字信号传输速率参见 2.2.5 节（第 49 页）。

OFDM 是一种多载波调制技术，在 20 世纪 60 年代由贝尔实验室发明。如图 5.5 所示，多载波调制的基本思想是在频域内将所给信道分成许多子信道，高速的数据流被分配到多个子信道上进行传输，从而使子信道上的码元传输速率▼大幅度降低，单个码元的持续时间大大加长，因而具备了较强的抗时延扩展能力，降低了由于高速传输容易引起的码元间干扰的影响。OFDM 选择时域相互正交的子载波，它们虽然在频域互相混叠，却仍能在接收端被分离出来，因而具有更高的频谱利用率。

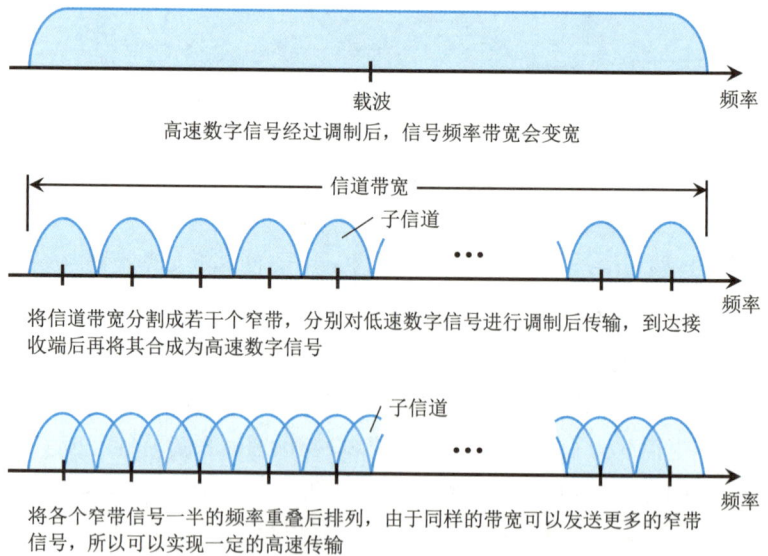

高速数字信号经过调制后，信号频率带宽会变宽

将信道带宽分割成若干个窄带，分别对低速数字信号进行调制后传输，到达接收端后再将其合成为高速数字信号

将各个窄带信号一半的频率重叠后排列，由于同样的带宽可以发送更多的窄带信号，所以可以实现一定的高速传输

图 5.5　正交频分复用（OFDM）技术

MIMO 技术指在发射端和接收端分别使用多个天线以实现多发多收，它能充分利用空间资源，在不增加频谱资源和发射功率的情况下，成倍地提高系统信道容量。

图 5.6 为发射和接收各为两个天线的 MIMO 系统示意。传输信息流经过空时编码形成 2 个信息子流，由 2 个天线发射出去，占用同一频带。

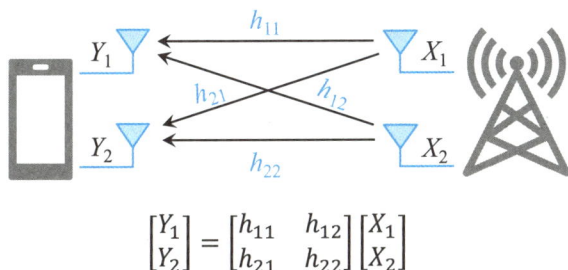

$$\begin{bmatrix} Y_1 \\ Y_2 \end{bmatrix} = \begin{bmatrix} h_{11} & h_{12} \\ h_{21} & h_{22} \end{bmatrix} \begin{bmatrix} X_1 \\ X_2 \end{bmatrix}$$

图 5.6　多入多出（MIMO）技术

经空间信道后由 2 个天线接收，接收机利用空时编码处理能够分开并解码这些数据子流。因此，MIMO 系统可在未增加频宽的情况下创造多个并行空间信道，通信容量和频谱利用率必然可以提高。

- **第五代移动通信（5G）**

第五代（the 5th generation，5G）移动通信系统的研究最早在 2012 年启动。2012 年 9 月，欧盟在第七框架计划（FP7）下启动了 5GNOW（5th generation non-orthogonal waveforms for asynchronous signaling）研究课题，并在 2014 年推出了 5G PPP（5G public-private partnership）计划，聚焦 5G 技术的研究，推动 5G 在 2020 年实现商用。在 2015 年 6 月召开的 ITU-R WP5D▼第 22 次会议上，正式将 5G 命名为 IMT-2020，并确定了 5G 的愿景和时间表等相关内容▼。

5G 网络采用大规模天线阵列、高阶编码调制和新型多址接入等技术，进一步提升了无线频谱资源的利用率。5G 开始对高频段甚至超高频段进行开发利用，密集部署低功率小基站来形成超密集网络，实现用户体验速率 10～100 倍的提升。此外，5G 核心网络架构有了重大的变化，使得 5G 网络具备网络开放能力、可编程性、灵活性和可扩展性，以满足未来多种业务的需求▼。

ITU 定义了 5G 的三大类应用场景，即增强型移动宽带（enhanced mobile broadBand，eMBB）、超可靠低时延通信（ultra-reliable and low-latency communication，uRLLC）和大规模机器类通信（massive machine type communication，mMTC），如图 5.7 所示。增强型移动宽带（eMBB）主要面向流量呈爆炸式增长的移动互联网，为移动互联网用户提供更为极致的应用体验；超可靠低时延通信（uRLLC）主要面向工业控制、远程医疗、自动驾驶等对时延和可靠性具有极高要求的行业应用需求；大规模机器类通信（mMTC）主要面向智慧城市、智能家居、环境监测等以传感和数据采集为目标的应用需求。

为满足 5G 多样化的应用场景需求，5G 的关键性能指标更加多元化。ITU 定义了 5G 八大关键性能指标，其中高速率、低时延、大连接成为 5G 最突出的特征，用户体验速率达 1 Gbps，时延低至 1 ms，用户连接能力达 100 万连接/km²。图 5.8 为 5G 与 4G 关键技术指标对比。

▼国际电信联盟无线电通信部门 5D 工作组。

▼2018 年 2 月 23 日，在世界移动通信大会（mobile world congress，MWC）召开前夕，沃达丰（Vodafone）和华为宣布，两家公司在西班牙合作采用非独立的 3GPP 5G 新无线标准和 Sub-6 GHz 频段完成了全球首个 5G 通话测试。2018 年 2 月 27 日，华为在 MWC2018 大展上发布了首款 3GPP 标准 5G 商用芯片巴龙 5G01 和 5G 商用终端，包括 Sub-6 GHz（低频）和 mmWave（毫米波）。

▼2019 年 6 月 6 日，工业和信息化部正式向中国电信、中国移动、中国联通和中国广电发放 5G 商用牌照。2019 年 10 月 31 日，三大运营商 5G 商用，并于 11 月 1 日正式上线 5G 商用套餐。

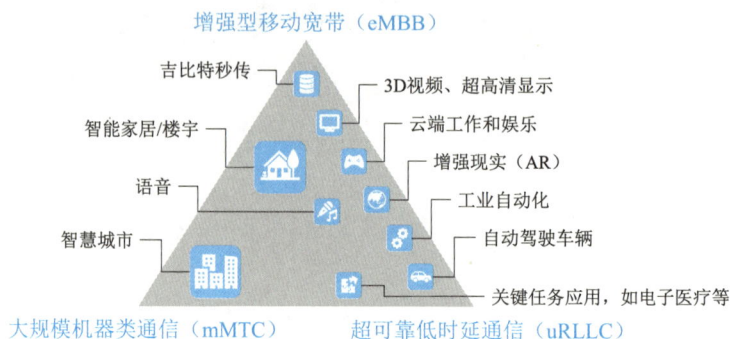

图 5.7　5G 三大应用场景

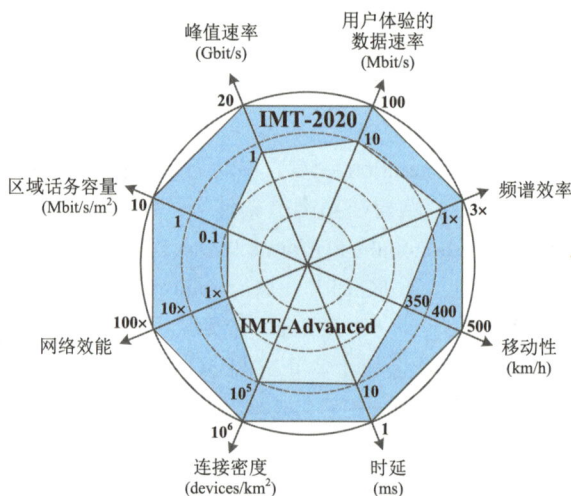

图 5.8　5G（IMT-2020）与 4G（IMT-Advanced）关键技术指标对比

在移动通信领域，永远是需求推动发展，发展带来新的需求，移动通信系统从 1G 到 5G 的发展过程充分体现了这一规律。如表 5.1 所示，移动通信系统的每一次更新换代都是为了解决当时所处时代的最主要的需求。而在每一代传承的过程中，过去的"精华"得到保留，不断添加新

表 5.1　1G 至 5G 移动通信系统的演进

	1G	2G	3G	4G	5G
商用年份	1983	1991	2001	2011	2019
关键技术	FDMA	TDMA	CDMA	OFDM MIMO	一组关键技术
应用场景	模拟语音	短信等低速数据	视频电话等移动多媒体	宽带数据移动互联网	数据、连接和用户体验
速率		~64 kb/s	~2 Mb/s	~100 Mb/s	10 Gb/s

的更完善的通信技术和设计理念，也去除了之前暴露出的"糟粕"。经过一代代地汲取经验和不断优化，移动通信不断向着宽带化和数据化的方向发展，以满足呈爆炸式增长的数据业务需求。

- **第六代移动通信（6G）**

随着 5G 通信进入规模商用阶段，全球针对第六代（the 6th generation，6G）移动通信系统研发的战略布局已全面展开。2023 年 6 月 12 日—22 日，ITU-R WP5D 第 44 次会议在瑞士日内瓦举行，如期完成了《IMT 面向 2030 及未来发展的框架和总体目标建议书》▼，为全球 6G 发展按下了实质性的启动键。

▼*Framework and overall objectives of the future development of IMT for 2030 and beyond.*

6G 将在 5G 三大典型场景上增强和扩展为六大场景，如图 5.9 所示。

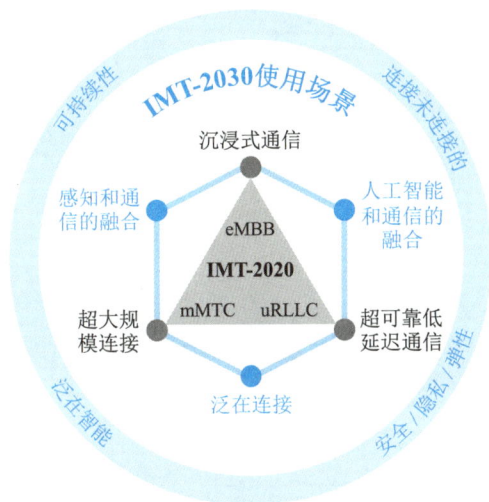

图 5.9　6G 的六大场景

沉浸式通信是对 IMT-2020 的增强型移动宽带（eMBB）的扩展，涵盖了为用户提供丰富的互动视频体验的用例，包括与机器界面的互动。典型的用例包括沉浸式 XR▼通信、多感官远程呈现和全息通信等。

▼XR 的全称是 extended reality，扩展现实。详见 5.3.3 节（第 266 页）。

超可靠低延迟通信扩展了 IMT-2020 的超可靠低时延通信（uRLLC），涵盖了对可靠性和延迟有更严格要求的专门用例，包括工业环境中用于全面自动化、控制和操作的通信，如机器人互动、紧急服务、远程医疗以及电力传输和分配的监测等。

超大规模连接扩展了 IMT-2020 的大规模机器类通信（mMTC），并涉及连接大量的设备和传感器。典型的用例包括智能城市、交通、物流、健康、能源、环境监测、农业，以及许多其他领域的扩展和新的应用。

泛在连接的一个重点是解决目前没有覆盖或几乎没有覆盖的地区，特别是农村、偏远和人口稀少的地区。典型的用例包括物联网和移动宽带通信等。

人工智能和通信的融合将支持分布式计算和人工智能驱动的应用。典型的用例包括 IMT-2030 辅助自动驾驶、医疗辅助应用的设备之间的自主协作、跨设备和网络的重型计算操作的卸载、数字孪生▼的创建和预测，以及 IMT-2030 辅助机器人等。

▼数字孪生是充分利用物理模型、传感器更新、运行历史等数据，集成多学科、多物理量、多尺度、多概率的仿真过程，在虚拟空间中完成映射，从而反映相对应的实体装备的全生命周期过程。详见 5.3.3 节（第 266 页）。

感知与通信的融合促进了需要传感能力的新应用和服务。它利用 IMT-2030 提供广域多维传感，提供关于未连接物体的空间信息，以及连接设备及其运动和周围环境的信息。

ITU 的建议书定义了 6G 的 15 个能力指标，包括了 9 个 IMT-2030 增强的能力和 6 个 IMT-2030 的新能力，如图 5.10 所示。

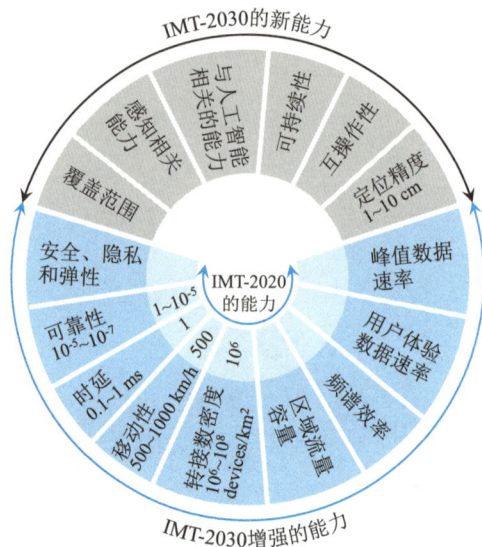

图 5.10　IMT-2030 能力指标体系

在数学、物理、材料、生物等多类基础学科的创新驱动下，6G 将与先进计算、大数据、人工智能、区块链等信息技术交叉融合，实现通信与感知、计算、控制的深度耦合，成为服务生活、赋能生产、绿色发展的基本要素。6G 将充分利用低中高全频谱资源，实现空天地一体化的全球无缝覆盖，随时随地满足安全可靠的"人-机-物"无限连接需求。

光纤通信技术的发展

▼空间光通信可分为大气光通信、卫星间光通信和星地光通信等。

贝尔的光电话

光通信是指以光作为信息载体而实现的通信方式。按传输介质的不同，可分为空间光通信和光纤通信。空间光通信是在真空或大气中传递信息的通信技术▼，光纤通信则是以光纤作为传输介质的一种通信方式。

光通信的发展史最早可追溯到"烽火台"，这是一种目视光通信。1880 年，贝尔发明了一种利用光波作为载波传输话音信息的"光电话"，它证明了利用光波作载波传递信息的可能性，是现代光通信的雏形。由于当时没有可靠的、高强度的光源，且没有稳定的、低损耗的传输介质，这种光通信一直未能发展到实用阶段。

• 激光器

1958 年，美国物理学家亚瑟·伦纳德·肖洛（Arthur Leonard Schawlow，1921—1999）和查尔斯·汤斯（Charles Townes，1915—2015）揭示了激光器工作原理。1960 年，美国休斯飞机公司的希奥多·哈罗德·梅曼（Theodore Harold Maiman，1927—2007）研制成功了第一台红宝石激光器，沉睡了 80 年的光通信才真正得到实质性的发展。激光器的出现，引发了世界性的大气激光通信技术研究热潮。

1969 年 9 月，苏联科学院约飞物理技术研究所（Ioffe Institute）发布了双异质结▼半导体（$Al_xGa_{1-x}As-GaAs$）激光器的初步研究成果。1970 年初，贝尔实验室成功降低了双异质结半导体激光器的临界电流密度，实现了室温条件下的连续受激发射，宣告双异质结半导体激光器面世。之后，通过不断改进器件结构，逐步提高了半导体激光器的工作寿命，在 1977 年实现了双异质结短波长半导体激光器连续工作 1×10^6 小时。至此，激光器已具备应用于商用光纤通信的条件。

• 光纤

光波通过大气衰减较大，大气传输只能在短距离上实现。光波的长距离传播要用低损耗的光纤，光纤是光导纤维的简写，是一种由玻璃或塑料制成的纤维。光纤的理论基础是光的全反射原理，如图 5.11 所示。光从光密介质射向光疏介质▼时，当入射角超过某一角度（临界角）时，光线不再发生介质间的折射，而是全部反射回去。

1966 年 7 月，在英国哈洛标准电信实验室工作的华裔学者高锟（Charles Kuen Kao，1933—2018）和同事乔治·艾尔弗雷德·霍克汉姆（George Alfred Hockham，1938—2013）共同发表了论文《光频率的介质纤维表面波导》▼，从理论上分析并证明了用光纤作为传输媒体以实现光通信的可能性，并预言了制造通信用的超低损耗光纤的可能性。1970 年，美国康宁玻璃公司研制出第一条光导纤维（损耗为 20 dB/km，工作波长为 0.8 μm）。目前，工作在 1.45～1.65 μm 波长的商用低损耗石英光纤每公里损耗可小于 0.2 dB，如图 5.12 所示。

• 光纤通信系统

光纤和激光器这两种技术的结合使光纤通信走向了实用化。因此，1970 年被称为光通信的"元年"。在此后数年中，光纤通信得到爆炸式的发展，各种实用的光纤通信系统陆续出现。1976 年，贝尔实验室在美国亚特兰大首次成功地进行了速率为 44.7 Mb/s 的光纤通信系统商用试验。至 20 世纪 80 年代初，光纤通信系统已在各国大规模推广应用▼。

最基本的光纤通信系统由数据源、光发射机、光学信道和光接收机组成，如图 5.13 所示。光发射机负责将电信号转变成适合在光纤上传输

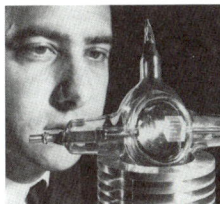

梅曼的红宝石激光器

▼同质结：由同一种半导体材料构成的 PN 结。异质结：由不同半导体材料构成的 PN 结。双异质结：在宽带隙的 P 型和 N 型半导体材料之间插入一薄层窄带隙的材料。

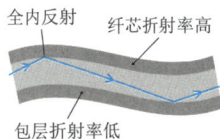

图 5.11　光纤传输原理

▼光疏和光密是相对而言的，折射率较大的称光密介质，折射率较小的称光疏介质。

▼K. C. Kao and G. A. Hockham. Dielectric-fibre surface waveguides for optical frequencies [J]. *Proceedings of the Institution of Electrical Engineers*, 1966, 113(7): 1151–1158.

▼1979 年，武汉邮电科学研究院拉出中国第一根损耗为 4 dB/km 的实用化光纤，拉开了中国光纤通信事业的序幕。1982 年 1 月，中国第一条实用化的光纤通信线路在武汉建成，跨越武昌、汉阳、汉口三镇，全长 13.3 km，速率 8.448 Mb/s，传输 120 路电话。

高锟
（1933 —2018）

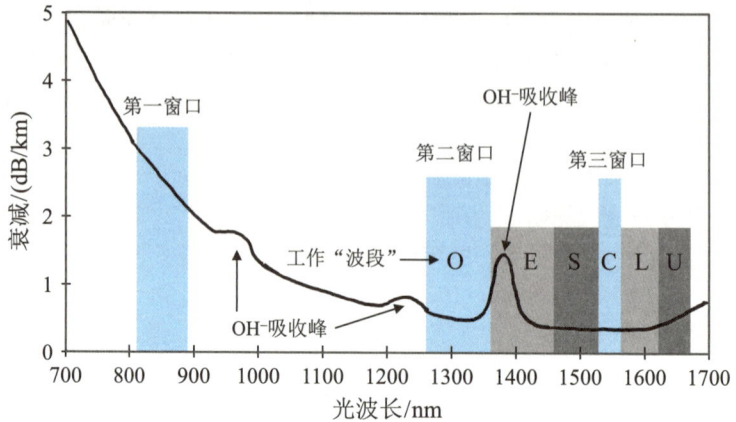

图 5.12　光纤损耗谱

的光信号，而光接收机则接收光信号，并转变成电信号，然后从中提取信息。

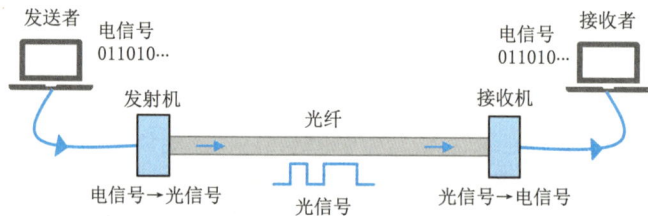

图 5.13　光纤通信系统

　　早期的光纤通信系统采用直接检测的接收方式，如图 5.14 所示。输入的电信号通过驱动电路对光源进行强度调制，光电探测器是一种平方律的检波器▼，直接把接收到的光信号强度变化转换成电信号变化，然后用解调电路检测出所携带的信息。

▼输出电流和光的振幅平方成正比，也即和光的强度成正比。

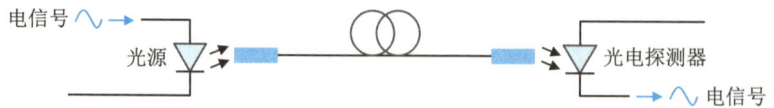

图 5.14　直接检测

▼相干是光学中一个重要的概念，与光场的干涉效应直接相关。当两个波的电场在不同位置或者不同时间的相位差是恒定的情况下，称这两个波是相干的。

　　进入 20 世纪 90 年代，光纤通信技术中的相干▼检测技术逐渐发展应用。当信号光 E_S 传输到达接收端时，首先与一本振光 E_L 进行相干耦合，然后由平衡接收机进行探测，如图 5.15 所示。

　　在直接检测探测系统中，只能探测到信号光的功率 P_S，而相干检测探测系统中能探测到的信号大小为 $2\sqrt{P_S P_{LO}}$，其中，P_{LO} 是本振光的功率，只要本振光功率足够大就可以达到探测灵敏度的极限。因此，通过引入相干检测技术，接收机的灵敏度得到了极大的提升。

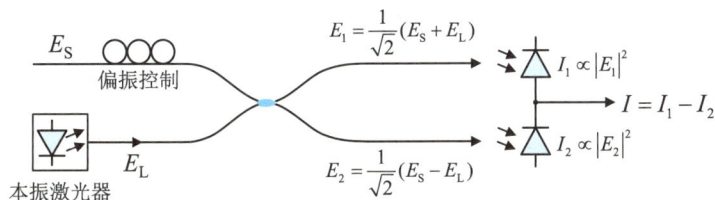

$$E_1 = \frac{1}{\sqrt{2}}(E_S + E_L)$$

$$I_1 \propto |E_1|^2$$

$$I = I_1 - I_2$$

$$E_2 = \frac{1}{\sqrt{2}}(E_S - E_L)$$

$$I_2 \propto |E_2|^2$$

图 5.15　相干检测

　　直接探测光通信系统的发射机采用强度调制，接收机为直接检测接收机。而相干接收机可接收以幅度调制、频率调制、相位调制方式传输的信息，即利用振幅、频率、相位来携带信息而不是利用光强度。因此，相干探测使得高阶调制格式▼成为可能，可以在相同带宽的前提条件下获得更高的通信容量。

▼参见 2.3.3 节（第 64 页）正交振幅调制（QAM）。

　　掺铒光纤放大器（erbium-doped fiber amplifier，EDFA）的发明堪称光纤通信史上的一个里程碑。它是 1987 年由英国南安普敦大学和贝尔实验室首次实现的。掺铒光纤是在石英光纤中掺入少量稀土元素铒离子，在泵浦光源作用下，可直接对光信号进行放大，如图 5.16 所示。光纤通信链路中引进光放大器，从而减少中继器▼的需求，使长距离、大容量、高速率的光纤通信成为可能。

▼光中继器将从光纤中接收到的弱光信号经光检测器转换成电信号，再生或放大后，再次激励光源，转换成较强的光信号，送入光纤继续传输。

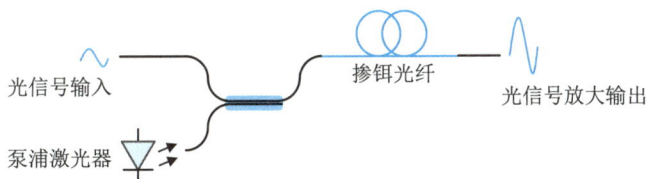

图 5.16　掺铒光纤放大器（EDFA）

　　1996 年，各种波长的激光器研制成功，可实现多波长多通道的光纤通信，即所谓波分复用（wavelength division multiplexing，WDM）技术。如图 5.17 所示，波分复用是指将两种或多种不同波长的光载波信号在发送端经过复用器（或称合波器）汇合在一起，并耦合到光线路中的同一根光纤中进行传输。在接收端，混合信号再经过解复用器（或称分波器）将各种波长的光载波分离，然后由光接收机进一步处理恢复原信号。波

图 5.17　波分复用（WDM）技术

分复用技术的应用大大提高了光纤通信的传输容量。

WDM 结合 EDFA 技术开启了光纤通信的新纪元，到 2001 年已经达到 10 Tb/s 的惊人速率。当前各类信息技术都需依靠通信网络来传递信息，光纤通信技术在现代通信网络系统中不仅发挥着主干道的作用，还充当了诸多关键的支线道路的作用。不同网络之间的连接都可由光纤通信技术完成，如在移动蜂窝网中，基站连接到城域网、核心网的部分也都是由光纤通信构成的。而在数据中心网络中，光互联是当前应用最广泛的一种方式，即采用光纤通信的方式实现数据中心内与数据中心间的信息传递。可以说，由光纤通信技术构筑的光纤传送网是当前互联网世界的重要承载力量。

面对高流量的增长趋势，作为通信网中的骨干部分，高速、大容量的光纤通信系统及网络是光纤通信技术的主流发展方向。光的幅度、时间/频率、正交相位和偏振 4 个物理维度已通过高阶调制格式、数字相干接收、偏振复用、频分复用等光传输技术被利用到极致，光纤通信向单信道速率 1 Tb/s 演进，单纤容量向 100 Tb/s 发展，各类光纤的超高速率、超大容量、超长距离光传输系统的业界最高水平不断被刷新。

5.1.2　计算机网络

计算机网络，也称计算机通信网，是通信技术与计算机技术相结合的产物。它是通过线路互联起来的、自治的计算机集合，确切地说就是将分布在不同地理位置上的具有独立工作能力的计算机、终端及其附属设备用通信设备和通信线路连接起来，并配置网络软件，以实现计算机资源共享的系统。最著名、最具代表性的计算机网络是因特网（Internet）。计算机网络支持大量应用程序和服务，例如访问万维网▼、共享文件服务器、打印机、电子邮件和即时通信等。

▼万维网（World Wide Web，WWW）是存储在 Internet 计算机中、数量巨大的文档的集合。这些文档称为页面，它是一种超文本（hypertext）信息，可以用于描述超媒体（hypermedia），即文本、图形、视频、音频等多媒体。Web 上的信息是由彼此关联的文档组成的，而使其连接在一起的是超链接（hyperlink）。

在计算机网络技术发展的早期年代，人们开始将彼此独立发展的计算机技术与通信技术结合起来，完成了数据通信与计算机通信网络的研究，为计算机网络的出现做好了技术准备，奠定了相应理论基础。

20 世纪 60 年代，美国高级研究计划局（Advanced Research Projects Agency，ARPA）▼ 提出要研制一种崭新的网络。这个新型网络必须满足以下一些基本要求：

▼成立于 1958 年，后改名为美国国防高级研究计划局（Defense Advanced Research Projects Agency，DARPA）。

- 用于计算机之间的数据传送。
- 能连接不同类型的计算机。
- 所有的网络节点都同等重要，这就大大提高了网络的生存性。
- 计算机在通信时，必须有迂回路由。当链路或结点被破坏时，迂回路由能使正在进行的通信自动地找到合适的路由。
- 网络结构要尽可能简单，且能非常可靠地传送数据。

在 ARPA 制定的协议下，将美国西南部的加州大学洛杉矶分校、斯坦福研究所、加州大学圣巴巴拉分校和犹他大学的四台主要计算机连接起来，称为"阿帕网"（ARPANET），于 1969 年 12 月正式启用▼，如图 5.18 所示。当时仅连接了 4 台计算机，供科学家们进行计算机联网实验用，这就是因特网的前身。到 20 世纪 70 年代，ARPANET 已经有好几十个计算机网络，但是每个网络只能在网络内部的计算机之间互联通信，不同计算机网络之间仍然不能互通。为此，ARPA 又设立了新的研究项目，支持学术界和工业界进行有关的研究，研究的主要内容就是想用一种新的方法将不同的计算机局域网互联，形成"互联网"，研究人员称之为"Internetwork"，简称"Internet"，这个名词一直沿用至今。

▼1969 年 10 月 29 日 22 时 30 分，阿帕网第一个节点（加州大学洛杉矶分校）和第二个节点（斯坦福研究所）连通，实现了分组交换技术的远程通信，标志着互联网的正式诞生。同年 11 月，加州大学圣巴巴拉分校节点接入，12 月，犹他大学节点接入。

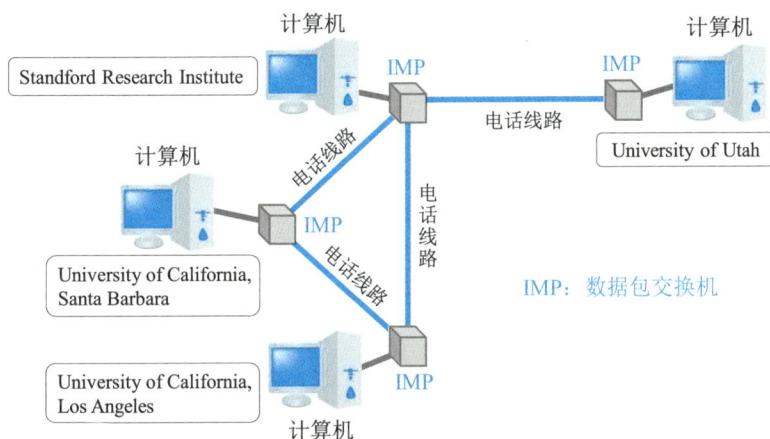

图 5.18　阿帕网（ARPANET）

从不同的角度对网络有不同的分类方法，一般来说，从地理范围划分是一种大家都认可的通用网络划分标准。按这种标准可以把各种网络类型划分为局域网、城域网、广域网等。局域网（local area network，LAN）一般来说只能是一个较小区域内；城域网（metropolitan area network，MAN）地理范围从几十公里到上百公里，可覆盖一个城市或地区，是一种中等形式的网络；广域网（wide area network，WAN）属于大范围联网，如几个城市、一个或几个国家，是网络系统中最大型的网络，能实现大范围的资源共享，如国际性的 Internet 网络▼。

▼需要说明的是，这里的网络划分并没有严格意义上地理范围的区分，只是一个定性的概念。

分组交换

互联网上数据的基本传输方式是分组交换（packet switching）。分组交换也称包交换，是一种以分组为存储转发的交换方式，它将拟发送的报文▼划分成多个等长数据段，在每个数据段的前面加上诸如目的地址和源地址等重要控制信息作为数据段的首部（也称包头），每个带有首部的数据段就构成了一个分组（数据包），如图 5.19 所示。

分组交换网由若干个结点交换机和连接这些交换机的链路组成。结

▼报文（message）是网络中交换与传输的数据单元，即站点一次性要发送的数据块。报文包含了将要发送的完整的用户数据信息，其长短不一致，长度不限且可变。

数据信号（数字信号）

10110101101110 …		

包头　　　　　　　　　　　包头

地址等	数据		地址等	数据	…

数据包　　　　　　　　　　　数据包

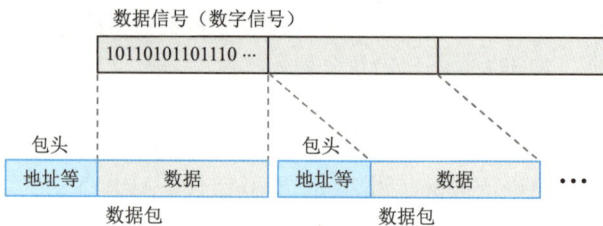

图 5.19　数据包组成

点交换机实际上是一个进行分组交换的小型计算机。每个结点交换机都有两组端口，一组与计算机相连，链路的速率较低；一组与高速链路和网络中的其他结点交换机相连。结点交换机的处理过程是：将收到的分组先放入缓存▼，根据数据包包头中包含的接收端目的地址，查找转发表，找出到某个目的地址应从哪个端口转发，然后将该分组传递给适当的端口转发出去，如图 5.20 所示。这样，即使在同一条通信线路中混入去向各异的数据包，由于可以通过地址来识别，所以都可以准确送达目的地。

▼结点交换机暂存的是分组，而不是整个长报文，分组暂存在交换机的存储器（即内存）中而不是存储在磁盘中，这就保证了较高的交换速率。

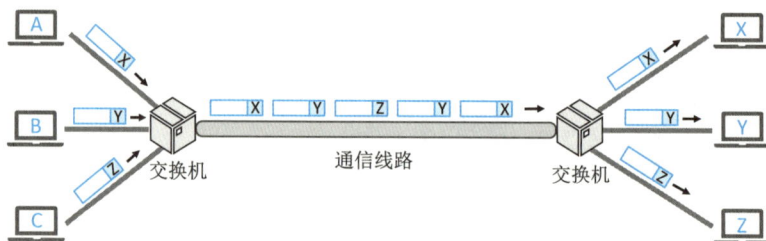

图 5.20　分组交换与数据包通信

各结点交换机之间要经常交换路由信息，如图 5.21 所示，当某段链路的通信量太大或中断时，结点交换机中运行的路由选择协议能自动找到其他路径转发分组。当分组在某链路时，只有当分组在此链路传送时才被占用。在各分组传送之间的空闲时间，该链路仍可为其他主机发送分组。可见，采用存储转发的分组交换实质上是采用了在数据通信过程中动态分配传输带宽的策略，提高了通信线路的资源利用率。

网络协议

在计算机网络中要做到有条不紊地交换数据，就必须遵守一些事先约定好的规则，明确规定所交换的数据格式以及有关的同步问题▼。这些为进行网络中的数据交换而建立的规则、标准或约定称为网络协议（network protocol），网络协议也可简称为协议。

网络协议主要由以下三个要素组成：

▼这里所说的同步不是狭义的（即同频或同频同相），而是广义的，即在一定条件下应当发生什么事件（如发送一个应答信息），因而同步含有时序的意思。

• 语法，即数据与控制信息的结构或格式。

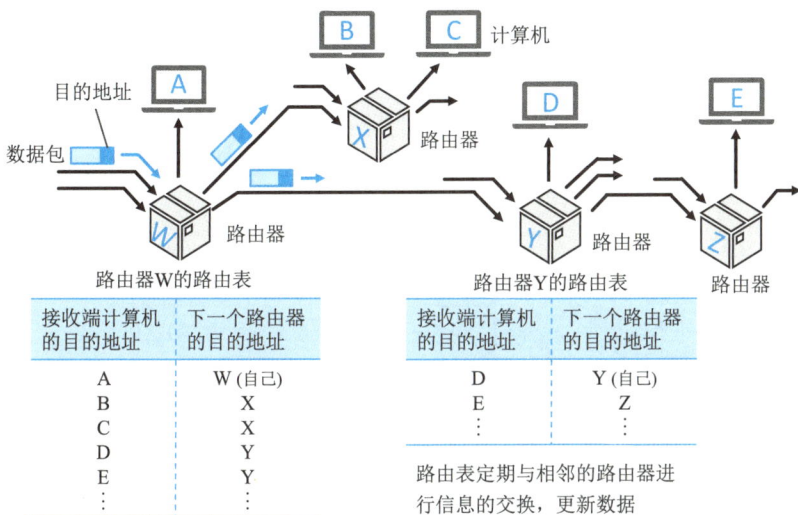

图 5.21　路由器根据路由表决定转发数据包的路径

1987 年 9 月，北京计算机应用技术研究所内正式建成中国第一个国际互联网电子邮件节点，并于 9 月 14 日发出了中国第一封电子邮件："Across the Great Wall, we can reach every corner in the world.（越过长城，走向世界。）"揭开了中国人使用互联网的序幕。

1990 年 11 月 28 日，钱天白研究员（1945—1998）代表中国正式在 SRI-NIC（Stanford Research Institute's Network Information Center）注册登记了中国的顶级域名 CN，开通了使用中国顶级域名 CN 的国际电子邮件服务，从此中国的网络有了自己的身份标识。1994 年 4 月 20 日，中国实现了与 Internet 的全功能连接，从此中国被国际上正式承认为真正拥有全功能 Internet 的国家。

- 语义，即需要发出何种控制信息，完成何种动作以及做出何种响应。
- 同步，即事件实现顺序的详细说明。

网络协议是计算机网络不可缺少的组成部分。协议通常有两种不同的形式，一种是使用便于人们阅读和理解的文字描述，另一种是使用计算机能够理解的程序代码。

- **分层模型**

为了减少网络协议设计的复杂性，网络设计者并不是设计一个单一、冗长的协议来为所有形式的通信规定完整的细节，而是采用把通信问题划分为许多个小问题，然后为每个小问题设计一个单独的协议的方法。这样做使得每个协议的设计、分析、编码和测试都比较容易。

分层模型（layering model）是一种用于开发网络协议的设计方法。本质上，分层模型描述了把通信问题分为几个小问题（称为层次）的方法，每个小问题对应于一层。每一层利用下一层提供的服务与对等层通信，每一层使用自己的协议。所以，对于非常复杂的计算机网络协议，其结构应该是层次式的，分层可以带来许多好处。

- 各层之间是相互独立的。某一层并不需要知道它的下一层是如何实现的，而仅仅需要知道该层通过层间的接口（即界面）所提供的服务。
- 灵活性好。当任何一层发生变化时（例如由于技术的变化），只要层间接口关系保持不变，则在这层以上或以下各层均不受影响。
- 结构上可分割开。各层都可以采用最合适的技术来实现。
- 易于实现和维护。因为整个系统已被分解为若干个相对独立的子系统，使得实现和调试一个庞大且复杂的系统变得易于处理。

• 能促进标准化工作。因为每一层的功能及其所提供的服务都有明确的说明。

计算机网络协议分层结构中，代表性的是开放系统互联（open system interconnection，OSI）参考模型▼。OSI 模型将网络结构划分为七层，如图5.22所示。

▼OSI 参考模型是国际标准化组织（ISO）在 20 世纪 80 年代早期制定的一套普遍适用的规范集合，使全球范围的计算机可进行开放式通信。

高层：
负责主机之间的数据传输

7	应用层	提供应用程序间通信
6	表示层	处理数据格式、数据加密等
5	会话层	与别的节点解除或建立联系
4	传输层	建立主机端到端连接

底层：
负责网络数据传输

3	网络层	寻址和路由选择
2	数据链路层	提供介质访问、链路管理等
1	物理层	比特流传输

图 5.22　OSI 参考模型

我们把计算机网络的各层及其协议的集合，称为网络的体系结构。换言之，计算机网络的体系结构就是这个计算机网络及其构件所应完成的功能的明确定义。需要强调的是，这些功能究竟是用何种硬件或软件完成的，则是一个遵循这种体系结构的实现问题。我们不能把一个具体的计算机网络说成是一个抽象的网络体系结构，体系结构是抽象的，而实现则是具体的，是真正在运行的计算机硬件和软件。

• TCP/IP 协议

TCP/IP（transmission control protocol/internet protocol）传输协议，即传输控制/网络协议，也称作网络通信协议，是指能够在多个不同网络间实现信息传输的协议簇▼。TCP/IP 协议对互联网中各部分进行通信的标准和方法进行了规定，是网络中最基本的通信协议，保证网络数据信息及时、完整地传输。

TCP/IP 协议在一定程度上参考了 OSI 的体系结构。OSI 模型共有七层，这显然有些复杂，所以在 TCP/IP 协议中，它们被简化为四个层次，如图5.23所示▼。只有四层体系结构的 TCP/IP 协议，与有七层体系结构的 OSI 相比简单了不少，也正是这样，TCP/IP 协议在实际应用中效率更高，成本更低。

TCP/IP 协议之所以能够迅速发展起来并成为事实上的标准，是因为它恰好适应了世界范围内数据通信的需要。它有以下特点：

▼TCP/IP 协议不仅仅指的是 TCP 和 IP 两个协议，而是指一个由 FTP、SMTP、TCP、UDP、IP 等协议构成的协议簇，只是因为在 TCP/IP 协议中 TCP 协议和 IP 协议最具代表性，所以被称为 TCP/IP 协议。

▼应用层、表示层、会话层这三个层次提供的服务相差不是很大，被归并为应用层一个层次；由于传输层和网络层在网络协议中的地位十分重要，必须作为独立的两个层次；数据链路层和物理层的内容相差不多，被归并为网络接口层一个层次。

• 协议标准是完全开放的，可供用户免费使用，并且独立于特定的计算机硬件与操作系统。

OSI参考模型　　　TCP/IP参考模型

应用层	
表示层	应用层
会话层	

→ 各种服务及应用程序通过该层利用网络。常用协议：HTTP、FTP、SMTP等

| 传输层 | 传输层 |

→ 确认数据传输及进行纠错处理。常用协议：TCP、UDP（用户数据报协议）

| 网络层 | 网络层 |

→ 负责数据的传输、路由及地址选择。常用协议：IP、ARP（地址解析协议）

数据链路层	网络接口层
物理层	

→ 针对不同物理网络的连接形式的协议。如：Ethernet、FDDI、ATM

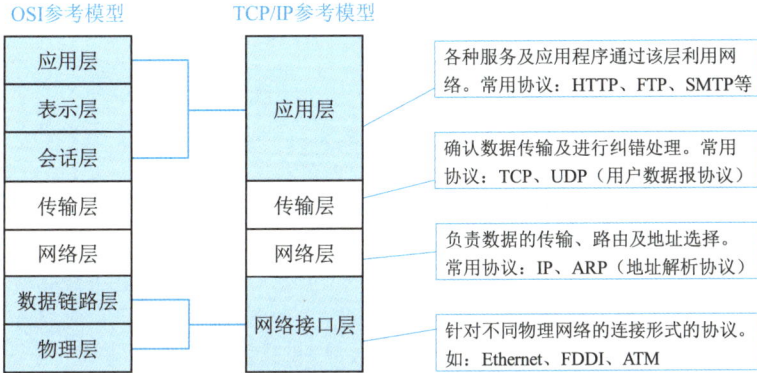

图 5.23　TCP/IP 四层模型

- 独立于网络硬件系统，可以在广域网运行，更适合互联网。
- 网络地址统一分配，网络中每一设备和终端都具有唯一的地址。
- 高层协议标准化，可以提供多种多样可靠的网络服务。

TCP 建立连接需要三次"握手"，释放连接需要四次"挥手"。

为了准确无误地把数据送达目标处，TCP 协议采用了三次握手策略，如图 5.24 所示。用 TCP 协议把数据包送出去后，TCP 不会对传送后的情况置之不理，它一定会向对方确认是否成功送达。握手过程中使用了 TCP 的标志：SYN 和 ACK▼。另外，TCP 报文头部有 32 位的顺序号码 seq（sequence number）和 32 位的确认号码 ack（acknowledge number）。

▼TCP 报文头部有 6 种标志位：SYN（synchronous，建立联机）、ACK（acknowledgement，确认）、PSH（push，传送）、FIN（finish，结束）、RST（reset，重置）、URG（urgent，紧急）。

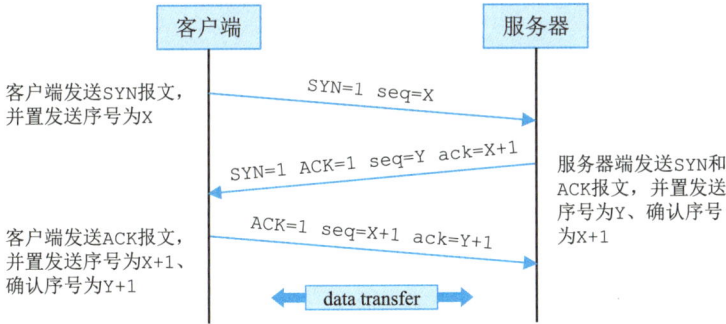

客户端　　　　　　　　服务器

客户端发送SYN报文，并置发送序号为X　　　SYN=1 seq=X →

← SYN=1 ACK=1 seq=Y ack=X+1　　服务器端发送SYN和ACK报文，并置发送序号为Y、确认序号为X+1

客户端发送ACK报文，并置发送序号为X+1、确认序号为Y+1　　ACK=1 seq=X+1 ack=Y+1 →

← data transfer →

图 5.24　TCP 连接建立过程

- 第一次握手：发送端首先发送一个带 SYN 标志的数据包给对方。
- 第二次握手：接收端收到后，回传一个带有 SYN/ACK 标志的数据包以示传达确认信息。
- 第三次握手：发送端再回传一个带 ACK 标志的数据包，代表"握手"结束。

若在握手过程中某个阶段莫名中断，则 TCP 协议会再次以相同的顺序发送相同的数据包。

断开一个 TCP 连接则需要四次"挥手"，如图 5.25 所示。

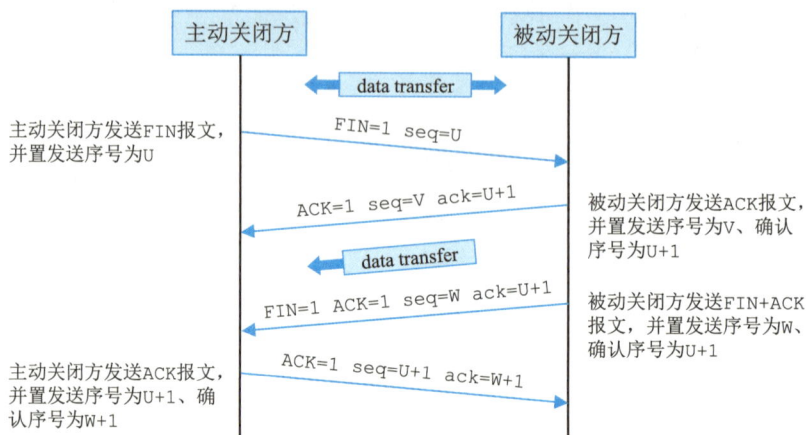

图 5.25 TCP 释放连接过程

- 第一次挥手：主动关闭方发送一个 FIN，用来关闭主动关闭方到被动关闭方的数据传送，也就是主动关闭方告诉被动关闭方，我已经不会再给你发数据了▼，但是，此时主动关闭方还可以接收数据。
- 第二次挥手：被动关闭方收到 FIN 包后，发送一个 ACK 给对方，确认序号为收到序号加 1。
- 第三次挥手：被动关闭方发送一个 FIN，用来关闭被动关闭方到主动关闭方的数据传送，也就是告诉主动关闭方，我的数据也发送完了，不会再给你发数据了。
- 第四次挥手：主动关闭方收到 FIN 后，发送一个 ACK 给被动关闭方，确认序号为收到序号加 1，至此，完成四次挥手。

▼当然，在 FIN 包之前发送出去的数据，如果没有收到对应的 ACK 确认报文，那么主动关闭方依然会重发这些数据。

网络通信过程

与邮政通信一样，网络通信也需要有对传输内容进行封装和注明接收者地址的操作。邮政通信的地址结构是有层次的，要分出城市名称、街道名称、门牌号码和收信人。网络通信中的地址也是有层次的，分为网络地址、物理地址和端口地址▼。

▼网络地址说明目标主机在哪个网络上；物理地址说明目标网络中的哪一台主机是数据包的目标主机；端口地址则指明目标主机中哪个应用程序接收数据包。

▼域名系统（domain name system，DNS）是互联网的一项服务。域名可将一个 IP 地址关联到一组有意义的字符上去，用户访问一个网站的时候，既可以输入该网站的 IP 地址，也可以输入其域名，两者是等效的。当前，对于每一级域名长度的限制是 63 个字符，域名总长度则不能超过 253 个字符。

• 网络地址

标识目标主机在哪个网络的是 IP 地址（internet protocol address，互联网协议地址）。IP 地址是 IP 协议提供的一种统一的地址格式，它为互联网上的每一个网络和每一台主机分配一个逻辑地址，以此来屏蔽物理地址的差异。一开始使用的 IP 地址是 IPv4（internet protocol version 4），由 32 位二进制数组成，通常被分割为 4 个 8 位二进制数（4 个字节），常用点分十进制表示，如 115.231.171.70▼。

由于互联网的蓬勃发展，IP 地址的需求量愈来愈大，实际上在 2019 年 11 月 25 日，IPv4 地址已被分配完毕。2012 年 6 月 6 日，国际互联网协会举行了世界 IPv6 启动纪念日，这一天，全球 IPv6 网络正式启动。IPv6 采用 128 位地址长度，其地址数量号称可以为全世界的每一粒沙子都编上一个地址。

IP 地址有两个用途：一是网络的路由器设备使用 IP 地址确定目标网络地址，进而确定该向哪个端口转发数据包；二是源主机用目标主机的 IP 地址来查询目标主机的物理地址。

- **物理地址**

典型的物理地址是以太网▼中的 MAC 地址（media access control address，介质访问控制地址），是网络中每台设备的唯一编号，由网络设备制造商生产时固化在硬件内部，不可更改。MAC 地址就如同我们身份证上的身份证号码，具有唯一性。MAC 地址由 48 位（6 个字节）二进制数组成，通常表示为 12 个十六进制数▼，如 C4:9F:4C:12:01:16 就是一个 MAC 地址。其前 3 字节表示组织唯一标识符（organizationally unique identifier，OUI），是 IEEE 的注册管理机构给不同厂家分配的代码，区分不同的厂家▼。后 3 字节由厂家自行分配。

MAC 地址在两个地方使用：一是主机中的网卡通过数据包头中的目标 MAC 地址确定网络发送来的数据包是不是发给自己的；二是网络中的交换机通过包头中的目标 MAC 地址确定数据包该向哪个端口转发。

- **端口地址**

端口地址是源主机告诉目标主机本数据包是发给对方的哪个应用程序的，用于区分不同的应用程序，是应用层的各种协议进程和传输实体之间进行层间交换的地址。端口号的范围为 0～65535，其中，0～1023 为系统的保留端口。

计算机网络是靠网络地址、物理地址和端口地址的联合寻址来完成数据传送的▼，如图 5.26 所示。缺少其中的任何一个地址，网络都无法完成寻址。

▼以太网是一种计算机局域网技术。IEEE 组织的 IEEE 802.3 标准制定了以太网的技术标准，它规定了包括物理层的连线、电子信号和介质访问层协议的内容。以太网是目前应用最普遍的局域网技术。

▼1 位十六进制数表示 4 位二进制数。

▼如 C4:9F:4C 是分配给华为的代码。

▼网络接口层依靠 MAC 地址寻址，网络层依靠 IP 地址寻址，传输层依靠端口号寻址。

图 5.26　网络寻址

下面我们以发送电子邮件为例，说明 TCP/IP 协议的数据传输过程，如图 5.27 所示。

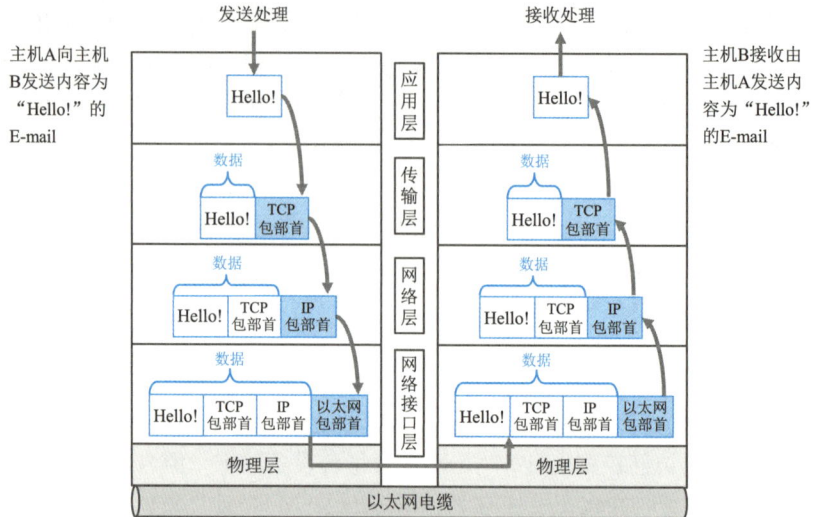

图 5.27 TCP/IP 各层对邮件的收发处理

第一步是应用程序处理。A 用户启动邮件应用程序，填写收件人邮箱和发送内容，点击"发送"，开始 TCP/IP 通信；应用程序对发送的内容进行编码处理，这一过程相当于 OSI 的表示层功能；由 A 用户所使用的邮件软件决定何时建立通信连接、何时发送数据的管理，这一过程相当于 OSI 的会话层功能；接着就可以发送了，就在发送的那一刻，建立连接，通过 TCP 连接发送数据。首先是将应用层数据发送给下一层的 TCP，再做实际转发处理。

第二步是 TCP 模块的处理。传输层 TCP 负责建立连接、发送数据以及断开连接。TCP 要将应用层发来的数据可靠地传输至接收端，需要在应用层数据前段加上 TCP 首部▼。然后，就可以将附加了 TCP 首部的包发送给 IP。

第三步是 IP 模块的处理。网络层将上层传来的附加了 TCP 首部的包当作自己的数据，又在该数据段前加上自己的 IP 首部，生成 IP 包。然后参考路由控制表决定接受此 IP 包的路由或主机，以此发送到对应的路由器或主机的网络接口的驱动程序，实现真正发送数据。接下来就可以将 MAC 地址▼和 IP 地址交给以太网的驱动程序，实现数据传输。

第四步是网络接口（以太网驱动）的处理。把上层传来的 IP 包附加上以太网首部▼，生成以太网数据包，通过物理层传输给接收端。此外，还要对以太网数据包进行发送处理，生成帧检验序列（frame check sequence，FCS）▼，由硬件计算添加到包的后面。接下来就可以通过物理层传输了。

包的接收流程是发送流程的逆序过程，同样也是四个过程。

第一步是网络接口（以太网驱动）的处理。对以太网数据包首部进行解析，如果发现是发给自己的包，则识别上一层为 IP，否则丢弃包▼。

第二步是 IP 模块的处理。解析 IP 包首部，如果发现是发给自己的

▼TCP 首部包括源端口号和目标端口号、序列号（用以发送的包中哪部分是数据）和校验码。

▼如果尚不知道接收端的 MAC 地址，可以利用 ARP 查找。ARP 是可以从数据包的 IP 地址中解析出 MAC 地址的一种协议。

▼以太网首部包括收、发端的 MAC 地址，以及标志以太网类型的以太网数据的协议。

▼FCS 主要是为了判断数据包是否由于噪声而被破坏。

▼很多网络接口控制器（network interface controller，NIC）产品可以设置为即使不是发给自己的包也不丢弃数据，这可用于监控网络流量。

包，则识别上一层为 TCP，否则丢弃包。

第三步是 TCP 模块的处理，解析 TCP 包首部。数据接收完毕后，接收端发送一个"确认回执"给发送端，如果该回执信息未能到达发送端，则发送端会认为接收端没有接收到数据而一直发送。数据被完整接收后，传递给端口号识别的应用程序。

第四步是应用程序的处理。接收端应用程序接收发送端发来的数据，确认地址，若无此地址，则返回给发送端一个"无此收件地址"的报错信息。若有此地址，则邮件被保存到本地硬盘，若保存也能正常进行，则发送一个"处理正常"给发送端，否则，如硬盘满等异常导致未能保存成功，则发送一个"处理异常"给发送端。

这样，就完成了电子邮件的传送，接收端就可以阅读邮件了。

测验 5.1 通信与网络

5.2 物联与数联

互联网正在从"人人相联"向"物物相联"迈进，"万物互联"将走向现实。万物互联是通过互联网和传感器实现的。硬件的发展正呈现微小化、移动化和消费化三大趋势，各种微小的信息传感设备可以装备到各种物体之上，包括机器、电器、人体、动物、植物等，它们能实时采集各类信息，并通过泛在的各种网络和其他物体相互交换数据，在终端设备、边缘域或云中心对数据进行智能化分析▼。

万物互联将物理世界、现实世界和信息世界相连接，形成一个"万物皆联网，无处不计算"的世界，从而整合全球的数据资源，面向政府、企业和个人提供丰富多彩的智能服务，推动人类社会进入智能时代。

课件 5.2 物联与数联

▼包括定位、比对、预测、调度等。

5.2.1 物联网

被广泛接受的物联网定义是：通过信息传感设备，按照约定的协议，将任何物品与互联网相连接，进行信息交换和通信，以实现智能化识别、定位、跟踪、监控和管理等功能。

视频 5.2 物联网

物联网发展历程

与长达 100 多年的无线通信历史相比，物联网这一概念从诞生至今仅有 20 多年。早在 19 世纪，人们就有了把物体连接起来实现信息交互和远程控制的愿景。在 20 世纪 80 年代，已经出现了物联网的第一个应用案例——美国卡耐基-梅隆大学的校园内，喜欢喝可乐的程序员们把可口可乐饮料机的冷藏设备接入互联网，并且在去买饮料前查看其是否缺货以及能否制冷。

物联网的概念最早由麻省理工学院自动识别中心（Auto-ID Center）的凯文·阿什顿（Kevin Ashton，1968—）于 1999 年提出，当时他正负责一项利用射频识别技术追踪货物的项目。他认为，通过将物体与互联网连接，可以实现更高效的资源管理和优化。2005 年，国际电信联盟（ITU）发布《ITU 互联网报告 2005：物联网》▼，正式提出了"物联网"的概念，并提出任何物体、任何人、任何时间、任何地点之间的互联，无所不在的网络和无所不在的计算这一发展愿景。

▼ITU Internet Reports 2005: The Internet of Things.

射频识别（RFID）

RFID 是英文 radio frequency identification 的缩写，又称电子标签，是一种非接触式自动识别技术。它可通过无线电信号识别特定目标并读取相关数据，无须在系统与目标之间建立任何机械或光学接触。

RFID 的工作原理是由 RFID 读写器发送电波信号，RFID 标签内的天线接收信号，并将信息转为信号后，再由天线发回信号。RFID 读写器接收信号，并将信号传到后端的应用系统中将信号转为信息，如图 5.28 所示。

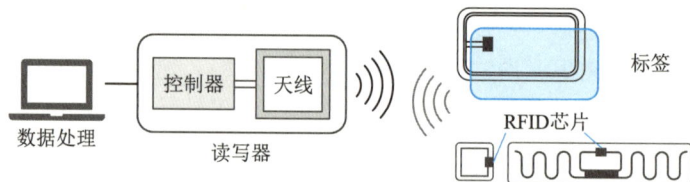

图 5.28　RFID 工作原理

RFID 标签根据自身是否携带供电电源，可分为被动式、半被动式及主动式三类。被动式不含电池，依靠读取器的电磁波来激活和传输数据，通信距离较短，成本较低；半被动式与被动式类似，只有接收电波时才会启动电池，可以增加通信距离和存储更多数据；主动式含有电池，可以主动发送信号给读取器，通信距离较长，成本较高。

物联网的发展经历了三个阶段。

第一阶段是从 1999 年到 2005 年，主要是以 RFID 为代表的无线传感器网络（wireless sensor network，WSN）技术的研究和应用。这一阶段的特点是，物联网主要依赖于专用的网络和设备，具有较低的普及率和互操作性。

第二阶段是从 2005 年到 2010 年，主要是以 IPv6 为代表的互联网协议技术的发展和推广。这一阶段的特点是，物联网开始利用互联网的基础设施和标准，实现了更广泛的覆盖范围和更高的兼容性。

第三阶段是从 2010 年到现在，主要是以云计算、大数据、人工智能等为代表的新兴技术的融合和创新。这一阶段的特点是，物联网不仅实现了物与物之间的连接，还实现了物与人、物与服务之间的智能交互，形成了更复杂且更有价值的应用场景。

物联网已经发展为一个利用多元技术的信息交互系统，从互联网技术到无线通信技术，从微机电系统到嵌入式系统，涉及的范围非常广，传统的自动化、传感网、卫星定位、控制系统等都是物联网的组成部分。在云计算、大数据、人工智能等创新科技日益成熟的背景下，物联网将继续沿着智能化、多元化、融合化、开放化等方向发展，为人类社会带来更多的便利和可能。

物联网体系架构

物联网通过感知层、网络层和应用层三个层次▼实现了物与物、物与人之间的互联互通和智能化管理，各层的组成和对应关系如图 5.29 所示。下面分别介绍这三个层次的主要功能和技术。

▼也有另一种常见的分法，把平台层单独列出，定义为感知层、网络层、平台层和应用层四个层次。

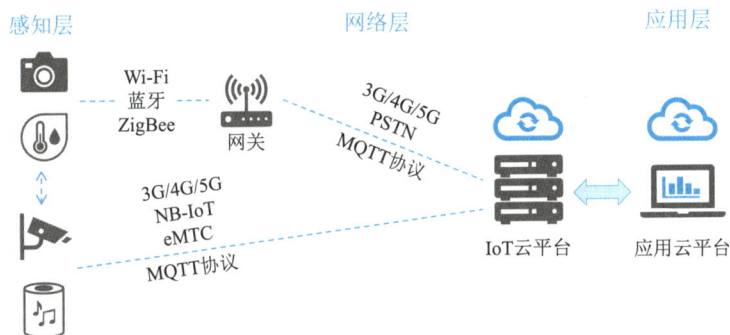

图 5.29　物联网体系架构

* **感知层**

感知层是物联网的基础层，负责对物理世界中的各种对象进行识别、采集、处理和传输数据。感知层主要包括以下几个部分。

传感器：传感器是一种能够将物理量转换为电信号的装置，如图像传感器、温度传感器、湿度传感器、光照传感器、压力传感器等。传感器可以对物体的状态、环境的变化、人的行为等进行监测和测量，生成相应的数据。

标识器：标识器是一种能够唯一标识物体的装置，如二维码、条形码、RFID 标签等。标识器可以为物体提供一个独一无二的编码，方便物体在物联网中被识别和追踪。

控制器：控制器是一种能够对数据进行处理和控制的装置，如单片机、嵌入式系统等。控制器可以对传感器采集的数据进行预处理、过滤、压缩等操作，也可以根据数据或指令对物体进行控制和调节。

通信模块：通信模块是一种能够实现数据传输的装置，如无线模块、有线模块等。通信模块可以将感知层产生的数据发送到网络层，也可以接收网络层下发的指令。

- **网络层**

　　网络层是物联网的核心层，负责实现不同地点、不同协议、不同类型的设备之间的互联互通。网络层主要包括以下几个部分。

　　接入网络：接入网络是指连接感知层和网络核心层的网络，分为两种。一种是网关与传感器之间的连接，称之为局域网连接，有对应的协议，主流协议有 Wi-Fi、蓝牙、ZigBee 等；另一种是直接接入，并与数据中心或云平台的中控平台连接，这是广域网连接。目前广域网也有多种接入技术，主流的有 3G/4G/5G、eMTC、NB-IoT、Sigfox、LoRa 等。但不管哪种接入技术，都需要通过标准的传输协议，才能建立起对话。主流的 MQTT（message queuing telemetry transport，消息队列遥测传输）协议▼是由 IBM 公司开发的，基于 TCP/IP 协议之上。

▼MQTT 协议是一种基于发布/订阅（publish/subscribe）模式的"轻量级"通信协议。MQTT 最大的优点在于，可以用极少的代码和有限的带宽，为连接远程设备提供实时可靠的信息服务。作为一种低开销、低带宽占用的即时通信协议，使其在物联网、小型设备、移动应用等方面有较广泛的应用。

　　网络核心层：网络核心层是指连接不同接入网络和云平台的网络，如 Internet（互联网）、Intranet（内部网）和 VPN（虚拟专用网）等。网络核心层可以实现全球范围内的高速可靠的数据传输，支持 IP 承载技术和异构网络融合技术。

　　云平台：云平台是指提供各种云计算服务和资源管理功能的平台，如 Aliyun（阿里云服务）、AWS（亚马逊云服务）等。云平台可以为物联网提供大规模的存储空间、计算能力、安全保障和应用支持，实现数据的集中管理和分析。

- **应用层**

　　应用层是物联网的最高层，负责根据用户需求提供各种智能化服务和功能。应用层主要包括以下几个部分。

　　数据处理：数据处理是指对从网络层接收到的海量数据进行清洗、整合、挖掘和可视化等操作，从中提取有价值的信息和知识。数据处理可以利用人工智能、大数据分析、机器学习等技术，实现对数据的智能化处理。

　　业务逻辑：业务逻辑是指根据用户需求和应用场景设计相应的业务流程和规则，实现对数据和设备的控制和优化。业务逻辑可以利用规则引擎、事件驱动、场景联动等技术，实现对业务的自动化管理。

　　人机交互：人机交互是指提供用户友好的界面和交互方式，让用户方便地获取信息和服务。人机交互可以利用 Web 应用、移动应用、语音识别、图像识别等技术，实现对用户的个性化服务。

物联网通信和组网技术

　　物联网通信和组网技术是物联网的核心技术之一，它决定了物联网的覆盖范围、传输速率、功耗效率、安全性能和可靠性等。物联网通信和组网技术可以分为近距离无线通信技术和远距离无线通信技术两大类，用户可根据不同的应用场景和需求，选择合适的通信技术和组网方式。

- 近距离无线通信技术

近距离无线通信技术主要用于实现局域网内的设备连接和数据传输，一般覆盖范围为几十米到几百米，传输速率为几 kbps 到几 Mbps，功耗相对较高，适用于数据量较大、实时性较高、移动性较强的场景。常见的近距离无线通信技术有 Wi-Fi、蓝牙、ZigBee 等。

Wi-Fi 是一种基于 IEEE 802.11 系列标准的无线局域网通信技术，它可以在 2.4 GHz 或 5 GHz 频段提供高速率的数据传输，一般可达到几十 Mbps 甚至几百 Mbps。Wi-Fi 具有成熟的标准体系、广泛的设备支持、易于接入互联网等优点，但也存在频谱资源紧张、干扰较多、功耗较高等缺点。Wi-Fi 适用于家庭、办公室、公共场所等需要提供无线上网服务的场景。

蓝牙是一种基于 IEEE 802.15.1 标准的短距离无线通信技术，它可以在 2.4 GHz 频段提供低速率的数据传输，一般为几 kbps 到几 Mbps。蓝牙具有低成本、低功耗、易于集成等优点，但也存在传输距离短、容量小、安全性低等缺点。蓝牙适用于个人设备之间的数据交换和控制的场景，如手机、耳机、手表等。

ZigBee 是一种基于 IEEE 802.15.4 标准的低功耗短距离无线通信技术，可以在 2.4 GHz 或其他子 GHz 频段▼提供低速率的数据传输，一般为几十 kbps 到几百 kbps。ZigBee 具有低功耗、低成本、自组织网络、可靠传输等优点，但也存在传输速率低、网络规模限制等缺点。ZigBee 适用于数据量小、实时性不高、电池供电的场景，如智能家居、工业控制等。

▼子 GHz 频段是指低于 1 GHz的无线电频段，具有覆盖范围广、穿透力强、抗干扰能力强等特点。

- 远距离无线通信技术

远距离无线通信技术主要用于实现广域网内的设备连接和数据传输，一般覆盖范围在几公里到几十公里甚至全球范围内，传输速率为几 bps 到几 Mbps，功耗相对较低，适用于数据量小、实时性不高、电池供电的场景。常见的远距离无线通信技术有 2G/3G/4G/5G、LPWAN（NB-IoT、eMTC、LoRa）等。

2G/3G/4G/5G 是基于蜂窝网络的移动通信技术，它们可以在不同频段和制式下提供不同速率和服务质量的数据传输，一般可达到几 kbps 到几百 Mbps 甚至更高。2G/3G/4G/5G 具有覆盖广泛、接入便捷、安全性高等优点，但也存在成本较高、功耗较大、频谱资源紧张等缺点。2G/3G/4G/5G 适用于全球漫游、移动性强、服务质量高、数据量大等场景，如手机、车联网等。

LPWAN（low power wide area network）是一种低功耗广域网技术，它可以在子 GHz 频段提供低速率的数据传输，一般可达到几 bps 到几十 kbps。LPWAN 具有低功耗、低成本、长距离覆盖等优点，但也存在传输速率低、容量小等缺点。LPWAN 适用于数据量小、稀疏、电池供电且不需要移动性或服务质量保障的场景，如智能水表、智能停车等。LPWAN 包括基于蜂窝网络的 NB-IoT（narrow band internet of things，窄带物联网）

▼2015—2016 年，蜂窝物联网得到了迅速的发展。3GPP 在其完善可靠的 GSM 和 LTE 标准基础之上，快速推出了 3 个蜂窝物联网标准：EC-GSM-IoT（extended coverage GSM for IoT，扩展覆盖范围 GSM 物联网）、LTE-M（long-term evolution machine type communication，长期演进机器类通信）和 NB-IoT，其中 LTE-M 也被称为 eMTC。

和 eMTC（enhanced machine type communication，增强型机器类通信）▼，以及基于非蜂窝网络的 LoRa（long range）、Sigfox 等。

不管是局域网还是广域网，其连接协议都分别有高（>10 Mbps）、中（>1 Mbps）、低（<1 Mbps）三种不同的速率，表 5.2 列出这三种不同类型协议的应用领域。

表 5.2 不同类型协议及其应用领域

速率	网络接入技术	应用领域
高速率 > 10 Mbps	3G 4G Wi-Fi 5G	自动驾驶 智慧安防 智慧医疗
中速率 > 1 Mbps	2G eMTC	POS 支付 智能家居
低速率 < 1 Mbps	NB-IoT Sigfox LoRa ZigBee	农林牧渔 智能抄表 物流监控 智能停车

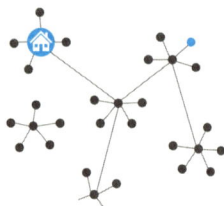
(a) 星形组网

(b) 多跳组网

图 5.30 物联网组网方式

▼也有人理解为包含人对机器（man-to-machine）、机器对人（machine-to-man）等。

· **物联网组网方式**

物联网组网方式是指物联网设备之间如何形成网络拓扑结构和进行路由选择的方式。物联网组网方式主要分为星形组网和多跳组网两种，如图 5.30 所示。

星形组网是指物联网设备直接与一个中心节点（如网关）进行连接和通信，中心节点负责与互联网或其他网络进行交互。星形组网具有结构简单、管理方便、干扰小等优点，但也存在覆盖范围受限、中心节点单点故障风险大等缺点。星形组网适用于设备数量较少、分布较集中且不需要协作处理的场景。

多跳组网是指物联网设备通过多个中继节点进行连接和通信，中继节点负责转发其他节点的数据包，并根据路由算法选择最优路径。多跳组网具有覆盖范围广泛、容错能力强等优点，但也存在结构复杂、管理困难、干扰多等缺点。多跳组网适用于设备数量较多、分布较分散且需要协作处理的场景。

在提及物联网时常提到"M2M"。M2M 是 machine-to-machine 的简称，即"机器对机器"▼，旨在通过通信技术来实现人、机器和系统三者之间的智能化、交互式无缝连接。M2M 设备能够应答包含在一些设备中的数据请求或能够自动传送包含在这些设备中的数据。M2M 通信与物联网的核心理念一致，不同之处是物联网的概念、所采用的技术及应用场景更广泛。而 M2M 则聚焦在无线通信网络应用上，是物联网应用的一种方式。只有当 M2M 规模化、普及化，并彼此之间通过网络来实现智能的融合和通信，才能形成"物联网"。

工业互联网

工业互联网是指将互联网技术与工业系统相结合，实现工业数据的采集、传输、分析和应用，提高工业生产的效率、质量和创新能力，推动工业模式、组织形式和商业范式的变革。工业互联网是工业 4.0▼或者"工业互联的网"的核心内容，涉及制造业、能源、交通、农业等多个领域。

工业物联网是工业互联网中的一个重要组成部分，是指将物联网技术与工业设备相结合，实现对工业设备的感知、监控、控制和优化，提高设备的运行效率、安全性和可靠性，实现"机器、计算机和人员"的智能化协作。工业物联网是物联网和互联网的交叉网络系统，也是自动化与信息化深度融合的突破口。

▼工业 4.0 是指第四次工业革命，是基于物联网、云计算、大数据、人工智能等技术，实现工业生产的智能化、自动化、数字化和网络化，提高效率、质量和创新能力，推动工业模式、组织形式和商业范式的变革。

可以看到，物联网正在成为经济社会绿色、智能、可持续发展的关键基础和重要引擎。随着物联网技术产品的不断成熟，物联网的潜力和成长性正在逐步凸显，并加速渗透到生产和生活的各个环节。物联网与传统产业的深度融合也将加强，并带来生产方式和生活方式的深刻变革。

5.2.2　云计算

从字面上看，云计算（cloud computing）可以拆成"云"和"计算"两个部分。"云"是网络、互联网的一种比喻说法，即互联网与建立互联网所需要的底层基础设施的抽象体；"计算"当然不是指一般的数值计算，而是指一台足够强大的计算机提供的计算服务。云计算可以理解为：通过互联网，将强大的计算机的各种功能、资源、存储等服务提供给用户的一种技术。

一般而言，对于云计算，业界广为接受的定义是由美国国家标准与技术研究院（National Institute of Standards and Technology，NIST）给出的：云计算是一种能够通过网络以便利、按需付费的方式获取计算资源▼并提高其可用性的模式。这些资源来自一个共享的、可配置的资源池，并能够以最省力和无人干预的方式获取和释放。

视频 5.3　云计算

▼资源包括网络、服务器、存储、应用软件和服务等。

云计算的基本特征

云计算是一种共享基础架构的方法，它可以将巨大的系统池连接在一起以提供各种信息技术服务。根据美国国家标准和技术研究院的定义，云计算服务应该具备以下特征。

按需自助服务。云计算允许用户根据需要自助申请和管理计算、存储和网络资源，而无须事先与云服务提供商协商或人工干预。不需要或很少需要云服务提供商的协助，就可以单方面按需获取并使用云端的计算资源。

广泛的网络接入。云计算是通过把一台台的服务器连接起来，使服务器之间可以相互进行数据传输，同时通过广泛的网络接入（如互联网、私有网络、虚拟专用网络等），使用户能够从任何地方、任何设备上访问和使用云服务。

资源池化。资源池是对各种资源进行统一配置的一种机制。云计算将多个客户的计算、存储和网络资源集中管理和分配，以最大化资源的利用率和效率。用户不需要了解具体的物理位置和配置，而是通过云服务提供商的管理平台来管理和控制计算资源。

快速弹性伸缩。云计算提供弹性计算资源的能力，用户能方便、快捷地按需获取和释放计算资源。也就是说，用户在需要时能快速获取资源从而扩展计算能力，在不需要时能迅速释放资源，降低计算能力，从而减少资源的使用费用。对用户来说，云端的计算资源是无限的，可以随时申请并获取任何数量的计算资源。

服务度量和优化。云计算提供服务度量和优化的能力，以监测和优化资源使用情况和服务质量。用户可以通过各种工具和服务来监控和度量其使用情况，以帮助其进行成本和资源优化。服务提供商也可以通过度量和分析用户的使用情况来优化其服务。

云计算的部署方式

云计算的部署方式是指云计算资源和服务的提供和管理模式，一般分为四种：公有云、私有云、社区云和混合云。

公有云是由云服务提供商拥有和管理，通过互联网向企业或个人提供计算资源的部署方式。云端可能部署在本地，也可能部署在其他地方。公共云的管理比私有云的管理要复杂得多，尤其是对安全防范的要求更高。公有云的优点是成本低、可扩展性高、维护方便，缺点是安全性和可控性较低。例如，阿里云、华为云、腾讯云等都是提供公有云服务的平台。

私有云是由单个组织拥有和管理，仅供该组织内部人员或分支机构使用的部署方式。私有云的云端可以部署在单位组织内部，称为本地私有云；也可以托管在第三方机房或者其他云端，称为托管私有云。私有云的优点是安全性和可控性高，缺点是成本高、可扩展性低、维护复杂。一些大型企业或政府部门会建立自己的私有云平台，以满足特定的业务需求。

社区云是由固定的几个组织共同拥有和管理，仅供这些组织内的用户使用的部署方式。参与社区云的单位组织对云计算资源和服务具有相同或类似的诉求。具备业务相关性或者具有隶属关系的单位组织建设社

▼数据就像网络上的"云"一样在不同服务器之间传输与处理。

▼计算设备可以自己购买，也可以租用第三方云端的计算资源。用户所在的单位组织一般通过专线与托管的云端建立连接，或利用叠加网络技术在互联网上建立安全通道，以降低专线的费用。

▼如安全要求、规章制度、合规性要求等。

区云的可能性更大一些,因为建设社区云一方面可以降低各自的费用,另一方面可以共享信息。

　　混合云是由两个或两个以上不同类型的云(私有云、公有云或社区云等)组成,它们各自独立,但用标准的或专有的技术将它们组合起来,实现数据和应用程序的平滑流转的部署方式。混合云的优点是能够根据不同的场景和需求灵活地选择合适的云服务,缺点是技术复杂、管理难度较大。由私有云和公有云构成的混合云是当前最流行的,它同时具备了公共云的资源规模和私有云的安全特征。当私有云资源短暂性需求过大(称为云爆发)时,可自动租赁公共云资源平抑私有云资源的需求峰值。

云计算的服务类型

　　一般而言,一个信息技术(IT)系统的逻辑组成可分为四层,自下至上依次是基础设施层、平台软件层、应用软件层和数据信息层,如图 5.31 所示。

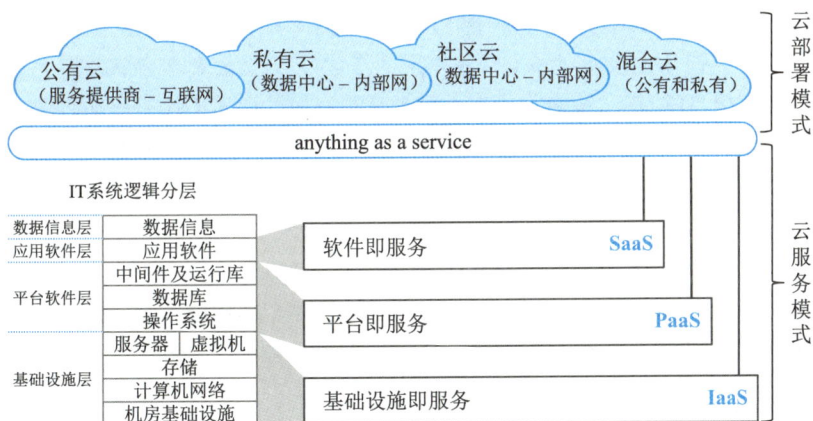

图 5.31　云计算服务类型

　　云计算是一种新的计算资源的使用模式,云端本身还是 IT 系统,所以逻辑上同样可以划分为这四层,底三层可以划分出很多"小块"出租出去▼。因此,云服务提供商通常提供三种类型的云计算服务,即基础设施即服务(infrastructure as a service,IaaS)、平台即服务(platform as a service,PaaS)和软件即服务(software as a service,SaaS),如图 5.31 所示。云服务提供商只负责出租层及以下各层的部署、运维和管理,而用户自己负责更上层的部署和管理。

▼这有点像立体停车库,按车位的大小和停车时间的长短收取停车费。

　　• **基础设施即服务**(IaaS)

　　云服务提供商直接把云计算基础设施(机房基础设施、计算机网络、存储、服务器/虚拟机等)作为一种服务,提供给用户,用户能够在基础设施上自己安装和管理操作系统、数据库、中间件及运行库、应用软件和数据信息等。IaaS 的主要用户一般是掌握一定技术的系统管理员。IaaS 使最终用户能够根据需要扩展和缩减资源，从而减少对高额前期资本支出或不必要的"自有"基础架构的需求，尤其适合应对峰值工作负载的情况。国内 IaaS 云服务的典型代表有阿里云 ECS、腾讯云 CVM、华为云 ECS 等。

IaaS 云服务的实际应用有：备份和恢复服务、内容分发网络（把内容分发到靠近用户的地方，提升用户体验）、计算服务（资源可灵活扩展）、服务管理（管理云端基础设施平台的各种服务）、存储服务（提供用于备份、归档和文件存储的大规模可伸缩存储）等。

- 平台即服务（PaaS）

云计算把开发、测试、部署和运行应用程序所需的平台（包括操作系统、编程语言环境、数据库、中间件等）作为一种服务，提供给用户，用户只需关注应用程序的业务逻辑，无须管理基础设施和平台。PaaS 的主要用户是应用开发人员。PaaS 使最终用户能够快速开发和交付应用程序，同时利用云的弹性和可扩展性。

▼PaaS 云服务提供商也可以从 IaaS 云服务提供商那里租赁计算资源，然后自己部署平台软件层。

相比于 IaaS 云服务提供商，PaaS 云服务提供商要做的事情增加了，他们需要把基础设施层和平台软件层都搭建好▼，然后在平台软件层上划分"小块"（习惯上称之为容器）对外出租。另外，为了让用户能直接在云端开发调试程序，PaaS 云服务提供商还要安装各种开发调试工具。国内 PaaS 云服务的典型代表有阿里云 Elastic Beanstalk、腾讯云 TAE、华为云 CloudIDE 等。

▼仪表盘是一般商业智能都拥有的实现数据可视化的模块，是展示度量信息和关键业务指标现状的数据虚拟化工具。

PaaS 云服务的实际应用有：商业智能（用于创建仪表盘▼、报表系统、数据分析等应用程序的平台）、数据库、开发和测试平台、软件集成平台、应用软件部署（提供应用软件部署的依赖环境）等。

- 软件即服务（SaaS）

云计算把各种应用软件作为一种服务，通过网络向用户提供，用户无须安装和维护软件，只需通过浏览器或客户端访问和使用。SaaS 的主要用户是普通的终端用户。SaaS 使最终用户能够按需使用各种功能强大的软件，同时节省软件购买和更新的成本。

▼SaaS 云服务提供商也可以租用别人的 IaaS 云服务或 PaaS 云服务。

从云服务用户的角度来看，SaaS 云服务提供商负责 IT 系统的底三层（基础设施层、平台软件层和应用软件层）▼，也就是整个 T 层，然后为客户托管应用程序，并通过 Internet 将其提供给这些客户。国内 SaaS 云服务的典型代表有阿里钉钉、腾讯微信、华为 WeLink 等。

SaaS 云服务的实际应用有：电子邮件和在线办公软件、计费开票软件、客户关系管理系统（customer relationship management，CRM）、协作工具、内容管理系统（content management system，CMS）、财务软件、人力资源管理系统、销售工具、社交网络、企业资源计划（enterprise resource planning，ERP）、在线翻译等。

　　云计算是将用户产生的数据,通过网络传输至云端,云端对数据进行处理加工,完成加工之后,再通过网络将数据返回到用户端。虽然云计算具有诸多的优势,但在传输层方面出现了瓶颈。因为大量的数据需要传输,所以网络带宽便成为限制云计算最主要的因素,边缘计算便应运而生。

边缘计算

　　边缘计算(edge computing)是指在靠近物或数据源头的网络边缘侧,融合网络、计算、存储、应用核心能力的开放平台,如图 5.32 所示。边缘计算可就近提供边缘智能服务,满足行业数字化在敏捷连接、实时业务、数据优化、应用智能、安全与隐私保护等方面的关键需求。

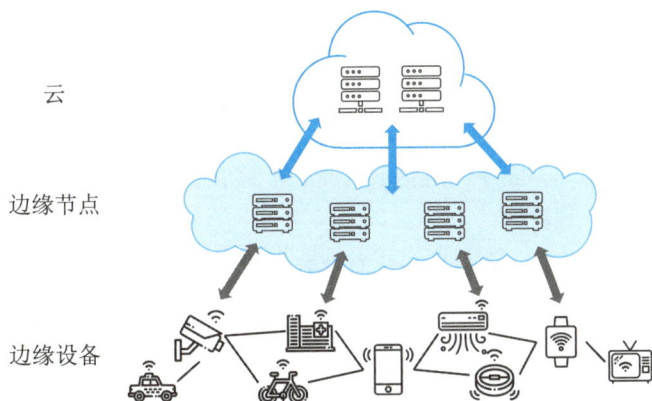

图 5.32　边缘计算

　　边缘计算提出了一种新模式:让每个边缘设备都具备数据采集、分析、计算、通信等功能。边缘计算同时利用云计算的能力来大规模地进行安全配置、部署和管理边缘设备,并能够根据设备类型和场景分配智能的能力,从而让智能在云和边缘之间流动,获得两全其美的效果。

　　边缘计算在网络边缘结点处理、分析数据。边缘网络一般由终端设备▼、边缘设备▼、边缘服务器等构成。这些组件具有必要的性能,可以支持边缘计算。作为一种本地化的计算模式,边缘计算提供了对于计算服务需求更快的响应速度,通常情况下不将大量的原始数据发回核心网,更多地专注于终端设备。

▼终端设备,如移动手机、智能物品等。

▼边缘设备,如边缘路由器、机顶盒、网桥、基站、无线接入点等。

　　值得注意的是,云计算服务除了提供计算服务外,还必然提供了存储服务。所以,大数据与云计算是相辅相成的。大数据根植于云计算,必须依托云计算的分布式处理、分布式数据库、云存储和虚拟化▼等技术。同时,大数据也为云计算提供了用武之地。云计算是基础,没有云计算,就无法实现大数据存储和计算。大数据是一种应用,没有大数据,云计算就缺乏目标和价值。

▼云计算的虚拟化技术是指利用软件模拟物理计算机的功能,从而在一台物理机器上创建多个虚拟机,每个虚拟机都有自己的操作系统和应用程序。虚拟化技术可以提高云计算的资源利用率、管理灵活性、可扩展性和可靠性。

5.2.3　大数据

大数据是一种新兴的信息技术手段。大数据来源于互联网、物联网、社交媒体、电子商务、金融交易、科学研究等各个领域产生的海量用户行为数据、传感器数据、文本数据、图像数据、视频数据等，通过对大数据进行有效的采集、存储、管理、分析和应用，可以发现隐藏在数据中的规律和知识，从而可以提高决策效率、优化业务流程、创造新的商业模式、增强竞争优势等。大数据的概念和特点已经被广泛认同和传播，被认为是 21 世纪的重要战略资源和竞争力。

大数据的特征

大数据是指一种规模大到在获取、存储、管理、分析方面大大超出了传统数据库软件工具能力范围的数据集合。要理解大数据这一概念，首先要从"大"入手，"大"是指数据规模，大数据一般指在 10 TB▼规模以上的数据量。大数据同过去的海量数据有所区别，其基本特征可以用 4 个 V 来总结（volume、variety、value 和 velocity），即体量大、多样性、价值密度低、速度快。

数据体量巨大。大数据涉及的数据规模非常巨大，从 TB 级别，跃升到 PB、EB 乃至 ZB 级别。这些数据超出了传统数据库软件工具的处理能力，需要新的技术和平台来存储和管理。

数据种类多。大数据涵盖了文本、图像、音频、视频、地理位置、传感器数据等多种类型，这些数据来源于各种渠道和场景，具有复杂性和多样性。这就需要大数据技术能够适应不同格式和结构的数据，提供更高效和灵活的处理方法。

数据价值密度低。大数据中包含了很多有用的信息，但也有很多冗余和噪声。这些信息的价值密度很低，需要通过有效的方法来提取和利用▼。

数据速度快。大数据产生和流动的速度非常快，这些数据对时效性和动态性有很高的要求，需要实时或近实时地进行捕捉、处理和分析▼。这就需要大数据技术能够实现低延迟和高吞吐量的数据处理，提供更及时和准确的分析结果。

大数据的数据类型

大数据的数据类型分为三种：结构化数据、非结构化数据和半结构化数据。

结构化数据是指由二维表结构来逻辑表达和实现的数据，严格地遵循数据格式与长度规范，主要通过关系型数据库▼进行存储和管理。结构化数据的特点是：数据以行为单位，一行数据表示一个实体的信息，每一行数据的属性是相同的。例如，数据库表、成绩单等就是结构化数据。

▼数据的存储单位从小到大的次序为：B → KB → MB → GB → TB → PB → EB → ZB → YB（字节 → 千字节 → 兆字节 → 吉字节 → 太字节 → 拍字节 → 艾字节 → 泽字节 → 尧字节），每提高一级单位，存储量扩大 1024 倍。

▼以视频为例，在连续不间断监控过程中，有用的数据可能仅仅只有一两秒。

▼随着用户对数据处理速度和响应时间的要求越来越高，实时计算和流式计算将成为大数据技术的重要方向。流式计算（streaming computation）是利用分布式的思想和方法，对海"流"式数据进行实时处理。

▼关系型数据库是指用关系模型来组织数据信息的数据库。关系模型指的是二维表格模型，而一个关系型数据库便是由二维表以及表之间的关系所构成的一个数据集合。

非结构化数据是指不定长、无固定结构的数据，包括所有格式的办公文档、文本、图像和音频/视频等。非结构化数据的特点是数据容量大、产生速度快、来源多样。例如，社交媒体、网站、卫星图像、数字监控等就是非结构化数据。

半结构化数据是结构化数据的一种形式，它并不符合关系型数据库或其他数据表的形式关联起来的数据模型结构，但包含相关标记，用来分隔语义元素以及对记录和字段进行分层。数据的结构和内容混在一起，没有明显的区分，因此，它也被称为自描述的结构。简单地说，半结构化数据就是介于完全结构化数据和完全无结构的数据之间的数据。例如，HTML 文档、日志文件、E-mail 和一些 NoSQL▼数据库就属于半结构化数据。

▼NoSQL 泛指非关系型的数据库。

大数据技术的架构

大数据技术的架构是指从数据采集到数据应用的整个处理流程中所涉及的各种技术和工具，包括以下几个方面。

数据采集：指将应用程序产生的数据和日志等同步到大数据系统中，常用的技术有 Sqoop（数据库同步）、Flume（日志采集）、Kafka（消息队列）等。

数据存储：指将海量的数据存储在分布式文件系统或数据库中，方便下次使用时进行查询，常用的技术有 HDFS（分布式文件系统）、HBase（分布式列式数据库）、Hive（分布式数据仓库）等。

数据处理：指对原始数据进行清洗、转换、聚合等操作，以便进行后续的分析和挖掘，常用的技术有 MapReduce（分布式计算框架）、Spark（内存计算框架）、Flink（流批一体计算框架）等。

数据分析与挖掘：指利用统计学、机器学习、深度学习等方法对处理后的数据进行探索性分析和预测性分析，从而发现有价值的信息和知识，常用的技术有 R（统计分析语言）、Python（通用编程语言）、TensorFlow（深度学习框架）等。

数据应用：指将分析和挖掘得到的结果应用到实际业务场景中，如生成可视化报表、提供智能推荐服务、实现异常检测和风险预警等，常用的技术有 Tableau（可视化工具）、Mahout（推荐系统工具）、Storm（实时计算框架）等。

数据挖掘与知识发现

数据挖掘（data mining, DM）是用人工智能、机器学习、统计学和数据库的交叉方法在相对大型的数据集中发现模式的计算过程。数据挖掘的主要特点是对海量数据进行抽取、转换以及分析等处理，并从中归纳出有建设性的模式或规律辅助决策。数据挖掘是数据库中知识发现（knowledge discovery in databases, KDD）的分析步骤，本质上属于机器学习的

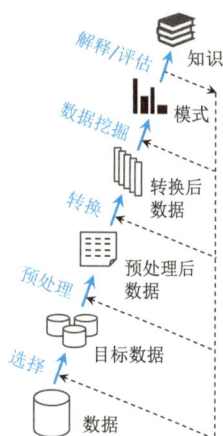

图 5.33　数据挖掘与知识发现

范畴，代表了知识获取的动态过程。整个知识发现包括以下几个主要步骤，如图 5.33 所示。

- 数据准备：包括数据选择、数据预处理和数据转换等过程。

数据选择的目的就是确定任务所涉及的操作数据对象（目标数据），从相关数据源中抽取与挖掘任务相关的数据集。

数据预处理通常包括消除噪声、遗漏数据处理、消除重复数据、数据类型转换等。

数据转换的主要目的是消减数据集合和特征维数（简称降维），即从初始特征中筛选出真正的与任务相关的特征，以提高数据挖掘的效率。

- 数据挖掘：知识发现的核心步骤，在前面三步的基础上，用智能的方法从海量数据中提取数据模式或规律。

常用的分析方法包括分类、聚类、关联分析、数值预测、序列分析、社会网络分析等。

- 模式评估：依据一定的评估标准从挖掘结果中筛选出具有指导意义的模式。

- 知识表示：利用可视化知识表达技术，对所提取的知识进行展示。

大数据技术的应用

大数据技术在各个行业和领域都有广泛的应用，如电子商务、金融服务、社交网络、智慧城市、医疗健康等。以下是一些典型的应用。

电子商务：利用大数据技术分析用户的购物行为、偏好和需求，为用户提供个性化的商品推荐、搜索排序、广告投放等服务，同时利用大数据技术优化供应链管理、物流配送、风险控制等业务流程。

金融服务：利用大数据技术分析用户的信用状况、消费习惯、社交关系等，为用户提供智能的信贷、理财、保险等服务，同时利用大数据技术防范欺诈、洗钱、黑产等风险。

社交网络：利用大数据技术分析用户的聊天内容、朋友圈动态、小程序使用情况等，为用户提供个性化的表情包、文章推荐、小游戏等服务，同时利用大数据技术优化网络传输、安全加密、内容审核等技术支持。

智慧城市：利用大数据技术分析公交一卡通的刷卡记录，了解市民的出行规律，从而优化公交线路、调整运力供给、缓解交通拥堵等问题。

医疗健康：利用大数据技术分析医学文献、临床记录、基因数据等，为医生提供智能的诊断建议、治疗方案、药物选择等服务。

科学研究的第四范式

2007 年 1 月，图灵奖得主、微软研究员吉姆·格雷（Jim Gray，1944—2007）在美国加州山景城召开的 NRC-CSTB▼大会上，发表了他留给世人的最后一次演讲▼，提出了科学研究范式发展的四个阶段：实验科学、理论科学、计算科学和数据密集型▼科学，如图 5.34 所示。

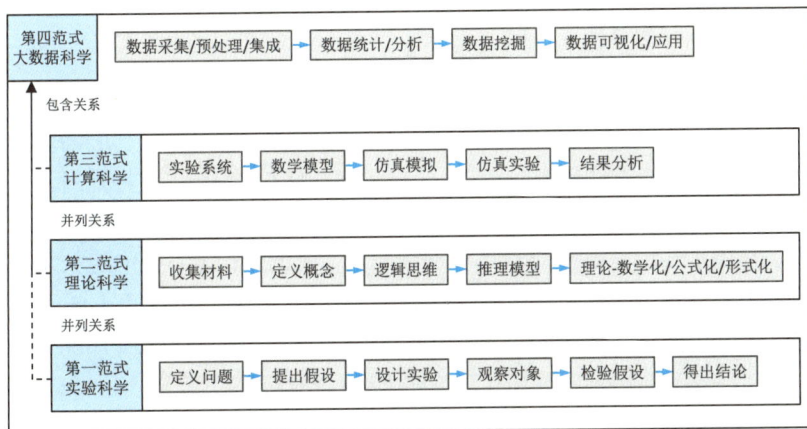

图 5.34　科学研究范式

第一范式：实验科学，主要以观察和记录自然现象为特征，从原始的钻木取火到文艺复兴时期的伽利略比萨斜塔实验等，开启了现代科学之门。

第二范式：理论科学，主要以通过数学和逻辑推演来归纳总结自然规律为特征，从牛顿三大定律到麦克斯韦方程组等，建立了经典物理学大厦。

第三范式：计算科学▼，主要以利用计算机进行模拟仿真来验证或预测自然现象为特征，从量子力学和相对论到模拟核试验和天气预报等，拓展了科学研究的边界。

第四范式：大数据科学，主要以利用大数据进行分析挖掘来发现或生成自然规律为特征，从基因组学和生物信息学到社会网络和人工智能等，颠覆了科学研究的思维方式。

科学研究的第四范式是在第一、第二、第三范式的基础上发展起来，第四范式研究框架是由科学实验、理论模型或算法、计算机模拟和大数据处理组成。第四范式不仅仅是对数据进行收集、存储、管理和处理，而是要利用数据作为一种新的资源和工具，通过数据挖掘、机器学习、可视化等技术，实现数据到信息、知识、智能的转化。第四范式不再强调因果关系的解释，而是关注数据之间的相关性和模式；不再依赖于人类的经验和直觉，而是借助于计算机的强大能力和智能；不再局限于某个领域或问题，而是跨越了传统的学科界限和尺度层次。

▼National Research Council —Computer Science and Telecommunications Board.

▼T. Hey, S. Tansley, K. Tolle, et al. *The Fourth Paradigm: Data-Intensive Scientific Discovery* [M]. Redmond: Microsoft Research, 2009.

▼"数据密集型"就是现在我们所称的"大数据"。

▼详见 5.3.1 节（第 252 页）科学计算。

5.2.4　区块链

随着物联网技术的不断发展，物联网应用场景越来越广泛，但也面临着安全、可信等方面的问题。而区块链技术的出现，为这些问题提供了新的解决方案。

区块链的起源和发展

区块链（blockchain）是与比特币（bitcoin）一同诞生的。2008 年 11 月 1 日，一位化名"中本聪（Satoshi Akamoto）"的人在一个名为"Cypherpunk（密码朋克）"的邮件列表▼中，发布了一篇题为"比特币：一种点对点的电子现金系统（bitcoin: a peer-to-peer electronic cash system）"的技术论文，阐述了基于 P2P 网络技术、加密技术、时间戳技术、区块链技术等的电子现金系统的构架理念，这标志着比特币的诞生。2009 年 1 月 3 日，第一个序号为 0 的比特币创世区块诞生，1 月 9 日，出现序号为 1 的区块，并与序号为 0 的创世区块相连接形成了链，标志着世界首条区块链面世。

十多年来，区块链技术经历了多次迭代和发展。区块链 1.0 是以比特币为代表的数字货币应用，主要实现了货币和支付的去中心化功能；区块链 2.0 是以以太坊为代表的智能合约应用，主要实现了金融和商业的去中心化功能；区块链 3.0 是以超级账本（hyperledger）、EOS▼等为代表的社会应用，主要实现了数据和服务的去中心化功能。区块链技术可以支持的业务场景和应用范围愈加广泛。其功能不再仅限于电子货币系统，而是扩展到了企业机构间数据共享、高敏感性数据存储等多种场景。

区块链有以下几个方面的特征。

去中心化：区块链不依赖于任何中心化的机构或设备，而是由分布式的节点共同维护和验证数据，实现了数据的民主化和平等化。

开放性：区块链的数据对所有人公开透明，任何人都可以查询和验证区块链上的信息，也可以开发相关的应用和服务。

独立性：区块链基于一致性的规范和协议，使得节点之间可以在无须信任的环境中自动安全地交换数据，不需要任何第三方的介入或干预。

安全性：区块链利用加密算法和工作量证明机制，可以保证数据不可篡改和不可伪造。

匿名性：区块链上的交易参与者不需要公开或验证自己的身份信息，只需要使用数字签名▼和公钥来进行身份识别和授权，保护了用户的隐私和自由。

区块链按照节点的准入限制分为公有链、私有链和联盟链。

公有链是去中心化程度最高的区块链，链上的数据能够被任何人访问。同时，公有链具有匿名性，每个节点既不会公开自己的身份，也不需要信任其他节点，从而保证节点身份等隐私信息的安全。

▼邮件列表（mailing list）起源于 1975 年，是互联网上最早的社区形式之一，也是 Internet 上的一种重要工具，用于各种群体之间的信息交流和信息发布。

▼EOS 是 enterprise operation system（企业操作系统）的缩写，是商用分布式应用设计的一款区块链操作系统。

▼数字签名是一种基于公钥加密技术的电子签名，其原理是：发送者使用自己的私钥对信息的摘要进行加密，得到数字签名，然后将信息和数字签名一起发送给接收者。接收者使用发送者的公钥对数字签名进行解密，得到信息的摘要，然后将其与自己计算出的信息摘要进行比较，如果一致，则说明信息没有被篡改，并且确实来自发送者。

　　私有链通常为私人机构使用并且不对外开放，只有机构内拥有访问权限的用户才能查看区块链的账本数据，所以隐私性较强，对外部的攻击也能做到防患于未然，安全性较高。

　　联盟链是不对所有人公开，也不属于私人机构的区块链。只有联盟链中的成员才能参与区块链的交易。联盟链由各个相关的机构节点构成，并且会选取部分联盟成员参与完成账本的产生、共识和维护等工作。

区块链的技术原理

　　区块链技术的基本原理为通过分布式共识算法以及利用点对点通信的组网方式消除中心化，结合密码学手段确保节点通信过程中数据的安全性，利用链块的结构来存储数据，最终实现全网节点数据的一致性。

　　根据现有区块链平台工作模式的相同点，可以将区块链分为数据层、网络层、共识层、激励层、合约层和应用层六层架构，如图 5.35 所示。

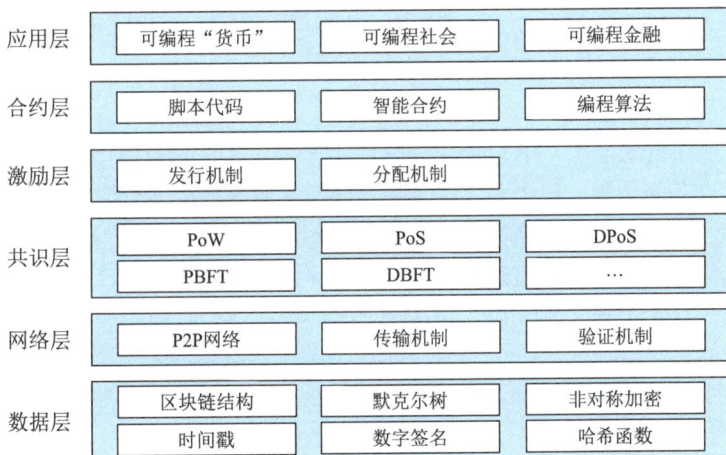

图 5.35　区块链架构

• 数据层

　　数据层主要使用默克尔树等数据结构对区块链中的数据进行组织管理，以及使用哈希函数和非对称加密▼等技术来保证区块链数据的完整性和安全性。

　　哈希函数（Hash function）也叫散列函数，是一种将任意长度的数据转换为固定长度的二进制值（数字"指纹"）的算法。哈希值可以用来唯一地标识一个区块，也可以用来验证区块的完整性和不可篡改性。区块链中使用了一种特殊的哈希算法，叫作 SHA-256，它可以保证不同的数据产生不同的哈希值▼，而且无法从哈希值反推出原始数据▼。

　　默克尔树（Merkle tree）是一种典型的二叉树，它包含根节点、中间节点和叶子节点，通常也被称为哈希树，即存储哈希值的树。在区块链

▼非对称加密是一种加密和解密使用不同密钥的加密算法。公钥是公开的，可以用来加密数据或验证签名；私钥是保密的，可以用来解密数据或生成签名。

▼对于相同的输入数据，哈希函数总是会生成相同的输出值。只要输入数据发生了微小的变化，输出值就会发生巨大的变化。

▼哈希函数是一种单向函数，即无法从哈希值推算出原始数据。这是哈希函数应用于密码学的一个关键特性。

中，每个区块都有一个默克尔根，它是由区块中所有交易的哈希值经过
多次组合和哈希运算得到的，如图 5.36 所示。如果区块中的任何一个交
易发生了变化，那么默克尔根也会发生变化，从而导致区块链的不一致。
因此，默克尔树可以保证区块链的数据不可篡改和不可伪造。

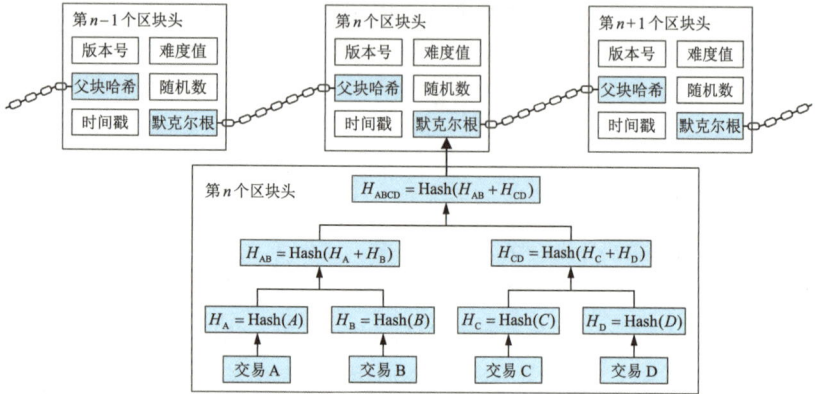

图 5.36   区块结构

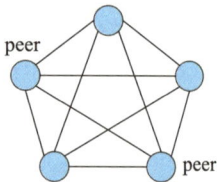

图 5.37   P2P 网络

▼节点通过接收和广播交
易信息，帮助维护整个网
络的安全和稳定。当一个
节点接收到新的交易信
息时，它会将该交易广播
给其他节点。这样，交易
信息会迅速传播到整个
网络中的所有节点。

• 网络层

区块链采取了 P2P（peer-to-peer，点对点）方式进行组网，消息直接
在节点之间传播。每个节点既是客户端又是服务器，具有相同的功能和
地位，不存在中心化设备，如图 5.37 所示。

每个节点都要承担路由、区块数据验证、区块数据传播、交易信息
打包、发现新节点等功能▼。在 P2P 的组网方式下，任何一个节点宕机系
统仍能正常运行。

下面以如图 5.38 所示的比特币交易过程为例，说明区块链网络的传
播机制。

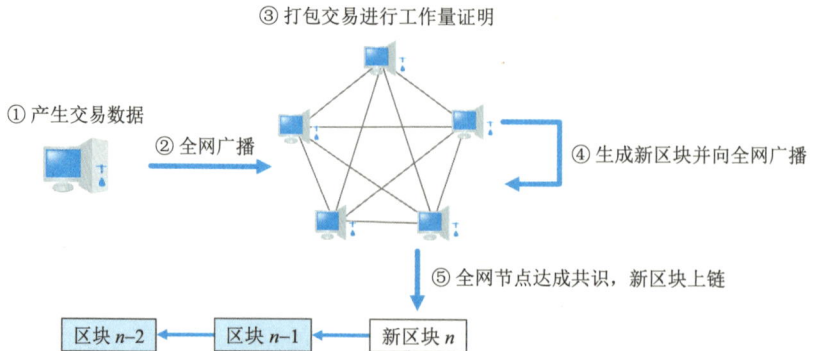

图 5.38   比特币交易过程

▼前一次交易数据说明了
该次交易的比特币来源，
下一位所有者 B 的地址
（B 的公钥）作为交易接
收方的地址，说明当前交
易的目标是谁。发起方将
前一次交易数据和接收
方公钥连接起来并对其
求哈希值，再利用自己的
私钥对哈希值加密，便得
到这份数字签名。

第一步是产生交易数据。货币所有者 A 利用他的私钥对前一次交易
T_1（比特币来源）和下一位所有者 B 签署一个数字签名，并将这个签名
附加在这枚货币的末尾，制作成交易单 T_2▼。

第二步是全网广播。A 将交易单 T_2 广播至全网，比特币就发送给了 B，每个节点都将收到的交易信息纳入一个区块中。对 B 而言，该枚比特币会即时显示在比特币钱包中，但必须等区块确认成功后才可以使用▼。

第三步是打包交易进行工作量证明。每个节点通过解一道数学难题，从而获得创建新区块的权利（争抢记账权），并争取得到比特币的奖励（新比特币会在此过程中产生）▼。

第四步是生成新区块并向全网广播。当一个节点找到解时，它就向全网广播该区块记录的所有盖时间戳▼的交易，并由全网其他节点核对。

第五步是全网节点达成共识，新区块上链。全网其他节点核对该区块记账的正确性，确认无误后，新区块上链，并开始竞争下一个区块。这样就形成了一个合法记账的区块链▼。

• **共识层**

区块链中的共识机制是一种保证分布式网络中的数据一致性和正确性的方法，它通过一定的规则和算法，使得网络中的各个节点能够就系统中的数据达成一致，并防止恶意节点提交假数据。

区块链中的共识机制有很多种类，根据不同的应用场景和需求，可以选择不同的共识机制和算法。目前比较主流的共识机制有以下几种。

工作量证明（proof of work，PoW）：这是比特币等公有链采用的共识机制，它要求网络中的节点（也称为矿工）通过竞争性的计算，寻找一个满足特定条件的随机数，使得区块的哈希值符合网络规定的难度要求。这个过程就叫作挖矿，它是一种消耗大量算力和能源的方式。

权益证明（proof of stake，PoS）：这是以太坊等公有链正在转向或计划转向的共识机制，它要求网络中的节点（也称为验证者）押下一定比例的他们拥有的代币作为保证金。然后，根据保证金的数量和时间等因素，随机选择一个节点来生成区块。这个过程就叫作铸币，它也是一种节省算力和能源的方式。

委托权益证明（delegated proof of stake，DPoS）：这是 EOS 等公有链采用的共识机制，它要求网络中的代币持有者通过投票选举出一定数量的可信账户（也称为超级节点或见证人）来生成区块。这个过程就叫作选举，它是一种可以提高效率和稳定性的方式。

实用拜占庭容错算法（practical Byzantine fault tolerance，PBFT）：这是很多联盟链或私有链采用的共识机制，它要求网络中的节点（也称为副本）通过多轮消息交换，达成对于每个请求或交易的一致意见。这个过程就叫作投票，它是一种保证数据强一致性和快速响应的方式。

• **激励层**

将经济因素集成到区块链技术体系中来，主要包括经济激励的发行机制和分配机制等，主要在公有链中出现。

在公有链中只有激励遵守规则参与记账的节点、惩罚不遵守规则的

▼目前，一笔比特币交易从支付到最终确认成功，须得到 6 个区块确认后才能确认到账。

▼此时节点反复尝试寻找一个数值，使得将该数值、区块链中最后一个区块的哈希值、交易单数据等输入 SHA-256 算法后计算出的散列值能满足一定条件（比如前 20 位均为 0），即找到数学难题的解。解的答案并不是唯一的。

▼时间戳是用来记录区块生成的时间。时间戳可以标记区块的先后顺序，使得区块链形成一个按时间排列的链式结构，从创世区块开始，一直到最新的区块，要想修改某个区块中的数据，就必须同时修改它后面所有区块的时间戳和默克尔根，这在计算上是非常困难的。比特币网络采取从 5 个以上节点获取时间，然后取中间值的方式作为时间戳。

▼比特币每个区块的创建时间大约是 10 分钟。随着全网算力的不断变化，每个区块的产生时间会随算力增强或减弱而缩短或延长。

节点，才能使整个系统良性发展。而在私有链中，则不一定需要进行激励，因为参与记账的节点往往是在链外完成了博弈，通过强制力或自愿来要求参与记账的。

· 合约层

区块链中的合约层是指区块链系统中实现灵活编程和操作数据的基础层，它包含了各类脚本代码、算法以及更为复杂的智能合约。智能合约是一种自动执行的数字协议，它可以在满足预设条件时触发执行事先约定好的条款，不需要人工干预或第三方的介入。

合约层有以下几个特点。

可编程性：合约层可以使用不同的编程语言和框架来开发和部署智能合约，例如 Solidity、Vyper、Truffle 等。

透明性：合约层上的智能合约代码和数据都是公开的，任何人都可以查看和验证其逻辑和结果。

不可篡改性：合约层上的智能合约一旦部署在区块链上，就无法修改或删除，除非有预留的升级或销毁功能。

自动性：合约层上的智能合约可以根据预设条件自动执行，不需要人工干预或第三方的介入，从而降低成本和风险。

· 应用层

应用层是区块链系统的最上层，包含了区块链的各种应用场景和案例，类似于计算机操作系统上的应用程序、互联网浏览器上的门户网站、电子商城或手机移动端的 APP▼等。区块链的应用层可以展示区块链技术的价值和创新，也可以满足用户的不同需求和偏好。

区块链的应用层有以下几个特点。

多样性：区块链的应用层可以涵盖各个领域和行业，例如金融、医疗、教育、物流、娱乐、社交等。

创新性：区块链的应用层可以实现一些传统技术难以实现或效率较低的功能，例如去中心化金融、去中心化交易所、去中心化自治组织、数字身份、非同质化代币等。

互动性：区块链的应用层可以提供用户友好的界面和交互方式，让用户更容易地使用和参与区块链网络，也可以激发用户的创造力和社区精神。

物联网、云计算、大数据、区块链，以及人工智能等数字技术，就像一个有机的智能生命体，相互协作，共同构建一个基于"物联、数联、智联"的数字世界▼，如图 5.39 所示。在这个世界里，物联网是感知外部环境的触角，它通过连接各种物体，收集和传输海量的信息；云计算是提供强大的存储和计算资源的大脑，它通过整合各种硬件和软件，实现高效的数据处理；大数据是挖掘和分析数据价值的手段，它通过运用各

▼APP，英文 application 的简称，即应用软件。

▼党的二十大报告提出："推动战略性新兴产业融合集群发展，构建新一代信息技术、人工智能、生物技术、新能源、新材料、高端装备、绿色环保等一批新的增长引擎。构建优质高效的服务业新体系，推动现代服务业同先进制造业、现代农业深度融合。加快发展物联网，建设高效顺畅的流通体系，降低物流成本。加快发展数字经济，促进数字经济和实体经济深度融合，打造具有国际竞争力的数字产业集群。优化基础设施布局、结构、功能和系统集成，构建现代化基础设施体系。"

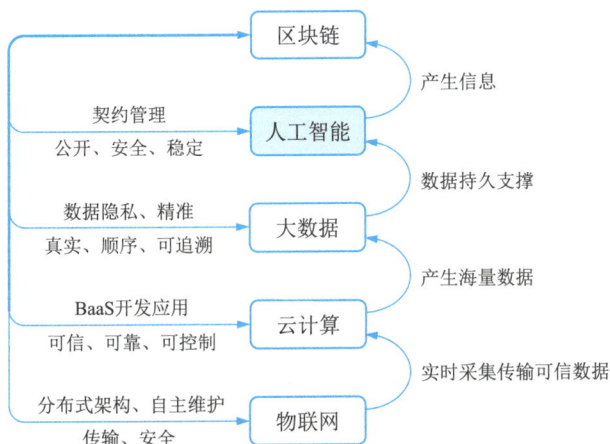

图 5.39　物联网、云计算、大数据、人工智能、区块链之间的联系

测验 5.2　物联与数联

▼BaaS（blockchain as a service，区块链即服务），是指将区块链框架嵌入云计算平台，利用云服务基础设施的部署和管理优势，为开发者提供便捷、高性能的区块链生态环境和生态配套服务。

种算法和模型，发现数据背后的规律和趋势；人工智能是根据数据生成智能决策的核心，它通过模拟人类的思维和行为，实现自主学习和优化；区块链是保障数据安全和信任机制的护盾，它通过加密、验证和共享数据，实现数据的不可篡改和透明化。

课件 5.3　计算与智能

5.3　计算与智能

　　计算思维是一种运用计算工具与方法求解问题的思维方式，是信息时代的产物。它是人类三大科学思维方式之一▼，被认为是 21 世纪的基本技能之一。

▼另外两大科学思维方式分别是理论思维和实验思维。

　　计算思维的提出最早可追溯至 1980 年，麻省理工学院教授西摩·佩珀特（Seymour Papert，1928—2016）首次使用"计算思维"这一术语，指代学生通过计算机提升思维水平的模式。而真正将这一概念推广并引起广泛关注的是卡内基-梅隆大学教授周以真（Jeannette Marie Wing，1956—），她于 2006 年发表了题为《计算思维》的论文▼，首次将计算思维界定为一种普适性的态度与技能，即运用计算机科学的基础概念和理论进行问题求解、系统设计以及人类行为理解等一系列思维活动，用以回答计算机科学与人的关系。计算思维的特点是抽象、自动化、分析和创造，可以帮助我们把复杂的问题简化为可计算的问题，并利用计算机的强大运算能力来求解。

▼J. M. Wing. Computational thinking [J]. *Communications of the ACM*, 2006, 49(3): 33–35.

　　随着人类社会从信息时代向智能时代的转变，计算成为社会发展的核心驱动力。在万物互联的数字文明新时代，传统的数据计算已无法满足人类对更高智能水平的追求。智能计算因此受到人们的广泛关注，它结合了计算科学的进步、对物理世界的智能感知，以及对人类意识认知机制的理解，提升了计算的智能水平，加速了知识的发现和创造。

5.3.1　科学计算

在现代科学和工程技术中，经常会遇到大量复杂的数学计算问题，这些问题用一般的计算工具来解决非常困难，需要借助于计算机来处理。科学计算就是指利用计算机再现、预测和发现客观世界运动规律和演化特性的全过程。随着计算机技术的迅速发展，越来越多的复杂计算成为可能，科学计算也成为继科学实验和理论研究之后的第三种科学研究范式▼。

▼科学研究的四种范式参见 5.2.3 节（第 245 页）。

科学计算的兴起和发展

1947 年，冯•诺依曼和赫尔曼•海因•戈尔茨坦（Herman Heine Gold-stine，1913—2004）发表了题为《高阶矩阵的数值求逆》的著名论文▼，开启了现代计算数学的研究。计算数学研究可在计算机上运行的数值算法的构造及其数学理论，包括算法的收敛性、精确性、稳定性和计算复杂性等。70 多年来，计算数学得到了蓬勃发展，逐渐成为一个独立且重要的学科。

▼J. von Neumann and H. H. Goldstine. Numerical inverting of matrices of high order [J]. *Bulletin of the American Mathematical Society*, 1947, 53(11): 1021–1099.

20 世纪 90 年代，微电子技术的突飞猛进和各种应用需求的推动，催生了计算机技术的飞速发展，计算数学、应用数学、计算机科学与应用领域相互交融，孕育出科学计算这一新兴的交叉学科。科学计算依托先进的计算能力，探索和解决复杂的科学与工程问题，它集建模、算法、软件研制和计算模拟于一体，是计算机技术在高科技领域发挥作用的关键和工具。

进入 21 世纪以来，高性能计算机进入了千万亿次时代，为气候与生态环境、航空航天、生命科学、材料科学、国家安全等领域的科技创新和应用突破提供了强大的支撑。目前，基于通用 CPU 和 GPU 异构的 10 亿亿次计算机已有百万个处理器核心▼，这对并行算法和应用程序提出了新的要求和挑战。

▼例如，中国的神威•太湖之光超级计算机，拥有 40960 个节点，每个节点有 260 个核心，总共有 10649600 个核心。

科学计算的过程

科学计算的核心在于，开发模型和模拟方法用于理解自然系统，包括建立数学物理模型、研究计算方法、设计并行算法、研制应用程序、开展模拟计算和分析计算结果等过程。概括起来，科学计算的计算过程可分为三个阶段，即数学建模、算法设计和计算机实现。

• **数学模型**

数学建模是对实际问题的抽象和简化，转化为计算问题，这是科学计算的首要任务。

自然科学规律通常用各种类型的数学方程式表达，例如，我们在 2.4.2 节（第 69 页）讲述的麦克斯韦方程组就是描述电磁场波动特征的计算模型。这组偏微分方程可以用来预测电磁场的行为，如电磁波的传播和电磁感应现象等。

• **计算方法**

计算方法是把数学方程或公式转化为可计算的步骤或公式，是科学计算的核心。

在自然科学及工程应用问题研究过程中，许多问题常常用积分或微分方程问题等数学模型来描述，许多方程的解析解一般很难得到，需要利用计算机进行数值求解。而对于包含连续变量的数学模型，计算的关键步骤之一就是将方程"离散化"，变成有限多个线性或非线性方程组。回顾我们在 2.1.2 节（第 34 页）提到的快速傅里叶变换（FFT）算法，式 (2.20) 就是离散化后的积分式 (2.14)。对于微分方程，离散化就是用有限小的差分代替微分，把微分方程转化为差分方程，如图 5.40 所示。工程上，类似的离散化方法有很多。

计算方法研究用计算机求解各种数学问题的快速、有效的数值解法，让计算机的力量最大化地发挥出来。数值算法的目标是计算一大类的问题，用这些算法编写的程序，可以解决成百上千个同类问题。比如，高斯数值求积分，只要输入积分区间和函数，就可以获得高精度的积分值；快速傅里叶变换，输入时域的信号值，可以获得信号的频谱。表 5.3 列出了被认为是 20 世纪最伟大的十大算法[▼]。

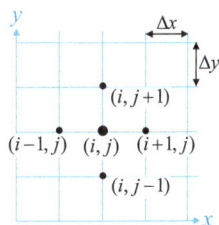

在点 (i,j)：

$$\frac{\partial^2 T}{\partial x^2} \cong \frac{T_{i+1,j} - 2T_{i,j} + T_{i-1,j}}{(\Delta x)^2}$$

$$\frac{\partial^2 T}{\partial y^2} \cong \frac{T_{i,j+1} - 2T_{i,j} + T_{i,j-1}}{(\Delta y)^2}$$

图 5.40　微分方程离散化

▼B. Cipra. The best of the 20th century: editors name top 10 algorithms [J]. *SIAM News*, 2000, 33(4): 1–2.

表 5.3　20 世纪的十大算法

年份	算法
1946	蒙特卡洛方法（Monte Carlo method）
1947	线性规划的单纯形法（simplex method for linear programming）
1950	Krylov 子空间迭代法（Krylov subspace iteration methods）
1951	矩阵计算的分解方法（decompositional approach）
1957	优化的 Fortran 编译器（Fortran optimizing compiler）
1959	计算矩阵特征值的 QR 算法（QR algorithm）
1962	快速排序算法（quicksort）
1965	快速傅里叶变换（fast Fourier transform）
1977	整数关系探测算法（integer relation detection algorithm）
1987	快速多极算法（fast multipole algorithm）

计算方法的三要素是：收敛、稳定、高效。

收敛是指计算方法的结果能够无限接近真实解或精确解。比如，可以通过增加网格点数来提高精度。如图 5.40 所示，对于给定的精确度要求 E，总能找到网格 $N(E)$ 来满足要求。

稳定是指计算方法对于初始值或参数的微小扰动不敏感，不会造成结果的巨大误差。

高效是指计算方法能够在有限的时间和空间内得到满足精度要求的结果，不会造成资源的浪费。通常用时间复杂度或空间复杂度来衡量计算效率。例如，对于两个 n 位数字的乘法，如使用常规的算法时间计算复杂度是 $O(n^2)$。而使用快速傅里叶变换，时间复杂度可以降至 $O(n \log n)$。

计算方法的三要素是评价一个计算方法优劣的重要标准，一般来说，一个好的计算方法应该同时具备这三个特点。

- **计算机实现**

计算机实现是指将计算方法用编程语言转化为可执行的程序，运行在计算机上，得到数值结果和可视化效果。计算机实现涉及多方面，如编程语言、数据结构、编程风格、调试技巧、性能分析、并行和分布式计算等。

> ▼Python 适合处理简单的、小规模的、原型为主的科学计算问题，如数据分析、可视化、符号计算等。

科学计算中常用的编程语言有 C/C++、Fortran、Python▼、MATLAB 等。随着科技的发展，仿真技术已经成为科学研究、企业生产制造的必备工具之一。仿真就是对实际物体进行模型模拟。例如，电磁仿真就是对物体的电磁性能进行仿真模拟，以代替昂贵的原型，已被广泛应用在各个领域。常用的三维电磁仿真软件有 HFSS、CST、Maxwell 等。如图 2.75（第 79 页）所示的口径天线方向图就是三维电磁仿真的结果。

社会计算

社会计算有着悠久的哲学基础。古希腊数学家、哲学家毕达哥拉斯提出的"万物皆数"，以及中国古代思想家、哲学家老子（约前 571—前 471）的"道生一，一生二，二生三，三生万物"等都蕴含着深邃的社会计算思维。随着人类进入计算机时代，人类行为和社会现象的计算机仿真和模拟得到快速发展，社会计算概念应运而生。

> ▼D. Schuler. Social computing [J]. *Communications of the ACM*, 1994, 37(1): 28–29.

1994 年，美国莱斯大学（Rice University）的道格拉斯·舒勒（Douglas Schuler）第一次提出了"社会计算"的概念▼，认为社会计算是指支持收集、表示、处理、使用和传播在团队、社区、组织和市场等社会集群中分布的信息系统。社会计算将人工社会▼和计算方法系统地应用于社会经济问题的研究，特别是社会经济系统的定量化动态建模和分析。

> ▼人工社会（artificial society）是指一种基于代理的计算模型，用于在计算机上模拟社会现象。

随着社会计算理论和方法的深入研究，计算社会科学应运而生。由于社会计算所涉及的分支领域比较多，包括人口学、社会学、政治学、法学、经济学等不同领域，这些领域也相继涌现出比如计算人口学、计算社会学、计算政治学、计算法学、计算经济学等分支。

高性能计算

科学计算与高性能计算机联系紧密，互相依存。科学计算既离不开计算方法的创新，也离不开计算机进步及科学技术发展的需要。

高性能计算（high performance computing，HPC）是指运用有效的算法，快速完成科学研究、工程设计、金融、工业以及社会管理等领域内具有数据密集型、计算密集型和 I/O（数据输入输出）密集型的计算。高性能计算机能够通过聚合结构，使用多台计算机和存储设备，以极高速度处理大量数据，提供比传统计算机和服务器更强大的计算性能，帮助人们探索科学、工程及商业领域中的一些重大难题。

在高性能计算中，处理信息的主要有串行处理和并行处理两种方式。串行处理，由中央处理器（CPU）完成，每个 CPU 核心通常每次只能处理一个任务，如图 5.41(a) 所示。并行处理，可利用多个 CPU 或图形处理器（graphics processing unit，GPU）完成，如图 5.41(b) 所示。

GPU 最初是专为图形处理而设计的，它可在数据矩阵中同时执行多种算术运算。相比于 CPU 架构，在相同的面积上，GPU 将更多的晶体管用于数值计算，取代了缓存（cache）和流控（flow control）。GPU 的计算单元核心数量远多于 CPU，但缓存和流控都要少。在相同晶体管数目下，GPU 相对于 CPU 有更高的理论浮点性能。

高性能计算的主要特点是，使用并行计算技术，在多个计算机服务器或处理器上同时运行多个任务，以提高计算效率和性能，快速完成复杂计算问题。高性能计算机可以在本地、云端或混合模式下运行。

超级计算机代表着高性能计算系统的尖端水平，单个超级计算集群可能包含数万个处理器。突破超级计算的极限需要不同的系统架构。大多数高性能计算系统通过超高带宽将多个处理器和内存模块互联并聚合，从而实现并行处理。一些高性能计算系统将 CPU 和 GPU 结合在一起，被称为异构计算。

计算机计算能力的度量单位被称为 FLOPS（floating-point operation per second，每秒浮点运算次数）。2023 年 5 月 22 日，全球超级计算机评比组织 TOP500 发布了第 61 期超算榜单，显示美国橡树岭国家实验室（Oak Ridge National Laboratory）的 Frontier 系统是唯一的真正 E 级超算，其 HPL 性能▼达到 1.194 EFLOPS▼。中国在榜计算能力最高的计算机为神威·太湖之光，以 93 PFLOPS▼位列第七。

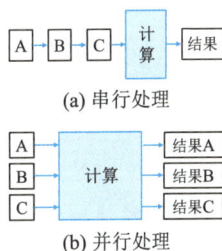

(a) 串行处理

(b) 并行处理

图 5.41　信息处理的两种方式

▼HPL 性能是指使用 HPL（high performance linpack）基准测试程序测量的超级计算机的浮点运算速度。HPL 是一种用于求解大规模稠密线性方程组的软件包，它可以充分利用超级计算机的并行计算能力和网络通信能力，因此，被广泛用作评价超级计算机性能的标准。

▼exa-前缀表示"百亿亿"，即 10^{18}。

▼peta-前缀表示"千万亿"，即 10^{15}。

量子计算机

量子计算机是一种基于量子力学原理的计算机，它使用量子比特（qubit）作为信息的基本单位，而不是经典计算机的二进制比特（bit）。量子比特有一个特殊的性质，就是可以同时存在于 0 和 1 两种状态的叠加，这就是量子叠加，如图 5.42 所示。另外，量子比特之间还可以产生一种神奇的联系，使得它们的状态不可分割地相互影响，即使它们相隔很远，这就是量子纠缠。

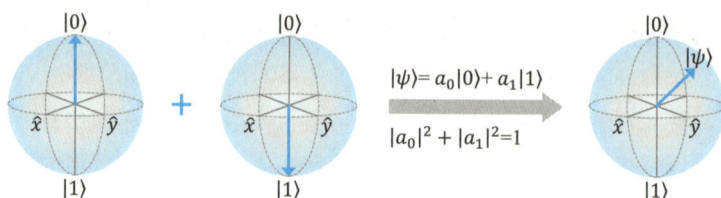

$$|\psi\rangle = a_0|0\rangle + a_1|1\rangle$$
$$|a_0|^2 + |a_1|^2 = 1$$

图 5.42　量子叠加态

　　量子计算机利用量子叠加和量子纠缠来实现高效的信息处理和计算。在经典计算机中，每个二进制位只能表示 0 或 1 两种状态中的一种，因此每次只能执行一种运算。而在量子计算机中，每个量子比特可以表示 0 和 1 两种状态的任意叠加态，因此能够在同一时间进行多种计算，从而加快计算速度。而且，输入和输出的量子比特还可以与其他量子比特进行量子纠缠，从而实现更复杂的逻辑运算。

　　借助高性能计算，科学计算对基础科学研究和社会经济发展产生重大的推动作用。然而，科学计算依然面临着维数灾难▼、计算尺度限制、理论创新和工程方法缺乏等三大挑战。因此，越来越多的科学家开始探索将人工智能技术融入科学计算中，使科学计算从传统的高性能计算走向科学智能的新阶段。

　　科学智能涵盖了高性能计算和人工智能两大技术领域，展现了三大计算场景。一是人工智能赋能机理计算，将人工智能计算嵌入机理计算中，实现对机理计算的加速和优化；二是数据驱动的智能计算，它不依赖于数学机理，通过海量的数据输入，构建人工智能模型，通过智能计算获得结果；三是机理计算与智能计算相结合，提升科学计算的精确性和效率。

▼维数灾难通常是指在涉及向量的计算问题中，随着维数的增加，计算量呈指数倍增长的一种现象。维数灾难涉及数字分析、抽样、组合、机器学习、数据挖掘和数据库等诸多领域。

视频 5.4　人工智能

5.3.2　人工智能

　　人工智能（artificial intelligence，AI）是一门探索人类智能本质，并创造出能模仿或超越人类智能的机器和系统的科学。人工智能可以仿真人的意识和思维，也可以创造出新的智慧。未来，人工智能可能会成为人类智慧的"容器"。

　　人工智能涉及多个领域，如计算机科学、大数据、信息论等。人工智能主要研究如何让机器具有知识、推理、学习、语言、视觉等方面的能力。

　　简而言之，人工智能的目标是让机器能做一些需要人类智能的复杂任务，同时也是探索人类智能的计算机功能，如推理、学习和解决问题。基于人工智能，计算机可以模拟或创造出人类的思维和行为。

Alan Mathison Turing
（1912 —1954）

人工智能简史

　　人工智能的起源可以追溯到艾伦·图灵于 1936 年发表的《论可计算数及其在判定问题中的应用》一文。后来随着香农在 1950 年提出的计算机博弈▼，以及图灵提出的"图灵测试"▼，让机器产生智能这一想法开始进入人们的视野。

▼C. Shannon. Programming a computer for playing chess [J]. *Philosophical Magazine*, 1950, 41(314): 256–275.
▼A. Turing. Computing machinery and intelligence [J]. *Mind*, 1950, 59(236): 433–460.

图灵测试

　　图灵测试是一个关于判断机器能否思考的著名试验，测试某机器是否能表现出与人等价或无法区分的智能。测试的谈话仅限于使用唯一的文本管道，例如计算机键盘和屏幕。

　　如图 5.43 所示，有两个被测对象，一个是正常思维的人（代号 B），一个是机器（代号 C）。在与被测对象隔离的情况下，由测试者（代号 A）使用被测对象皆能理解的语言询问任意一串问题。进行多次测试后，如果有超过 30%▼的测试者不能确定出被测试者是人还是机器，那么这台机器就通过了测试，并被认为具有人类智能。

▼30% 是图灵对 2000 年时的机器思考能力的一个预测，目前我们已远远落后于这个预测。30% 只是图灵当时作出的假设，并不是一个标准。图灵测试本身也有很多不同的版本和变种，没有一个公认的准则来判断机器是否具有智能。人类所具有的直觉、顿悟、察言观色和情感等智能能力，无法完全通过图灵测试来完成。

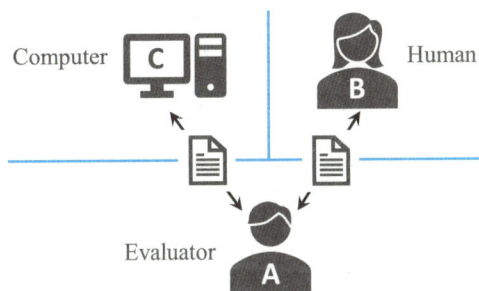

图 5.43　图灵测试

　　1956 年的达特茅斯会议（Dartmouth Conference）上，约翰·麦卡锡（John McCarthy，1927—2011）、马文·明斯基（Marvin Minsky，1927—2016）、纳撒尼尔·罗切斯特（Nathaniel Rochester，1919—2001）和香农等人正式提出"人工智能"这一概念。算法方面，1957 年，弗兰克·罗森布拉特（Frank Rosenblatt，1928—1971）提出感知机算法 perceptron，这不仅开启了机器学习的浪潮，也成为后来神经网络的基础。60 多年以来，历经逻辑推理、专家系统、深度学习等技术的发展，人工智能共出现过三次重要的发展浪潮。

达特茅斯会议合影

　　1956 年 8 月，在美国汉诺斯小镇的达特茅斯学院，麦卡锡、明斯基、香农、艾伦·纽厄尔（Allen Newell, 1927—1992）、赫伯特·西蒙（Herbert Simon, 1916—2001）等科学家聚在一起，讨论一个主题：如何用机器模仿人类学习来实现智能。达特茅斯会议足足开了两个月的时间，虽然大家没有达成普遍的共识，但是却为会议讨论的内容起了一个名字：人工智能。因此，1956 年也就成了"人工智能元年"。

　　• AI 思潮赋予机器逻辑推理能力

　　20 世纪 60 年代，人工智能这一新兴概念引发了人们对未来的无限想象，开启了人工智能的第一次发展浪潮。这一阶段研究的重点是提高机器的逻辑推理能力，在逻辑推理、自然语言处理和人机对话等领域，取得了一些突破性的成果。

但受限于计算机算力不足、数据缺乏、知识表示困难等多个技术难题，许多人工智能系统只能应用于简单问题的求解，无法达到实用水平。同时，人们对人工智能的期望过高，而实际进展缓慢，导致许多机构对人工智能研究失去了信心和支持，人才和资金的短缺，使得人工智能陷入了第一次低谷。

• 专家系统使得人工智能实用化

1968 年，爱德华·艾伯特·费根鲍姆（Edward Albert Feigenbaum，1936—）开发了第一个专家系统 DENDRAL▼，并对知识库给出了初步的定义，为后来的专家系统研究奠定了基础。其中隐含了第二波人工智能浪潮兴起的契机。

20 世纪 80 年代起，特定领域的专家系统被广泛采纳。专家系统是一个具有大量的专门知识与经验的程序系统，它根据某领域一个或多个专家提供的知识和经验，进行推理和判断，模拟人类专家的决策过程。人工智能由此变得更加"实用"，专家系统所依赖的知识库系统和知识工程成为当时主要的研究方向。

然而专家系统的实用性只局限于特定领域，而且难以处理不确定性、模糊性和常识性的问题，同时升级难度高、维护成本居高不下，行业发展再次遇到瓶颈。1993 年，DARPA 人工智能项目失败▼，宣告人工智能的第二次浪潮步入低谷。

• 深度学习助力感知智能步入成熟

随着逻辑推理和运算能力的不断提升，人工智能技术也在快速迭代，智能能力从运算拓展到感知，感知智能逐渐走向成熟。人工智能与各种应用场景相结合，催生了新的产业活力。2006 年，深度学习算法的出现，2012 年，AlexNet▼在 ImageNet▼图像识别竞赛中的突破性表现，都引领了新一轮的人工智能热潮。2016 年，AlphaGo▼战胜围棋职业选手，2022 年末，ChatGPT▼成功面世，人工智能不断成为全球的热点。

人工智能的目标和理念正在发生大的转变，从追求"用计算机模拟人类的智能"拓展为"机器 + 人"（构建增强型的混合智能系统）、"机器 + 人 + 网络"（形成新型的群体智能系统）、"机器 + 人 + 网络 + 物"（打造智能城市等更为复杂的智能系统）。人工智能已从模拟人类智能的一项科学研究延伸为推进人类与社会发展的核心赋能技术，强大应用驱动下的一系列智能技术正处于蓬勃发展中。

智能计算方法

智能计算是一种基于人工智能技术的计算方式，它具有很强的智能化和自主学习的能力，可以模拟人类的思维过程进行计算和决策。

以符号主义为核心的逻辑推理，利用符号系统和规则来表示和推导知识；以问题求解为核心的探寻搜索，通过搜索状态空间来寻找最优或

▼DENDRAL 这个词是由 dendritic algorithm（树状算法）的缩写而来。DENDRAL 是一个用来帮助有机化学家识别未知有机分子的专家系统，它可以通过分析质谱数据和使用化学知识，生成一组可能的化学结构。

▼1990 年，美国国防高级研究计划局（DARPA）启动了一个名为"战略计算项目"的人工智能研究项目，其目标是开发一种能够自主执行复杂任务的智能系统，如无人驾驶、语音识别、自然语言理解等。该项目在 1993 年结束，虽然在一些技术方面取得了一定的进展，但并没有达到预期的目标，也没有产生实际的应用。

▼AlexNet 是一种卷积神经网络的架构。

▼ImageNet 是一个大型的图像数据库，用于视觉目标识别软件研究。

▼AlphaGo（阿尔法围棋）由谷歌（Google）旗下 DeepMind 公司开发。

▼GPT 模型详见 5.3.3 节（第 265 页）。

近似最优的解决方案；以数据驱动为核心的机器学习，通过从大量数据中学习和归纳出模型和规律；以行为主义为核心的强化学习，通过与环境的交互来学习和优化行为策略；以博弈对抗为核心的决策智能，通过与其他智能体的竞争或合作来提高自身的决策能力。

- **逻辑推理**

逻辑推理是一种从已知的判断推出新判断的思维模拟方式，是人工智能问题求解的三大方法之一▼。逻辑推理需要用符号系统和规则来表示和推导知识，如亚里士多德的三段论▼。

逻辑推理有归纳推理、演绎推理和因果推理等主流方法。归纳是从个别事实到一般性知识的推理，演绎是从一般性前提到个别结论的推理，因果是判断事物间原因和结果关系的推理。表 5.4 给出了归纳推理、演绎推理和因果推理之间的差异描述，其中 A、B 和 A_i 是不同的命题。

▼人工智能问题求解的三大方法：推理、搜索、约束。
▼亚里士多德三段论是一种传统逻辑中的推论形式，它由两个前提（大前提和小前提）和一个结论组成，结论必然从前提中推出。三段论的一个经典例子是：大前提"凡是人都会死"，小前提"苏格拉底是人"，结论"苏格拉底会死"。

表 5.4　逻辑推理方法

推理方法	推理方式	说明
归纳推理	如果 A_i，那么 B（i 为若干取值）	从若干事实出发推理出一般性规律
演绎推理	如果 A，那么 B	A 是 B 的前提，但不是唯一前提，因此，A 是 B 的充分条件。当然，在特殊情况下，A 也可为 B 的充分必要条件
因果推理	因为 A，所以 B	A 是 B 的唯一前提，因此，"如果没有 A，那么没有 B"也成立

逻辑推理在人工智能领域的应用促成了专家系统的发展，专家系统利用领域知识和推理规则来解决用户提交的问题。

- **探寻搜索**

探寻搜索是人工智能中解决问题的一种重要技术，它根据已有信息在搜索空间中寻找满足条件的答案。探寻搜索可以应用于多种场景，如路线规划、课程安排等。

探寻搜索有三种主要的类型，分别是无信息搜索、有信息搜索和对抗搜索。它们的区别在于，是否利用了与问题相关的辅助信息，以及是否考虑了智能体之间的竞争关系。

无信息搜索是一种盲目的搜索方法，它只根据固定的策略来扩展结点，不考虑结点的优劣。常见的无信息搜索方法有广度优先搜索和深度优先搜索，它们分别按照结点的层次和深度来进行搜索。

有信息搜索是一种启发式的搜索方法，它利用了与问题相关的辅助信息来评估结点的好坏，从而优先扩展更有希望的结点。常见的有信息搜索方法有贪婪最佳优先搜索和 A* 搜索，它们分别根据结点到目标的估计距离和实际代价来进行搜索。

▼相反的利益是指一方最
大化这个利益，另一方最
小化这个利益。

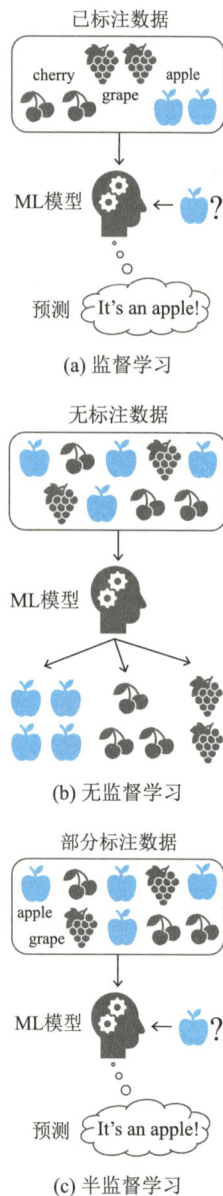

已标注数据

(a) 监督学习

无标注数据

(b) 无监督学习

部分标注数据

(c) 半监督学习

图 5.44　监督和无监督
学习

▼泛化能力是指模型在面
对新数据时，能够准确地
进行预测和分类。

对抗搜索是一种博弈的搜索方法，它考虑了在一个竞争环境中多个智能体之间相反的利益▼，从而选择最优策略。常见的对抗搜索方法有最小最大搜索、Alpha-Beta 剪枝和蒙特卡洛树搜索，它们分别根据最坏情况、剪枝优化和随机采样来进行搜索。

• 机器学习

机器学习（machine learning）是人工智能的一个分支，它的目标是让计算机能够从数据中学习知识和模式，从而实现对未知数据的分类、识别或预测等任务。

机器学习根据学习方式的不同，可分为监督学习、无监督学习、半监督学习和强化学习等。这些学习方式的主要区别在于，机器学习算法是否需要标注数据、是否有明确的目标函数、是否与环境交互等。

监督学习是利用已经标注了类别或其他信息的数据来训练一个映射函数或概率模型，然后用这个函数或模型来对新的数据进行推断，如图5.44(a) 所示。监督学习的典型应用有图像识别、文本分类、语音识别等。

无监督学习是利用没有标注信息的数据来发现数据内部的结构或规律，从而实现对数据的聚类、降维或生成等任务，如图 5.44(b) 所示。无监督学习的典型应用有主题模型、异常检测、图像生成等。

半监督学习是利用一部分有标注信息和一部分没有标注信息的数据来训练一个映射函数或概率模型，然后用这个函数或模型来对新的数据进行推断，如图 5.44(c) 所示。半监督学习的目的是利用大量的未标注数据来提高监督学习的性能和泛化能力▼。半监督学习的典型应用有自然语言处理、生物信息学、半监督图像识别等。

• 深度学习

深度学习（deep learning）是实现机器学习的一种技术，人工智能、机器学习、深度学习的三者关系如图 5.45 所示。

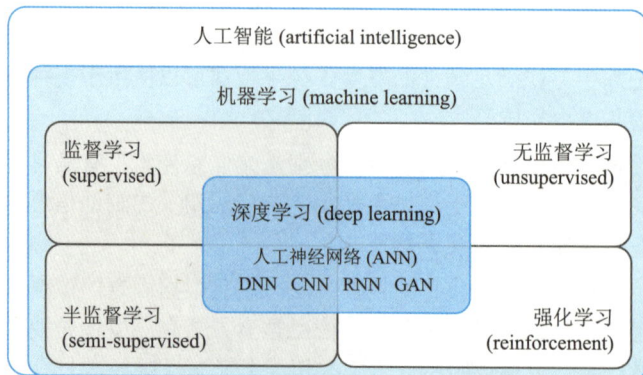

图 5.45　人工智能、机器学习和深度学习

深度学习是根据机器学习的模型或训练机器时所采用的算法进行的分类，它致力于研究如何从数据中挖掘出有价值的信息，迄今已在语音

识别、图像理解、自然语言处理、视频推荐等应用领域引发了突破性的变革。

　　深度学习的核心思想是通过数据驱动，自动地从原始数据中学习多层次、多维度、多语义的特征表示，从而实现高效的预测或决策▼。

　　深度学习基于人工神经网络（artificial neural network，ANN），从信息处理角度对人脑神经元网络进行抽象，建立某种简单模型，按不同的连接方式组成不同的网络。

　　若你去观察大脑的内部，就会发现有大量称为神经元的神经细胞彼此相连，如图 5.46 所示。一个神经元从其他神经元那里接收的电信号量达到某一定值以上，就会兴奋（神经冲动）。兴奋起来的神经元，会将电信号传送给下一个相连的神经元。简单来说，彼此相连的神经元，会形成联合传递行为。

　　1943 年，心理学家沃伦·斯特吉斯·麦卡洛克（Warren Sturgis Mc-Culloch，1898—1969）和数学家沃尔特·哈里·皮茨（Walter Harry Pitts Jr.，1923—1969）参考了生物神经元的结构，发表了抽象的神经元模型MP。神经元模型是一个包含输入、输出与计算功能的模型。输入可以类比为神经元的树突，而输出可以类比为神经元的轴突，计算则可以类比为细胞核。图 5.47 是一个典型的神经元模型（感知机）：包含 3 个输入，1 个输出，以及 2 个计算功能。

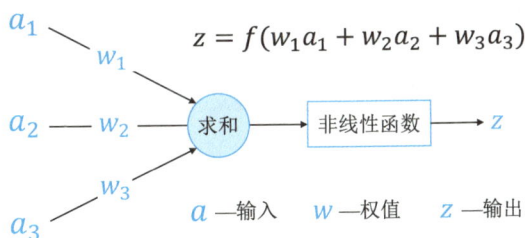

图 5.46　神经元

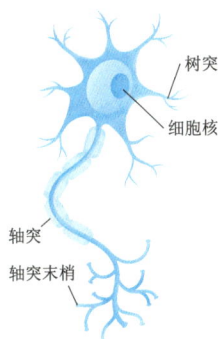

图 5.47　神经元模型（感知机）

　　人工神经网络▼是一种运算模型，如图 5.48 所示，由大量的节点（或称神经元）相互连接构成。每个节点代表一种特定的输出函数，称为激励函数。每两个节点间的连接都代表一个对于通过该连接信号的加权值，称之为权重，这相当于人工神经网络的记忆。网络的输出则因网络的连接方式、权重值和激励函数的不同而不同。而网络自身通常都是对自然界某种算法或者函数的逼近，也可能是对一种逻辑策略的表达。

　　以图像识别为例，必须先将影像学习数据分割成像素数据，然后将各像素值输进神经网络的输入层。输入层将像素值乘上权重值后，传送给后方隐藏层的神经元。隐藏层的各个神经元会累加前一层所接收到的值，并将其结果再乘上权重值后，传送给后方的神经元。最后，经由输出层的神经元输出，便可得到图像识别的预测结果。

　　通过相继给人工神经网络输入一些样本数据，并按照一定的规则（或

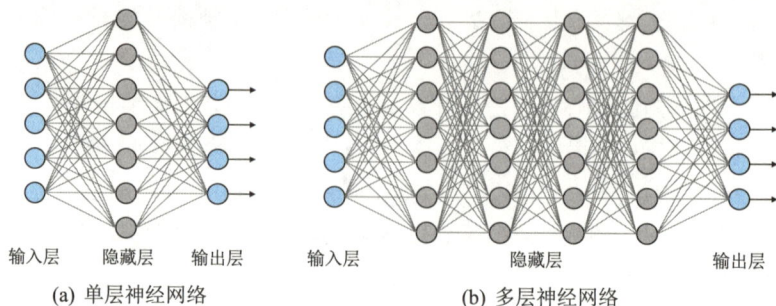

(a) 单层神经网络　　　　　　　　(b) 多层神经网络

图 5.48　人工神经网络模型

学习算法）不断改变网络各层的连接权重值，使网络的输出不断接近期望的输出值，这一过程称为神经网络的学习或训练。

在神经网络训练的时候往往要确定目标函数，也就是损失函数。损失函数的选择有很多种，最常用的则是均方误差。每次迭代开始时，先取一部分训练数据，通过前向传播算法▼得到神经网络的预测结果。因为训练数据都有正确的答案，所以可以计算出预测结果和正确答案之间的差距。基于这个差距，反向传播算法▼从输出层逆推回去，通过各权重值的调整，来缩小输出层的输出值与期望输出值之间的误差，以建立完成学习的模型。

常见的深度学习方法包括深度神经网络（deep neural network，DNN）、卷积神经网络（convolutional neural network，CNN）、循环神经网络（recurrent neural network，RNN）、生成对抗网络（generative adversarial networks，GAN）等。

存算一体与类脑计算

在深度学习中，数据移动大量且频繁地存在于计算单元与存储单元之间，而冯·诺依曼架构的计算单元和存储单元是互相独立的（如第173页图4.41所示），导致计算总耗时和总功耗的绝大部分消耗于存储单元、计算单元之间的频繁数据搬运，俗称"存储墙"和"功耗墙"瓶颈。这严重制约了计算性能的提升。

存算一体就是在存储器中嵌入计算能力，以新的运算架构进行二维和三维矩阵乘法/加法运算，从而摆脱传统的冯·诺依曼架构存算分离的限制，提高数据处理的效率和性能。存算一体特别适用于深度学习神经网络这种大数据量、大规模并行的应用场景。

类脑计算又被称为神经形态计算，是借鉴生物神经系统信息处理模式和结构的计算理论、体系结构、芯片设计以及应用模型与算法的总称。存算一体是将存储和计算融合在一起的技术，天然适合应用于类脑计算领域，并成为类脑计算的关键技术基石。

▼前向传播（forward propagation，FP）算法将上一层的输出作为下一层的输入，并计算下一层的输出，一直运算到输出层为止。

▼反向传播（back propagation，BP）算法是误差反向传播（error back propagation）的简称，是一种与最优化方法（如梯度下降法）结合使用的，用来训练人工神经网络的常见方法。该方法对网络中所有权重计算损失函数的梯度并反馈给最优化方法，用来更新权值以最小化损失函数。

· 强化学习

强化学习（reinforcement learning，RL）也是机器学习的一种学习方式，它是一种让智能体自主学习如何与环境交互，做出最佳行动的方法。它源于行为主义理论，利用环境给出的奖惩来改进策略，解决序贯决策▼优化问题。

如图5.49所示，智能体在完成某项任务时，首先通过动作与周围环境进行交互，在动作和环境的作用下，智能体会产生新的状态，同时环境会给出一个回报，然后智能体根据回报来调整自身的动作策略。经过数次迭代学习后，智能体能最终学到完成相应任务的最优策略。

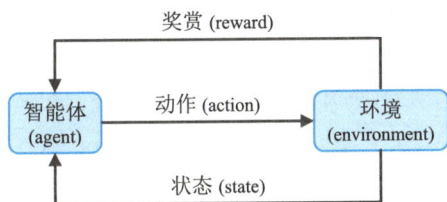

图 5.49　强化学习基本框架

强化学习与人类的学习相似▼。比如说，小学生在学写毛笔字的时候，老师会用红圈来点评他们的作业。写得好的字被红圈圈起来，小学生就会很开心，这是一种奖励反馈，让他们知道自己哪里做得好，哪里还要加油；写得不好的字没有红圈，或者红圈很少，小学生就会很沮丧，这是一种惩罚反馈，让他们意识到自己哪里做得不够好，哪里要多练习。通过这样的反复比较和学习，小学生最终会写出一手漂亮的毛笔字。

深度学习方法侧重于对事物的感知和表达，而强化学习方法更加侧重于学习解决问题的策略，因此，我们可以利用神经网络来自动学习大规模输入数据的抽象表征，从而拟合强化学习中的价值函数或策略函数，在此基础上利用强化学习的思想来优化解决问题的策略，这就是深度强化学习（deep reinforcement learning，DRL）。深度强化学习技术已在游戏、机器人控制、优化与调度等领域中得到了广泛的应用。

· 决策智能

决策智能是博弈论（game theory）与人工智能的结合。博弈论是研究多个竞争者如何做出最优对抗策略的经济学分支，它的思想由冯·诺依曼与经济学家奥斯卡·摩根斯特恩（Oskar Morgenstern，1902—1977）于 1944 年创立▼。1950 年，美国普林斯顿大学约翰·福布斯·纳什（John Forbes Nash Jr.，1928—2015）在其博士学位论文中提出了"非合作博弈（non-cooperative games）"和"纳什均衡（Nash equilibrium）"的概念，因此获得了 1994 年诺贝尔经济学奖。

博弈行为是指多个具有竞争性的主体，为了实现各自的目标和利益，采取的具有对抗性的行为，即"两害相权取其轻，两利相权取其重"。现

▼序贯决策是指按时间顺序排列起来，以得到按顺序的各种决策（策略），是用于随机性或不确定性动态系统最优化的决策方法。

▼强化学习最大的特点是，要不断与环境进行交互，通过试错（trail-and-error）的方式来获得使累积回报最大的最佳策略。

▼J. von Neumann and O. Morgenstern. *Theory of Games and Economic Behavior* [M]. Princeton: Princeton University Press, 1944.

代博弈论主要研究博弈行为中的最优对抗策略及其稳定局势，协助对弈者在一定规则范围内寻求最合理的行为方式，推动机器学习从"数据拟合"过程中以"求取最优解"为核心向博弈对抗过程中"求取均衡解"为核心的转变。

人工智能是一门旨在模拟和超越人类智能的学科，它涉及多个领域和层次，包括感知、推理、决策、学习等。人工智能方法有多种，各有特点和局限。因此，需要有机协调不同的方法和手段，建立知识、数据和反馈于一体的人工智能理论和模型，使之能够适应复杂多变的环境和任务。在解决实际问题时，常常是多种机器学习算法融汇使用，利用不同算法的优势互补。例如，AlphaGo 就是通过深度学习来构造黑白相间棋盘的特征表达，通过强化学习来进行自我博弈以提高智能体学习能力，通过蒙特卡洛树搜索来寻找较佳落子位置。这样的组合使得 AlphaGo 能够在围棋这个高度复杂的棋类游戏中实现超越人类的表现。

5.3.3　信息空间

▼cyberspace 也音译为赛博空间，是哲学和计算机领域中的一个抽象概念，指在计算机以及计算机网络里的虚拟现实。cyberspace 一词是 cybernetics（控制论）和 space（空间）两个词的组合，由美国 - 加拿大科幻小说作家威廉·福特·吉布森（William Ford Gibson，1948—）于 1982 年发表在 Omni 杂志上的一个故事中首次创造出来。

世界已从"物理世界 - 人类社会"二元空间演变为"物理世界 - 人类社会 - 信息空间（cyberspace）▼"所构成的三元空间。三元空间彼此间的关联与交互作用决定了社会发展的信息化特征。感知物理世界和人类社会的基本方式是数字化，联结人类社会与物理世界（通过信息空间）的基本方式是网络化，信息空间作用于物理世界和人类社会的方式是智能化。

▼信息物理系统（cyber-physical system，CPS）是一个综合计算、网络和物理环境的多维复杂系统，通过计算、通信、控制技术的有机融合与深度协作，实现大型工程系统的实时感知、动态控制和信息服务。

数字化、网络化、智能化是新一轮科技革命的突出特征，也是新一代信息技术的聚焦点。数字化为社会信息化奠定了基础，其发展趋势是社会的全面数据化；网络化为信息传播提供物理载体，其发展趋势是信息物理系统▼的广泛采用；智能化体现信息应用的层次与水平，其发展趋势是新一代人工智能。

人工智能生成内容（AIGC）

▼PGC 指的是由专家或专业机构生成的内容，具有专业性、质量和价值。PGC 的内容一般是原创的，注重版权和稀缺性，内容形式可以是音视频课程、新闻资讯、在线教育等。

人工智能生成内容（artificial intelligence generated content，AIGC）是利用人工智能自动生成内容的生产方式。AIGC 继承了专业生成内容（professional-generated content，PGC）▼和用户生成内容（user-generated content，UGC）的优点，并充分发挥技术优势，打造了全新的数字内容生成与交互形态，代表了人工智能技术发展的新趋势。

传统的人工智能主要侧重于分析能力，即通过挖掘数据中的规律和模式，实现各种应用，例如广为人知的个性化推荐算法。而现代人工智能不只是分析已有的东西，而是开始生成新的东西，实现从感知和理解世界到生成和创造世界的跃迁。在这个意义上，AIGC 可以被理解为具有生成创造能力的人工智能技术，即生成式人工智能。它可以利用训练数据和生成算法模型，自主地创造出新的文本、图像、音乐、视频、3D 交互内容（如虚拟化身、虚拟物品、虚拟环境）等各种形式的内容和数据，甚至包括开创科学新领域、创造新的价值和意义等。未来，集大模型和多模态模型▼于一身的 AIGC 模型有望成为新的技术平台，推动人工智能进入下一个时代。

AIGC 的技术基础是生成算法、预训练模型、多模态技术等人工智能技术的汇聚发展。

- 生成算法模型不断创新突破。GAN▼、Transformer▼、扩散模型等为人所熟知的模型，在性能、稳定性、生成内容质量等方面不断提升。

- 预训练模型，即基础模型、大模型，引发了 AIGC 技术能力的质变。预训练模型能够适应多任务、多场景、多功能需求，同一个 AIGC 模型可以高质量地完成多种多样的内容输出任务，让 AIGC 模型成为自动化内容生产的"工厂"和"流水线"。

- 多模态技术推动了 AIGC 的内容多样性，进一步增强了 AIGC 模型的通用化能力。多模态技术使得语言文字、图像、音视频等多种类型数据可以互相转化和生成。

ChatGPT，全称为聊天生成预训练转换器（chat generative pre-trained transformer），是由总部位于美国旧金山的 OpenAI 公司开发的人工智能聊天机器人程序，于 2022 年 11 月推出。该程序使用基于 GPT-3.5、GPT-4 架构的大型语言模型并予以强化学习训练。从 2018 年的 GPT 到 2023 年的 GPT-4，每一步都有技术的革新，如表 5.5 所示。

▼模态是指不同的数据表示方式或不同的输入/输出模式。例如，文本、语音和图像都是不同的模态。一个多模态模型可以在不同的模态之间转换，从而能够从多种输入模式中学习信息，并在多种输出模式中输出信息。

▼GAN（生成对抗网络）是一种非监督式学习的方法，通过两个神经网络相互博弈的方式进行学习，旨在生成与真实数据相似的虚拟数据。

▼Transformer 模型是一种采用自注意力机制的深度学习模型，这一机制可以按输入数据各部分重要性的不同而分配不同的权重。该模型主要用于自然语言处理与计算机视觉等领域。

表 5.5　GPT 到 GPT-4 的发展历程

年份	模型	说明
2018	GPT	基于 Transformer 的预训练模型，采用了单向 Transformer 架构，包含 12 层和 1.17 亿个参数，可以用于执行生成文本、问答和文本分类等任务
2019	GPT-2	采用更多的参数和更深的 Transformer 架构，包含 15 亿个参数，在执行生成文本、问答、翻译和摘要等任务上表现出色
2020	GPT-3	采用更大的规模和更多的技术创新，包含 1750 亿个参数，在执行生成文本、问答、翻译、摘要和对话等任务上都取得了非常好的表现
2022	ChatGPT	主要针对对话任务进行了优化，增加了对话历史的输入和输出，以及对话策略的控制，在对话任务上表现出色，可以与人类进行自然而流畅的对话
2023	GPT-4	比 ChatGPT 更可靠、更有创意，并且能够处理更细微的指令，同时 GPT-4 有很强的多模态能力，可以理解图片

ChatGPT、GPT-4 采用了一系列深度学习的新技术，包括无监督学习、有监督学习、多任务学习，以及基于人类反馈的强化学习。但 ChatGPT 还处于初级阶段，依然存在一些技术局限和挑战，还需要不断研究、改进、解决和完善。

扩展现实（XR）

(a) 虚拟现实（VR）

(b) 增强现实（AR）

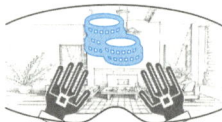

(c) 混合现实（MR）

图 5.50　扩展现实

扩展现实（extended reality，XR），它是一个泛指所有能够通过数字化增强我们的感官来融合真实世界和虚拟世界技术的总称。它包括了 VR、AR、MR 等多种形式，并且未来可能会有更多的形式出现。XR 的特点是，它不局限于任何一种技术或设备，而是根据用户的需求和场景来提供最适合的体验方式。

虚拟现实（virtual reality，VR），它是指通过计算机技术和特殊设备（如头戴式显示器、手柄等），为用户创造一个完全模拟的虚拟环境，让用户感觉身临其境，如图 5.50(a) 所示。例如，你可以用 VR 设备体验一场过山车的刺激，或者进入一个游戏世界与其他玩家互动。VR 的特点是，它完全替代了真实世界，让用户沉浸在一个全新的虚拟空间中，而且这个空间可以根据用户的动作和意图进行变化。

增强现实（augmented reality，AR），它是指将计算机生成的虚拟信息叠加在真实世界中，为用户提供一种混合的视觉体验，如图 5.50(b) 所示。例如，你可以用手机扫描一个二维码，然后看到一个 3D 模型出现在屏幕上，或者你可以用 AR 眼镜看到导航路线显示在眼前。AR 的特点是，它不会改变真实世界，只是在其上添加一些虚拟元素，而且这些元素通常不能与真实环境进行交互。

混合现实（mixed reality，MR），它是指将真实世界和虚拟世界融合在一起，产生新的环境和可视化效果，其中物理对象和数字对象共存并进行实时交互，如图 5.50(c) 所示。例如，你可以用 MR 设备看到一个虚拟的恐龙出现在你家的客厅里，并且它能够与你和你的家具产生碰撞和反馈。MR 的特点是，它既保留了真实世界的信息，又增加了虚拟世界的信息，并且让两者之间形成了一种协调和互动。

数字孪生

数字孪生（digital twin）是一种将真实世界中的物理对象或系统，通过数据和模拟，在虚拟空间中创建一个动态的数字模型技术，如图 5.51 所示。

数字孪生的概念最早可以追溯到 1991 年，由美国耶鲁大学教授大卫·格勒恩特尔（David Gelernter，1955—）在《镜像世界》▼一书中提出。2010 年，美国国家航空航天局（National Aeronautics and Space Administration，NASA）的约翰·维克斯（John Vickers）引入了"数字孪生"这个新名词，并将其用于太空探索任务中。

▼D. Gelernter. *Mirror Worlds* [M]. New York: Oxford University Press, 1991.

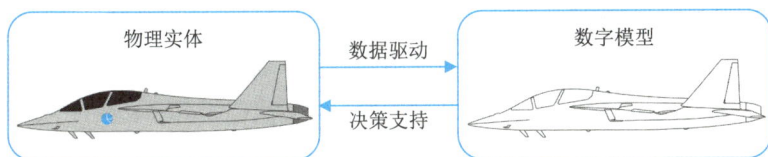

图 5.51　数字孪生

数字孪生是通过建立数字模型并模拟其全生命周期的过程，为优化决策提供依据。数字孪生的构建通常包括以下几个步骤。

- 数据采集和整合：通过传感器监测设备或其他数据源，收集实体的实时数据。这些数据可以包括诸如温度、压力、运行状态、位置等各种参数。
- 建模与仿真：利用收集的数据建立与实体相对应的数字模型，这些模型可以基于物理原理、统计学方法、机器学习等技术构建，以模拟实体的行为和性能。
- 联机连接与反馈：将数字模型与实体进行连接，通过实时数据传输，实现数字模型对实体状态的监测和预测。数字模型可以从实体中获取数据，反过来也可以向实体发送指令或调整参数。
- 分析与优化：通过数字孪生技术，可以对实体进行监测、分析和优化。通过与数字模型的比对，可以识别潜在的问题，改进和优化实体的性能，并提供决策支持。

实现数字孪生的关键在于，和物理生命体的"共生"，所谓共生就是全生命周期，和物理实体紧密联系在一起。数字孪生体是描述物理对象在其全生命周期中与其系统动态过程"共生"的数字化模型，模型的信息包括几何、物理、环境、过程等。

数字孪生是一种"能将物理世界和数字世界打通实现虚实融合"的新兴智能技术，被广泛应用于工业制造、智慧城市、医疗健康、交通运输等诸多领域。随着物联网、云计算、大数据、区块链、人工智能等技术的不断发展，数字孪生的应用场景和能力也将持续拓展。

测验 5.3　计算与智能

元宇宙

元宇宙（metaverse）的概念最早来自美国作家尼尔·斯蒂芬森（Neal Stephenson，1959—）于 1992 年创作的科幻小说《雪崩》[▼]，意指在共享的线上世界中，使用者能够互动，甚至可在虚拟世界中生活、工作。故事中创造了一个平行于现实世界的网络世界，在现实世界中地理位置彼此隔离的人们通过各自的"化身"进行交流娱乐。

▼N. Stephenson. *Snow Crash* [M]. New York: Bantam Books, 1992.

元宇宙是一个跨越多个学科和技术领域的复杂巨系统，是一个承载虚拟活动、进行虚实交融的平台，它融合了 XR、AI、云计算、区块链、5G 等新一代信息技术，是人类信息技术与交互方式演进的必然产物。元

▼通用人工智能（artificial general intelligence，AGI）是一种类人的机器智能，能够自主学习和进化，能够广泛应用在各种不同领域，解决问题、完成相应的任务，甚至将拥有超过人类的智慧和创造力，产生自主意识、具备人类所拥有的情感。目前，以ChatGPT、GPT-4 为代表的 AI 大模型打开了通往AGI 之路。

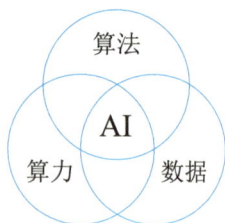

图 5.52　人工智能发展的三要素

宇宙具有多技术集成与融合、数字化身、沉浸体验、用户共创、虚实联动、经济系统、高度文明性等主要特征，展示了数字化技术融合的魅力。

元宇宙的发展还需要孕育出更多的重大技术创新，形成核心能力。数字孪生、数字人、下一代人机交互、通用人工智能▼与 AI 建模、区块链等前沿技术正在逐步应用到元宇宙世界中：数字孪生将构建"以假乱真"的元宇宙世界；数字人将作为元宇宙用户的虚拟化身，实现元宇宙世界的沉浸式探索；下一代人机交互将打造通往元宇宙的"仙境之桥"；通用人工智能与 AI 建模将加速优化元宇宙虚拟世界的建设；区块链也将推动形成元宇宙的新型治理模式，筑牢元宇宙运行基石。

支撑人工智能发展的三个核心因素分别是数据、算法和算力，如图5.52 所示。随着计算算力的进步和算法的演进，以及移动互联网发展带来的海量大数据积累，人工智能在历经六十载沉浮之后焕发出新的活力。我们现在还生活在弱人工智能的时代，距离强人工智能或超人工智能还有很长的路要走。弱人工智能只能专注于特定领域的问题，而不能真正拥有智能和意识；强人工智能则可以胜任任何人类能做的工作，具备推理、学习、规划、交流等多种能力；超人工智能更是超越了世界上最聪明、最有天赋的人类，拥有无与伦比的智慧和创造力。

参考文献

[1] Enoch O. Hwang. *Digital Logic & Microprocessor Design with Interfacing*［M］. 2nd Edition. Boston：Cengage Learning，2017.

[2] 陈抗生. 电磁场与电磁波［M］. 2 版. 北京：高等教育出版社，2007.

[3] 陈抗生，周金芳. 模拟电路基础——从系统级到电路级［M］. 北京：科学出版社，2020.

[4] 贺诗波，史治国，楼东武，等. 物联网系统设计［M］. 杭州：浙江大学出版社，2022.

[5] 2013—2017 年教育部高等学校电子信息类专业教学指导委员会. 普通高校电子信息类专业与课程体系导引［M］. 北京：清华大学出版社，2017.

[6] 教育部高等学校教学指导委员会. 普通高等学校本科专业类教学质量国家标准［M］. 北京：高等教育出版社，2018.

[7] 仇佩亮，张朝阳，谢磊，等. 信息论与编码［M］. 2 版. 北京：高等教育出版社，2011.

[8] 吴飞. 人工智能导论：模型与算法［M］. 北京：高等教育出版社，2020.

[9] 于慧敏，等. 信号与系统［M］. 2 版. 北京：化学工业出版社，2008.

[10] 章献民，杨冬晓，杨建义. 电子信息类专业课程体系的改革实践［J］. 高等工程教育研究，2017（4）：178–181.

[11] 章献民，史治国，回晓楠，等. 基于知识图谱的专业认知体系构建和课程建设——以“信息与电子工程导论”课程为例［J］. 工业和信息化教育，2023（7）：28–32，39.

[12] 钟义信. 信息科学与技术导论［M］. 3 版. 北京：北京邮电大学出版社，2015.